Equipe de Realização
Supervisão Editorial: J. Guinsburg
Projeto Gráfico e Capa: Sergio Kon
Revisão: Eloísa Graziela Franco de Oliveira, Marcos Silva e Saulo Alencastre
Produção: Ricardo Neves e Raquel Fernandes Abranches

**As letras do alfabeto foram desenhadas por Virgilio Maia,
sobre marcas de ferrar gado, a partir de idéia original de Ariano Suassuna**

DICIONÁRIO
CRÍTICO
CÂMARA
CASCUDO

MARCOS SILVA
(Organizador)

DICIONÁRIO CRÍTICO CÂMARA CASCUDO

Dados Internacionais de Catalogação na Publicação (CIP)
(Câmara Brasileira do Livro, SP, Brasil)

Dicionário Crítico Câmara Cascudo/Marcos Silva, organizador. – São Paulo: Perspectiva, 2006.

1ª reimpr. da 1. ed. de 2003
Vários autores.
Bibliografia
ISBN 85-273-0592-5

1. Brasil – História 2. Brasil – Usos e costumes 3. Cascudo, Luís da Câmara, 1898-1986 – Crítica e interpretação 4. Cultura popular – Brasil 5. Escritores brasileiros – Dicionários 6. Folclore – Brasil I. Silva, Marcos

03-4106   CDD-869.98

Índices para catálogo sistemático:

1. Escritores brasileiros: Apreciação crítica: Literatura brasileira 869.98

Direitos reservados à
EDITORA PERSPECTIVA S.A.

Av. Brigadeiro Luís Antônio, 3025
01401-000 São Paulo SP
Telefax: (0--11) 3885-8388
www.editoraperspectiva.com.br

2006

SUMÁRIO

NOTA PRELIMINAR
Marcos Silva .... *XIII*

ALMA PATRÍCIA
Moacy Cirne *1*

ANTOLOGIA DA ALIMENTAÇÃO NO BRASIL
Nancy Alessio Magalhães *3*

ANTOLOGIA DO FOLCLORE BRASILEIRO
Maristela Oliveira de Andrade *7*

ANTOLOGIA DE PEDRO VELHO
Almir de Carvalho Bueno *10*

ATENEU NORTE-RIO-GRANDENSE
Olga Brites *12*

BREVE HISTÓRIA DO PALÁCIO POTENGI
Angela Lúcia de Araújo Ferreira *17*

NO CAMINHO DO AVIÃO
Maria Amélia M. Dantes *21*

CANTO DE MURO
Telê Ancona Porto Lopes *23*

A CARNAÚBA
Gilmar de Carvalho *27*

A CASA DE CUNHAÚ
Mário Ruldolf *29*

CINCO LIVROS DO POVO
Carlos Rodrigues Brandão *31*

CIVILIZAÇÃO E CULTURA
Vânia Gico *34*

OS COMPADRES CORCUNDAS E OUTROS CONTOS BRASILEIROS
Beth Brait *38*

CONDE D'EU
Esmeralda Blanco Bolsonaro Moura *40*

CONTOS TRADICIONAIS DO BRASIL
Hilário Franco Jr. *46*

A COZINHA AFRICANA NO BRASIL
Wilson Nascimento Barbosa *48*

D

DANTE ALIGHIERI E A TRADIÇÃO POPULAR NO BRASIL – *1ª versão*
Teresa Aline Pereira de Queiroz *51*

DANTE ALIGHIERI E A TRADIÇÃO POPULAR NO BRASIL – *2ª versão*
Franco M. Jasiello *54*

DICIONÁRIO DO FOLCLORE BRASILEIRO
Martha Abreu *59*

O DOUTOR BARATA – POLÍTICO, DEMOCRATA E JORNALISTA
István Jancsó *62*

E

ENSAIOS DE ETNOGRAFIA BRASILEIRA
Edinaldo Bezerra de Freitas *67*

ESTATUTOS DA SOCIEDADE BRASILEIRA DE FOLK–LORE
Zélia Lopes da Silva *71*

F

FABULÁRIO DO BRASIL
Airton José Cavenaghi *77*

FLOR DE ROMANCES TRÁGICOS
Diva Cunha *80*

FOLCLORE NOS AUTOS CAMONIANOS
Joaci Pereira Furtado *83*

FOLCLORE DO BRASIL
Raquel Trindade, A Kambinda *84*

G

GENTE VIVA
Lourival Holanda *87*

GEOGRAFIA DO BRASIL HOLANDÊS
Pedro Puntoni *90*

GEOGRAFIA DOS MITOS BRASILEIROS
Renato da Silva Queiroz *92*

GOVERNO DO RIO GRANDE DO NORTE
Marc Hoffnagel 96

HISTÓRIA DA ALIMENTAÇÃO NO BRASIL
Paula Pinto e Silva 99

UMA HISTÓRIA DA ASSEMBLÉIA LEGISLATIVA DO
RIO GRANDE DO NORTE
Homero de Oliveira Costa 101

HISTÓRIA DA CIDADE DO NATAL
Leda Guimarães 105

HISTÓRIA DE UM HOMEM (JOÃO SEVERIANO DA CÂMARA)
Renata Marinho Paz 107

HISTÓRIA DOS NOSSOS GESTOS
Denise Bernuzzi de Sant'Anna 109

HISTÓRIA DA REPÚBLICA NO RIO GRANDE DO NORTE
Marlene da Silva Mariz 111

HISTÓRIA DO RIO GRANDE DO NORTE
Marcos Antonio da Silva 114

HISTÓRIAS QUE O TEMPO LEVA...
Carlos Eduardo dos Reis 119

OS HOLANDESES NO RIO GRANDE DO NORTE
Raquel Mizrahi 124

O HOMEM AMERICANO E SEUS TEMAS
Maria Helena P. T. Machado 128

INFORMAÇÃO DE HISTÓRIA E ETNOGRAFIA – *1ª versão*
John M. Monteiro 131

INFORMAÇÃO DE HISTÓRIA E ETNOGRAFIA – *2ª versão*
Maria Sylvia Porto Alegre 135

JANGADA
Bianor Paulino 139

JANGADEIROS
Heloísa de Faria Cruz 141

JERÔNIMO ROSADO (1861-1930): UMA AÇÃO BRASILEIRA NA
PROVÍNCIA
Raimundo Arrais 143

JOIO
Humberto Hermenegildo de Araújo 146

L

LENDAS BRASILEIRAS
Rui Sá Silva Barros 151

LITERATURA ORAL
Jerusa Pires Ferreira 153

O LIVRO DAS VELHAS FIGURAS
Cláudio Augusto Pinto Galvão 156

**LOCUÇÕES TRADICIONAIS NO BRASIL: COISAS QUE
O POVO DIZ**
Diana Luz Pessoa Barros 160

LÓPEZ DO PARAGUAY
André Amaral de Toral 164

M

MADE IN AFRICA
Thaís Veloso Cougo Pimentel 169

O MARQUEZ DE OLINDA E O SEU TEMPO
Izabel Andrade Marson 171

MELEAGRO – 1ª versão
Marlise Meyer 176

MELEAGRO – 2ª versão
Roberto Motta 180

OS MELHORES CONTOS POPULARES DE PORTUGAL
Nelly Novais Coelho 185

EM MEMÓRIA DE STRADELLI
José Ribamar Bessa-Freyre 188

MITOS BRASILEIROS
Sérgio Alves de Souza 192

MOSSORÓ, REGIÃO E CIDADE
Douglas Araújo 198

MOUROS, FRANCESES E JUDEUS
Maria Luiza Tucci Carneiro 201

MOVIMENTO DA INDEPENDÊNCIA NO RIO GRANDE DO NORTE
Cecília Helena Salles Oliveira 205

N

NOMES DA TERRA
Fátima Martins Lopes 209

NOSSO AMIGO CASTRICIANO (1874-1947) – 1ª versão
Manuel Onofre Jr. 212

NOSSO AMIGO CASTRICIANO (1874-1947) – 2ª versão
Tarcísio Gurgel 215

NOTAS E DOCUMENTOS PARA A HISTÓRIA DE MOSSORÓ
José Lacerda Alves Felipe *217*

NOTAS PARA A HISTÓRIA DA PARÓQUIA DE NOVA CRUZ
Antonio Almeida *219*

NOTÍCIA SOBRE DEZ MUNICÍPIOS POTIGUARES
Cláudio de Oliveira *222*

NOTÍCIA HISTÓRICA DO MUNICÍPIO DE SANTANA DO MATOS
Muyrakitan Macedo *224*

O

ONTEM – MEMÓRIAS
Moacyr de Góes *227*

P

O PADRE MIGUELINHO E OUTROS TEMAS CASCUDIANOS
Glacyra Lazzari Leite *233*

PARÓQUIAS DO RIO GRANDE DO NORTE
Inácio Magalhães Sena *236*

PEQUENO MANUAL DO DOENTE APRENDIZ
Yara Nogueira Monteiro *237*

PRELÚDIO DA CACHAÇA
Yara Aun Khoury *241*

PRELÚDIO E FUGA DO REAL
Jomard Muniz de Britto *244*

O PRÍNCIPE MAXIMILIANO DE WIED NEUWIED NO BRASIL
José Carlos Barreiro *247*

R

REDE DE DORMIR
Nássaro Nasser *251*

NA RONDA DO TEMPO
Cléria Botelho Costa *254*

S

SELETA DE LUÍS DA CÂMARA CASCUDO
Frederico Augusto Garcia Fernandes *261*

EM SERGIPE DEL REY
Luiz Antônio Barreto *265*

SOCIOLOGIA DO AÇÚCAR
Vera Ferlini *266*

SUPERSTIÇÕES NO BRASIL
Sônia Aparecida Siqueira *270*

O TEMPO E EU – MEMÓRIAS
Lauro Ávila Pereira 277

TRADIÇÃO, CIÊNCIA DO POVO
Margarida de Souza Neves 280

TRADIÇÕES POPULARES DA PECUÁRIA NORDESTINA
Alzir Oliveira 283

TRINTA "ESTÓRIAS" BRASILEIRAS
Deífilo Gurgel 285

VAQUEIROS E CANTADORES
Ivone Cordeiro Barbosa 287

A VAQUEJADA NORDESTINA E SUA ORIGEM
Sílvia Ilg Byington 291

VIAJANDO O SERTÃO
José Maria de Oliveira Silva 294

VIDA BREVE DE AUTA DE SOUZA (1876-1901)
Nelson Patriota 296

VIDA DE PEDRO VELHO
Sérgio Luiz Bezerra Trindade 299

VOZ DE NESSUS
Marinalva Lima 303

BIBLIOGRAFIA 307

COLABORARAM NESTE VOLUME 317

NOTA PRELIMINAR
"Se Cascudo é o Tema..."[1]

Este volume é composto por análises dos livros de Luís da Câmara Cascudo (1898-1986), um dos mais importantes estudiosos da cultura popular no século XX e autor de dezenas de títulos, dentre os quais clássicos do pensamento brasileiro, como *Cinco Livros do Povo* [11]*, *História da Alimentação no Brasil* [30], *Vaqueiros e Cantadores* [32] e *Literatura Oral* [46].

Através desses e de outros de seus estudos, foram configuradas dimensões de sociabilidade do homem comum brasileiro, visíveis no cotidiano de alimentação, moradia e vestuário, nos rituais de nascimento e morte, nas identidades de gênero e faixa etária, em oralidade, gestos, lembranças, comemorações e tantas outras faces da condição humana. Esse universo temático local e regional retomou também tradições milenares de diferentes povos, evidenciando vasta e cosmopolita erudição do escritor.

Cascudo foi amigo pessoal e colaborador de Mário de Andrade na viagem de pesquisa folclórica, musical e estética que o modernista paulistano fez a Natal na década de 1920, e os dois trocaram correspondências nos anos seguintes. Escreveu em múltiplos campos do saber – etnografia, história, estudos literários etc. – e lecionou no Ateneu Norte-Rio-Grandense, tradicional escola de Natal, a qual também dirigiu, na Faculdade de Filosofia de Natal e na Faculdade de Direito – depois, uma das unidades-piloto da UFRN.

Começando a publicar livros na década de 1920 (*Alma Patrícia* [1] é de 1921), Câmara Cascudo desfrutou de vigência intelectual no Brasil desde aquela época, e no exterior, alguns anos depois, numa produção que percorreu múltiplas conjunturas políticas e intelectuais, brasileiras e mundiais[2]. Suas opções teóricas e polí-

---

1. Verso do samba-enredo *Esses São Outros 500*, de Serginho, Melão e Dor, da escola de samba Império do Cambuci, São Paulo, folheto avulso, 2000.
* Os números entre colchetes remetem às fontes citadas dos livros de Câmara Cascudo, nesta p. e ss.
2. Alguns depoimentos de autores como Carlos Drummond de Andrade, Eneida, Gilberto Freyre, Jorge Amado, Herman Lima, Paulo Rónai e Afonso Arinos de Melo Franco, dentre outros, que atestam esse prestígio, foram reunidos em: *Província*, Natal, Fundação José Augusto, 2, 1968 (há reedição fac-símile, de 1998, pela mesma instituição).
Sobre trajetos do autor, vale a pena consultar também as biografias: Américo de Oliveira Costa, *Viagem ao Universo de Câmara Cascudo – Tentativa de Ensaio Biográfico*, Natal, Fundação José Augusto, 1969 e Diógenes da Cunha Lima, *Câmara Cascudo – Um Brasileiro Feliz*, 3ª ed., Rio de Janeiro, Lidador, 1998.

ticas foram marcadas por um recorte conservador, do monarquismo explícito dos anos de 1920 e 1930[3] à liderança integralista no Rio Grande do Norte, ao longo da última década[4], desdobrando-se no convívio cordial com o Estado Novo (1937-1945)[5] e a ditadura militar dos anos 1960-1980[6].

Essa faceta de sua identidade convida a refletir sobre os conceitos de povo com que trabalhou, situados no campo do pensamento conservador[7]. Ao mesmo tempo, ela requer especial cuidado para não ser transformada em tópico dedutivo ou chave explicativa de toda uma obra: não se conhece conjunto de estudos similar ao de Cascudo desenvolvido por outros monarquistas, integralistas e simpatizantes das ditaduras estado-novista e militar; ele dialogava com algumas tradições brasileiras no estudo da cultura popular que não se confundiam automaticamente com aquele espectro político – Sílvio Romero, Euclides da Cunha, Capistrano de Abreu, Mário

---

3. Mamede cita artigos em que Cascudo anuncia a possibilidade de breve domínio do Brasil por Luís de Orleans Bragança ("A Propaganda Monarchica", *Imprensa*, Natal, 24 nov. 1918), considera injustos a expulsão e o banimento da família real pelos republicanos e propõe sua vinda ao Brasil para o primeiro centenário da independência ("A Liberdade da 'Redemptora'", *Imprensa*, Natal, 9 maio 1920) e "Defende a idéia do estabelecimento do III Império do Brasil [...]" ("Imprensa Monarchica", *Boletim Ariel*, 2 [10]: 256, jul. 1933). Zila Mamede, *Luís da Câmara Cascudo: 50 Anos de Vida Intelectual 1918-1968*, Natal, Fundação José Augusto, 1970, pp. 121, 165 e 174.

4. Essa militância foi objeto do livro: Luiz Gonzaga Cortez G. de Melo, *Câmara Cascudo, o Jornalista Integralista*, Natal, CCHLA/UFRN, 1995. Sobre uma das fontes totalitárias do Integralismo, Cascudo comentou que "A soma das vogais e das consoantes do nome – 3 + 8 – é igual ao número da sorte: 11 – que é fortuna e glória". Luís da Câmara Cascudo, "Adolph Hitler através da Numerologia", *A República*, Natal, 1ª out. 1933. Registrado em: Zila Mamede, *op. cit.*, p. 200.

5. Durante o Estado Novo, um livro e um opúsculo de sua autoria mereceram edições oficiais: Luís da Câmara Cascudo, *O Doutor Barata – Político, Democrata e Jornalista* [19] e *Sociedade Brasileira de Folklore*, Natal, Oficinas do DEIP, 1942. Este título não está incluído neste *Dicionário* porque não foi localizado em instituições públicas de Natal, São Paulo e Rio de Janeiro. Sua autoria foi atribuída em: Zila Mamede, *op. cit.*, p. 46.

6. Maria Conceição Pinto de Góes recorda que, em 1964, quando muitos dos participantes do governo de Djalma Maranhão (prefeito natalense de esquerda, cassado e preso naquele momento) foram perseguidos, processados e presos, tentou "pegar atestados das figuras importantes da cidade, políticos ou intelectuais, que afirmassem que o trabalho da Prefeitura não era subversivo. [...] Nem sempre fomos bem-sucedidos. Alguns intelectuais que freqüentavam a casa de Djalma Maranhão e os palanques da Prefeitura recusavam-se a atestar, alegando não conhecerem a fundo os problemas da Prefeitura. Foi assim com Luís da Câmara Cascudo, quando pedi-lhe um depoimento sobre o trabalho cultural da Diretoria de Documentação e Cultura, com o qual tantas vezes havia colaborado". *Apud* Mailde Pinto Galvão, *1964: Aconteceu em Abril*, Natal, Clima, 1994, pp. 118-119. Em 1967, Cascudo foi indicado para o Conselho Federal de Cultura. Diógenes Lima registra a visita de Lucy Geisel, mulher do presidente general Ernesto Geisel, ao etnógrafo, que tratou como "menina": Diógenes da Cunha Lima, *Câmara Cascudo – Um Brasileiro Feliz*, p. 156. Vânia Gicco refere título de entrevista de Cascudo, apoiando sutilmente a candidatura presidencial de Paulo Maluf, do PDS, em 1984: "Para Cascudo, Maluf é Inovador (Tancredo Neves talvez Represente o Continuísmo)", *Correio Brasiliense*, Brasília, 10 out. 1984. *Apud* Vânia Gicco, *Luís da Câmara Cascudo: Bibliografia Comentada (1968-1995)*, Natal, EDUFRN, 1996, pp. 154 e 351. Nesse episódio, há uma surpreendente desvalorização da continuidade (Neves), que sempre foi muito cara a Câmara Cascudo em termos de método.

7. Essa abordagem do popular em autores europeus dos séculos XIX e XX foi analisada no volume: Raphael Samuel (org.), *Historia Popular y Teoría Socialista*, trad. Jordi Beltran, Barcelona, Crítica, 1984.

de Andrade; a dimensão política, embora importante, não se constitui na única via explicativa de um fazer cheio de nuanças teóricas, empíricas e estéticas. Cabe refletir sobre as complexas relações entre esse universo do pensamento conservador e a ênfase na continuidade de longuíssima duração (numa perspectiva comparativa, desde antes de Fernand Braudel elaborar formalmente aquele conceito num outro contexto teórico)[8] das experiências humanas, que percorre as obras-primas apontadas.

Aquelas opções interpretativas também se manifestam de diferentes formas ao longo das várias décadas de sua produção. É assim que critérios raciais se fazem muito fortes em passagens de *Histórias que o Tempo Leva...* [37] e *Viajando o Sertão* [84], surgem mais diluídos em *Vaqueiros e Cantadores* [82] ou *História do Rio Grande do Norte* [36] e praticamente desaparecem nos ensaios de *Tradição, Ciência do Povo* [79]. No mesmo sentido, a seleção dos personagens de suas primeiras biografias (Conde d'Eu [14], Marquês de Olinda [51], Solano López [49], mesmo Cipriano Barata [19]) indica ligação temática com o período imperial, articulada também aos seus vínculos com a Societé d'Études Historiques Dom Pedro II[9]. Posteriormente, seu espectro de biografados ficou mais concentrado no universo da política e da cultura do Rio Grande do Norte – Auta de Souza, Henrique Castriciano de Souza, Pedro Velho, João Câmara, Jerônimo Rosado –, do final do século XIX e início do século XX, reforçando o argumento local ou regional[10].

Como historiador e biógrafo, Cascudo assumiu freqüentemente posturas mais convencionais, ligadas a vieses da política oficial. Em contrapartida, sua produção de etnógrafo (a partir de *Vaqueiros e Cantadores* [82], de 1939, com primeiros esboços em *Viajando o Sertão* [84], de 1934, e *Em Memória de Stradelli* [54], de1936) descortina, em muitos momentos, vastos universos de significação histórica e agentes sociais, com especial destaque para a erudição popular, equiparando-se à importância de outros autores que, a partir de Modernismo e Regionalismo, debateram esse universo (o próprio Mário de Andrade e Gilberto Freyre, por exemplo)[11], embora o norte-rio-granden-

---

8. Fernand Braudel, "História e Ciências Sociais – A Longa Duração", *Revista de História*, trad. Ana Maria Camargo, São Paulo, XVI (62), pp. 261-294, abr.-jun. 1965 (1ª ed. francesa 1958).
9. Zila Mamede registra essa ligação associativa. Zila Mamede, *op. cit*. A fragilidade temática e analítica da biografia do conde d'Eu foi objeto de duras críticas em carta de Mário de Andrade: "Porque em vez do príncipe vazio você não pegou a Nísia Floresta, cheia, não esgaravunchou, não analisou, não descreveu ela?" Mário de Andrade, Carta de 9.6.1937, em *Cartas de Mário de Andrade a Luís da Câmara Cascudo*, Belo Horizonte/Rio de Janeiro, Villa Rica, 1991, p. 147. Artigo anterior de Cascudo sobre Nísia Floresta considerou-a "[...] muito justamente esquecida em sua terra, com quem nada tem em comum". Luís da Câmara Cascudo, "O Busto de Nísia Floresta", *República*, Natal, 11 maio 1930. *Apud* Zila Mamede, *op. cit.*, p. 192.
10. [85], [60], [86], [33] e [43]. Exceção nessa tendência, pelo período em que viveu o personagem, é o estudo genealógico sobre o Padre Miguelinho, mártir norte-rio-grandense do Movimento de 1817: [66]. Um bom guia sobre as reedições fac-símile de Câmara Cascudo pela Fundação Vingt-Un Rosado é: Isaura Ester Fernandes Rosado Rolim, *Bibliografia de Luís da Câmara Cascudo no Boletim Bibliográfico e na Coleção Mossoroense*, Mossoró, Fundação Vingt-Un Rosado, 1998 (Mossoroense / B / 1487).
11. Mário de Andrade, *Danças Dramáticas do Brasil*, São Paulo, Martins, 1959. Gilberto Freire, *Casa-Grande & Senzala*, 30ª ed., Rio de Janeiro, Record, 1995 (1ª ed.: 1933).

se não costume ser incluído na maioria dos estudos gerais sobre a modernidade brasileira dos anos de 1920 e 1930[12].

Na condição de intérprete da história do Brasil, em múltiplos campos de escrita, Câmara Cascudo enfatiza dimensões de tradição e continuidade milenares, num contexto marcado intelectualmente pela nostalgia diante da perda de tradições (Freyre) e pela busca de novas alternativas para a sociedade brasileira (Prado Jr. e Buarque de Hollanda)[13].

Câmara Cascudo experimentou, ainda em vida, processo de monumentalização em Natal, de nome de rua, prêmio cultural, Biblioteca e Museu de Antropologia, a transformação de sua casa em referência turístico-cultural da cidade, atingindo construção de Memorial após seu falecimento. O respeito que ele despertou em instituições de pesquisa em outras cidades do Brasil e no exterior não foi menor, como se verifica através de sua correspondência e da participação em simpósios, viagens de estudos e publicações, bem como nas referências que seus escritos receberam e continuam a merecer.

Em 1998, comemorou-se seu centenário, oportunidade para a retomada e ampliação de um debate sobre aquela produção, esgotada em grande parte nas editoras que a lançaram originalmente (muitas das quais atuando apenas no circuito regional de distribuição, o que dificulta o acesso aos livros fora dessa área), ou mesmo inédita[14].

Certos excessos no culto à pessoa e à obra de Câmara Cascudo, manifestos na própria menção a uma "cascudologia" (em alguns casos, talvez seja mais correto falar em cascudolatria), têm por contrapartida a tentação iluminista de "desmontar o mito", que pode, facilmente, significar tiro pela culatra em quem a reivindicar: sendo intensa

---

12. Ele não foi objeto de análises em manuais e ensaios como: Mário de Andrade, "O Movimento Modernista", *Aspectos da Literatura Brasileira*, 4ª ed., São Paulo/Brasília, Martins/INL, 1972, pp. 231-255 (1ª ed. da conferência: 1942). Mário da Silva Brito, *História do Modernismo Brasileiro – Antecedentes da Semana de Arte Moderna*, Rio de Janeiro, Civilização Brasileira, 1964. Wilson Martins, *O Modernismo (1916-1945)*, São Paulo, Cultrix, 1967 (Roteiro das Grandes Literaturas – A Literatura Brasileira – 6). Afonso Ávila (org.), *Modernismo*, São Paulo, Perspectiva, 1975, Coleção Stylus. Tal panorama sofreu modificações, por exemplo, em: Mário de Andrade, *O Turista Aprendiz*, edição organizada por Telê Ancona Porto Lopes, São Paulo, Duas Cidades/SCCT, 1976. Humberto Hermenegildo Araújo, *Modernismo: Anos 20 no Rio Grande do Norte*, Natal, UFRN, 1995; *Asas de Sófia – Ensaios Cascudianos*, Natal, FIERN/SESI, 1998. Veríssimo de Melo, *A Obra Folclórica de Cascudo como Expressão do Movimento Modernista no Brasil*, Mossoró, Fundação Vingt-Un Rosado, 1998 (Mossoroense / B / 1480).
13. Gilberto Freyre, *op. cit.* Caio Prado Jr., *Evolução Política do Brasil*, São Paulo, Brasiliense, 1987 (1ª ed.: 1933). Sérgio Buarque de Hollanda, *Raízes do Brasil*, 26ª ed., São Paulo, Companhia das Letras, 1995 (1ª ed.: 1938).
14. Mamede cita os seguintes títulos de Câmara Cascudo que ainda não tinham sido editados até 1970 – e assim permanecem no ano 2000: *História da Literatura Norte-Rio-Grandense, História do Município do Ceará-Mirim, História do Rio Grande do Norte para as Escolas, Nomes de Ruas e Praças da Cidade do Natal, O Livro dos Patronos, Santos que o Povo Canonizou* e *Brazilian Folk-Lore*. Não fica claro se o último título é apenas versão inglesa de *Folclore do Brasil (Pesquisas e notas)*, 2ª ed., Natal, Fundação José Augusto, 1980 (1ª ed.: 1967). Os originais de muitos deles são dados pela autora como extraviados. Zila Mamede, *op. cit.*, pp. 18-20.

a carga explosiva, em termos intelectuais, desse suposto "objeto de desmonte", o candidato a demolidor se arrisca a ficar reduzido à eterna função do discurso negador dos que o cultuam – antimito –, como se observa no argumento ateu. Melhor é procurar entender a importância criadora e crítica do Câmara Cascudo inventor de temas e abordagens, destacando potencialidades de pensamento que ela contém. Isso não significa adotar, sem mais, sua envolvente retórica sobre povo, cultura e história nem renunciar à tarefa crítica que parta de indagações básicas como: Qual povo? Qual cultura? Qual história?

A retomada da discussão sobre essa obra se beneficia também de um universo teórico das ciências humanas que tem redefinido, em diferentes rumos, questões como cultura popular, multiplicidade de experiências e fazeres humanos, do riso popular, em Mikhail Bakhtin, ao pensamento selvagem, em Lévi-Strauss, às análises de Carlo Ginzburg sobre circularidade das culturas, às reflexões de George Rudé sobre a multidão na história, aos vários historiadores que, homenageando Rudé, falaram sobre a história vista "de baixo", aos debates da nova história sobre cultura material, a Edward Thompson, discutindo a "economia 'moral' da multidão", a Jean Chesneaux, enfatizando lutas de minorias étnicas e outros grupos sociais oprimidos, e à multifacetada história Cultural de Roger Chartier[15]. Sem pretender transformar o autor norte-rio-grandense em suposto "precursor" de ninguém e preservando diferenças teóricas e políticas, é importante, todavia, identificar suas sintonias e os confrontos com essas tendências do debate sobre sociabilidades e culturas, que incluem outros clássicos brasileiros, como os referidos Freyre, Andrade e Buarque de Hollanda[16].

Este volume começou a ser projetado no contexto daquelas comemorações pelo centenário de Câmara Cascudo, fora de seu calendário oficial[17]. Ele apresenta criticamente a produção desse autor em livros, quer nos individuais, quer nas importantes coletâneas sobre temas de etnografia, literatura e história que Câmara Cascudo organizou.

---

15. Mikhail Bakhtin, *Cultura Popular na Idade Média e no Renascimento*, trad. Yara Frateschi, São Paulo/Brasília, Hucitec/Edunb, 1987. Claude Lévi-Strauss, *O Pensamento Selvagem*, trad. Tânia Pellegrini, Campinas, Papirus, 1989. Carlo Ginzburg, *O Queijo e os Vermes*, trad. Maria Bethania Amoroso, São Paulo, Companhia das Letras, 1987. George Rudé, *Multidão na História*, trad. Waltensir Dutra, Rio de Janeiro, Campus, 1991. Frederick Krantz, *A Outra História*, trad. Ruy Jungmann, Rio de Janeiro, Jorge Zahar, 1989. Jean-Marie Pesez, "História da Cultura Material", em Jacques Le Goff, (dir.), *A História Nova*, trad. Eduardo Brandão, São Paulo, Martins Fontes, 1990, pp. 180-213. Edward P. Thompson, *Costumes em Comum*, trad. Rosaura Eichemberg, São Paulo, Companhia das Letras, 1998. Jean Chesneaux, *Devemos Fazer Tábula Rasa do Passado? Sobre História e Historiadores*, trad. Marcos A. da Silva, São Paulo, Ática, 1995. Roger Chartier, *A História Cultural*, trad. Maria Manuela Galhardo, Rio de Janeiro, Bertrand Brasil, 1990.
16. Mário de Andrade, *op. cit.* Gilberto Freyre, *op. cit.* Sérgio Buarque de Hollanda, *Índios e Mamelucos na Expansão Paulista*, São Paulo, Imprensa Oficial do Estado, 1949 (Separata dos *Anais do Museu Paulista* 13).
17. Algumas de suas diretrizes foram esboçadas em Conferência feita durante a 50ª Reunião Anual da SBPC (Natal, 1998): Marcos Antônio da Silva, "Câmara Cascudo e a Erudição Popular", *Projeto História*, São Paulo, Pós-Graduação em História da PUC, 17, 1998, pp. 317-334.

Através de textos escritos por especialistas dessas e de outras áreas de estudos – jornalismo, lingüística, filosofia, geografia, sociologia etc. –, ligados a 25 instituições de doze estados brasileiros[18], além de pesquisadores autônomos, num total de 91 autores, este livro procura avaliar a contribuição de Cascudo para aqueles campos de saber, confrontando temas e problemáticas que ele definiu com o estado atual do conhecimento[19].

A multiplicidade interpretativa de todas essas vozes em relação à obra de Luís da Câmara Cascudo, necessária para dar conta de suas diversas facetas teóricas e

---

18. Brasília (UnB), Ceará (UFC, URCA), Minas Gerais (Universidade Federal de Uberlândia), Paraíba (UFPB), Paraná (UEL), Pernambuco (UFPE), Rio Grande do Norte (UFRN, Fundação José Augusto, IHGRN, Universidade Potiguar, Rede Estadual de Ensino), Rio de Janeiro (UFF, UFRJ, PUC, UERJ), Rondônia (UFRO), Santa Catarina (UFSC), São Paulo (USP, Unicamp, Unesp, PUC, CEBRAP, Faculdade Ítalo-Brasileira e Rede de Estado do Ensino Público) e Sergipe (UFSE, Instituto Tobias Barreto).

19. O *corpus* cascudiano foi estabelecido a partir das bibliografias comentadas que Mamede e Gicco editaram, abarcando livros individuais e organização de coletâneas: Zila Mamede, *op. cit.*; Vânia Gicco, *op. cit.* Alguns títulos de Cascudo não receberam verbetes individuais porque foram reagrupados em edições posteriores ou extraídos de volumes pré-existentes, casos de: *A Intencionalidade do Descobrimento do Brasil*, Natal, Imprensa Oficial, 1933. (Reaproveitado em *Informação de História e Etnografia*, Recife, Tradição, 1944 [1ª ed., 1939]; *Dois Ensaios de História*, Natal, Imprensa Universitária do Rio Grande do Norte, 1965); *O Mais Antigo Marco Colonial do Brasil*, Natal, Centro de Imprensa, 1934 (inserido em *Informação de História e Etnografia*, edição citada; *Dois Ensaios de História*, edição citada); *O Brasão Holandês do Rio Grande do Norte*, Natal, Imprensa Oficial, 1936 (reeditado em *Os Holandeses no Rio Grande do Norte* [edição fac-símile], Mossoró, ESAM, 1992 [Mossoroense / C / 792] [1ª ed.: 1949]); *Dois Ensaios de História*, edição citada (repetido de *Informação de História e Etnografia*, edição citada); *Consultando São João*, Natal, Departamento de Imprensa, 1949 (Sociedade Brasileira de Folclore – 1), republicado em: *Anúbis e Outros Ensaios*, Rio de Janeiro, O Cruzeiro, 1961; *A Família do Padre Miguelinho*, Natal, Departamento de Imprensa, 1950 (reagrupado com outros textos em *O Padre Miguelinho e Outros Temas Cascudianos*, edição organizada por Raimundo Soares de Brito, Mossoró, Fundação Vingt-Un Rosado, 1997 (Mossoroense / C / 947); *Anúbis e Outros Ensaios*, edição citada (relançado em *Superstições no Brasil*, São Paulo/Belo Horizonte, Edusp/Itatiaia, 1985); *História da Imperatriz Porcina*, Lisboa, Álvaro Pinto, 1952 (retomado em *Cinco Livros do Povo*, edição citada); *Contos de Encantamento*, Salvador, Progresso, 1954 (extraído de *Contos Tradicionais do Brasil*, São Paulo/Belo Horizonte, Edusp/Itatiaia, 1986 [1ª ed., 1946]); *Contos Exemplares*, Salvador, Progresso, 1954 (retirado de *Contos Tradicionais do Brasil*, edição citada); *No tempo em que os bichos falavam*, Salvador, Progresso, 1954 (recorte de *Contos Tradicionais do Brasil*, edição citada); *Superstições e Costumes*, Rio de Janeiro, 1958 (parcela de *Superstições no Brasil*, edição citada); *Etnografia e Direito*, Recife, Imprensa Oficial, 1961 (encaixado em *Civilização e Cultura*, 2ª ed., Belo Horizonte, Itatiaia, 1983); *Roland no Brasil*, Natal, Santa Terezinha, 1962 (fração de *Motivos da Literatura Oral da França no Brasil*, Recife, sem editora, 1964); *Motivos da Literatura Oral da França no Brasil*, edição citada (integrado a *Mouros, Franceses e Judeus*, São Paulo, Perspectiva, 1984); *Coisas que o Povo Diz*, Rio de Janeiro, Bloch, 1968 (parte de *Locuções Tradicionais no Brasil: Coisas que o Povo Diz*, Belo Horizonte/São Paulo, Itatiaia/Edusp, 1986); *Locuções Tradicionais no Brasil*, Recife, Funarte/UFPE, 1970 (realocado em *Locuções Tradicionais no Brasil: Coisas que o Povo Diz*, edição citada); *Religião no Povo*, João Pessoa, Universidade Federal da Paraíba, 1974 (rearticulado em *Superstições no Brasil*, edição citada). Há exemplo de mudança de título: *Breve História do Palácio da Esperança*, Natal, Departamento de Imprensa, 1961 (rebatizado como *Breve História do Palácio Potengi*, Natal, Fundação José Augusto, 1975).

temáticas e também para expressar uma contemporaneidade analítica pluridimensional na abordagem de sua produção, procura ampliar o debate sobre esse autor, contribuir para um maior conhecimento de um acervo intelectual tão importante quanto o que ele construiu e manifestar diferentes caminhos no entendimento da cultura popular.

Marcos Silva

ALMA PATRÍCIA [1]. Como seria a vida literária numa pequena província brasileira nos primeiros anos do século XX, cuja capital ainda não atingira quinze mil habitantes? Com certeza, enquanto vivência intelectual, era uma vida extremamente limitada, extremamente frustradora. Decerto, estamos pensando nos valores culturais e/ou burgueses que chegavam até nós, sobretudo ao Rio de Janeiro.

Pensar os valores da terra – neste caso, a terra potiguar – não era tarefa fácil. Mas, ao mesmo tempo, tinha um lado gratificante: escritores, poetas, críticos, artistas e jornalistas podiam refletir melhor e mais demoradamente sobre os problemas sociais, econômicos, políticos e culturais que nos moldavam. E como não havia ainda a tirania da mídia, a tirania da me(r)diocrização, melhor dizendo, havia mais espaço para a aventura do saber em estado bruto. A partir daí, da reflexão instaurada com sensibilidade, os mais ousados, os mais criativos, os mais inquietos construíam todo um universo intelectual. Para esses, nada era impossível.

A Natal dos anos de 1910 e 1920 não era uma cidade diferente de muitas outras: acanhada, porém atrevida (a capital do Rio Grande do Norte, através do jornalista Manuel Dantas, foi a primeira cidade do país a traduzir e publicar, ainda em 1909, o *Manifesto Futurista*, de Marinetti), sempre procurou se pautar pela relação, às vezes conflituosa, às vezes estimulante, entre a preservação emocional da tradição e a busca racional da novidade. De um lado, as várias práticas populares da cultura dos excluídos, dos marginalizados, dos explorados pelos sistemas ideológicos dominantes; do outro lado, um saber ainda reticente, mas eventualmente aberto à pesquisa e às dúvidas que nos marcavam mais vivencial do que existencialmente, mais econômica do que politicamente. Portanto, como em qualquer espaço teórico, a própria busca da novidade precisa ser contextualizada criticamente – e uma novidade não se constrói a partir de palavras fáceis, não se constrói a partir de soluções equivocadas. De qualquer maneira, como (um pequeno) agrupamento de pessoas, como possibilidade aventureira, como sonho imaginante, Natal, entre a boemia e a política, existia – um acontecimento cultural à procura de luz própria.

Não, Natal não era uma festa, seja no sentido parisiense, seja no sentido fluminense. Mas, nos pequenos gestos, nas pequenas ousadias, nas grandes ambições, nos grandes devaneios, era uma só alegria de viver, de amar, de construir, de lutar pela transformação. De certa maneira, Natal se bastava. Como cidade e como fonte de poesia.

Foi necessário que surgisse um Luís da Câmara Cascudo para apontar novos caminhos para a vida intelectual da cidade e do Estado. É verdade que, antes dele, nomes como os de Henrique Castriciano, Manuel Dantas e Antônio Marinho já tentavam consolidar, de forma mais séria, os parâmetros sociais para as bases filosóficas de uma cultura potiguar. Esclareçamos que Segundo Wanderley, na virada do século XIX para o XX, era o mais famoso intelectual do Estado; Marinho, numa atitude rara para a época, arrasou com suas pretensões literárias, sobretudo teatrais – Cascudo, em *Alma Patrícia*, registra a polêmica[1].

Cascudo – que se tornaria o maior nome da intelectualidade norte-rio-grandense e um dos maiores do país – construiu uma portentosa obra nos campos do folclore, da etnografia, da história, da cultura popular. Curiosamente, o Cascudo historiador merece ser cultuado, merece ser re/lido, enfim, muito mais quando investiga a *História da Alimentação no Brasil* [30], a história dos pequenos gestos (*História dos Nossos Gestos* [34]), da *Literatura Oral* [46], do que quando tenta ser "historiador" propriamente dito, seja se voltando para a Cidade do Natal (*História da Cidade do Natal* [32]), seja se voltando para a história do seu estado (*História do Rio Grande do Norte* [36]). Este é um Cascudo menor, como menor – dentro de uma perspectiva exatamente *histórica* – é o Cascudo crítico literário.

Esclareçamos: *Alma Patrícia* [1], seu primeiro livro, de 1921, em sendo uma obra de crítica, traz as marcas de um autor preocupado com a produção literária do Rio Grande do Norte, fato esse bastante positivo como proposta intelectual, só que, assumidamente, através de uma leitura "impressionista e admirativa" (p. 14). Sem dúvida, para a cultura local, foi uma obra importante; Cascudo já se revelava um bom escritor, com invejável bagagem intelectual para a época – há referências, entre outros, a Nietzsche, Hartmann, Schopenhauer, Montaigne, Sainte-Beuve. Do mesmo modo, o recenseamento dos poetas e escritores de sua terra, então em evidência, é louvável sob todos os aspectos, apesar da leitura elogiativa/admirativa que o alimenta. Nesse sentido, *Alma Patrícia* cumpre o seu papel, mesmo sendo um papel discutível, mesmo sendo um papel por demais "provinciano". Contudo, não nos esqueçamos, Cascudo colecionava provincianismos assim como, imprevisível por excelência, colecionava crepúsculos.

Há também, já aqui, o Cascudo colecionador de preciosidades estilísticas, verdadeiras metáforas de alta voltagem sonora, ora "cachoeirando as rimas" em Sebastião Fernandes (p. 17), ora vendo em Othoniel Menezes um lutador contra a "tumultuância quente das inspirações" (p. 30). Mas há o Cascudo limitado, pouco sensível, ao se referir, por exemplo, a Rimbaud como "imbecilíssimo" (p. 16). Uma opinião dessas – com inusitada crueza crítica – poderia desqualificar qualquer trabalho crítico. Só que, ao contrário de um Alceu do Amoroso Lima[2], para citar apenas

---

1. Sobre Antônio Marinho e, em particular, sua polêmica com o poeta natalense Segundo Wanderley, cf. Tarcísio Gurgel, "Marinho *versus* Segundo", *O Galo*, Natal, XI (12): 17/24, dez. 1999.
2. Cf. Alceu Amoroso Lima, *Estudos Literários*, Rio de Janeiro, Aguilar, 1966. Publicados originalmente em 1919/1920, os Estudos I e II foram editados em 1927/1928.

um nome que surgiu no mundo das letras na mesma época – anos de 1910 –, o melhor da prática intelectual do autor de *Vaqueiros e Cantadores* não se realizaria no ensaio literário. Mesmo assim, há que se notar observações críticas ainda hoje pertinentes, como, entre outras, "Os poetas emotivos são sempre os piores metrificadores" (p. 18).

Há que se registrar, contudo, que, em seus dezenove estudos dedicados à literatura norte-rio-grandense, são poucos os momentos de maior densidade crítica, embora sejam muitas as comparações – às vezes, provocativas – com a pintura e a música: são estudados/analisados por Cascudo, entre outros, Henrique Castriciano, Othoniel Menezes ("Possuo a esquisita mania de comparar os escritores aos quadros. Othoniel Menezes lembra-me um Ticiano", p. 30), Palmira Wanderley, Segundo Wanderley, Ferreira Itajubá, Auta de Souza ("O seu misticismo é de uma doçura comovente. Auta de Souza era como Chopin", p. 125), Gothardo Neto ("De um fundo pessimista, resultando de sua vida e da sua desdita, as rimas de Gothardo – como os quadros de Goya e os retratos de Greco – fazem pensar nas coisas tristes", p. 136).

E não é o impressionismo enquanto proposta epistemológica que limita Cascudo; são as opiniões quase sempre "admirativas" que, nele, não fazem avançar as questões metodológicas, que não fazem avançar os problemas nascidos no interior da sociologia e da própria literatura, que não fazem avançar a aventura do conhecimento crítico. Mesmo assim, apesar de tudo, é possível reconhecer neste primeiro livro o estilo cascudiano, em particular, quando a sua cidade é objeto de reflexão memorialística: "Natal, não possuindo a grande tristeza das desgraças pátrias que acabrunham algumas cidades da Europa, retém uma infinita tristeza" (p. 47).

Portanto, a leitura de *Alma Patrícia* carrega uma contradição interna: se, em termos locais, tem sua importância específica, em termos nacionais pouco significa, a não ser como matriz de um pensamento nacional voltado para a relação entre regionalismo e modernismo e para a formação de uma identidade brasileira como um todo social e cultural. Afinal, ao lado de um Mário de Andrade, de um Guimarães Rosa, de um Gilberto Freyre, de um Graciliano Ramos e de alguns poucos poetas, artistas, músicos e cineastas, Luís da Câmara Cascudo será um dos pilares estruturais da(s) cultura(s) brasileira(s) em nosso século. [M. C.]

ANTOLOGIA DA ALIMENTAÇÃO NO BRASIL [2]. Essa obra é duplamente datada – julho de 1964 e novembro de 1974 – e reúne 62 textos. São diferentes autores, como um general (que escreve sobre toques de rancho, não sobre comida especificamente), um médico, um geólogo, geógrafos, folcloristas, jornalistas, cronistas, viajantes estrangeiros, poetas, memorialistas, historiadores, professores universitários, embaixadores, freis, frades, escritores e ensaístas.

Somente seis dos textos foram escritos especificamente para a *Antologia*, além de cinco do próprio Câmara Cascudo, aos quais se acresce mais um reproduzido de pesquisa etnográfica por ele antes realizada e publicada em 1962. São páginas de depoimentos variados também nas temáticas, no tempo e no espaço. Predominam os oriundos dos séculos XX e XIX, seguidos, em menor número, do século XVIII, uns possivelmente do século XVII (Frei Ivo D'Evreux) e outros do século XVI (Gabriel Soares de Sousa).

As temáticas envolvem desde higiene, classificação de alimentos por digestão e assimilação, regime alimentar, emprego de condimentos, preparação e receitas de molhos, sobremesas e diferentes comidas, como: queijadinhas, cocadas, amendoins, mingaus, cuscuz, vatapá, caruru, xinxim, moqueca, cabidela, abará, acarajé, feijão de leite, feijão de azeite, comidas de azeite (dendê) e comidas de candomblé, preparos de pratos de carnes (caça e pesca) do Pará e Amazonas, como maniçoba, pato no tucupi, sarapatel, sarrabulho, açaí, assim como processos de abate e pesca de animais, descrição detalhada de peixes de água doce e salgada, de molhos e seus preparos, de refrescos como cajuada, umbuzada, caldo de cana, laranjada, limonada, limada, preparo de mingaus e de farinhas usadas na Amazônia, no Nordeste, em São Paulo e Minas como tapioca, farinha de mandioca (d'água e seca), de milho, de peixes, até cantiga para fazer paçoca, mate no Rio Grande do Sul e Paraná como símbolo de concórdia e entendimento, barreado como prato tradicional do Paraná, sopas de várias regiões, virados paulistas como sinônimo de comida de farnel, próprio para viagem, vida e pratos de restaurante em São Paulo, sociedades cariocas para conversar e comer (encontros de escritores e artistas)...

"Nesse labirinto, come-se, bebe-se, conversa-se, [...]" (Querino, p. 139). "Comer é revelar-se, não é só alimentar-se" (Chagas, p. 125).

A partir deste labirinto de fragmentos da *Antologia*, à primeira vista caótico, podemos pensar em infinitas investigações das múltiplas interpretações das dimensões históricas desse ato cultural de comer, através de temas que podem ser construídos e desdobrados desse farto e extenso material compilado por Luís da Câmara Cascudo.

São exemplos, entre outros, os registros das diferenças sociais de gênero e dos contextos da escravidão que o ato de jantar pode revelar.

[...] Escravos não partilhavam da panela da família [...] mulheres não vinham à mesa no copiar [Ceará, no século XIX]. Comiam no fundo da casa, em companhia da dona. Mulher não aparecia entre homens, até do sol fugia, porque era macho (Brígido, p. 136).

[...] No Rio, como em outras cidades do Brasil, é costume, durante o tête-à-tête de um jantar conjugal, que o marido se ocupe silenciosamente com seus negócios e a mulher se distraia com os negrinhos que substituem os doguezinhos, hoje quase completamente desaparecidos na Europa (Jean Baptiste Debret, p. 143).

A família em geral fica na varanda, na parte de trás da casa, lugar em que se acha quase tão isolada do mundo como se se encontrasse nas profundas de uma floresta. As mulheres, sentadas em roda, na postura costumeira, costuram, fazem meia, renda, bordados ou coisas semelhantes, enquanto que os homens se encostam a tudo quanto possa servir para isso ou ficam a vaguear de quarto em quarto [...]. A refeição principal consta de um jantar ao meio dia, por ocasião da qual o chefe da casa, sua esposa e filhos às vezes se reúnem ao redor da mesa, é mais comum que a tomem no chão, caso em que a esteira da dona da casa é sagrada, ninguém se aproximando dela senão os favoritos reconhecidos (John Luccock, p. 161).

[...] Galinha e porco são as carnes que se servem mais comumente em casa dos fazendeiros da província das Minas. O feijão preto forma prato indispensável na mesa do rico, e esse legume constitui quase que a única iguaria do pobre (Auguste Saint-Hilaire, p. 168).

No ensaio de uma pesquisadora, identificada como de "tradicional família baiana", é assinalado que, por preconceito racial e social, as comidas de azeite (dendê) sofreram restrições, devido à sua origem negra, só sendo servidas em ocasiões especiais – quaresma, sextas-feiras de guarda, para turista ou em festa sem etiquetas. Segundo ela, é um exibicionismo turístico dizer que a Bahia "nada em azeite e arde como pimenta" (Vianna, p. 33). Por engenho do negro, para ela ainda, houve deformações e adaptações de comidas originalmente africanas, por necessidade de usar produtos da terra para conquistar o paladar do branco. O vatapá, assim, é o mais violentado, porque perdeu muitas características originais e sofreu tantas modificações que cozinheiras baianas "legítimas" riem delas.

Alguns depoimentos tendem a estabelecer ligações entre habilidades de fazer certas comidas e determinada raça. Entre outros: "[...] Dizem haver um complexo etnográfico, para as pessoas que fazem o tacacá, por exemplo, mulatas, pretas, crioulas, caboclas, brancas mestiças, porque as brancas 'alvaças', de sangue 'limpo', não sabem dar ao tacacá o paladar, e porque aquelas outras mulheres são peritas em prepará-lo" (Menezes, p. 69). Se as mulheres são peritas em preparar aquele alimento, necessitaram aprendê-lo, o que põe por terra o determinismo da cor da pele no desempenho dessa habilidade.

Por vezes, são também associados os sabores de algumas comidas às condições da natureza.

[...] Bocas habituadas a comestíveis sem pimenta, adaptaram-se instantaneamente ao sabor exótico da iguaria que nasceu e só podia nascer em terra de sol ardente... Não me causou surpresa ter o vatapá conquistado o paladar de estrangeiros, apesar da sua originalidade bárbara (Alves, p. 77, numa referência ao banquete anual da Société Nationale d'Acclimation, que incluiu no seu cardápio "pratos genuinamente brasileiros", como vatapá e frigideiras de siri mole, os quais Einstein muito apreciou).

Logo após, nesse mesmo texto, tais associações à natureza e à barbárie dos pratos acabam por perder força, quando o mesmo autor acentua que cozinhar é uma arte e que precisa ser aprendida.

[...] podemos, sim, olhar com alegria, as panelas que demonstram a fecundidade, a originalidade do espírito nacional [...] e uma boa cozinheira, de repertório rigorosamente nacional, fará com a sua colher mais que muitos artistas com pincel, rabeca e trombone [...]. Não quero dizer com isso que pintura e música sejam artes inferiores à arte de cozinhar. Pobre dela, que não se ensina em conservatório, e não é objeto da crítica que estuda quadros e óperas [...]. Não se diga que seja indigno do orgulho nacional o empenho de ganhar a atenção do mundo por quitutes [...]. A celebridade alcançada por esse meio não é inferior à que se obtém pela filosofia, pela arte e pela ciência.

A cozinha pode, assim, revelar gênios e gênios tantos quanto Kant, Rafael, Mozart, Bethoven.

Nessa linha, é que, em outro texto, um médico aplaude a obra das nossas cozinheiras, "o vinho de alhos", face à hoje comprovada ação terapêutica do alho, a combinação de pimenta malagueta com limão galego como excelente tópico para as inflamações da garganta, entre outros. Como também acentua:

[...] Nos tempos da escravidão entre nós, a nossa cozinha nacional celebrizou-se pelo modo hábil e seguro com que manejava o emprego do feijão, do angu de milho e da gordura. Um instinto científico certeiro guiou os nossos avós [...]. Um dos mais distintos fisiologistas ingleses daquele tempo, o professor Rolleston, de Londres, sem saber o que se passava no Brasil em matéria de alimentação, demonstrava por experiências de laboratório que a associação de feijão, do milho e da gordura constitui uma ração alimentar singularmente completa (Barreto, pp. 14-15).

Portanto, carece de fundamento definir que "o homem é o que come", para se associar uma "alimentação bárbara" (carne crua) a um "temperamento bárbaro" (espanhóis), para caracterizar-se, pelas espécies de comidas consumidas, o brasileiro como "sensual e guloso", o inglês como "pesado" (porque come carne em postas em sangue), "com inteligência para governar no lar e no Estado", a "índole amorosa da raça portuguesa", pelos diminutivos por ela utilizados – "coxinha, mãozinha" (Chagas, pp. 126-128).

Num ensaio especialmente escrito para a *Antologia*, Mota ressalta a extraordinária intuição das tribos indígenas (embora as chame de silvícolas), que anteciparam as propriedades nutritivas e terapêuticas do caju. Sob a influência e as dádivas do cajueiro, protegiam-no como um dos mais valiosos recursos da própria sobrevivência (usavam-no para o preparo de caldos e farinhas). Essa proteção extremava-se nas guerras pela posse dos cajuais, entre tribos do litoral e as que desciam do interior (Cariris, Potiguares e Tabajaras), na época da frutificação, coincidente com o aparecimento de cardumes nas costas nordestinas. Maurício de Nassau chegou a proibir a derrubada de cajuais. Hoje, eles estão entre os mais devastados da região.

Nessa direção, Câmara Cascudo escreve sobre o açaí no Pará, com uma presença mais prestigiosa e contemporânea das heranças indígenas. E, também, sobre a pesca do voador, "[...] peixe do pobre, assado ou cozido com leite de coco, acompanhado de farinha seca ou simples farinha de mandioca. Viaja para o alto sertão. É o mais popular, democrático e proletário dos pescados há mais de quatrocentos anos" (p. 203).

Assim, como em outros textos, o pequi – *py-qui* – é ressaltado como recurso alimentar do sertão, o umbuzeiro como árvore sagrada que desafia secas duradouras e economiza energia vital: *y-mb-u*, árvore que dá de beber água, remédio para sede dos índios que ali passavam.

Boa parte dos textos compilados por Câmara Cascudo nessa *Antologia* não nos convocam ao etnocentrismo, sempre reducionista, segundo o qual seríamos estimulados a exteriorizar valores autóctones de nossa nacionalidade, pelo nativismo, pela exaltação do paraíso tropical e da democracia racial. Mas, pelo contrário, convidam-nos a assumir, criticamente, nossa mistura, ao exercício da tolerância, à investigação de como as artes da comida podem revelar e velar interpretações de nossas experiências históricas e culturais, pelo conhecimento e pelo desconhecimento de nós mesmos, se admitimos ou não diálogos com o outro, com o exterior, com o estrangeiro, sem os desqualificar, com nosso presente em relação ativa com o passado.

A inserção do Brasil no mundo, a partir de 1500, foi feita pela violência da conquista, produto da inserção de terras e povos considerados "bárbaros" no movimento de ocidentalização do planeta. Esta re-inserção – tão propalada num universo dito globalizado –, para expressar vontades livres de cidadãos preocupados com possibilidades de avanços não só materiais, mas humanos, deve ser, antes de tudo, *cultural*.

Nada tão cultural como as artes da comida e de como, nesse campo, as diferentes etnias, gêneros, grupos sociais múltiplos e diversos podem interagir na direção de uma crítica de nosso tão presente passado colonial escravocrata. [N. A. M.]

ANTOLOGIA DO FOLCLORE BRASILEIRO [3]. Nos dois volumes que compõem este livro, Cascudo faz uma espécie de arqueologia do folclore brasileiro em busca das fontes primordiais desta área de conhecimento, através do levantamento dos textos escritos mais remotos a respeito de variadas manifestações folclóricas presenciadas no Brasil desde o século XVI até o início do século XX. Tais fontes seriam provenientes dos abundantes relatos sobre a vida social no Brasil, produzidos por cronistas, viajantes estrangeiros e pelos pioneiros pesquisadores brasileiros, os quais foram, com propriedade, qualificados por Cascudo de precursores, curiosos e veteranos, respectivamente.

Em seu breve prefácio, o autor nos oferece uma definição de folclore em que manifesta seu repúdio às críticas e depreciações freqüentes do meio intelectual em relação a esse campo de estudo, tão atraente para autodidatas diletantes. Sua concepção de folclore revela o sentido profundo e ao mesmo tempo abrangente emprestado a tais estudos.

> Não consiste o FOLCLORE na obediência ao pinturesco, ao sertanejismo anedótico, ao amadorismo do caricatural e do cômico, numa caçada monótona ao pseudotípico, industrializando o popular. É uma ciência da psicologia coletiva, com seus processos de pesquisa, seus métodos de classificação, sua finalidade em psiquiatria, educação, história, sociologia, antropologia, administração, política e religião (p. 9).

Procura ele advertir que, contrariando o que preceituam os teóricos clássicos e mais ortodoxos do folclore, haveria um "folclore indígena, negro, cafre ou hotentote", não sendo um fenômeno exclusivo das sociedades complexas ou do contexto das civilizações. Com isso, ele justifica as inúmeras observações registradas a respeito da vida indígena no Brasil, que constam do seu inventário de autores e obras pioneiras sobre o tema, autores que, naturalmente, impressionaram-se com os usos, costumes e crenças encontrados entre os índios e os descreveram em seus diários de viagem e cartas ou relações, a exemplo dos missionários jesuítas. A inclusão desse repertório nativo de manifestações folclóricas responde, por outro lado, ao interesse de investigar possíveis assimilações e adaptações do folclore indígena ao universo dos mestiços, integrantes da população nacional, ou descobrir variantes desse folclore entre os diferentes grupos e nações indígenas. Dessa forma, tenta demonstrar que no terreno da ação humana, haverá sempre lugar para a fixação folclórica, seja nas sociedades "primitivas", seja nas de modernidade avançada.

Outro aspecto relevante a destacar nessa obra, antes de nos determos em seu conteúdo específico, é que ela tem um caráter inicial e introdutório, o autor busca as bases para fundamentar as suas próprias pesquisas, quando se tornou ele mesmo testemunha ocular de fatos folclóricos antes observados por aqueles predecessores. Embora o uso das fontes aí anotadas tenha sido uma constante em toda a sua obra, o livro que melhor representa a continuidade do trabalho realizado na *Antologia* é o *Dicionário do Folclore Brasileiro* [18], publicado dez anos mais tarde. Aliás, ele foi indicado por Cascudo, em sua "Nota da Terceira Edição" (*Antologia*), ao leitor interessado em conhecer o folclore brasileiro em sua forma contemporânea.

Nesse minucioso e paciente trabalho de compilação e catalogação de fontes precursoras dos estudos folclóricos brasileiros, há um esforço notável para recompor sua história, fixando três momentos ou fases distintas: a) a dos cronistas (entre os quais, vários missionários de origem portuguesa e estrangeira, como os jesuítas Nóbrega, Anchieta e Cardim, os capuchinhos franceses d'Abbeville, d'Evreux, o franciscano Frei Jaboatão, e alguns moradores ou colonizadores portugueses) referentes aos séculos XVI, XVII e XVIII; b) a dos viajantes estrangeiros do século XIX e XX, a maioria oriundos de terras britânicas, como Luccock e Koster, e dos países alemães, como Martius e Ave-Lallemant; e c) a dos estudiosos brasileiros dos séculos XIX e XX. O número total de autores identificados em toda obra chegou a cem, repartidos entre as diferentes categorias já discriminadas. Contudo, foi à fase seguinte que ele dedicou maior atenção, transcrevendo longos trechos de observação e registro sistemático de manifestações folclóricas brasileiras, identificando mais da metade dos autores listados em toda a obra, de modo que essa etapa se estendeu para o segundo volume.

Quanto ao conteúdo dos relatos selecionados por Cascudo, começamos reafirmando que predominaram, na primeira fase, os registros de crenças e rituais indígenas, especialmente dos Tupinambás, mencionando-se em vários deles as crenças no curupira e jurupari, entre outros, interpretados como espíritos do mal e, portanto, associados ao diabo concebido pelos cristãos. Em seguida, aparecem os primeiros relatos sobre os escravos negros, a partir da célebre obra do jesuíta italiano de pseudônimo Antonil, de onde Cascudo extrai tão-somente um ditado popular da época em que se dizia que "para o escravo eram necessários três PPP, a saber, pão, pau e pano" (p. 49). Outro relato mais expressivo sobre os negros, nesta fase, é o do cronista Nuno Marques Pereira, que publicou um livro contendo inúmeras informações sobre festas, mentalidades e superstições no Brasil. No extrato publicado por Cascudo, há uma rápida descrição dos "Calundus", que não foram por ele diretamente presenciados, mas escutados numa fazenda onde o cronista foi hóspede, e explicados por seu anfitrião. Tratava-se de folguedos dos negros, ao som de tambores, em que se faziam adivinhações para descobrir doenças, predizer o futuro e achar objetos perdidos, como também para pedir proteção para as lavouras e caçadas. Devemos destacar, por último, os primeiros registros sobre distorções nas práticas religiosas como procissões, das quais participavam figurantes do povo, mascarados e debochados, em meio ao cortejo sacro.

Os registros dos viajantes do século XIX alcançaram o século XX e abordaram, além dos temas constantes na primeira fase, outros mais diretamente identificados como manifestações folclóricas, vários dos quais se incorporaram à contemporaneidade, como a "congada" e o "bumba-meu-boi"[3]. Abundam ainda as descrições sobre os índios, dessa vez privilegiando os grupos situados na Amazônia, que se mantinham mais fiéis às tradições ancestrais. Os viajantes selecionados tiveram predileção por temas ligados à cultura nacional em que aparecem descrições sobre costumes da sociedade brasileira, com destaque para o interessante relato sobre o "cafuné" feito por Expilly (viajante francês) e registros sobre a vida religiosa e suas singularidades, bem como sobre as danças e os cantos. Entre as danças, há um relato muito expressivo sobre o "Lundu" e já aparecem transcrições de contos populares e indígenas, que se tornarão tema predileto na fase seguinte.

A última fase aborda propriamente as primeiras contribuições sistemáticas de pesquisadores brasileiros, embora incorpore autores que não tinham um compromisso explícito com a pesquisa folclórica. Refiro-me aqui a Lopes Gama, que ao invés de assumir uma postura simpática e de prazer estético ante às manifestações folclóricas, mostrava-se insensível e intolerante em relação a elas. Contudo, Cascudo reconhece a importância da sua contribuição através do periódico que dirigia, *O Carapuceiro*, que por mais de uma década fixou o que julgava os principais vícios da sociedade recifense da época, num tom satírico delicioso. Merece destaque nessa lista o nome de Couto Magalhães, indicado por ele como o "iniciador dos estudos folclóricos no Brasil", realizando um importante registro de lendas indígenas e explorando seu aspecto educativo. Sílvio Romero, igualmente daria grande impulso a esses estudos, publicando vários livros a respeito do nosso folclore, nos quais procurava situar o folclore dos povos formadores do Brasil e as sínteses realizadas no âmbito da cultura brasileira. Para finalizar a lista dos autores inscritos no primeiro volume, citarei apenas mais um que encerra parcialmente o inventário de Cascudo, Pereira da Costa, que se dedicou ao estudo do folclore pernambucano, tendo escrito um livro que foi considerado por Cascudo "o melhor e maior volume documental referente ao Nordeste" (p. 343).

No segundo volume, a galeria dos primeiros estudiosos brasileiros sensíveis e simpáticos às manifestações folclóricas é consideravelmente ampliada. Ela é reiniciada com um autor estrangeiro, porém naturalizado brasileiro, Stradelli (de origem italiana), a quem Cascudo dedicaria um dos seus estudos mais tarde. Embora a maioria desses estudiosos sejam de origem nordestina, como Nina Rodrigues, Arthur Ramos e Leonardo Mota (para citar os mais conhecidos), há em sua lista um número importante de estudiosos paulistas, como os não menos famosos Mário de Andrade (com quem o autor manteve relações de amizade) e Amadeu Amaral, e, entre os oriundos do Rio de Janeiro, encontram-se o brilhante cronista João do Rio e Euclides da Cunha. Os conteúdos explorados privilegiam os temas ligados às superstições, às religiões afro-brasileiras e cultos mágicos, e também àquelas circunscritas ao âmbito da literatura oral, merecendo menção os estudos relativos à musicologia, associados amplamente às obras produzidas pelos autores acima mencionados.

---

3. Vários termos aqui referidos entre aspas reaparecem como verbetes no *Dicionário do Folclore Brasileiro* [18].

Para finalizar, é preciso dizer que o uso desse material etnográfico levantado por Cascudo foi, por muito tempo, alvo de críticas por parte de inúmeros pesquisadores que, ciosos de rigor científico na observação e sistematização de dados etnográficos ou folclóricos, rejeitaram a validade desses registros informais. Entretanto, é inegável que pesquisadores, não só no Brasil como na América Latina e mesmo em Portugal, venham fazendo uso freqüente dessas fontes em seus estudos sobre história social e cultural em seus respectivos contextos nacionais, validando essas observações assistemáticas, após sua necessária relativização. Com isso, o inventário feito por Cascudo continua sendo um valioso instrumento de orientação para as pesquisas de hoje, de modo que sua leitura deve ser muito recomendada aos novos pesquisadores atraídos por temas não apenas ligados ao folclore, mas à etnografia ou à história social brasileira. [M. O. A.]

ANTOLOGIA DE PEDRO VELHO [4]. Trata-se de coletânea de manifestos políticos, discursos, mensagens governamentais e artigos jornalísticos escritos pelo líder republicano da propaganda, deputado federal, governador do Rio Grande do Norte e senador Pedro Velho de Albuquerque Maranhão (1856-1907), quase todos publicados no jornal *A República*, organizada por Luís da Câmara Cascudo em 1954, com curtas notas explicativas ao final de cada texto selecionado. O livro inclui também, como adendos, três breves ensaios sobre a vida do "chefe" da primeira oligarquia do período republicano no Estado. Curiosamente, o índice da obra só apareceu dois anos depois, em 1956, por ocasião da publicação da *Vida de Pedro Velho*, em meio às homenagens pelo centenário de nascimento do "organizador do Estado Republicano" no Rio Grande do Norte.

A coletânea, realizada a convite do governo potiguar, obedece a uma seqüência cronológica, reunindo inicialmente alguns documentos da propaganda republicana escritos por Pedro Velho em 1889. Entre estes, destacam-se o manifesto "Pela Pátria" (pp. 5-6), artigo de apresentação de *A República*, órgão oficial do Partido Republicano do Rio Grande do Norte (PRRN); um folheto praticamente desconhecido até então, que fora publicado no Rio de Janeiro e sintomaticamente distribuído em Natal num 14 de julho, intitulado "Partido Republicano do Rio Grande do Norte" (pp. 7-33), que contém os principais manifestos políticos contra a Monarquia, historiando o movimento republicano norte-rio-grandense, além dos documentos fundadores do partido, como a ata (o único da coletânea não escrito por Pedro Velho) e os estatutos. Esse primeiro bloco se encerra com a transcrição do artigo "A Terceira Cruzada" (pp. 35-37), de dezembro de 1889, já na República, mas cujo conteúdo, de resposta eloqüente às críticas que faziam a Pedro Velho os ex-monarquistas e adesistas de última hora, encastelados na *Gazeta do Natal*, enquadra-se perfeitamente no clima de luta ideológica da propaganda.

Os documentos que Cascudo seleciona a seguir são do conturbado período que vai da eleição indireta do Marechal Deodoro da Fonseca à presidência da República, no final de fevereiro de 1891, até o final do governo Pedro Velho, em março de 1896.

O líder republicano, então deputado federal, votara na chapa Prudente de Moraes/ Floriano Peixoto, rompendo a aliança política que assumira o poder no Rio Grande do Norte após a proclamação e provocando a imediata represália de Deodoro, que entregou o governo potiguar aos ex-monarquistas conservadores do jornal *Rio Grande do Norte,* relegando o grupo de Pedro Velho ao ostracismo de quase um ano na política estadual. Na *Antologia,* Cascudo incluiu o manifesto em que Pedro Velho explicou os motivos de seu voto em Prudente e o primeiro discurso na Câmara dos Deputados (8.8.1891), de caráter denunciador contra os deodoristas do estado (pp. 39-56). Com a renúncia de Deodoro em novembro de 1891, Pedro Velho reassumiu a liderança do PRRN e o controle político estadual, que o levariam, em fevereiro do ano seguinte, a ser eleito governador do Rio Grande do Norte pelo Congresso Legislativo Estadual. Desse período, Cascudo transcreveu trechos da primeira e da última mensagem enviadas pelo governador ao Congresso Legislativo (ambas lidas num 14 de julho de 1893 e 1895, respectivamente – mais uma vez, repare-se no simbolismo da data), em que se pode acompanhar a visão pragmática do político e administrador republicano no exercício do poder, sem os raros mas encontráveis arroubos mais radicais da propaganda (pp. 65-83).

O bloco seguinte da *Antologia* (pp. 85-119), composto por artigos de Pedro Velho em *A República,* em sua coluna dominical denominada "Artiguetes", escritos nos raros períodos em que se encontrava em Natal depois de sua eleição para o Senado, em 1897, é o mais interessante de toda a coletânea. Assinada sugestivamente com o pseudônimo Nemo, o comandante do Nautilus, personagem do romance *Vinte Mil Léguas Submarinas,* de Júlio Verne, a coluna, recheada de ironias e certo humor sarcástico, é a prova de que nos jornais partidários do século XIX e começos do XX, não se encontram apenas áridos manifestos políticos ou violentos editoriais contra os adversários de ocasião, como muitos acreditam, mas também espaços para um "discurso" mais sutil. Como bom político e conhecedor dos costumes de seu tempo, Pedro Velho utilizou-se muito bem desse espaço e Câmara Cascudo foi feliz em selecionar, nos "Artiguetes" de 1897 e 1899, aqueles em que mais aparece a verve espirituosa do oligarca melômano. Seguramente, da *Antologia,* as crônicas escolhidas (sempre compostas por três curtas historietas irônicas e jocosas) são as mais agradáveis de se ler. Dos casos da vida cotidiana da pequena Natal do final do século XIX (a "cidade-aldeia", como a chamava Pedro Velho) até os comentários ferinos sobre o fanatismo das beatas do padre Cícero no Juazeiro ou dos conselheiristas de Canudos, a leitura dos "Artiguetes" mostra a outra face, irônica e debochada, do autoritário oligarca norte-rio-grandense, como o próprio Pedro Velho assume numa das crônicas, justamente intitulada "Ironia" (pp. 155-156).

A *Antologia* propriamente dita se encerra com alguns discursos pronunciados por Pedro Velho em ocasiões especiais, normalmente respostas a homenagens de correligionários por ocasião de seu aniversário (27 de novembro), como o último discurso que pronunciou na vida (27.11.1907, pp. 199-201), doze dias antes de morrer, ao receber uma saudação de todos os presidentes de Intendência do Rio Grande do Norte. Merece menção, nessa parte, o último discurso de Pedro Velho no Rio de

Janeiro, em 20 de junho de 1907 (pp. 195-197), ao ser incumbido por um grupo de senadores de saudar Rui Barbosa, então de partida para Haia, onde participaria, como delegado do governo brasileiro, da famosa Conferência Internacional sobre a paz, que o consagraria. No estilo retórico da época, Pedro Velho não mede esforços em elogiar o futuro "Águia de Haia", esquecendo-se, como era de praxe, das antigas divergências que vinham do tempo em que o político baiano fora Ministro da Fazenda do Governo Provisório.

No final da *Antologia*, Câmara Cascudo incluiu, como adendos, três textos sobre a vida de Pedro Velho. O primeiro (pp. 205-214), escrito por Domingos de Barros uma semana após a morte do senador potiguar, é um relato emocionado dos últimos dias do chefe republicano norte-rio-grandense, que falecera em seus braços no Recife, a bordo do navio que os levaria ao Rio de Janeiro para tratar dos problemas cardíacos que acabariam por matá-lo, aos 51 anos de idade; o segundo texto (pp. 215-219) é um discurso laudatório do político e jornalista fluminense Alcindo Guanabara, que fora companheiro de Pedro Velho no Congresso Nacional desde os tempos da Constituinte de 1891, pronunciado em homenagem ao morto recente na Associação dos Empregados no Comércio do Rio de Janeiro, a 15 de janeiro de 1908, que o escritor, um dos fundadores da Academia Brasileira de Letras, incluiria no livro *Discursos fora da Câmara*, publicado em 1911.

O último adendo (pp. 221-250) é um ensaio do próprio Cascudo, intitulado "Meu Retrato de Pedro Velho", esboço da *Vida de Pedro Velho*, que seria publicada em 1956, por ocasião do centenário de nascimento do ex-governador. Retrato generoso demais, que Câmara Cascudo justificaria no prefácio da *Vida* (p. 7) um pouco como uma herança paterna (seu pai fora, durante muitos anos, um leal correligionário do "Chefe", privando da intimidade da casa dos Albuquerque Maranhão), que transmitira ao filho a admiração quase sagrada pelo líder oligárquico potiguar, da qual só a muito custo Cascudo procuraria libertar-se (nunca totalmente) para escrever, com a pretendida isenção do historiador, a biografia do ícone de sua infância. [A. C. B.]

ATENEU NORTE-RIO-GRANDENSE [5]. O trabalho foi escrito por Câmara Cascudo em 1959, 125º aniversário de fundação da escola. Criado em 3 de fevereiro de 1834, o Ateneu perdeu seu nome original em 1943, quando foi mudado para "Colégio Estadual", transformado em "Instituto de Educação" a partir de 1954. A antiga denominação – que consagrou a escola como responsável pela formação da elite norte-rio-grandense, atuante em linha de frente de postos governamentais, como vanguarda da intelectualidade da região – foi restaurada em 1959. Recuperar a designação significou reatualizar a tradição da escola, que foi dirigida pelo próprio Câmara Cascudo. Cabe lembrar que, segundo o livro, a direção do Ateneu ficou inicialmente reservada ao próprio Presidente da Província, demonstrando como sua existência esteve fortemente marcada pela política administrativa do Rio Grande do Norte. Isso foi alterado em 1849, passando o cargo a ser exercido pelo Diretor da Instrução Pública.

O livro foi apresentado por José Augusto Bezerra de Medeiros, também antigo professor e diretor do Ateneu, que usou as palavras e expressões "progresso" e "bem da terra", demonstrando percepções da nação afinadas a um poder excludente em relação a quem não fazia parte da elite. A escola foi referida como "templo da educação", ligada metaforicamente ao universo do sagrado, afastando qualquer possibilidade de crítica e tensão no que se refere à instituição. Medeiros apresentou Cascudo como "príncipe das letras potiguares e o maior dos nossos historiadores", consagrando a obra como plenamente confiável: através dela, o Ateneu se eternizava na memória dos potiguares e da nação.

Câmara Cascudo, no prefácio do livro, indica que seu escrito é um registro do período inicial da escola, sem a pretensão de considerá-lo a história do Ateneu.

Um dos grandes méritos do volume é trazer para conhecimento público fontes sobre a história dessa escola, como o estatuto, livros de matrículas e diplomas, informações sobre professores e outros funcionários, disciplinas ministradas etc., reproduzindo trechos ou mesmo versões integrais de documentos, além de percorrer a historiografia sobre o Rio Grande do Norte, de forma predominantemente descritiva.

A relação do autor com essas fontes como que legitima as afirmações feitas sobre a instituição, mostrando a situação da província e do estado do Rio Grande do Norte no contexto nacional, sendo o Ateneu sintonizado com escolas de outras cidades brasileiras, antecipando-se mesmo ao Colégio Pedro II, do Rio de Janeiro, nascido apenas em dezembro de 1837, donde aquela escola poder ser encarada como exemplo para outras províncias, como se observa em trecho do Relatório do Presidente Quaresma:

> [...] e que mais falta para constituir um Colégio de Belas Artes? Os Estatutos! Eles vos vão ser apresentados: recebei-os e ponde arremate a essa tão importante obra! Que as outras Províncias do Império aplaudam a existência do ATENEU DO RIO GRANDE DO NORTE, e que nossos vindouros digam a seus filhos, apontando-lhe com o dedo: é ao Conselho de 1833 que devemos esse tão útil Estabelecimento.

Essa criação ocorreu durante o período regencial, marcado por múltiplas práticas políticas e institucionais, englobando centralização, descentralização e até sendo caracterizada como informal "experiência republicana"[4].

Há um esforço de fundamentação erudita de fatos – a data da criação da escola, os responsáveis pela instalação da entidade – com base em documentação, o que foi visto pelo autor como sua maior contribuição de pesquisa, na medida em que informava corretamente aquele aspecto de existência da instituição. Ele assumiu, identificou-se com e glorificou personagens responsáveis pela criação do Ateneu.

Cascudo apontou trajetos políticos e intelectuais do fundador do Ateneu Norte-Rio-Grandense, o Presidente da Província Basílio Quaresma Torreão, que o qualificavam como figura comprometida com importantes momentos históricos e intelectuais, legitimando a criação do Ateneu: participação nas Revoluções de 1817 e 1824, atua-

---

4. Paulo Pereira de Castro, "A 'Experiência Republicana', 1831-1840", em Sérgio Buarque de Hollanda (org.), *O Brasil Monárquico*, 6ª ed., Rio de Janeiro, Bertrand do Brasil, 1995, pp. 9-67 (História Geral da Civilização Brasileira II – 2 – 4).

ção na Independência do Brasil, escritor, primeiro bibliotecário do Curso Jurídico de Olinda, em 1832... Na pequena biografia desse homem público, aparecem atributos intelectuais significativos, como ser amante dos clássicos, envolvido com a história, na medida em que percorria arquivos, além de ter fundado o primeiro jornal da província (*O Natalense*, 1832-1837).

A concepção de história do próprio Cascudo valoriza aquela busca centrada nos arquivos. Tal caracterização é importante para os estudos históricos, mas ela se limita, muitas vezes, em seu texto, a uma história factual, menos preocupada com diálogos críticos, enfatizando o caráter da descrição daquilo que o documento diz.

Para enfatizar a grandiosidade de seu trabalho, Cascudo arrola dificuldades de suas tarefas (documentos ilegíveis ou mutilados, equívocos históricos cometidos) que, depois, cuidou de clarear, tornando sua história a mais confiável e verdadeira, realizada a partir de um trabalho sistemático, pretendendo ser um memorialista que esclarece através de um conhecimento capaz de desmontar enganos.

Quem se formava no Ateneu, durante o século XIX, podia ocupar cargos públicos de prestígio na região, o que demonstra que a escola desempenhava a função de preparar quadros para a burocracia imperial e para a vida política.

Para Câmara Cascudo, a dimensão fundamental de sua história do Ateneu Norte-Rio-Grandense é revelar data correta e comprovada de acontecimentos e personagens documentados. Assim, ele, como autor, teria a tarefa pioneira de tornar claro para os potiguares e outros setores da população brasileira a importância de recuperar o momento exato da fundação da escola, afinado com os projetos mais avançados para a nação. A questão é tão importante para ele que o livro contém um tópico específico com o título "A Data da Fundação" (pp. 13-17).

O Ateneu reuniu as aulas maiores (filosofia, retórica, geometria, francês e latim) preexistentes, visando a dar unidade e a fundir as mesmas, sendo destacada a necessidade de ficarem "ao alcance das vistas do governo". A escola foi primeiramente instalada num edifício antes reservado a aquartelamento, o que permite deduzir que não havia prédio próprio para desempenhar aquela função. Ao mesmo tempo, houve referências ao Ateneu como "edifício moral", traduzindo a perspectiva de apresentar a escola como lugar de cultura, formação moral e altos valores da sociedade, donde os esclarecimentos que o autor fez sobre o nome adotado, derivado da deusa grega Atena, " 'a sabedora', acompanhada pelo mocho grave e sério", identificando-se a tradição clássica que englobava poesia, história e ciência, culminando na "plenitude do conhecimento e mesmo da busca, da pesquisa, na batalha pela Certeza das Cousas e das Causas". Cascudo reproduziu o dístico colocado na porta principal do Ateneu, que evocava a mudança de função do prédio:

DE GUERREIROS ASSENTO FUI OUTRORA,
HOJE D'AQUILO QUE MINERVA ADORA.

Os dispositivos disciplinares dos estatutos do Ateneu previam para os alunos instâncias internas de punição e até apelo à autoridade policial, incluindo processo criminal. O uso da palmatória foi oficializado em 1849.

Houve preocupação de fazer biografias sucintas de professores que ministravam as aulas maiores, valendo destacar o que ele afirmou sobre Elias Antônio Cavalcanti de Albuquerque, administrador do município de Apodi, presidente da primeira Câmara Municipal e deputado provincial, além de secretário da instrução pública. Essa trajetória pública foi também realçada em relação ao Padre Antônio Xavier Garcia de Almeida, diretor da instrução pública, deputado provincial e presidente da Assembléia Legislativa. Eram figuras que ocupavam postos de destaque na vida política norte-rio-grandense ou mesmo de outras províncias. Isso foi também relatado em relação àqueles que elaboraram os estatutos do Ateneu, caso de Joaquim Aires de Almeida Freitas, juiz de direito e futuro presidente da província, além de primeiro chefe de polícia, instituição criada nessa primeira metade do século XIX, representando o estado nacional, nascido há poucos anos. O professor Urbano Égide da Silva Costa, além de proprietário de terras, teve destacada a patente de tenente-coronel da Guarda Nacional. Cipriano Barata, que participou da Inconfidência Baiana, da Revolução de 1817 e da Confederação do Equador, lecionou francês no Ateneu a partir de 1837.

Por intermédio do livro, o autor evidencia uma atuação de elite norte-rio-grandense que extrapolava os limites provinciais, para estar a serviço da nação, o que configura um compromisso do Ateneu com o que havia de mais grandioso no país, incluindo uma idealização que caracterizava a escola como "Casa da Sabedoria, fiel ao seu destino alto e puro". Dessa forma, historicamente, Cascudo falava de um destino que retirava possibilidades de mudanças e transformações derivadas da ação de sujeitos, destino identificado à origem, que garantia o caminho certo.

Nos estatutos, aparecem funções e atribuições de cada uma das aulas, regulamentos referentes às atividades de professores, alunos, bedel e porteiro. Vale lembrar que uma escola como o Ateneu contava com lentes e congregação docente, estrutura que sobreviveu até a primeira metade do século XX e está associada a imagens de excelência do corpo de professores[5].

Apesar de o livro ter um caráter de glorificação da escola, podem-se perceber, através de suas páginas, razões de descontentamentos ou conflitos em relação, por exemplo, a vencimentos pagos, porque desiguais. Outra fonte de tensão era a distribuição dos horários entre os professores. Havia ainda um rigor no que se refere ao risco de se exceder despesas, como se observa no documento de aprovação regencial, datado do Rio de Janeiro, aos 25 de junho de 1834. Além disso, os primeiros professores e alunos temiam que o edifício do Ateneu fosse ocupado por um batalhão de linha, o que chegou a ocorrer, provocando o deslocamento de alunos para as casas dos professores, onde as aulas eram ministradas. Daí, o desejo de contar com edifício próprio, apesar das dificuldades financeiras da província, o que começou a ser satisfeito em 1848, pelo Presidente Frederico Augusto Pamplona (cearense), sendo a obra

---

5. Cascudo foi catedrático de História da América naquela instituição e sua Tese de Concurso está incluída no livro: *O Homem Americano e seus Temas: Tentativa de Síntese* [39].

terminada em 1858, sob a presidência de Antonio Marcelino Nunes Gonçalves (maranhense, que presidiu, além do Rio Grande do Norte, Ceará e Pernambuco e foi deputado geral, senador, conselheiro de Estado e visconde de São Luís do Maranhão), referências que demonstram a existência de uma elite imperial que circulava entre diferentes províncias nordestinas. A fundação do novo prédio se deu em 1859.

Outra evidência de tensões foi a crítica que José Joaquim da Cunha, presidente da província, fez ao Ateneu em 1851, destacando a grande reprovação, o baixo aproveitamento dos alunos e os altos custos da escola para a província. Um desdobramento dessas críticas foi a extinção do Ateneu pela Resolução 253, de 27 de março de 1852, que voltou apenas em 1856, com o nome Ateneu Rio-Grandense.

Nessa localização, o Ateneu abrigou "duas Escolas Normais, Assembléia Legislativa, Biblioteca Pública, Casa do Governo e Paço Episcopal", o que demonstra a grande importância da escola na cidade, identificada a instituições de amplo significado civil e religioso.

Essa segunda sede funcionou até 1954, quando foi inaugurado, com o nome de Instituto de Educação, outro edifício no bairro natalense de Petrópolis (onde funciona até o ano 2003), sendo o prédio anterior doado à Faculdade de Odontologia. As localizações do Ateneu evidenciam ligação com bairros de elite na cidade, associadas a uma clientela socialmente privilegiada ao menos até a década de 1960, preservando um ensino de qualidade, adequado à formação desses quadros sociais.

O trabalho de Câmara Cascudo é de fundamental importância para se pensar criticamente sobre a existência do Ateneu Norte-Rio-Grandense e pode servir de inspiração para outras pesquisas sobre a trajetória dessa escola, como o recolhimento de depoimentos orais de ex-alunos de várias gerações que viveram a instituição, lembrando que todo documento, seja oral, escrito ou tridimensional, deve ser visto como interpretação de experiências vividas, que implicam em refletir sobre relações de poder, destacando o espaço da cidade, concebido em sua multiplicidade, que representa também tensões e conflitos. [O. B.]

BREVE HISTÓRIA DO PALÁCIO POTENGI [6]. Este livro é uma plaquete de 48 páginas. Embora não inclua nenhuma informação ou advertência a esse respeito, ela constitui uma reedição atualizada da *Breve História do Palácio da Esperança*, editada pelo Departamento de Imprensa do Rio Grande do Norte em 1961. O conteúdo do livro é transcrição literal, com poucas alterações ortográficas, do capítulo XVIII da *História da Cidade do Natal*, de 1946, intitulado "Onde morava o Governo"[1]. Com o nome "A Casa do Governo", esse texto foi publicado originalmente em forma de artigos no jornal *A República*, na década de 1940.

O texto da *Breve História do Palácio da Esperança* é precedido por uma epígrafe que reproduz seu parágrafo de conclusão e por uma nota introdutória do então Governador Aluizio Alves. Acrescentaram-se no final, como anexos, a cronologia dos governantes do Rio Grande do Norte[2], desde a sua colonização até o início da década de 1960; dois decretos (o de n. 2.521, de 10 de dezembro de 1954, e o de n. 3.803, de 31 de janeiro de 1961) que renomeiam a referida casa de governo; duas ilustrações do edifício em épocas diferentes (1902 e 1962) e a planta baixa dos dois pavimentos do prédio restaurado em 1961.

A edição de 1978, com o título de *Breve História do Palácio Potengi,* traz uma atualização da cronologia dos governantes até a metade da década de 1970, além do decreto n. 5.471, de 15 de março de 1971, que restaura a denominação da sede da administração do estado. Excluem-se as fotos e, talvez por um erro de composição, a página 23, que deveria conter o título da parte seguinte: Cronologia dos Capitães-Mores, Presidentes da Província e Governadores do Rio Grande do Norte, presente na primeira edição.

Nas duas edições, o nome do autor está ausente na capa, na contracapa e na folha de rosto, aparecendo no final do texto principal, junto ao título do livro de que ele foi

---

1. *História da Cidade do Natal* [32]. Para maiores informações, ver: Zila Mamede, *Luis da Câmara Cascudo: 50 Anos de Vida Intelectual 1918-1968, op. cit.*, p. 246.
2. A relação cronológica dos capitães-mores, presidentes de província e governadores do Estado do Rio Grande do Norte foi atualizada em obras anteriores de Câmara Cascudo. Em *Governo do Rio Grande do Norte* [29], ela compreende o período entre 1597 a 1939 e na *História do Rio Grande do Norte*, esse período é ampliado até 1951 [36].

transcrito. A capa exibe o frontão do Palácio, em desenho assinado pelo artista plástico potiguar Newton Navarro, e o título, que se modifica de uma edição para outra.

As palavras de Aluizio Alves na introdução do livro são datadas de 28 de outubro de 1961 e justificam, com argumentos populistas, a nova mudança de nome do Palácio. O Palácio, anteriormente chamado do Tesouro, passou a ser do Governo, depois Potengi e, a partir de então, da Esperança. A denominação funda-se na vontade popular que "o decreto apenas legalizou". A esperança ganha roupa nova, o seu símbolo mais concreto também. O prédio fora restaurado para exercer tal função. E o compromisso com o povo, referendado pelas urnas, deve ter motivado a primeira edição do texto em forma de plaquete que reconstitui os deslocamentos da sede do poder dentro dos bairros iniciais de Natal.

"Onde morava o Governo?" Nesse tom de intimidade, Câmara Cascudo tenta descobrir e apresentar, através de relatos ou fatos concretos, os locais que serviram de sede aos governos e de moradia aos governantes. Descreve os edifícios, alguns ainda existentes, outros reduzidos aos indícios de sua localização, seus moradores e os acontecimentos que muitas vezes mudaram os rumos da história política e a vida dos grupos no poder ou, simplesmente, o cotidiano daqueles que, ao longo do tempo, habitaram-nos ou se hospedaram neles. A cronologia dos governantes complementa a descrição dos atores dessa história e delimita o seu tempo (1597-1974).

Do Forte dos Reis Magos ao Palácio Potengi, são seis os edifícios que Câmara Cascudo identifica como residência dos representantes máximos da administração pública local. O Forte sediou por quase um século o governo colonial e seu pequeno séquito. Foi também sede do domínio holandês. A segunda casa, de que não se conhecem a data nem o local preciso de sua construção, foi demolida em 1830. "Onde ficava esse Palácio?". Relatos apontam duas possibilidades de localização, diante da Igreja Matriz, na Rua Grande, Largo da Matriz, enfim, do lado oposto ao da Igreja situada na atual Praça André de Albuquerque. "Ninguém sabe onde ficava", mas sabe-se dos fatos e dos assuntos de que foi palco o seu interior: "As horas tumultuosas e festivas da Independência e Proclamação do Império [...]" (p.13), entre outros.

No ano de sua demolição, a Casa de Governo já se encontrava em outro edifício, na Rua da Cruz, hoje Junqueira Ayres, local de construção da antiga Capitania dos Portos. Foi a casa onde se organizou a Província: "Daquela casa governaram a província nomes famosos [...]" (p. 14). A Rua da Conceição sediou o quarto Palácio do Governo: um sobrado alugado em 1862. O prédio resistiu até 1914, quando foi demolido, mas como local da administração, existiu somente até 1869. Neste ano, a "residência do Executivo" desceu para a Ribeira, para a rua do Commercio, hoje rua Chile: "Era o sobrado com sotéia, o mais imponente, o mais alto e mais caro do seu tempo, verdadeiro orgulho da cidade" (p. 17)[3]. Ele presenciou os últimos e intensos momentos da vida política da província e os primeiros dos governadores. Nele, organizou-se o Estado "nas bases constitucionais republicanas". Em 1902, o poder subiu

---

3. Atualizamos e corrigimos, quando necessário, a ortografia do texto.

a ladeira e, na Cidade Alta, instalou-se no que era então o Palácio do Tesouro. Construído a partir da demolição de outros, o prédio que abrigou o sexto palácio já "Nasceu para funções políticas e continua abrigando repartições, mesinhas, papelório, convenções, ordens, sonhos e decepções" (p. 19). Sua construção terminou em 1872, mas somente em 1902 ele se tornou a sede do poder maior do estado com a nova denominação de "Palácio do Governo".

Embora os anexos apareçam como algo enxertado *a posteriori*, sem comentários que os relacionem à obra como um todo, eles mostram que esse edifício de estilo neoclássico se consolidara como espaço físico do comando ou "lugar da chefia" desde o início do século. A cada restauração, a cada reforma, corresponde, porém, um novo nome. Em 1954, passa de Palácio do Governo a Palácio Potengi; em 1961, é o Palácio da Esperança e, dez anos depois, volta a se chamar Palácio Potengi. No entanto, se essa edição fosse atualizada em função dos acontecimentos posteriores, dever-se-ia anexar a ela um outro decreto, o de n. 12.940, de 28 de março de 1996, e os termos do convênio com a Fundação José Augusto. O primeiro atribui à Governadoria do Centro Administrativo do Estado a denominação de Palácio de Despachos de Lagoa Nova, deslocando a sede do governo do centro da cidade para sua área de expansão; o segundo transfere a administração do edifício do antigo Palácio do Governo da praça 7 de Setembro para a Fundação José Augusto, mudando não apenas o seu nome, mas também a sua função. Hoje, ele se chama Palácio da Cultura e, além de abrigar a Pinacoteca do Estado, disponibiliza suas salas e salões para atividades culturais, como exposições temporárias, lançamentos de livros e realizações de eventos.

Dessa forma, mais do que uma *Breve História do Palácio Potengi* [3], o livro enfoca a história das sedes do poder político ao longo do processo de construção da cidade de Natal, seus prédios e seus personagens. Entretanto, ele se ressente principalmente da ausência de uma apresentação que explique essa nova edição de textos publicados em décadas anteriores, articulando as diferentes partes que a constituem, de modo a permitir uma melhor compreensão de seu conteúdo e seu uso como ponto de partida para novos estudos sobre esse assunto. O texto registra fatos passíveis de investigação; relatados de modo excessivamente sucinto, ligeiro e descompromissado, eles carecem, todavia, de maiores referências e dados mais precisos. Esses aspectos, aliás, não desprestigiam a obra nem seu autor, mas devem ser levados ao conhecimento do leitor desavisado.

Analisar os espaços isoladamente, sem articulação com um processo de interpretação global, envolve o risco de uma descrição que pode dar conta de parte de uma realidade, mas dificilmente explicitará ou explicará as razões de sua espacialidade. O lugar onde se acham os equipamentos e as atividades na cidade não se configura nem é escolhido por acaso. E o espaço urbano, assim como a sua arquitetura, está repleto de significados. O poder sempre encontra sua expressão na arquitetura e em espaços diferenciados, conformados ou estruturados por ele, dentro da cidade. Por isso, o edifício-sede das instituições do poder político acompanha suas necessidades de controle, de domínio sobre as atividades sociais, seja de um espaço menor, seja dos grandes espaços característicos da época moderna.

O poder militar, função inicial, firmou-se em espaços fortificados e segregados, sendo o forte o primeiro símbolo da posse de um território. Foi assim particularmente em Natal, porque, nessa época, a ocupação do espaço para outros usos e por outros grupos sociais era quase inexistente; o que determinou sua localização foram os interesses estratégicos de defesa, garantia do "avanço português no setentrião do Brasil". O forte era mais do que a sede do governo local. Mas a cidade cria-se e, com ela, surge uma outra relação entre espaço e poder. E em seu ponto mais central, núcleo geográfico repleto de conteúdo social, vão situar-se os equipamentos dos gestores do território.

No entanto, a dinâmica urbana, sociedade e espaço, conforma territórios diferentes em momentos diversos da história, sempre criando locais geograficamente estratégicos de irradiação do poder. E as sedes do governo acompanham, ou provocam, esses deslocamentos, principalmente seguindo os caminhos delineados pelas elites dominantes. Se a atividade comercial agroexportadora é então o complemento, no espaço urbano, da principal atividade econômica desse momento, e se o espaço que representa simbolicamente esse poder está na Ribeira, é ali que o prédio do governo deve-se localizar. Mas se o espaço já parece deteriorado, devido à aglomeração, à superposição de usos diversos, ou se se pretende dar nova relevância ao poder político, o poder muda de lugar, sobe para a Cidade Alta; se se deseja mostrar que o momento é de progresso, de modernidade, se a intenção é negar um momento anterior, cumpre destruir os símbolos que representam o atraso colonial e construir ou restaurar, dar a este "novo" momento o espaço físico capaz de representá-lo.

Renovam-se os espaços, mas não os grupos sociais enquistados no poder, representantes das oligarquias. Esta questão pode gerar um outro debate: estaria o deslocamento de um lugar para outro vinculado a uma nova configuração política e representando novas estratégias dos grupos no poder?

Assim, o texto de Câmara Cascudo pode suscitar uma discussão sobre a construção e desconstrução dos territórios e lugares na cidade[4]. As sedes do governo, dentro de seu caráter simbólico, ora consolidam territórios, ora promovem o aparecimento de outros, valorizando ou incentivando a ocupação de novas áreas, muitas vezes seguindo as mesmas leis e regras de mercado que dominam a distribuição dos usos e ocupações na cidade capitalista. [A. L. A. F.]

---

4. Vários autores podem contribuir para essa discussão. Entre eles, sugerimos: Claude Raffestin, *Por uma Geografia do Poder*, São Paulo, Ática, 1993; Paul Claval, *Espaço e Poder*, Rio de Janeiro, Zahar, 1979; Joan-Eugeni Sánchez, *La Geografia y el Espacio Social del Poder*, Barcelona, Los Livros de la Frontera, 1981; Milton Santos (org.), *et. al. Território: Globalização e Fragmentação*, São Paulo, Hucitec/ANPUR, 1994; Flávio Villaça, *Espaço Intra-urbano no Brasil*, São Paulo, Nobel, 1998.

NO CAMINHO DO AVIÃO [7]. Com esse sugestivo título, Luís da Câmara Cascudo reuniu, em 1933, um conjunto de textos por ele escritos para seu jornal diário e, como correspondente, para a *United Press*, sobre a passagem de alguns pioneiros da aviação por Natal. Aí, registra e comenta como a pequena cidade começava, naqueles anos, a entrar na rota dos vôos nacionais, continentais e mesmo intercontinentais.

Nas "Preliminares", Câmara Cascudo define seus textos como "notas de repórter" e esclarece que procurou incluir informações precisas sobre os reides e sobre os aviões, pois esses dados poderiam, um dia, interessar ao historiador da aviação. Ou seja, seu objetivo nesses escritos não era realizar estudos sistemáticos sobre o significado dos fatos vividos, mas registrá-los, como um observador contemporâneo.

Trata-se de dois conjuntos de textos de natureza distinta.

Inicialmente, estão coletadas quinze pequenas crônicas, escritas para serem publicadas em jornais, e que tratam da passagem por Natal de aviadores brasileiros e estrangeiros que eram notícia, merecendo assim a atenção do repórter. São variados, alguns mais técnicos, outros mais discursivos, que apresentam informações sobre os pilotos, seus aparelhos, os vôos realizados, a recepção que receberam, mas também não se furtam a comentários e reflexões sobre os personagens e os significados mais amplos destes vôos pioneiros.

Já a cronologia, apesar de conter alguns breves comentários, é mais uma listagem dos vôos, apresentando data dos eventos, dados sobre os pilotos e sobre os aviões.

Os textos estão enriquecidos por notas redigidas por Fernando Hyppólito da Costa, contendo informações complementares sobre os vôos tratados nas crônicas.

Minha análise vai se voltar, a seguir, para as crônicas, textos de época, que se constituem em rico material para o historiador que se dedica ao estudo desses anos, nos quais os aviões começavam a fazer parte, não apenas do cotidiano dos natalenses, mas das populações dos vários continentes.

Treze das quinze crônicas têm por título os nomes dos aviadores que passaram por Natal nesses anos, o que nos mostra que esses personagens eram vistos pelo jornalista como as figuras centrais dos eventos que estava registrando.

Sua passagem pela pequena cidade era um acontecimento social que envolvia a população e os governantes. Vemos assim se sucederem os registros de homenagens aos heróicos aviadores que se aventuravam pelos ares e que por ali trafegavam. Ao mesmo tempo, os vôos aéreos intercontinentais projetavam a cidade internacionalmente, pois eram vôos pioneiros, conquistas que estavam sendo registradas como marcos nos anais da história universal. Alguns dos aviadores focalizados pelo repórter eram bastante populares na época e, por suas façanhas, tornavam-se os novos mitos da civilização moderna.

A primeira crônica, de 1922, trata de um evento local, o primeiro pouso de um avião em Natal, sendo aí registrado o espanto que causou na população natalense a descida, no rio Potengi, do hidroavião Sampaio Correa II, pilotado pelo brasileiro Euclides Pinto Martins. Note-se que esse é um dos registros de amerissagens de hidroaviões, bastante presentes nas crônicas de Câmara Cascudo por serem os principais veículos dos primeiros vôos interoceânicos; mas as crônicas também registram sua substituição gradativa pelos aviões comuns, mais ágeis e menos custosos.

As notícias referentes a 1926 já nos mostram que, com as primeiras travessias do Atlântico Sul, Natal começava a adquirir uma posição estratégica internacional, constituindo-se em passagem obrigatória para os vôos intercontinentais. Pode-se dizer que começa então a fase áurea desse conjunto de reportagens, que registram, numa sucessão acelerada, a passagem pela cidade de alguns dos mais destacados aviadores, pioneiros que, muitas vezes com aparelhos modestos, lançavam-se em empreendimentos que colocavam suas vidas em risco.

Podemos acompanhar, assim, a passagem, em fevereiro de 1927, do italiano Francesco de Pinedo em seu hidroavião Santa Maria, o primeiro a atravessar o Atlântico Sul; em março do mesmo ano, o português Sarmento de Beires, que, com o hidroavião Argos, realizou a primeira travessia noturna da África a Fernando de Noronha e Natal; e, em maio, a primeira travessia realizada por brasileiros, tendo por piloto Ribeiro de Barros, no hidroavião Jaú. Ou ainda, no início dos anos de 1930, os vôos solitários de pilotos afamados como Bert Hinkler e Jim Mollison, quando as viagens interoceânicas começavam a se tornar "um passeio".

A faceta heróica desses primeiros aviadores está presente nas várias crônicas. No entanto, Câmara Cascudo surpreende o leitor, entremeando os textos com frases desconcertantes, que parecem ter por objetivo trazer esses seres míticos para a condição humana. Sua atuação como repórter, com acesso a entrevistas e observações mais aproximadas dos ídolos, lhe dava elementos para isso. Vemos assim surgir a frieza e o ar desdenhoso de Francesco de Pinedo; a competência, mas também a falta de amizade, de Costes e Le Brix; e mesmo um certo olhar crítico em relação a Charles Lindbergh, então considerado o maior de todos os aviadores, apresentado pelo autor como um herói construído pela mídia.

As crônicas são também entremeadas de considerações sobre o papel que esses vôos pioneiros adquiriam no mundo moderno, como no texto dedicado ao português Sarmento de Beires, que Câmara Cascudo compara aos capitães-mores do século XVI; ou quando o vôo realizado pelos franceses Costes e Le Brix é comparado à viagem de Sarah Bernardt, uma verdadeira "missão civilizadora nas três Américas".

O conjunto de textos constitui-se também num registro de como esses reides não eram apenas fruto do empenho de aviadores destemidos e que as nações mais ricas marcavam presença na conquista das rotas aéreas. Assim, está noticiada a passagem por Natal, em março de 1927, de uma esquadrilha de cinco aviões norte-americanos, liderados pelo major Herbert Dargue, em viagem de quatro meses pelo continente americano. E, em janeiro de 1931, a de uma esquadrilha de doze hidroaviões italianos, comandados pelo general Italo Balbo, em missão oficial do governo Mussolini.

Duas outras nações também marcam presença nos registros do repórter, a França e a Alemanha, por meio de companhias de vôo comercial, respectivamente a Latécoère e a Condor. Em Natal, nesses anos, como nos conta Câmara Cascudo, foi marcante a presença do serviço postal da Latécoère que, a partir de 1927, passou a operar na América do Sul e, em 1930, realizou a primeira ligação Europa/África/América do Sul. Natal tornou-se uma das sedes dessa companhia que construiu, para suas atividades, a primeira pista da cidade, em Parnamirim.

O texto sobre a Latécoère retoma um ponto que, como vimos, era caro ao autor, o da condição humana dos vôos aéreos. É assim que – após declarar que a regularidade das atividades da companhia francesa, no vai-e-vem de trazer cartas e levar passageiros, tornou o avião familiar aos habitantes de Natal – conclui que esses vôos "despiram do aviador a sua carapaça divina e tornaram-no apenas e gloriosamente um homem-que-vence-a-natureza".

Finalizando, queremos salientar que esse conjunto de textos é registro precioso de um momento muito especial da história brasileira e mundial, quando os vôos aéreos transformavam a vida das regiões mais afastadas, causando fascínio, constituindo-se em notícia local e internacional. Revelam também como eles eram vivenciados por Câmara Cascudo, que, não se limitando ao simples registro dos eventos, passa ao leitor seus questionamentos sobre essa grande epopéia do homem moderno. [M. A. M. D.]

CANTO DE MURO [8]. Esgotado na primeira tiragem da Livraria José Olympio, em 1959, e na segunda, quando entrou, em 1977, para a Coleção Sagarana, da mesma editora carioca, *Canto de Muro* está entre os "livros que 'ficam'"; tornou-se um "daqueles 'clássicos de segunda fileira' que fazem as delícias dos amadores sutis e exigentes", conforme previa o crítico Wilson Martins[1].

Romance na vertente do regionalismo nordestino? Que mais andou fazendo nosso grande folclorista?, poderá se perguntar o leitor desavisado ao primeiro contato com a capa do volume. Não lhe tardarão as respostas. *Canto de Muro* é, de fato, um "romance de costumes", como o classifica, com humor, seu subtítulo. Mas, um romance de costumes que se debruça sobre o mundo dos animais, tendo como personagens insetos, aves, répteis, pequenos mamíferos moradores e visitantes de um

---

1. Wilson Martins, "Canto de Muro", em [8]; fragmento da apresentação na aba, posto na capa do livro.

quintal abandonado, o canto do muro velho, em Natal, onde árvores, trepadeiras, chão, ruínas e refugos guardam existências miúdas em constante sobressalto. É um romance que fixa elementos da fauna e da flora, uma geografia regional e explora ditos, sabenças e práticas do nordeste brasileiro. Mesmo enriquecendo a singularidade do espaço, ao colocá-la na esteira da história dos homens e da chamada história natural e ao buscar vínculos com outras regiões do Brasil, privilegia sempre a tonalidade do folclore.

Romance, descarta a fábula na construção da trama que leva em conta a condição dos bichos na natureza, além das fronteiras do bem e do mal, e se limita a onomatopéias ou menções às vozes dos animais. Morcego, urubu, aranha, bacurau, lagartixa, lacrau e tantos outros não estão ali para transmitir recados morais. Existem simplesmente. Conservam sua autonomia de personagens decalcados em indivíduos da realidade, alheios à comprovação de teses e traços. Em nota de abertura à primeira edição, o autor assim os encara, ironizando as experiências científicas:

> Se alguns dos meus personagens, fixados na liberdade de todas as horas do dia e da noite, portaram-se aqui diferentemente do que fizeram nos laboratórios científicos, nas horas de experimentação grave, a culpa pertence a eles pela duplicidade cínica de atitudes e sonegação a um depoimento legítimo da verdade, diante de pessoas sérias e de boa reputação social [a nota é repetida na 2ª edição].

Personagens, vivem suas aventuras e desventuras inter-relacionando-se espontaneamente no velho quintal, cobertos pela interpretação que lhes empresta traços humanos e inverte o teor das relações presenciadas no quintal de João Romão, em Aluísio Azevedo. Têm seu comportamento narrado com admiração e benevolência irônica, ao passo que, em *O Cortiço*, o determinismo naturalista inventa homens e mulheres carregados de marcas pejorativas atribuídas aos animais pela sociedade do homem. Cascudo antropomorfiza sem ganhar, entretanto, a abrangência literária e simbólica maior que se constata na viagem de Gulliver ao país dos Houyhnhnms, de Swift, em *A Revolução dos Bichos*, de George Orwell, ou na *Fazenda Modelo*, do nosso Chico Buarque de Holanda. Preconceitos e superioridade humana à parte...

A valorização da vida no canto do muro começa nos títulos dos capítulos que parodiam obras científicas em latim, crônicas antigas, romances de cavalaria, de cordel e autores consagrados como Lima Barreto, Pirandello e Francisco de Assis. "De re Aliena", "Gesta de Grilo", "De como Licosa Perdeu uma Pata e o mais que Sucedeu", "Triste Fim de Raca", "Três Personagens à Procura de um Autor" ou "Irmã Água" são bons exemplos.

O romance harmoniza observação e contemplação amorosas e, por isso mesmo, cheias de humor. Ao longo dos episódios, o narrador multiplica seus papéis: mostra-se o cronista encarregado do registro mais ou menos objetivo dos acontecimentos, o memorialista em rápidas intromissões, com respaldo no "Depoimento" anexo ao volume, e, o mais das vezes, é o personagem que se desenha no correr da matéria narrada. A ficcionalização de certos aspectos da realidade transforma o que poderia ser um depoimento à Bates e não esquece a análise do mundo dos entes racionais. O narrador enquanto personagem, ou seja, o naturalista das horas vagas, dotado de altíssima erudição e sofisticada simplicidade, profundo conhecedor do folclore de todos os países, não se desperdiça em informações pernósticas. Na sua linguagem plena de graça, puxa naturalmente o fio dos episódios, entrelaça seus personagens. Combina desenvoltura de romancista na montagem da ação, vivência, objetividade, filosofia e visão poética do espaço escolhido. Não se exime de condenar o abuso de poder por parte do homem no trato cotidiano e na experimentação científica com animais, embora, paralelamente, relate, sem sombra de culpa, o cativeiro de um guaxinim e de uma coruja, por ele próprio perpetrado... Coexistência... Contradições...

Na verdade, o texto de Montaigne, a que o escritor recorre na nota de abertura, não é a "Apologia de Raimond Sebond", luminosa compreensão dos animais que atravessa séculos e pode ser aproximada à revolucionária ética ecumênica hoje proposta pelo geógrafo Augustin Berque.

Predomina, no narrador/personagem, o lirismo do olhar que transfigura, através de imagens, comparações, sinestesias, adjetivos precisos, um local desprezado e corroído, ao captar nele a pulsação da vida, a dimensão plástica nas cores da vegetação e dos seres, nas luzes e sombras, nas diversas danças de amor e de morte; a dimensão dos sons da terra, dos chilreios, cantos e guinchos ou dos silêncios ominosos; o alcance dos perfumes e cheiros.

A contemplação do artista não empresta, ao antropomorfismo que adota, intenções didascálicas, enquanto diretiva moral. Parece antes acreditar nesse recurso como a melhor forma de aproximação sensível que possui, pois sabe que seu ato de observar já vem impregnado de fantasia, de imagens e comparações que minam *a priori* qualquer registro científico rigoroso. Sabe da dificuldade de construir o ponto de vista do animal, de se colocar no lugar dele, de afastar projeções. Consegue apenas recorrer a interpretações vindas de tudo o que conhece no gênero humano, projeta, enfim. Como artista, Cascudo não aceitou o árduo esforço de comunicação ou a impotência dolorosa que fazem a grandeza literária e humana de "La Mort du Loup", de Vigny, de *Caninos Brancos*, do norte-americano Jack London, do *petit chat*, de Bandeira, do *Pássaro Espaço*, de Salvador Monteiro, ou da câmera de Arne Suckdorff, quando plasma os olhos da raposinha moribunda, perante os quais a paisagem simplesmente se apaga.

Canto de Muro trabalha com êxito a intertextualidade em sua estrutura; alia a ficção a dados absolutamente corretos da zoologia, da botânica, da história, da mitologia, da geografia, permeados pelo folclore, e recolhe citações de poetas amenizadoras do escopo didático que disfarçadamente se instala. Como sempre mescla à narração as informações e os trechos selecionados, não aborrece o leitor, a quem até os nomes científicos podem soar engraçados e hiperbólicos, bizantinos nos sobrenomes tirados dos padrinhos naturalistas. A seqüência que focaliza o acauã, no episódio da morte de Raca, a jararaca, bem representa o amálgama operado:

[...] Raca estava dormindo debaixo da tábua da porta derrubada na entrada da velha cozinha. Acordou, sem saber porquê, os músculos repuxados, a cauda inquieta, uma vontade de esgueirar-se e fugir de um perigo invisível. Sentiu uma estocada que findara em beliscão estorcegador. Raca, indignada com a falta de respeito, lançou-se para fora, mentalmente construindo a posição do bote caçador. Diante, saltitante nos tijolos sujos da calçada, estava uma ave em quem nunca a jararaca pusera os olhos.

Teria uns 25 centímetros de altura, plumagem cinzento-escura, atravessada de faixas claras, quase brancas. Penas amareladas subiam-lhe do ventre até o pescoço. Longas asas, duras, escudos de combate. Olhos acesos, vibrantes, os olhos das aves de rapina. O bico longo, sólido, brilhando foscamente. Era uma ave de batalhas, ágil, maciça, airosa, com o corpo luzindo, o óleo isolador do gladiador profissional.

Ali estava um príncipe da dinastia dos falconídeos invencíveis, preador de todos os ofídios, seguindo-os como Raca acompanhava o fugitivo e apavorado Gô [o rato]. Uma Herpethotheres cachinnans guerribundus, Bangs e Penard. Era uma Acauã (pp. 101-102).

A procura da base científica oferece uma curiosa ambivalência: ao mesmo tempo em que o naturalista nordestino acata especialistas renomados, desde Plínio, Buffon e Cuvier, tem o prazer de contestá-los, com ironia, ao exibir resultados de sua "pesquisa" no âmbito brasileiro. O empenho na pesquisa nos faz lembrar escritores do porte de Maeterlinck, Alejo Carpentier e Mário de Andrade na necessidade que demonstraram de conhecer a história natural e empreender investigações. O canto dos pássaros e as outras vozes da natureza atraindo Carpentier e Mário, em seus caminhos de musicólogos; os insetos, abelhas e formigas conquistando Maurice Maeterlinck. O folclorista brasileiro, aliás, não poupa elogios ao lirismo de *La vie des abeilles*.

Cascudo descobre um ótimo expediente para batizar os bichos que põe em cena, criaturas do espaço do romancista. Enxerga-os como indivíduos que merecem um nome especialmente inventado, porém, comum a cada gênero porque são muitos, como as baratas e os ratos, e porque se sucedem rapidamente no quintal, por força da curta duração de suas vidas – veja-se o escorpião. Não o satisfaz o anonimato do rótulo da zoologia, que toma como abonação generalizadora. Prefere promover uma relação de familiaridade do narrador com eles, colorida por um certo tom hipocorístico. Adota formas populares, como Guaxinim; cria nomes a partir da figura da personagem – Vênia, a lagartixa, sempre balançando a cabecinha –; confirma em Sófia a sabedoria secularmente conferida à coruja; recupera os apelativos dos únicos animais domésticos que cruzam o quintal – a galinha Dondon e o gato Brinco –; mas, na maior parte das vezes, separa palavras e segmentos na denominação científica ou escolhe parcelas do termo que classifica a família no reino animal. Títius é o escorpião ou lacrau, saindo de *Tityus bahiensis*, Perty; Licosa, a enorme aranha negra, de *Lycosa raptoria*, Walckenser; Niti, bacurau e curiango, de *Nyctidromus albicollis*, Quiró, dos quirópteros, Raca, de *Bothrops jararaca*, e assim por diante.

Fica-se desejando que o centenário de Luís da Câmara Cascudo traga uma nova edição desse romance. No momento em que, felizmente, vivemos a preocupação do cinema e da televisão em produzir filmes dedicados ao registro da vida na natureza, a contrapartida literária de Cascudo, que sorve, minimalista, o movimento dos habitantes de seu *Canto de Muro*, tem sua importância redobrada. Wilson Martins a havia aproximado, muito justamente, dos documentários de Walt Disney. A terceira edição poderá sanar, em notas de rodapé, a ausência de tradução das numerosas citações em latim, francês e inglês, semeadas ao longo do discurso do narrador, dádiva ao leitor culto, mas esquecimento, em termos de Brasil, de um público mais amplo. Deverá, sem dúvida, repetir a crítica de Martins, jóia de síntese. [T. A. P. L.]

A CARNAÚBA [9]. A contribuição de Câmara Cascudo à etnografia (ele preferia antropologia) brasileira é maior do que a adjetivação que lhe seja atribuída. Pode-se falar, sem exagero, de uma vida inteira, de quase um século, dedicada ao trabalho intelectual. Sua produção tem o alcance enciclopédico e poucos merecem a afirmação de nos ter deixado uma obra.

Claro que, em meio a títulos da maior significação, como *Cinco Livros do Povo* [11], no campo das matrizes tradicionais da literatura popular; de uma obra de referência como o *Dicionário do Folclore Brasileiro* [18]; do seminal *Meleagro* [52] ou de textos sobre comida, gestos, cachaça ou rede de dormir, que inventariam e apontam na direção de uma contribuição fundamental à chamada cultura brasileira, ele escreveu trabalhos de menor fôlego. *A Carnaúba* é um deles, o que, longe de desmerecer a qualidade de sua reflexão, inscreve-se como esboço de uma caderneta de campo, que seria explorada, à exaustão, em outras oportunidades.

Publicado pela *Revista Brasileira de Geografia*, em 1964, com duas reedições pela Coleção Mossoroense, da Fundação Vingt-Un Rosado de Mossoró, RN, em 1991 e 1997, *A Carnaúba* chegou a ser excluído de listagens da obra de Cascudo, tal a pouca importância que assume diante uma produção que evidencia o pesquisador comprometido com a busca de nexos, a associação de causas e efeitos e a articulação teórica da maior profundidade e competência.

Poderíamos considerá-lo como um trabalho monográfico, periférico, em relação ao núcleo mais denso de suas preocupações e ao campo em que ele se locomovia com maior desenvoltura.

Claro que Cascudo daria o melhor de si em qualquer pesquisa que empreendesse. Em *A Carnaúba*, ele procurou se cercar de opiniões abalizadas, de números e de todo um jargão científico. A árvore seria melhor estudada por um botânico, que ele não era, apesar de sua formação nos remeter à condição do erudito, espécie em extinção nesses tempos de especialização.

Cascudo atualizava a tradição de um saber que se irradiava em muitos sentidos, sem que isso significasse esforços em vão ou leviandade intelectual. Sua determinação e aplicação fazem da placa afixada em sua casa, proibindo as visitas pela manhã porque ele varava as noites, insone, dedicado aos estudos, o marco de uma disciplina monástica.

A Carnaúba não se inscreve no ciclo de uma leitura prazerosa, de um Cascudo que, sem perder a consistência, era senhor de um texto que nos enredava, sedutor em suas teias, surpreendente no vigor e definitivo em sua coloquialidade. Por fugir ao campo em que ele transitava muito à vontade, esse texto nos mostra certas amarras de quem procurava, antes de tudo, dar conta de uma empreitada.

Quem conheceu os vastos carnaubais nordestinos e essa palmeira esguia, elegante, com suas palmas em formato de leque, é capaz de fazer uma leitura nostálgica, como se Cascudo, ao escrever esse texto, estivesse antecipando um réquiem que a devastação e a perda da importância econômica da cera viriam acentuar.

A carnaúba, que foi, durante muito tempo, uma árvore emblema do semi-árido, útil em todos os sentidos, da madeira às folhas, dos frutos à cera, se rarefez. Ela poderia ser considerada o símbolo, arbitrário sem dúvida, de uma condição de adversidade, prevalecendo na secura e emoldurando de verde as extensões de um plano-seqüência do jargão cinematográfico.

Cascudo revisou a bibliografia, foi em busca de quem escreveu antes sobre a espécie, cumpriu um roteiro previsível. Do ponto de vista da metodologia, seu texto tem começo, meio e fim. Sua não-hipótese é desvendá-la, sob todos os aspectos. Como se fizesse círculos concêntricos e fosse ampliando seu raio de observador privilegiado e participante.

Podemos imaginá-lo em busca do rigor científico, na concepção mais exata e apolínea que se pode dar a essa expressão. Não que Cascudo tenha fugido do científico nas suas produções, mas aqui prevaleceu um *cientificismo* de extração positivista, como se emergisse um lado século XIX do grande intelectual que ele foi, menos generoso na compreensão do homem, medida de todas as coisas, destinação mesma de toda a reflexão que se empreenda.

Cascudo confundiu rigor com aridez. O texto de *A Carnaúba*, resguardada sua importância, parece mais uma daquelas teses apresentadas por alunos exemplares de ciências naturais aos liceus – o que na verdade era –, ou um artigo para os *sodalícios* (no caso, o Instituto Brasileiro de Geografia e Estatística) que ocuparam papel de relativa importância na cena acadêmica brasileira, até meados do século XX.

O artigo, plaqueta ou livro – e não vale a pena essa discussão estéril – cresce quando Cascudo abandona o esquematismo cientificista e envereda pela etnografia, espaço privilegiado de onde ele, intérprete, intelectual e antena, antecipava-se ao que queríamos ou precisávamos saber, como um oráculo, e nos falava da terra, do homem e da luta nordestinos, para nos apropriarmos da estrutura proposta por Euclides da Cunha.

A Carnaúba cresce quando Cascudo volta a ser o velho e grande Cascudo, quando incursiona pelo sertão adentro, mostra o corte das palhas, a raspa da cera derretendo nos tachos (e somos levados a ouvir a onomatopaica fervura), as velas crepitando nas noites sertanejas, de vigílias, com histórias que se contavam e retomavam a tradição oral que ele nos ajudou a compreender tão bem. É quando nos faz sentir numa expedição de reconhecimento a um sertão que está dentro de nós, como no dizer de Guimarães Rosa. Um sertão que ele preferia "vermelho, bruto, bravo, seco, com o couro da terra furado pelos serrotes hirtos, altos, secos, híspidos", como cantou num poema.

É essa dimensão que nos emociona e nos apazigua e dá ao texto uma importância que ele teria ainda mais se Cascudo tivesse feito da carnaúba um pretexto para compreender o Nordeste, um álibi para levantar hipóteses sobre a fortaleza e a capacidade de superação que, longe de reforçar estereótipos ou de se impor como um discurso ideológico, constitui uma das possibilidades de leitura de uma condição.

Adversidade que foi ponto de partida para o romance social de Graciliano Ramos, Rachel de Queiroz ou José Lins do Rego; para a contribuição cinematográfica de Glauber Rocha e para a música de Luís Gonzaga, os quais reelaboraram, esteticamente, essas questões.

Uma carnaúba desafiando, impávida, o tempo e as intempéries e colocando-se como metáfora do chão ressequido ("a terra é cinza"), do lajedo, do sol ("de cobre") e das pessoas que modelam a argila para fazer a taipa, apropriam-se dos caibros e das palmas e fazem queimar a chama ("uma luz oleosa e mole") que Cascudo acendeu para nós.

A Carnaúba ajuda a compreender Cascudo e, de certo modo, sem maiores pretensões, contribuiu para que ele passasse a ser uma referência. [G. C.]

A CASA DE CUNHAÚ [10]. A leitura descuidada desse texto traz, imediatamente, uma confusão de nomes, datas e informações minuciosas, num espaço curto de palavras, mas extenso no tempo e na formação do Brasil. São cinco capítulos e seis notas, em 45 páginas exigentes de muita atenção e paciência. Lentamente, a pesquisa histórica do autor transforma-se em páginas vivas de uma parte emocionante e lendária da história do Brasil.

O centro da pesquisa e da narrativa é Cunhaú, pequeno canto do Nordeste brasileiro, onde vivem homens e mulheres e acontecem fatos que não podem ser ignorados por quem quer entender um pouco melhor o Brasil.

O primeiro capítulo descreve a figura de Jerônimo de Albuquerque Maranhão, o "Grande Pai" de Cunhaú. Em 1604, governando a capitania do Rio Grande do Norte, ele doou as terras de Cunhaú aos dois filhos, Matias e Antônio. O último tornou-se o proprietário do engenho Cunhaú e o outro lutou contra os invasores holandeses, que temiam suas tropas.

Durante o domínio flamengo, Cunhaú foi vendido a senhores holandeses para a exploração de cana-de-açúcar. Em 1645, ano da revolta portuguesa contra o invasor, os holandeses tentaram manter a capitania do Rio Grande do Norte, importante produtora de gado, sob seu domínio, instalando um regime de terror. Jacob Rabbi, um judeu, foi o encarregado de executar a "política do medo". Cunhaú foi determinado a ser o primeiro palco das matanças e dos incêndios. Surgiu a cena do domingo de 16 de julho de 1645: o velho padre André de Soveral ergueu a hóstia consagrada, os colonos de Cunhaú adoravam o Cristo sacramentado, quando os índios de Jacob Rabbi entraram na capela e mataram todos os participantes da missa.

Há várias tentativas de vingança do massacre. Depois da reconquista, Matias de Albuquerque Maranhão retorna a Cunhaú, refaz o engenho, a capelinha e ali falece em 1685.

Cunhaú continuou nas mãos dos Albuquerque Maranhão. A família cresceu na riqueza e no poder. Casamentos foram realizados entre os primos. Os velhos nomes dos patriarcas e das matriarcas foram repetidos nos filhos e filhas.

Câmara Cascudo destaca nesse mesmo capítulo a figura de André de Albuquerque Maranhão, casado com Dona Antônia Josefa do Espírito Santo Ribeiro. Descreve detalhadamente o luxo e a grandiosidade de Cunhaú dessa época. Prossegue contando sobre os interesses pelos cavalos, pela forma de transporte das mulheres, pelo lugar da mulher na sociedade de Cunhaú.

O capítulo seguinte relata a história do último descendente varonil direto de Jerônimo de Albuquerque Maranhão, único filho macho de André e Antônia. Há discordância sobre o ano de seu nascimento, 1775 ou 1780. No dia 22 de agosto de 1787, a rainha Dona Maria I lhe concedeu o foro de Fidalgo Cavaleiro. "Viveu sempre em Cunhaú, vigiando as safras, ouvindo missa, perdoando aos escravos, opulento, tranqüilo, vagamente preguiçoso, lento e bom." Era o homem mais rico do Rio Grande do Norte e o mais respeitado. Era hospitaleiro. Em 1817, tornou-se o líder da Revolução Republicana na capitania. Foi preso e morto. O autor procura a causa da conversão do Fidalgo Cavaleiro em mártir republicano mas parece não se convencer...

No terceiro capítulo, são destacadas duas personalidades para entendermos a continuação da história da Casa de Cunhaú. A primeira é Dona Luzia Antônia, irmã do mártir republicano. Ela foi esposa do tenente-coronel José Inácio de Albuquerque Maranhão. Os homens da família estavam presos por causa da revolução; coube a Dona Luzia enfrentar os repressores do movimento republicano e administrar Cunhaú. Ela pariu sete filhos. O mais notável foi o segundo, André de Albuquerque Maranhão Arco Verde, o Dendê, um homem poderoso. Ele tinha sua própria moral e sua própria lei. Foi acusado de mais de duzentas mortes, dentre elas, a de sua mulher e do irmão mais velho, José Inácio de Albuquerque Maranhão Filho. Foi um tirano e o texto se encarrega de contar vários atos de sua tirania. Viveu rodeado de concubinas e filhos bastardos. Foi encontrado morto em seu quarto de dormir, na manhã de 26 de julho de 1857. É provável que tenha se suicidado.

O capítulo quatro discorre principalmente sobre a família de Dona Antônia Josefa, segunda irmã de André de Cunhaú, o mártir, casada com um primo também chamado André de Albuquerque Maranhão, conhecido por "André de Estivas", que participou do movimento republicano e, mais tarde, foi perdoado pelo rei; seus filhos foram poderosos na Paraíba e no Rio Grande do Norte. Cascudo narra ainda a lenda da "Ressuscitada de Cunhaú" e, de certa forma, a desmente.

No último capítulo, o autor dá notícia da importância política da família de Dona Josefa Antônia, a irmã mais nova de André, o revolucionário de 1817, casada com João de Albuquerque Maranhão. Finaliza mostrando como a Casa de Cunhaú foi parar nas mãos de Otávio de Araújo Lima, em 1925. Após considerar a demolição quase que completa da velha e resistente Cunhaú, data 28 de março de 1934, término de seu trabalho.

Alguns fatos e personalidades de Cunhaú nos ajudam a compreender melhor o Brasil atual. Cunhaú é uma concessão do pai donatário aos dois filhos. O rei considera que é muita terra e manda dividir. A alguns meses do século XXI, políticos brasileiros continuam favorecendo com naturalidade os filhos e outros parentes. Os casamentos eram feitos entre os primos para concentrar as riquezas e o poder. Parece que ainda temos uma elite dominante possuidora avarenta da grande fatia dos recursos do país.

O massacre dos beatos mártires na capela de Cunhaú, em 16 de julho de 1645, provoca-nos sentimentos de repúdio aos protestantes holandeses e ao judeu Jacob Rabbi; mas é necessário esfriar tais sentimentos, olhando a história holandesa da época. Até 1609, a Holanda fazia parte do Império Espanhol. Com a Reforma Protestante, ela se tornou calvinista. Em 1556, Filipe II subiu ao trono espanhol e promoveu grande perseguição aos protestantes e judeus do Império. Quando proclamamos os nossos mártires católicos, não podemos esquecer os mártires protestantes (também cristãos) e os mártires judeus (também adoradores de Javé). Morrer pela fé católica é relativamente fácil, viver a fé cristã é mais difícil e me parece um melhor martírio (testemunho).

A Igreja Católica Romana, na Constituição Dogmática *Lumen Gentium*, promulgada pelo Papa Paulo VI, em 21 de novembro de 1964, afirma:

> Por muitos títulos a Igreja sabe-se ligada aos batizados que são ornados com o nome cristão, mas não professam na íntegra a fé ou não guardam a unidade da comunhão sob o Sucessor de Pedro. Muitos deles honram a Sagrada Escritura como norma de fé e de vida. Mostram sincero zelo religioso. Crêem com amor em Deus Pai Onipotente e em Cristo Filho de Deus Salvador. São assinalados pelo batismo no qual se unem a Cristo. [...] Os que ainda não receberam o Evangelho se ordenam por diversos modos ao Povo de Deus. Em primeiro lugar aquele povo a quem foram dados os testamentos e as promessas e do qual nasceu Cristo segundo a carne. Por causa dos patriarcas é um povo caríssimo segundo a eleição: pois os dons e a vocação de Deus são irreversíveis.

Testemunhar Jesus, no século XXI, é respeitar as diferenças, unir as semelhanças e construir a PAZ.

André de Cunhaú, mártir republicano, e Dendé Arco Verde são dois Brasis ainda existentes. André de Cunhaú é o Brasil que sonha com a igualdade, a fraternidade, a liberdade. É o Brasil que tenta construir a cidadania. Dendé Arco Verde é o Brasil autoritário, insensível, impune, egoísta... bastante real.

Qual dos Andrés será o verdadeiro BRASIL? [M. R.]

CINCO LIVROS DO POVO [11]. O subtítulo do livro é *Introdução ao Estudo da Novelística no Brasil*. A página de rosto é ainda mais completa. Abaixo do subtítulo, ela sumariza: *Pesquisas e Notas – Textos das Cinco Tradicionais Novelas Populares: Donzela Teodora, Roberto do Diabo, Princesa Magalona, Imperatriz Porcina, João de Calais – Informação sobre a História do Imperador Carlos Magno e dos Doze Pares de França*.

A obra de Luís da Câmara Cascudo, anunciada no próprio livro, está dividida em: *Folclore* e *Ensaios*. Entre os de folclore, pelo menos os seguintes são estudos de um teor igual ou próximo ao de *Cinco Livros do Povo*: *Vaqueiros e Cantadores* [82] (1939), *Os Melhores Contos Populares de Portugal* [53] (1945), *Lendas Brasileiras* [45] (1945), *Contos Tradicionais do Brasil* [15] (1946), *Geografia dos Mitos Brasileiros* [28] (1947) e *Literatura Oral no Brasil* [46].

Entre os da categoria ensaio, vale ressaltar: *O Folclore nos Autos Camoneanos* [24] (1950) e *Com Dom Quixote no Folclore Brasileiro* (1952)[2].

A "Introdução" a *Cinco Livros do Povo* deve ser lida com atenção. Mais do que uma simples apresentação de um livro sobre cinco livros, ela é uma bem-traçada classificação de modalidades populares e/ou tradicionais de literatura e, a seguir, uma inteligente pesquisa a respeito do que liam, para si mesmos ou também para outras pessoas, os que sabiam ler no Brasil Colônia.

De acordo com Câmara Cascudo, o que pode ser compreendido como literatura do povo deve ser classificado da seguinte maneira: literatura oral, literatura popular e literatura tradicional. Cabem na primeira os contos, lendas, provérbios, anedotas, adivinhas, casos e autos, desafios e outros, cuja principal característica é a memória não-letrada e a transmissão oral. A literatura popular é, antes, essencialmente impressa e o cordel deve ser o seu melhor exemplo.

Literatura tradicional é a que recebemos impressa há séculos, mantida pelas reimpressões brasileiras depois de 1840. São pequeninas novelas, *Donzela Teodora, Imperatriz Porcina, Roberto do Diabo, Princesa Magalona, João de Calais*, a grossa *História do Imperador Carlos Magno e dos Doze Pares de França*, com as aventuras do invencível Bernardo del Carpio. Tiveram origem erudita, estudada na novelística francesa, espanhola, italiana e portuguesa. Vieram dos séculos XV ao XVIII, com formação diversa, fazendo as delícias do povo e o encanto dos pesquisadores que farejam rasto no rumo da Índia ou da Pérsia, apontando o que desapareceu e discutindo o imponderável.

Continuam reeditadas no Rio de Janeiro e em São Paulo como eram em francês, português e castelhano em Madrid, Sevilha, Saragosa, Segóvia, Lisboa, Porto, Montpellier, Paris, Antuérpia... (p. 13).

É sobretudo com base em documentos do Santo Ofício que o autor faz um intrigante levantamento a respeito do que provavelmente seria lido entre os poucos letrados do Brasil Colônia. Porque, ademais dos livros que podiam e deviam ser lidos pelas pessoas de bem e pelas boas famílias, os autos declaram os livros proibidos, isto é, todos os outros. Quais seriam os livros permitidos? Basicamente, os dos assuntos piedosos da fé católica: breviários, livros de orações, vidas de santos, compêndios de sermões, livros de exemplos. Dentre os outros, profanos ou tidos por tal, estariam os da novelística tradicional, trazidos de Portugal. Assim, "O padre Baltazar de Miranda, denuncia na Bahia, a 17 de agosto de 1591, a dona Paula de Siqueira, casada com o contador Antônio de Faria, no Rio de Janeiro, por ler e folgar com a DIANA DO MONTE MAIOR e que fazia o músico por nome Manuel, cantar as cantigas da dita DIANA" (p. 14).

Seriam, no entanto, tão eficazes as proibições das autoridades do Santo Ofício? Provavelmente, nem tanto. E Câmara Cascudo transcreve uma deliciosa passagem de uma longa poesia versada em décimas, em que ao glosar o mote *tudo são honras da*

---

2. "Com Dom Quixote no Folclore Brasileiro", em Miguel de Cervantes y Saavedra, *Don Quixote de la Mancha*, trad. Almir de Andrade e Milton Amado, 3ª ed., Rio de Janeiro, José Olympio, 1958 (1ª ed., 1952).

casa, o poeta popular Nicandro Nunes lembra as três espécies de livros existentes nas residências do sertão: a novela recreativa, a Bíblia e a cartilha de instrução.

> Grelha, espeto, frigideira,
> Tesoura, agulha, dedal,
> Mesa, muro, horta, quintal,
> Bule, prato, chocolateira,
> Caldeirão, tacho, sopeira;
> Meu estro em rima se apraza,
> Não deixo nem uma vasa
> Para entrares na espadilha;
> NOVELA, BÍBLIA, CARTILHA
> Tudo são honras da casa!
> (p. 23, maiúsculas de Câmara Cascudo).

Há uma questão central que Câmara Cascudo busca esclarecer, pelo menos em parte, antes de entrar na apresentação e na transcrição do texto de cada uma das cinco novelas anunciadas. Ela pode ser formulada assim: quais as razões pelas quais "o povo lê essas novelas"? Por quais motivos, séculos após a criação delas e mesmo após sua difusão pelos sertões, sobretudo no Nordeste do Brasil, novelas tradicionais como *Roberto do Diabo* ainda são uma leitura e uma memória tão freqüentes?

Há uma curiosa constatação inicial. Tanto na Europa quanto, mais ainda, no Novo Mundo, desapareceram das estantes e das lembranças populares as *novelas pastorais*, com os seus "idílios das Arcádias". Mas não aconteceu o mesmo pelo menos com as novelas reunidas no livro. Um dos motivos poderia ser a carência de um maravilhoso fantástico genuíno nas novelas de amor pastoril. Ao contrário do que encontra o "menino que há no povo" nas aventuras inapagáveis dos cavaleiros de Carlos Magno. Mudados os cenários, passados os anos, os séculos, algo de perene torna atuais e desejáveis, ontem como hoje, os romances das novelas como a *Donzela Teodora*.

O desejo esquece o que parece mais próximo e menos capaz de despertar no homem que lê o menino que sonha.

Nenhum fenômeno cultural mereceria tanto o exame da técnica psicológica como a existência dessas novelas humildes, enroladas em capas de policromia popularesca, trazendo assuntos inatuais e pretéritos, datando de Portugal sob Borgonha, da Espanha dividida e Boabdil reinando em Granada, Cristóvão Colombo ignorado e Pedro Álvares Cabral desconhecido (p. 27).

Cada uma das novelas tradicionais, tão carinhosamente preservadas nas "camadas populares", exerce um poder bastante marcado de "identidade emocional" com o leitor, em geral um adulto, não raro um velho. Assim, a *Donzela Teodora* é a imagem da valorização da inteligência feminina, do mesmo modo como *Roberto do Diabo* é o protótipo, sempre tão contraditório, tão temido e tão desejado, do absoluto poder humano dado ao serviço do mal, mas depois convertido à ordem e tornado um exemplo de hombridade santificada. A *Princesa Magalona* é o modelo perfeito da fidelidade que deveria seguir um juramento de amor e que as mulheres sabem cumprir bem mais do que os homens. A *Imperatriz Porcina* traz essa fidelidade exemplar para o terreno da mulher casada, cuja honra intocada de fiel esposa enfrenta todos os perigos e vence todas as injustiças. Finalmente, *João de Calais* associa a aventura macha ao mistério. Pois aqui se trata do tema do morto devedor que mantém como os vivos a continuidade de intercâmbios até quando os seus direitos à sepultura e à salvação sejam garantidos.

Embora Câmara Cascudo não chame a atenção sobre este assunto, não deverá espantar o termos entre os personagens principais das novelas, tomadas em seu conjunto, três mulheres seguras de si, dignas e exemplares, cada uma em seu plano e, de outro lado, dois homens ambivalentes, cada um passando pelo seu "lado de mal" antes de se tornar, como as mulheres, um alguém de novo associado ao bem e à ordem.

Cada uma das novelas constitui um capítulo com um longo sumário próprio. Em cada caso, Câmara Cascudo apresenta dados e observações – notáveis, no mais da vezes – a respeito das origens e das primeiras edições na Europa. Trabalha a seguir uma análise de dados dos atores da novela. Quando é o caso, como logo na primeira novela, *A Donzela Teodora*, tece comentários preciosos a respeito de temas e questões entranhadas no texto. Assim, nessa primeira novela há partes dedicadas ao estudo de *enigmas e adivinhações*, assim como de *astrologia judiciária e médica*.

Ademais das observações e das análises de história literária e de questões derivadas, as novelas são apresentadas na sua íntegra, com comentários pertinentes a respeito da versão transcrita. No caso de *A Donzela Teodora*, é reproduzida na íntegra uma versão em poesia popular brasileira, além da versão tradicional em prosa. Quanto a *João de Calais*, Câmara Cascudo transcreve a íntegra de uma versão em francês, atribuída a Madame de Gómez. [C. R. B.]

CIVILIZAÇÃO E CULTURA [12]. As reflexões de Câmara Cascudo acerca da cultura permeiam o conjunto da sua obra, mas foi nesse livro, concluído em 1962 e só publicado em 1973, que ele reuniu resultados de pesquisa sistematizados acerca das "constantes etnográficas", discutidos enquanto professor de etnografia geral da Faculdade de Filosofia da UFRN, onde ensinou de agosto de 1955 a junho de 1963.

Nesse livro, ele compendiou os "registros culturais de toda uma existência de professor", tendo levado seis anos para fazê-lo. Concluído em 1962, fora encaminhado para publicação pela Imprensa Estadual de Pernambuco, embora houvesse convite de Assis Chateaubriand para fazê-lo na Sociedade de Estudos Brasileiros Dom Pedro II, na qual haviam sido lançados *Jangada* [41] (1957) e *Rede de Dormir* [72] (1959).

Em 1964, o reitor Zeferino Vaz, da Universidade de Brasília, solicitara do autor um trabalho para uma coleção brasileira de divulgação científica. Preocupado com a demora da edição do livro, Câmara Cascudo telegrafou reclamando os originais e constatou que tinham desaparecido, não havendo cópias. Sabe-se que no seu processo criativo, ele não fazia borrões de texto nem revisão de redação, escrevia de uma só vez, após longos períodos de meditação na sua rede de dormir. Quando havia uma perda de originais, Cascudo reclamava aos amigos em conversas ou cartas. Nesse caso, além disso, houve divulgação da ocorrência, em jornais e uma publicação em separata intitulada "História de um Livro Perdido"[3], divulgando, inclusive, o índice geral e a listagem em ordem alfabética do índice dos assuntos, pois, do livro, só haviam sido publicados antes três capítulos: "Assim nasceu o Instinto Médico", *Jornal de História da Medicina*, Recife, 17, set. 1959; "Etnografia e Direito", Natal, Imprensa Oficial de Pernambuco, 1961; "Da Cultura Popular", *Revista Brasileira de Folclore*, Rio de Janeiro, I, set.-dez. 1961.

O exemplar do "Livro Perdido" que está sendo referenciado foi endereçado ao Instituto Nacional do Livro (INL) e a D. Maria Alice Barroso, diretora do INL, por Zila Mamede, poetisa e diretora da Biblioteca Central da UFRN, por vários anos, que recomendou: "Quero que a senhora tome a seu cargo este enobrecedor encargo: publicar o livro perdido. PS – Escreva ao Prof. Câmara Cascudo. É um velho admirável". Tal expressão de solidariedade era comum entre os amigos quando seus originais eram desviados, sendo, o caso de *Civilização e Cultura*, o mais grave que se conhece.

Em 1968, os originais reapareceram, sendo reenviados, afirma Cascudo em nota intitulada "Nove Anos Depois", datada de 1971 e incluída na apresentação do livro. Nela, enfatiza que os originais estavam "amarrotados como papel de embrulho, sujos, riscados, alguns capítulos incompletos [...]". Entretanto, o conteúdo do índice divulgado na "História de um Livro Perdido" era o mesmo daquele editado no livro *Civilização e Cultura*.

Na ocasião, a Livraria José Olympio, editora de muitos dos seus livros, pretendeu editar o trabalho, mas Cascudo havia desistido de tal pleito. Em 1971, o então reitor da UFRN, professor Onofre Lopes pretendeu fazer o mesmo pela Editora Universitária, mas não obteve sucesso. Todavia, na transmissão do seu cargo ao professor Genário Alves da Fonseca, apelou para o então Ministro da Educação e Cultura, Jarbas Passarinho, presente à solenidade, quem, de fato, convenceu Câmara Cascudo a retomar os acertos para publicação do livro. O mesmo teve sua primeira edição em 1973, pela José Olympio e a segunda em 1983, pela Editora Itatiaia.

As informações sobre etnografia geral reunidas nesse livro tanto são resultantes da sua experiência de professor e pesquisador – etnógrafo, como gostava de dizer, pois coletava documentação –, como também da sua performance de leitor de obras clássicas como a Bíblia, o Alcorão e uma plêiade de teóricos clássicos da área de conhecimento em questão. Enquanto docente, recomendava essas obras aos alunos da Faculdade de Filosofia e aplicava os conhecimentos da antropologia às questões jurídicas, especialmente, ao direito penal, quando ensinava direito internacional na Faculdade de Direito da UFRN, na qual aposentou-se em 1966.

Tais inclinações para o estudo da etnografia, desenvolvidos mais rigorosamente a partir da experiência docente do ensino superior, tiveram seus primórdios nos

---

3. Luís da Câmara Cascudo, "História de um Livro Perdido", Natal, UFRN/Instituto de Antropologia "Câmara Cascudo", 1966. (Separata dos *Arquivos do I. A.*, 2 [1/2], 1966).

estudos do folclore, os quais deram início às investigações do autor no campo das raízes tradicionais do Brasil.

Mesmo envolvido com as manifestações culturais dessa área, não simpatizava com a concepção reducionista que, em geral, era dada à palavra folclore, pelo seu sentido limitado aos contos e histórias populares. Por isso, preferia ser entendido como um estudioso da cultura popular e pensava que a "cultura popular é o complexo, representa a totalidade das atividades normais do povo, do artesanato ao mito, da alimentação ao gesto"[4], como afirma numa entrevista, ou "o saldo da sabedoria oral na memória coletiva", como expõe no capítulo que já havia sido divulgado sobre cultura popular e compõe o *Civilização e Cultura* (p. 679), mas ressaltava também aí que a cultura popular "não pode e não deve ser explicada pela enumeração dos seus elementos formadores. É um caso em que o todo não corresponde à soma das *partes*" e, para suprir as fragmentações dadas ao folclore, estudava o assunto inserido nos demais fenômenos da sociedade, não o reduzindo à valorização do pitoresco e do particular, mas como uma manifestação da cultura universal. Com este pensamento, elaborou o seu majestoso *Dicionário do Folclore Brasileiro* [18].

É necessário registrar, ainda, que os estudos folclóricos, em suas raízes, propunham-se a apreender o conhecimento peculiar do povo e dos elementos que constituíam sua cultura, mas o conceito de cultura estava vinculado ao patrimônio histórico das classes mais elevadas e seria caracteristicamente uma cultura transmitida por meios escritos, compreendendo todos os conhecimentos científicos, as artes em geral e a religião oficial.

Câmara Cascudo, na sua compreensão do folclore, do conceito de cultura popular e do que representava para ele a categoria "povo" na sociedade, contrapôs-se ao determinismo do mundo da produção das idéias e de forma insubmissa, aproveitou-se das áreas do domínio da elite cultural e intelectual, pondo ênfase nos aspectos dinâmicos do folclore, sem deixar de reconhecer que a função deste consistia na preservação das manifestações ou elementos da cultura popular.

Considerava a cultura erudita e a popular como complementares. Assim, embora tivesse uma visão dual do conceito de cultura, não parecia partilhar do pensamento positivista no que se refere ao domínio cultural das camadas eruditas da sociedade. Pensava, portanto, que estas assimilavam as crenças tradicionais a partir de referentes contaminados por diversificados valores, como assegurou no prefácio dos *Cantos e Contos Populares do Brasil*, de Sílvio Romero. Conseqüentemente, a legitimidade das crenças tradicionais estava no povo, que expressava esse saber autenticamente, mas, para ele, em qualquer povo haveria uma "cultura sagrada, oficial, reservada para a iniciação e a cultura popular, aberta apenas à transmissão oral"[5].

Compreendia os fatos apresentados e caracterizados como folclóricos numa correlação com os fatos culturais, os quais podiam ser estudados como aspectos particu-

---

4. Ledo Ivo, "Luís da Câmara Cascudo: Ele Sabe o que Sabe o Povo", *Manchete*, Rio de Janeiro, Bloch, 8 fev. 1960.
5. [18], p. 11.

lares da sociologia cultural e da antropologia. Assim, estudou o folclore como fenômeno sociocultural, configurando-o a partir das manifestações populares como expressão de historicidade.

Expressou as conexões entre fato social, folclore e fato cultural no livro *Civilização e Cultura*, admitindo que a etnografia geral não podia ser uma subdivisão da antropologia cultural, visto que estava convencido serem "todas as culturas nascidas do ethos, grupo de gente, e não do anthropos, unidade aproveitadora do labor comum" (p. 22).

Para ele, a etnografia era "realmente o estudo da origem, desenvolvimento e permanência social das culturas", mas não havia culturas superiores nem inferiores, e sim sempre "culturas, reuniões de técnicas suficientes para a vivência grupal" (p. 18). E para compreender o fenômeno total da civilização local, era preciso entender que o todo civilizador era maior que a soma das partes culturais. Assim pensando, entendia cultura como particularidade de civilização:

> Compreendo civilização como o conjunto das culturas, dando-lhes caráter, coloração, a peculiaridade do nacional. Civilização é todo e cultura é parte; a parte sem o espírito-do-todo no tempo e no espaço. Cultura geral de um país é a sua civilização. É um órgão indispensável no corpo mas não é o corpo e menos o espírito unificador orgânico. Civilização não se exporta, arrenda, empresta, compra, imita. Essa é a característica das culturas. A cultura emigra e a civilização é sedentária, estática quanto à permanência no âmbito sociogeográfico.
> Cultura é o conjunto de técnicas de produção, doutrinas e atos, transmissível pela convivência e ensino, de geração em geração. Compreende-se que exista processo lento ou rápido de modificações, supressões, mutilações parciais no terreno material ou espiritual do coletivo sem que determine uma transformação anuladora das permanências características (p. 17).

No discurso "Universidade e Civilização", argumentou, entretanto, que a "cultura tomou o lugar e o trono da civilização que caiu da moda", embora fossem livro e discurso escritos na mesma época[6]. Mas reafirmou e ampliou sua concepção de cultura, mostrando mais enfaticamente que entendia ainda a cultura como patrimônio tradicional de normas, doutrinas, hábitos, acúmulo do material herdado e acrescido pelas aportações inventivas de cada geração. E cada geração reunia elementos de outras culturas circunjacentes ou longínquas, julgadas capazes de auxílio e avanço na terra natal, perpetuando a tradição, que seria o "patrimônio de observações que se tornaram normas. Normas fixadas no costume, interpretando a mentalidade popular", circunscrevendo-se na memória social, que era, para Cascudo, a "imaginação no povo, mantida e comunicável pela tradição, movimentando as culturas convergidas para o uso, através do tempo"[7].

Câmara Cascudo pensava que nesse complexo mestiço e plástico de mentalidades e normas, fixava-se a ação coletiva, cuja vida e cuja perpetuação se davam através de "sangue, herança moral e a educação doméstica".

O poderoso *folk-lore*, as crenças, as tradições religiosas e o clima social tinham, pois, a função de um cimento fundamental e antropológico, a partir do qual emergiam

---

6. Câmara Cascudo, *Universidade e Civilização*, Natal, Imprensa Universitária, 1988.
7. [79], p. 9.

os padrões mais alargados da história e da cultura de um povo. Foi isso que ele quis mostrar no livro *Civilização e Cultura*. [V. G.]

OS COMPADRES CORCUNDAS E OUTROS CONTOS BRASILEIROS [13].

Este é o título de uma coletânea publicada pela Ediouro (Rio de Janeiro, 1997), dentro da coleção Leituras Fora de Série que parece, pelo tamanho e pelo indefectível roteiro supostamente didático, destinado a um público infanto-juvenil, mais precisamente a alunos em idade de conhecer a importância e desfrutar os prazeres da literatura popular.

Dada a precariedade da edição, entretanto, os editores perdem duas excelentes oportunidades: a primeira de lidar de maneira mais ética, e estética, com trabalhos do porte dos realizados pelo erudito e rigoroso pesquisador Luís da Câmara Cascudo; a segunda, de oferecer ao público-alvo não uma seqüência de narrativas descontextualizadas, mas as informações necessárias para que o processo de leitura pudesse acontecer associando prazer e conhecimento. Isso se daria com alguns cuidados mínimos que permitiriam aproximar essas "histórias da carochinha" de descobertas sobre o que há de universal e imortal em enredos ao mesmo tempo tão longínquos e tão próximos no que diz respeito ao conhecimento do imaginário, dos mitos e das formas de ver a vida inventadas pelo homem. O que foi cuidadosamente feito por Luís da Câmara Cascudo.

O que se tem em mãos são 123 páginas em tamanho 10 x15,5 centímetros, reunindo 26 narrativas que, pelo nome destacado na capa e na folha de rosto, sugerem autoria de Câmara Cascudo. Sem qualquer nota introdutória, o leitor desconhece os critérios e os objetivos dessa edição, o responsável pela seleção dos contos, as fontes utilizadas, o critério de reunião ou mesmo a importância desses contos no panorama da cultura brasileira. Diante da indigência editorial, o que se pode fazer, rastro atrás, é descobrir de onde vêm essas narrativas, como e por quem foram coletadas e que classificação receberam de seu organizador. Evidentemente que esse é um trabalho que deveria ter sido feito pelos organizadores, dando aos leitores condições de conhecer esses dados a partir desse primeiro contato.

Na verdade, as 26 narrativas têm como fonte *Contos Tradicionais do Brasil* [15], obra em que Luís da Câmara Cascudo coletou e reuniu exatamente cem histórias, criteriosamente classificadas, acompanhadas do nome do narrador, da localidade em que foram ouvidas e de uma nota que esclarece as fontes registradas e as variantes localizadas em diversos países. Além de todo esse rigor, o volume conta com um prefácio em que o autor dá conta de sua visão a respeito do "folclore – espaço de pesquisa e de aproximação humana"; do conto popular, enquanto significativa "produção anônima e coletiva, documento vivo denunciando costumes, idéias, mentalidades, decisões e julgamentos"; das classificações existentes e reconhecidas, indicando autores e obras, da sua justificada classificação e, ainda, da linguagem e dos temas característicos das narrativas tradicionais, coletadas no Brasil.

Os contos estão organizados em doze seções e, acompanhando-as, é possível localizar as fontes da coletânea que motiva esse verbete, conhecendo o tipo de narrativa, informação que está na apresentação e que pode ser complementada com a leitura da obra *Literatura Oral no Brasil* [46], do mesmo autor, especialmente o capítulo VIII.

A maior parte das narrativas foram agrupadas como "Contos de Encantamentos", denominação explicada no prefácio como correspondente ao *tales of magic, tales of supernatural, cuentos, conti, racconti, fair play, marchem, miso-soso* dos negros de Angola e o *skarki* dos russos. A essa classificação pertencem os contos "Os Compadres Corcundas", "A Princesa Bambuluá", "Maria Gomes", "O Marido da Mãe d'Água", O Filho da Burra", "Couro de Piolho" e "A Moura Torta". Segundo Câmara Cascudo (1984:263), a maioria veio de Portugal, constituindo "convergência de outras histórias que ainda mais se diferenciaram no Brasil", e o que as caracteriza é "o elemento sobrenatural, o encantamento, dons, amuletos, varinha de condão, virtudes acima da medida humana e natural". Os personagens são príncipes, princesas, o velho ou a velha, materializando extremos espirituais, o bruxo, a feiticeira e mesmo Nossa Senhora.

Do segundo grupo, intitulado "Contos de Exemplo", foram selecionados quatro: "Quirino, Vaqueiro do Rei", "O Bem se Paga com o Bem", "Mata-sete" e "Seis Aventuras de Pedro Malazarte". Essas narrativas, como a própria designação sugere, "ensinam a Moral sensível e popular, facilmente perceptível no enredo, de fácil fabulação" (Cascudo, 1984: 273).

Aos "Contos de Animais" pertencem "O Sapo e o Coelho", "O Sapo com Medo d'Água", "A Preguiça", "A Onça e o Bode", "O Macaco e a Negrinha de Cera", que são narrativas curtas, identificadas com as "fábulas clássicas onde os animais vivem o exemplo dos homens". Nas notas que o autor acopla aos contos, há uma curiosa observação sobre as adaptações culturais de alguns aspectos. A propósito do conto "O Sapo com Medo d'Água", cujo estabelecimento foi feito a partir de Ana da Câmara Cascudo, sertaneja e mãe do pesquisador, ele comenta: "Minha mãe, sendo sertaneja, não conhece histórias figurando o Jabuti. Os heróis são a Raposa, o Macaco, espertíssimos. Ouvi versões em que o Sapo é substituído pelo Jabuti" (Cascudo, 1986: 191).

À quarta seção, dedicada às "Facécias", pertencem os contos "O Caboclo, o Padre e o Estudante", "O Conselho do Doutor Doido", "A Mulher do Piolho" e "Adivinha, Adivinhão". Esse tipo de narrativa, que pode ser cômica ou não, mas que se expressa muitas vezes como sátira, pintura dos costumes, tem como característica

[...] não apenas o humorismo mas as situações imprevistas, materiais e morais. A constante psicológica será a imprevisibilidade, o imprevisto do desfecho, da palavra ou da atitude da personagem [...] a anedota é essencialmente destinada a comprovar um sentimento moral, de aprovação, crítica, repulsa ou apenas fixação de caracteres morais (Cascudo, 1984: 301-302).

"Felicidade e Sorte" é o único selecionado da seção "Contos Religiosos", embora em *Contos Tradicionais do Brasil* apareçam oito e na "Pequena Antologia do Conto Popular Brasileiro", que faz parte do capítulo VIII de *Literatura Oral no Brasil*, existam dois outros. Esse tipo de narrativa, conforme esclarece o pesquisador, embora possa ser confundida com lendas "não fixa tempo nem indica zona de influência memorial [...] Até certo ponto são contos de encantamento, mas com o sobrenatural cristão" (Cascudo, 1984: 309-310).

À categoria "contos etiológicos" pertencem "A Festa no Céu" e "Por que o Cachorro é Inimigo do Gato... e o Gato do Rato". Para explicar esse tipo de conto, o pesquisador recorre a João Ribeiro:

> [...] a expressão conto etiológico é técnica entre os folcloristas; quer dizer que o conto foi sugerido e inventado para explicar a razão de ser de um aspecto, propriedade, caráter de qualquer ente natural. Assim há contos para explicar o pescoço longo da girafa, o porquê da cauda dos macacos etc. [e complementa] Rara será a espécie animal, ou vegetal, tendo alguma peculiaridade que não possua sua *story* popular, uma justificação lógica, imprevista e curiosa, satisfazendo o espírito coletivo da região (Cascudo, 1984: 313-314).

"A Menina Enterrada Viva" traz os inesquecíveis versos que povoam a imaginação e os medos das infinitas crianças que já os ouviram: "Capineiro de meu pai!/ Não me cortes os cabelos.../Minha mãe me penteou,/Minha madrasta me enterrou,/ Pelo figo da figueira/Que o passarinho picou.../Chô! Passarinho!" Ele representa um tipo classificado como "natureza denunciante", ou seja, em que um ato criminoso é denunciado por um elemento da natureza. No caso, a menina é assassinada pela madrasta e o capim funciona como o elemento denunciante. Poderiam ser pedras, frutas, aves etc. Na obra *A Literatura Oral no Brasil* aparece uma outra versão intitulada "A Madrasta".

Os "contos acumulativos", "pequenos contos de palavras ou períodos encadeados, ações ou gestos que se articulam, numa seriação ininterrupta" (Cascudo, 1984: 329), têm seu representante em "O Macaco Perdeu a Banana".

E para finalizar, "As Perguntas de Dom Lobo" é uma narrativa selecionada para exemplificar a categoria "demônio logrado". Câmara Cascudo explica que:

> Nos contos populares brasileiros, portugueses, espanhóis, africanos, árabes, rara ou impossível é uma vitória do Demônio. Aceitando desafio, topando aposta ou firmando contrato, o Diabo é um logrado inevitável. [...] Enganado pelas crianças e mulheres, pelos homens e velhos, constrói na Europa pontes e castelos, fossos e valos, abre rios e desvia correntes, erguendo mesmo igrejas, sem saber que as faz, como lhe aconteceu na Bahia (1984: 319).

Apesar da falta de rigor da edição, os contos estão transcritos com fidelidade à fonte e podem proporcionar uma visão do "abrasileiramento" que, sem descartar a universalidade dos temas e das formas, pode ser notado sob vários aspectos. É o caso, por exemplo, de princesas flagradas em paisagens nacionais, ainda que fictícias, de vocabulário arcaico ou regional, dosado de forma a não perturbar a compreensão, de ditados populares e adivinhas bem conhecidas. [B. B.]

CONDE D'EU [14]. A fisionomia de Luís Felipe Maria Fernando Gastão d'Orleans acompanha o leitor das páginas iniciais às derradeiras da biografia que Luís da Câmara Cascudo publicou, em princípios da década de 1930. Criança, ainda, o Conde d'Eu, que nascera em 1842, aparece retratado, inicialmente, por Winterhalter, indumentária e postura de pequeno adulto refletindo o olhar do pintor e da época sobre a infância e, no caso, sobre a infância aristocrática. Emoldurado pelo luxo da tapeçaria e pelo toque refinado das rendas, o retrato fixou na tela, a imagem do pequeno aristocrata, cujas origens parecem exercer verdadeiro fascínio sobre o autor. É assim que Câmara Cascudo envereda pela reconstituição da genealogia da quarta Casa de Orleans. Nessa reconstituição, promove mais um encontro do leitor com a arte, na menção que faz à tela de Ingres que teria retratado os ancestrais do Conde d'Eu, o Rei Luís Felipe e seus oito filhos, entre eles, o Duque de Nemours, pai de Gastão d'Orleans. Encontro com a arte, encontro mais uma vez com o fascínio da nobreza e, mais do que isso, com o fascínio dos referenciais europeus, franceses sobretudo. Para o autor, o quadro de Ingres havia denotado que Paris jamais "possuíra ao mesmo tempo uma galeria tão expressiva de sua graça e da enfeitiçante espiritualidade raciais" (p. 22). Ao aproximar o leitor das origens do conde, Câmara Cascudo busca, na verdade, aproximá-lo de traços de personalidade e de caráter que, permeados por um refinamento de gestual e de posturas, complementam-se na beleza física e se reproduzem como herança.

Assim, o duque de Nemours, pai de Gastão, teria sido, para o autor, "lindo e forte homem airoso, leve, grande ar de fidalguia que o denunciava de longe, gentil e senhorial, polido como um diamante e impassível como um bronze", em que pese ter sido "o mais impopular dos filhos do rei Luís Felipe", impopularidade que Cascudo refuta e conclui inexplicável, fruto da "fácil adaptação das lendas imaginárias no espírito do povo" (pp. 49-51).

A impopularidade do Duque de Nemours anuncia, para o leitor, a também inexplicável – segundo o autor – impopularidade com a qual o Conde d'Eu ver-se-ia às voltas já em plagas brasileiras. Mas a imagem do Conde d'Eu impopular surge, da pena de Cascudo, subjugada por imagens outras, articuladas à trajetória de Gastão d'Orleans, que Cascudo busca conduzir indefinidamente através de caminhos que apontam para integridade e dignidade concebidas, no caso, como traços indissociáveis do caráter de seu biografado, senão da própria nobreza: o *Príncipe-consorte*, o *Príncipe-soldado*, o envolvimento com as questões que mobilizavam o Império e abalavam os alicerces do trono de Pedro II, Abolição e República.

Como *Príncipe-consorte*, as imagens do conde justapõem-se às de Isabel, que pontuam a obra com o semblante sereno da princesa já idosa. A *Redentora*, a "Fada que se condói dos escravos", como quer a estrofe dos versos que Cascudo vai buscar no *Correio Imperial*, pequeno jornal "aberta e largamente abolicionista" (pp. 104-107), de propriedade dos filhos do conde, também aparece à luz das posturas do marido, afastando qualquer possibilidade de Isabel ter cedido à tentação de ser auto-determinada. A própria abolição dos escravos no Paraguai é apontada como resultado de sugestão do conde, enquanto Cascudo o insinua, no texto, como mentor da libertação dos mesmos no Brasil: "Não é crível que o conde d'Eu se mantivesse alheiado à posição de sua mulher em face dum problema que ele confessava existir como um legado de séculos despóticos e bárbaros" (p. 110). Na síntese desse pensamento, o conde teria, então, aproveitado a ausência de Pedro II e a "posição de sua mulher" como Regente para fazer valer a afirmação de Osório Duque Estrada, que Cascudo apropriadamente transcreve: "O conde d'Eu [...] era o único membro da família imperial declaradamente abolicionista" (p. 104).

Como Príncipe-soldado, a figura do conde destaca-se no cenário da Guerra do Paraguai, movida por "obstinação patriótica e por amor pela terra que o abrigava" (p. 67), alimentando as sessões ministeriais com as discussões em torno de seu desejo de ir para a frente de batalha. Destaca-se como aquele a quem coube "terminar a guerra" (p. 76), que "deixou, para sempre, o testemunho duma coragem serena, tranqüila, que de sossegada e polida parecia não conhecer exatamente a distância das balas nem julgar do ímpeto bravio dos derradeiros 'aca-carayá' lopesguaios" (pp. 87-88). Em suma, homem de *excepcionais* "qualidades táticas e estratégicas" (p. 96), merecedor do "velho nome de 'strategôs' com que os gregos galardoavam seus melhores chefes de tropa em campanha" (p. 103). Coragem ou "prodígios de coragem, de audácia fria", como quer o autor, revelados antes de viajar para o Brasil – o conde viria para o país em agosto de 1864 – no "bater-se com os mouros indomáveis em honra da 'vieja España' " e que haviam resultado na medalha da Ordem Militar de São Fernando e nos "galões de capitão" (p. 53). A esses atributos, somam-se outras características ou *virtudes* – para ser inteiramente fiel a Cascudo –, complementando o perfil do Príncipe-soldado: ser polido para com os oficiais e praças, piedoso para com os doentes, os prisioneiros e as multidões famintas (p. 78).

Anos depois, diante da República, "golpe brusco, inesperado que derruba o gigante", o conde havia, acentua Cascudo, mantido a serenidade e reconhecido "claramente a vitória do novo regime". Apesar das perdas que o afetavam – "cargos, sua posição, seu futuro de rei" –, havia demonstrado tranqüilidade e cortesia diante dos enviados republicanos: "Os depoimentos fazem justiça, unanimemente, à serena atitude do Conde d'Eu. Ele [reforça o autor] não perdeu sua polidez de maneiras nem se lhe turvou o timbre másculo da voz". Afinal, fora ele, na versão do biógrafo, "o primeiro e possivelmente o único dos membros da família imperial a esperar a República" (pp. 130-133).

Aliás, Cascudo não se furta, ao longo do texto, de reforçar o fato de que a escolha que recaíra em Gastão d'Orleans para marido de Isabel fora acertada, em suas palavras, "uma proclamada homenagem a suas tradições de inteligência e caráter dadas as sabidas exigências do Imperador". E assim, referindo-se ao casamento, realizado a 15 de outubro de 1864, Cascudo, ao praticamente esquecer Isabel – a não ser para lembrar as discussões em torno do valor do dote da princesa –, inevitavelmente faz com que esta leitora a imagine de coração descompassado diante desse verdadeiro personagem de conto de fadas, imagem irretocável do Príncipe Encantado:

> A figura era esplêndida. Do pai tivera os melhores dons físicos. Alto, sólido, maciço, d'ombros largos, mãos finas à Van Dyck, elegante, apto às grandes caminhadas a pé, ágil em todos os desportos, ótimo cavaleiro, voz clara, timbre grave, articulando lentamente as palavras que o sotaque francês acidulava nos r r r, gesto amplo, rosto que o cavaignac em ponta lembrava d'Aumale, Gastão d'Orleans agradava à primeira vista (pp. 54-55).

Descompassado ou arredio diante de um dos dignos "modelos de Ingres" (p. 55), o coração de Isabel não vem ao caso, senão como pontuação decorrente do senso de humor, talvez ironia, dos quais esta autora não conseguiu se furtar. Importa lembrar que o biografado é Gastão d'Orleans e que, como tal, parece ser estratégia de Cascudo – que vai se revelando monarquista e desde que busca na pintura fundamentação para suas impressões – imprimir cores fortes às qualidades do conde, uma vez que não poderá deixar de falar da impopularidade que o acompanhou ao longo da vida: das "apreensões e desconfianças" que, "vindo fixar-se no Brasil, tendo posto de comando no Exército, abria pela primeira vez no espírito político da época" (p. 58) à "pecha de avarento" (p. 111). Enfim, da preocupação com a "influência decisiva" que poderia vir a ter "n'alma de sua mulher, futura imperatriz" (p. 59) ao conde que "passava por ter 'Cortiços' e explorá-los como meio de renda" (p. 111).

Mas a impopularidade é, conforme o autor, decorrência de *lendas* – por sinal, inúmeras em sua avaliação –, resultado da deformação da história. Lendas "lançadas para efeitos políticos", que não resistem ao "momento da prova" (pp. 110-111), inconsistentes, portanto. Lendas alimentadas pela inveja, pela intriga e pelo fato de ser o conde "uma antítese das virtudes que a multidão gosta de ver nos príncipes", voltadas para o "fausto e a prodigalidade" (pp. 115-116). Para Cascudo, essas lendas multiplicavam-se pelo Brasil no interior da "imaginação partidária", sendo que o conde, que "não jurara bandeiras" nem a "luzias", nem a "saquaremas", era responsabilizado por "uns e outros" tanto pela "chuva", quanto pelo "bom tempo" (p. 127).

Dessa forma, Câmara Cascudo enveredà pelas questões que teriam suscitado a impopularidade do conde, lançando-se claramente em busca de fundamentos que lhe permitam contra-argumentar. A *inveja* fora, para ele, despertada pelo posto de *general-em-chefe* conferido a Gastão d'Orleans por ocasião da Guerra do Paraguai, pois, aos 27 anos, "idade de tenente", iria "dirigir generais encanecidos em campanhas terríveis", assim como "guiar soldados que acompanhavam a bandeira do Brasil sobre três capitais sul-americanas" (p. 72). A presença de Gastão d'Orleans na fase derradeira da guerra faz com que Cascudo traga à tona a polêmica em torno da afirmação de Caxias de que a guerra chegara ao seu termo, ao perceber, "ferido em seus melindres, que lhe era dado um sucessor na pessoa do príncipe [...], e que este ia colher as glórias que julgava pertencer-lhe". O autor ressalta, então, que "nenhum oficial-general, soldado, jornalista, conservador ou liberal, estridentemente parcial pôde afirmar a participação do Conde d'Eu n'alguma manobra que antecedesse e explicasse sua escolha". O que não impediu que a última fase da guerra se tornasse a "pequena guerra" – expressão, de resto, cunhada por Caxias em documento que Cascudo transcreve – "o fim, o acabar, o esperado e fácil 'colher de louros' sem o perigo de semeá-los", para o autor, "frase injusta, inverídica e cruel", que continuava, por ocasião da publicação da obra, a espreitar "nos escaninhos de livros sisudos" (pp. 84-87).

O caso dos cortiços – que os "bicos metálicos das arapongas" permitia repercutir a distância –, Câmara Cascudo desfaz explicando que o conde havia arrendado alguns terrenos e que a construção de "uma série de casinhas para os cavouqueiros" fora escolha – entre tantas outras possíveis – do arrendatário. Reforça, no caso –

sem dúvida preocupado com o fato de que esse tipo de habitação sempre fora referência para miséria e imoralidade –, que não se tratava de "um casarão", nos quais, como é sobejamente conhecido, famílias inteiras dividiam os vários cômodos e a experiência de serem pobres em diversas cidades brasileiras no final do século XIX e no limiar do século seguinte, e que não havia *promiscuidade*. Além do mais, complementa, os jornais não haviam conseguido "identificar esses 'Cortiços', localizar seu ponto ou rastejar um dos espoliados moradores" (pp. 111-112).

Outra das acusações que o autor busca refutar diz respeito à referência de que o conde ganhava como marechal efetivo e comandante geral de artilharia. Cascudo afirma que, de fato, o Conde tinha o soldo e a gratificação relativa a este último posto – no qual "era obrigado a expediente de serviço diário, informações, partes, relatórios, todo mecanismo dum chefe de departamento do Exército" – e que, em relação ao posto de Marechal, ganhara, de março de 1896 a abril de 1870, tendo requerido passar para o quadro de reserva assim que retornara do Paraguai. Nesse sentido, Cascudo faz questão de frisar que, entre as acusações "não apareceu uma que o dissesse inculto na carreira que abraçara" (pp. 112-114). Acena, assim, de forma clara e inequívoca, com o fato de que o conde fazia jus, estava à altura – talvez mesmo além – dos proventos que auferia.

Passo a passo, na contra-argumentação de Câmara Cascudo, restaura-se a integridade do Príncipe-consorte que nunca se apropriou de "um só níquel" da dotação anual recebida pela princesa, enquanto o Príncipe-soldado destaca-se pela sua dedicação ao Exército, instituição à qual teria destinado "parte maior de sua energia e inteligência" (p. 114). Mas o rol de virtudes que Cascudo identifica em seu personagem vai além, refazendo inteiramente a imagem de Gastão d'Orleans: "Caseiro, familiar, agarrado aos filhos, sem vestir fardas espelhantes, pouco amigo de cavalgatas ruidosas, de paradas imponentes, de arcos e triunfo e de chuva de rosas" (p. 116). Nesse sentido, conduz o leitor a um dos bailes imperiais, no qual André Rebouças, que fora "recusado por várias senhoras [Era escuro, o mestre inesquecível e sábio]", acabou dançando com a Princesa, que o próprio Conde d'Eu, "numa curvatura admirável de graça e de distinção", lhe cedera, em resposta "aos que julgavam não dar o talento uma das mais sólidas comprovações da fidalguia" (p. 127).

Simultaneamente, a pecha de avarento – dizia-se que a princesa sequer podia dar festas – vai se diluindo na mesma medida, diante do homem que, embora "milionário", necessitava ser – e, segundo o autor, de fato o era – demasiadamente "econômico [...] para fazer frente às despesas[...] sérias que era obrigado a ter", diante do fato de que o patrimônio da princesa "era nenhum", das afirmações de que "a família imperial brasileira [...] possuía mais honras que ouros", de que Napoleão III havia confiscado o patrimônio dos Orleans – parte do qual restituída em 1872 –, de que Suas Altezas viviam modestamente e, citando Ernesto Mattoso, de que "o conde ao sair do Brasil devia uns trezentos contos ao Banco do Brasil" (p. 117).

Não sendo e não querendo ser maçom, como diz Cascudo, o conde teria alienado "muitíssimas simpatias e possíveis dedicações". Revelava, além do mais, segundo o autor, "ignorância da mentalidade política do Brasil" (pp. 60-61). Assim, o "'ar distante' [...], traduzido como orgulho", somado à "imponência natural", herdada do pai, sugeriam – na versão do biógrafo – um "desejo de superioridade" (p. 61). Além disso, argumenta Cascudo, "Recato, frugalidade, modéstia, simplicidade" tornam-se, num príncipe, "sinônimos de sordidez, avareza, sovinice", assim como "Vida doméstica, amor ao lar, às alegrias íntimas, viram orgulho, vaidade, desprezo pelo Povo, vontade de não querer 'misturar-se' " (p. 115). Mas Câmara Cascudo esmera-se ainda mais nessa tentativa de entender porque, "Apesar de todas as virtudes congênitas de atração e vida austera o Conde d'Eu não teve a auréola popular". Para ele, esse tipo de "prestígio nasce de uma igualdade espiritual" (p. 63) e, portanto, ao seu olhar, não poderia ter sido diferente no Brasil. Um Brasil, familiarizado com D. João VI – "gordo, obeso, pesado, sujo, lento, desconfiado, sem brilho, escondendo o clarão de sua inteligência como uma jóia aos ladrões" –, com D. Pedro I – "alto, forte, bonito, azougado, inculto, rude e bravo como um velho 'reitre', vivendo a vida que os sentidos lhe traziam a um cérebro crepitante de atividade desordenada" – e com D. Pedro II – "modelo de empregado-público, um exemplar burocrata, professor aposentado, sisudo, metódico, pautado, grave, falando fino, vestindo preto, sem alarde, sem pompa, sem arrebatamento, sem decoração" (pp. 61-62). Câmara Cascudo parece identificar em D. João VI e em seus herdeiros o contraponto da nobreza francesa, ao pontuar detalhes que vão da figura grotesca desse soberano ao timbre de voz – segundo ele, nada másculo – de D. Pedro II, passando pelo doidivanas Pedro I.

O conde estava, em suma, acima do meio com o qual convivia, do brasileiro que "só se diverte na rua, da etiqueta brasileira [...] demasiado exigente até causar comicidade ou tolerante a parecer inexistente" (p. 62), acostumado, enfim, com os Bragança, distante dos refinados costumes franceses. É redundante dizer que Cascudo não se furta à admiração pelos franceses, o que torna os Orleans, a seus olhos, além de mais belos, mais nobres do que os Bragança, com os quais a nobreza não teria sido, enfim, tão pródiga em seu legado.

Resta ressaltar, dessa biografia, o fato de que as qualidades do conde também poderão ser percebidas nos filhos que gera com Isabel. Falar dos filhos de Gastão d'Orleans e de Isabel é uma dentre as formas que Cascudo elege para mostrar que os laços afetivos que prendiam o conde ao Brasil – consolidados pelo casamento com a princesa – haviam se solidificado com o nascimento de Pedro, Luís e Antônio. Mas, mais do que isso, falar dos filhos de Gastão d'Orleans é percurso natural, para o autor, no sentido de mostrar a imagem do pai extremoso e do chefe de família exemplar (p. 139). Nos filhos, como acontecera com o próprio Conde d'Eu em relação a seu pai, a herança da nobreza havia perpetuado seus méritos. Eles encarnam, para Cascudo, a verdadeira "Síntese de educação viril, de fortaleza mental, de coragem física" (p. 148), sem falar dos "olhos azuis" de Dom Luís, o segundo dos filhos, "moço" que a todos fascinava, "Príncipe perfeito, impecável de graça, de elegância, de polidez, no qual se reuniam virtudes altíssimas de coração, de cultura e de caráter" (pp. 143-144).

A trajetória do Conde d'Eu, posteriormente apreendida no exílio, encerra-se em alto mar, quando, em 28 de agosto de 1922, morre retornando ao Brasil. O corpo chegaria ao Rio de Janeiro três dias depois e, exposto na Igreja da Santa Cruz dos Militares, seria, segundo Cascudo, contemplado por uma "população emocionada" (p. 155). Nesse verdadeiro culto à personalidade, o autor busca restaurar na memória um momento capaz, a seus olhos – a despeito da fugacidade que lhe é própria –, de imprimir concretude à imagem que constrói do conde. E assim se, sobre "a nobre figura do Conde d'Eu haviam desabado todas as tempestades do ódio, da acusação e da mentira", o tempo havia se incumbido de "desfazer tantas névoas densas acumuladas sobre fatos ilustres e feitos valorosos" (p. 155).

Envelhecida, a fisionomia do conde despede-se do leitor em fotografia que guarda a mesma austeridade com que Winterhalter o retratara na infância, agora, na simplicidade do leito de morte, a bordo do navio "Massilia", próximo de Cristo e distante dos requintes da nobreza. Requintes que ressurgem com o retrato de D. Pedro D'Orleans-Bragança e família, datado de 1927, imagem derradeira, na obra, a ilustrar a trajetória do conde e sua descendência.

O texto de Câmara Cascudo gera muitas inquietações, sobretudo porque ao refutar as lendas, parece criar uma outra lenda, talvez muito menos verossímil. O mergulho que faz na vida do Conde d'Eu é um mergulho em águas rasas. Talvez por isso, Mário de Andrade tenha perguntado insistentemente a "Cascudinho", em carta de 9 de junho de 1937, o que o teria movido a fazer a biografia de um "conde vazio". Talvez por isso, tenha cobrado ao "querido e velho amigo" fundamentação e profundidade em suas colocações e insistido para que, abandonando o "ânimo aristocrático", voltasse o olhar e a pena para a "riqueza folclórica" de seu próprio Estado e do Nordeste, riqueza "passando na rua a qualquer hora"[8]. [E. B. B. M.]

CONTOS TRADICIONAIS DO BRASIL [15]. A obra de Câmara Cascudo, como a de qualquer outro intelectual ou artista, tem um valor intrínseco, absoluto, e outro comparativo, relativo. Do primeiro ponto de vista, o livro em questão representa uma importante recolha de narrativas populares que fornece material essencial para estudos folclóricos, literários, lingüísticos, históricos, antropológicos e sociológicos. De fato, na centena de contos selecionados e desigualmente divididos em doze partes, de acordo com seus conteúdos básicos, todo cientista social pode encontrar elementos úteis a uma infinidade de objetos de estudo. Como, na verdade, em qualquer obra de espírito semelhante.

Mas do segundo ponto de vista, a apreciação de *Contos Tradicionais do Brasil* torna-se bastante mais complexa. De um lado, é óbvio que ela representou um avanço em relação a recolhas semelhantes feitas no Brasil anteriormente. Mais do que aproveitar versões que já tinham sido publicadas (apenas 23% do total), Câmara Cascudo coleta relatos orais e procura contextualizar cientificamente esses contos em pequenas porém ricas notas que seguem cada transcrição. Nelas, indica a presença da narrativa

---

8. Mário de Andrade, *Cartas de Mário de Andrade a Luís da Câmara Cascudo, op. cit.*, pp. 146-150.

em outras culturas, apesar de, estranhamente, nem sempre as classificar segundo a tipologia de contos folclóricos de Aarne e Thompson, como seria de se esperar.

De outro lado, contudo, percebemos hoje que o livro (e talvez mesmo o conjunto da obra do autor) ressente-se de seu pioneirismo e das precárias condições materiais de elaboração, o que ressalta seu valor, mas não oculta suas limitações. Todos seus trabalhos foram de certa forma realizações solitárias, se considerarmos que teve apenas um contemporâneo intelectualmente de peso com interesses próximos, Mário de Andrade. No entanto, o paulista, três anos mais velho, faleceu 41 anos antes do potiguar e, sobretudo, atuou em muitas outras áreas além do folclore. As dificuldades do plano material decorreram do fato de ter passado a maior parte de sua vida em Natal, sem grandes bibliotecas públicas à disposição, e contando basicamente com sua própria coleção de livros, significativa para um particular mas forçosamente limitada (cerca de oito mil títulos, reunidos, porém, ao longo de várias décadas).

Essas duas características fizeram de Câmara Cascudo a inegável figura de vanguarda no folclorismo brasileiro, mas, colocado no contexto internacional da época, talvez possa ser considerado um intelectual mais do século XIX do que do XX. Uma comparação que logo vem à mente é com o inglês James George Frazer (1854-1941). Ambos produziram uma ampla obra, o inglês, dentre outras, o célebre *The Golden Bough: A Study of Magic and Religion*[9], em doze alentados volumes, o brasileiro, perto de 140 títulos de extensão variada. Ambos recolheram, sistematizaram e interpretaram materiais etnográficos de forma geral já conhecidos em suas épocas, porém muito vastos e dispersos. Ambos foram donos de uma enorme erudição, mas predominantemente livresca, fato curioso para folcloristas: Frazer não saiu da Inglaterra, pesquisava nas ricas bibliotecas de Cambridge e Londres, Câmara Cascudo não deixou o Brasil, salvo uma única pesquisa de campo na África portuguesa, em 1963. Mesmo reconhecendo a grande erudição de Frazer, Georges Dumézil criticava o fato de ele ter sido um etnógrafo de gabinete e pouco aparelhado lingüisticamente (pelo menos para quem, como Dumézil, dominava trinta idiomas...). *Mutatis mutandis*, algo parecido poderia ser dito de Câmara Cascudo.

Considerando mais especificamente *Contos Tradicionais do Brasil*, o livro merece hoje alguns reparos. Da centena de contos aí recolhida, 62 foram-no no Rio Grande do Norte e, possivelmente, muitos outros também. De fato, ele informa a cidade em que seu narrador viveu mais tempo, porém não diz onde a narrativa foi conhecida e registrada pelo folclorista, o que pode contaminar seu conteúdo. Como além de onze contos da Paraíba, ele transcreve apenas um de Alagoas, outro do Ceará, outro do Piauí e um vagamente identificado como "do Nordeste", tudo indica que deve tê-los ouvido em Natal, pois uma viagem de estudos àqueles estados certamente teria rendido muitas outras histórias. Ademais, dos contos provenientes do Rio Grande do

---

9. James George Frazer, *The Golden Bough: A Study of Magic and Religion*, Londres, Macmillan, 1907-1915.

Norte, Câmara Cascudo ouviu oito (quase 13% do total potiguar) de uma antiga empregada da família e quinze (24% desse total) de familiares.

Não se pode, portanto, considerar uma amostragem que permita solidamente afirmar, como faz no Prefácio, que "a proporção entre os elementos indígenas, africanos e brancos no folclore brasileiro é 1.3.5." (p. 19). Tampouco, pela mesma razão, é uma seleção de contos que possa ser intitulada sem ambigüidade "do Brasil". O problema não é estatístico, e sim de definição. Chama a atenção que se as características do "conto popular" são antigüidade, anonimato, divulgação e persistência, daí serem omissos quanto a nomes, datas e dados geográficos (p. 16) e não serem privativos de uma região (p. 17), o objeto do livro não são "contos tradicionais" *do* e sim *no* Brasil. Discutir a pertinência do conceito "tradicionais", usado no título do livro, seria uma imposição acadêmica atualmente, mas não surpreende que, em 1946, ele tenha parecido "lógico" ao autor (p. 18).

Em suma, no que diz respeito a questões metodológicas e conceituais, *Contos Tradicionais do Brasil* mostra ter consideravelmente envelhecido meio século depois, revelando as marcas do ambiente de sua elaboração, mas sem com isso perder importância, pois o material de que é constituído tem o frescor da eterna juventude. [H. F. Jr.]

A COZINHA AFRICANA NO BRASIL [16]. É sob o título "Dieta Africana no Brasil" que Luís da Câmara Cascudo examina, como seção II do primeiro volume da *História da Alimentação no Brasil*, os hábitos alimentares afro-brasileiros, constituídos desde a condição dos escravos. A contribuição africana é retomada no segundo volume do livro, na seção V, "Elementos Básicos". Esses temas foram antecipados no opúsculo *A Cozinha Africana no Brasil*.

"Dieta Africana" significa, pois, não só os elementos da culinária africana que os negros puderam preservar nas condições do trabalho escravo, como as adaptações criadas na preservação da "ementa favorita" e sua transferência às gerações atuais. Nesse sentido, o próprio texto de Câmara deixa manifesta a situação cambiante, a dinâmica sujeita a circunstâncias, que torna tão difícil explicar eventuais caminhos tomados por esta ou aquela tradição cultural alimentar.

O livro *História da Alimentação no Brasil*[10] é um extraordinário monumento de erudição, próprio da estatura intelectual de Cascudo, a que se alia um profundo otimismo, a certeza de que é possível descobrir e explicar. A parte alta do trabalho é, contudo, aquela que trata da "ementa portuguesa", em que o autor consegue aprofundar-se, devido à sua mais ampla formação.

Sem dúvida, um dos melhores textos produzidos até hoje sobre o tema, *A Cozinha Africana no Brasil* ainda padece de simplificações bastante comuns há cerca de quarenta anos, mas atualmente superadas, com relação à contribuição das culturas africanas no contexto brasileiro. Cabe relacionar as críticas que tem sido mais fre-

---

10. Luís da Câmara Câmara Cascudo, *História da Alimentação no Brasil*. [30].

qüentes. A saber: *a*) um conhecimento pouco preciso das dietas africanas na África a que se refere o tratado; *b*) a ausência de uma tentativa de compreender os laços internos da culinária africana no Brasil e, conseqüentemente, de *c*) seu desenvolvimento no contexto brasileiro. Finalmente, é comum a crítica ao *d*) caráter "cozinheiro" do livro, em que uma etnografia fácil dispensaria um exame mais acurado dos textos componentes.

Todas estas críticas têm seu elemento de justeza. No entanto, as dificuldades enfrentadas pelo autor podem ser imaginadas pelo fato de seu texto ainda se encontrar, quarenta anos depois, entre os melhores do tema.

A perspectiva histórico-etnográfica com que se trabalhava à época é aquela adotada pelo autor para a reconstrução temática. Esse modo de ver prejudicava a abordagem, porque não era capaz de considerar os componentes independentes de cada etnocultura em presença, pelo viés simplificador da ideologia assimilacionista. Esta ótica colonizadora está hoje abandonada, devido ao avanço da nova geração de cientistas sociais.

Talvez a debilidade central de Câmara Cascudo na interpretação da cozinha africana origine-se de não perceber aquelas culturas como centenas de estruturas nacionais independentes, cada qual provida de uma estrutura familiar própria e um tanto diferente, portanto, da outra. Todas essas etnoculturas independentes preservavam e desenvolviam um papel da mulher em sua socioeconomia, o qual não pode ser reduzido, ao se compor no quadro brasileiro, à mera coadjuvação pelas regras da culinária portuguesa, em que a dona de casa lusitana se verifica como árbitro competente e inventora pedagógica.

Certamente, muitas dificuldades da visão do autor decorrem não de motivos ideológicos, mas da falta de formação arqueológica. A reconstituição arqueológica ensina a descobrir e considerar a dinâmica interna da cultura estudada. Não se poderia também dele exigir conhecimento universal, particularmente à luz das dificuldades do treinamento profissional do Brasil de então. Cabe, pois, classificar sua obra como a melhor possível, naquelas circunstâncias.

Embora Câmara Cascudo examine em detalhe os pratos da culinária baiana, chegando mesmo a mencionar receitas e práticas de venda desde o século XVIII, mantém-se a falha no que se refere à ligação entre o modo de processar os alimentos e as condições de sua produção ou obtenção.

Uma cultura que obtém caça e pesca em relativa abundância, em condições de comunidade de bens, só pode praticar uma agricultura de jardinagem (a "capinagem para a frente", no caso africano), pois a mesma agricultura tem um caráter complementar na panela comum. Por outro lado, a apropriação de terras, o avanço da escravização e do governo exterior etc., com a proibição do acesso ao mar e à caça de grande porte, tem necessariamente que levar ao aumento do papel do guisado e do esparregado, como se verifica a partir desta nova dinâmica (séculos XVII a XX, na África). Os motivos que levaram à transformação da culinária africana em África são os mesmos que a impeliram no Brasil, motivos que se fundam no comércio atlântico, bem mais que no aprendizado de outrem.

O autor não reconhece a existência, pois, de uma culinária negro-africana, fato caracterizado por ignorar a existência do guisado e do esparregado como elementos-chave de todas aquelas culturas. Atribui à influência muçulmana ou mediterrânica praticamente todas as grandes soluções alimentares da parte negro-africana daquele continente. Pode-se dizer que essa visão, similar à desqualificação atribuída aos indígenas, decorre em parte da visão eurocentrista do autor, compartilhada, aliás, com quase todos os cientistas sociais brasileiros dele contemporâneos.

A partir dessas limitações, não consegue compreender o caráter específico, totêmico, das comidas-de-santo e sua transformação revolucionária no contexto brasileiro, tornando possível a formação de um povo negro específico, de origem africana do lado de cá do Atlântico. [W. N. B.]

DANTE ALIGHIERI E A TRADIÇÃO POPULAR NO BRASIL [17] 1ª VERSÃO.
Escrito na Cidade do Natal, entre fevereiro de 1959 e novembro de 1961, *Dante Alighieri e a Tradição Popular no Brasil* foi publicado por Luís da Câmara Cascudo em 1963. De início, esse título pode provocar um ponto de interrogação ou de exclamação na mente do leitor, ou mesmo um sorriso irônico em seu rosto. No entanto, ágil com seus malabares, Cascudo consegue insinuar no espaço um desenho de longas linhas imaginárias e sinuosas. E cria esta conexão, aparentemente impossível, entre a temporalidade do *trecento* italiano e a intemporalidade de certos usos brasileiros.

Partindo do pressuposto de que Dante carrega em si o paradoxo de ser homem de seu tempo e também de todos os tempos, uma expressão privilegiada de um fundo cultural coletivo, da tradição popular, Cascudo tece uma rede de correlações e significados inusitados e surpreendentes. Tem, assim, a capacidade de estruturar uma história para a cultura brasileira utilizando-se do subterfúgio dramático da anulação dos particularismos do tempo. Faz *roman fleuve*. Navega nos meandros divagantes e reencontráveis da a-historicidade. Mas, igualmente, amplia o foco e ilumina superfícies e profundidades insuspeitadas nos enquadramentos das expressões do estar no mundo no Brasil. É um adepto fervoroso da longa duração ou, como diz mais poeticamente, da *continuidade terrestre*.

Teoricamente, Cascudo não se perde jamais na discussão, seminal aos intelectuais nos anos de 1960 e 1970, sobre a prioridade ou os níveis de contaminação do erudito pelo popular ou vice-versa. O popular tudo pervade. E é vitorioso sobre o ortodoxo, o dogmático, o doutamente estabelecido. No afã de salientar o poder do coletivo, acaba utilizando palavras de precisão duvidosa, até mesmo perigosas, como "povo" ("Acompanham-no a norma coletiva, a intenção psicológica, emocional, do seu povo", p. 14) ou 'espírito de época' ("Siger e o abade Joaquim de Fiore [...] Estavam ambos no *espírito da época*"), respirado pelo poeta florentino. Não nos livros aprovados mas na sensibilidade natural do povo. Dante não se separava desta, p. 30). E isso faz e reitera sem qualquer cerimônia ou parcimônia. Acredita na força e na ação do inconsciente coletivo. Acredita que gestos, intenções, palavras, enquanto manifestações grupais de *loci* dispersos, encerram sabedorias primeiras. Incontestáveis. Mesmo pela cultura erudita. Na qual, vê falta de frescor e espontaneidade, mas que aqui utiliza como base. Admitamos que Dante possa ser tomado como um canalizador da cultura popular nos séculos XIII e XIV; ainda assim, seria difícil considerá-lo como exterior à cultura formal na contemporaneidade.

Na verdade, a arma de Câmara Cascudo é a erudição. E esse conhecer não é vácuo, gratuito ou fortuito. Sedimenta a leitura e os desdobramentos dos textos dantescos; aqui um tema puxa outro, puxa outro, puxa outro. Desvela minúcias, com transbordante argúcia, alheia a qualquer limitação do imaginário ou do enciclopédico. Cascudo lê atento e minucioso, e sobretudo tempera textos dificilmente palatáveis ao leitor atual. E rasga espaços que podem nascer no Purgatório, passar por Roma, pelo Pará, por Ravena, pelo Senhor Bom Jesus das Dores da Ribeira, em Natal, e terminar em Porto Alegre, ou no Paraíso.

O Paraíso de Dante, "geométrico, didático, astrológico" (p. 46), "hierárquico, feudal" (p. 52), imbrica-se com a idéia de céu dos brasileiros que entrevistou entre 1923 e 1945. Não é aquele do jardim do Éden, mas sim o da *intuição popular*, o do alto, situado acima das nuvens e das estrelas; imóvel. E o que se faz no céu? A resposta vem de sua avó materna, dona Maria Ursulina Soares Raposo da Câmara Fernandes Pimenta: "O que se faz no céu não é assunto de pecador!" (p. 48).

Cada capítulo de *Dante Alighieri e a Tradição Popular no Brasil* mimetiza de alguma forma uma floresta intelectual. Na maior parte das vezes Cascudo indica a entrada dessa floresta. Através de uma citação. O que virá depois é do domínio do desconhecido. A mais insólita das reflexões, o mais obscuro autor, o comportamento mais recôndito de algum grupo humano vivendo em longínquos espaços, podem materializar o fio de Ariadne de seus pensamentos. Mas tudo é labiríntico. Perdemo-nos e achamo-nos. Para nos perdermos de novo. E pouco a pouco nos iluminarmos. Cascudo vive uma tensão entre a consciência possível do comunicável e a ilimitação do inconsciente e da cultura em vários canais de apreensão.

Vejamos como exemplo a maneira como esse processo se explicita em *A Separação dos Sexos* (p. 140). Tudo começa com uma citação de *La Vita Nuova*[1]. Em seguida, Cascudo observa que Dante encontrara poucas mulheres no Inferno, algumas no Purgatório e inúmeras no Paraíso. Explica isso pelo sentimento de amor cortês, que o faria devoto das mulheres. Esse amar platônico, de sofrer calado, de sacrificar-se pela Dama, Cascudo liga com o *clima* do poeta Gace Brulé do século XIII. E reencontra o mesmo comportamento numa trova portuguesa. A defesa da mulher feita por Dante seria, no entanto, decorrente da "mentalidade ambiente, determinando um processo de ambivalência" (p. 140). Esse processo seria psicológico, uma espécie de tributo de gratidão à espiritualidade de Beatriz e a todas as mulheres que lhe haviam servido de amparo nos momentos de dor. Por isso, seria tão indulgente com as mulheres.

A partir dessas considerações, Cascudo discute a ausência de sexualidade de Dante em relação às mulheres, uma invenção de seus críticos. Estes explicariam todas as figuras femininas das obras dantescas como alusões personificadas da Poe-

---

1. p. 140: "E com cio sai cosa che, secondo la usanza de la sopradetta cittade, donne con donne ed uomini com uomini s'adunino a cotade tristizia...", *La Vita Nuova*, XXII.

sia, das figuras do *Trivium* etc. Nesse sentido, Dante teria sempre amado entidades desprovidas de sexo. "Pois sim" (p. 141), replica Cascudo. Pelo que infere de suas leituras, Dante, na verdade, estaria apenas se defendendo do poder criador e aniquilador das mulheres; ao distancia-las, imagens de *uma Trimurti impassível,* estaria utilizando apenas uma tática de legítima defesa masculina.

O próximo pensamento desdobra a epígrafe do capítulo. Em Florença, homens com homens e mulheres com mulheres "se juntaram onde Beatriz chorava copiosamente" (p. 141). Com essa cena, Cascudo depreende um comportamento. E o universaliza. Em visita de condolências ou na exposição de um cadáver, homens e mulheres ficavam separados. Assim, em Florença. Assim, antes, em Roma. Assim, antes, mesmo na Grécia. E assim, presentemente. No Brasil.

A separação dos sexos visaria a evitar qualquer tipo de confusão. E aqui, Cascudo cita Milton. Esse preceito de divisão sexo-espacial teria sido observado em toda a estrutura da *Divina Comédia*. Mesmo no Inferno. Desfila, então, uma série de exemplos dessa prática. E costura com a tradição popular. Esta acredita que as almas conservam o sexo e que o Inferno seja uma balbúrdia. Dante, segundo Cascudo, por respeito à *courtoisie,* mantém a mesma etiqueta dos salões e das igrejas. Homens de um lado, mulheres de outro. Depois de citar o Gênesis, dá um salto para uma dança do madaleniano, pintada na caverna de Tuc d'Audoubert, onde só homens aparecem. A dança com homens e mulheres juntos seria algo recente, uma modificação da cultura, verificável na Catalúnia, por exemplo. As danças primitivas dos índios, os cortejos no Egito, na Assíria, entre gregos, na civilização mediterrânica, todos exibem uma rígida separação entre os gêneros. Dando mais um salto, Cascudo chega ao Brasil para notar que até os inícios do século XX, nenhum homem assistia à missa junto com a família. Assim como na Europa, tanto em basílicas como em sinagogas, os homens ficavam no altar-mor, nas arcadas, nos corredores, na porta principal, enquanto as mulheres ocupavam as naves. O mesmo hábito nos bailes. As mulheres, enfileiradas, aguardariam o convite masculino, tanto no Brasil como na Ásia, na Oceania, em Samoa, na Melanésia. E volta para Roma e Grécia para reiterar a sua idéia. Retoma de novo a tradição brasileira. O esquinado, a dança votiva de São Gonçalo do Amarante: cada sexo, uma fileira. Em todas as festas populares, isso se perpetuaria. Bem como nas recepções dos reis de França ou Inglaterra. Em qualquer século.

Cascudo fecha esse capítulo observando que não entra na questão do "complexo cultural da harmonia e oposição dos sexos e nem ação subseqüente no trabalho, participação social, surda, premente e visível rivalidade pelo domínio e mando" (p. 143). Para ele, seja na época de Dante, seja em qualquer tempo, as mulheres sempre governaram, fizeram e desfizeram. Receio e desejo provocaram o uso: *donne con donne ed uomini con uomini*.

Esses malabarismos intelectuais e de erudição estão presentes em todos os capítulos. Seus títulos já se apresentam como um desafio ao leitor: "Reginaldo degli Scrovegni Estira a Língua", "Olhar de Virgem", "Areia em Cérbero", "A Primeira Refeição dos Recém-Casados", "O Morto sem Túmulo", "Os Pés da Sereia", "Bater no Peito", "Anel no Dedo", "Caim na Lua", "O Porco de Santo Antônio", "O Banho Imundo", "A Sopa no Túmulo" etc.

Na imensa biblioteca formada por toda a sorte de apreciações, críticas, apologias, infamações e fantasias variadas sobre Dante, Câmara Cascudo, certamente, não produz qualquer tipo de clichê. Seu entendimento da matéria dantesca é extremamente original. E contemporâneo, Suas observações sobre o Purgatório como um produto do imaginá rio coletivo constituem-se, por exemplo, num excelente contraponto às pesquisas que Jacques Le Goff realizaria poucos anos depois[2].

A idéia de que Dante povoa o céu ou o inferno de acordo com a vontade e o sentimento populares em relação às personagens é reveladora de uma leitura profundamente arraigada na vivência do cotidiano. Cascudo não hesita em detectar pensamentos íntimos de Dante nas palavras dos brasileiros mais simplórios[3].

Um dos episódios mais polêmicos da *Divina Comédia* é o da condenação de Francesca da Rimini ao Inferno. Borges, em seus *Nueve Ensayos Dantescos*[4], aventa explicações de ordem técnico-literárias, junguianas ou dostoievskianas. Dante seria uma espécie de *verdugo piedoso;* ouve a história de Francesca com compaixão, compreende mas não perdoa, e a deixa no Inferno. Ou seja, para Borges, Dante é o juiz, o responsável pela condenação. Câmara Cascudo vê a mesma cena com outros olhos. E ouvidos. O episódio de Paolo e Francesca é filtrado pela *mentalidade coletiva.* Dante nada pode frente aos costumes contra o adultério. E o porquê de Francesca ir aos Infernos, finalmente, fica claro através da canção "Casa de Caboclo". O cantador Zé Gazela se depara com sua mulher Sá Rita no quarto com Manuel Sinhô. Dessa surpresa, vem a morte e o verso:

> Tem duas cruz entrelaçada,
> Bem, na estrada,
> Escreveram por detrás;
> Numa casa de cabôco
> Um é pouco,
> Dois é bão, três é demais... (pp. 316-317).

Assim teria pensado Gianciotto Malatesta, marido de Francesca. E assim o Brasil teria se encontrado com o *trecento* florentino. Dois microcosmos especulares da universalidade do macrocosmo de Câmara Cascudo. [T. A. P. Q.]

DANTE ALIGHIERI E A TRADIÇÃO POPULAR NO BRASIL [17]. 2ª VERSÃO.

Nessa obra, Dante Alighieri e o autor parecem trocar opiniões, a tal ponto o engenho e a acuidade de Cascudo penetram o universo dantesco e a situação histórica, literária e dos costumes na Europa dos séculos XIII e XIV e, principalmente, a situação

---

2. Jacques Le Goff, *La naissance du purgatoire*, Paris, Gallimard, 1981.
3. p. 45: "De uma fiel zeladora da igreja do Senhor Bom Jesus das Dores da Ribeira, em Natal, ouvi o resumo exato dessa mentalidade popular: No céu manda Deus e na Igreja manda o Papa... Intimamente, era o pensamento de Dante".
4. Jorge Luis Borges, *Nueve Ensayos Dantescos*, Madrid, Espasa-Calpe, 1982.

italiana, com o intricado nó das lutas entre guelfos e gibelinos, os primeiros divididos em Bianchi, e Néri, dos Comuni transformando-se em Signorie, das repúblicas minúsculas com governos oligárquicos, dos tiranos sanguinários como Ezzelino III da Romano, das companhias de ventura e das batalhas, como a de Monteaperti, em 1260, "Che fece l'Arbia colorata in rosso", das inquietudes que fragmentariam a unidade greco-latina da linguagem, originando o Dolce Stil Nuovo.

Toda a obra cascudiana é dirigida ao homem em sua condição primeira e última: "serás o que foste".

Não se veja nisso a posição reacionária do etnógrafo, negando a possibilidade evolutiva do homem.

Cascudo a reafirma a cada palavra, enfatizando, porém, que a essência, mesmo à revelia do próprio homem, permanece logo abaixo da superfície do comportamento, estabelecido pela constante das transformações.

Se assim não fosse, Homero e Píndaro, Camões e Cervantes, Virgílio e Dante, perderiam sua permanência, seu significado.

Dante, escreve Cascudo, "[...] era homem exato do seu tempo. De todos os tempos humanos". Esse homem de todos os tempos, Cascudo revela em nossos hábitos, em nossos gestos, em nossas palavras.

Os aspectos de *Dante Alighieri e a Tradição Popular no Brasil* são múltiplos.

Obra única, pela proposição do autor, quanto ao estudo etnográfico (Cascudo: "A *Divina Commedia* tem sido percorrida pelos olhos dos teólogos, historiadores, psicólogos, poetas, políticos, filósofos, artistas, estetas, juristas, críticos. Nunca o foi por um etnógrafo"), é fundamental para a justa compreensão histórica e socio-cultural da Idade Média e início do Humanismo, absolutamente nova e indispensável como introdução à crítica psicológico-literária de Dante e sua obra.

Do ponto de vista etnográfico, a obra está cheia de surpresas.

Superstições, usos, comportamentos nossos, destes dias são encontrados na *Comédia*, em *Il Convívio*, em *La Vita Nuova*. Cascudo indaga, revela, explica, documenta, demonstra e, lendo-o, nós nos descobrimos antigos e presentes, gigantes e pigmeus na ostentação de nossa cultura racional e analítica que, se de um lado permite a obra de um Cascudo, de outro esquece a essencialidade do homem na dimensão do tempo.

Cabe aqui, um testemunho pessoal da incisividade cascudiana em sua observações.

No mês de abril de 1945, último mês da II Guerra Mundial, na Lombardia, perto de Milão, tive a ocasião de presenciar o ato de *propagginare*, o sepultamento vertical, os pés para cima, que os florentinos, dos séculos XIII e XIV, reservavam a certos tipos de criminosos, castigo eterno do Papa Nicolau III nas "Malebolge", do canto XIX, do Inferno dantesco.

Um grupo de guerrilheiros (*partigiani*), enterrava um assassino fascista, colaborador da Gestapo, e montava guarda ao "túmulo" fora do qual apareciam dois pés calçados de botas militares. Outro caso similar é relatado por Curzio Malaparte, no livro *La Pelle*, acontecido na Toscana, também durante os últimos meses da Segunda Grande Guerra. Não sei se o relato é de fato verídico, memória culta do autor, toscano de Prato, ou notícia recolhida e transformada em episódio de ficção.

Outro criminoso fascista foi enterrado de cabeça para baixo, com um só pé para fora da sepultura, havendo um "partigiano" de guarda, surdo às súplicas da mulher e da filha do morto, rogando para que tivesse aquele resto de corpo coberto de terra.

Isso, no século XX, na região da *Madonna* marmórea de Giovanni Pisano, dos afrescos de Agnolo Gaddi e Filippino Lippi, do campanário de Giotto e do tabernáculo de Orcagna.

Como não lembrar de Mussolini, Claretta Petacci e potentados fascistas pendurados de cabeça para baixo, pelo furor do povo, depois do fuzilamento, num posto de gasolina, na Piazza Loreto, em Milão, no dia 28 de abril de 1945?

Cascudo lembra que do *propagginare* ficou a superstição do "sapato emborcado – apelo mágico para a desgraça".

A memória, o arquétipo junguiano, o inconsciente coletivo, a tradição oral, o saber do povo, mantém o costume através de símbolos que são forças atuantes, no estado latente, da piedade e da crueldade humana.

Essa é a mensagem de Cascudo etnógrafo e os fatos lembrados confirmam que basta uma obra da história, um estremecimento sociopolítico ou um estado de angústia e opressão prolongado, para que os hábitos, ocultos em símbolos, voltem com a violência, a vitalidade que os originaram.

A visão de Cascudo em relação ao momento histórico e sociocultural da Idade Média, particularmente na Itália, é paradigma de serenidade culta e perspicaz.

Quem está familiarizado com os volumosos compêndios da *Storia dell'Itália Medioevale* em que tudo é treva, fora do lume solitário na cela do frade, curvo às suas "iluminuras", e do *Cântico delle Creature* de Frate Francesco d'Assisi, não pode deixar de respirar um ar revitalizante lendo daquele período em *Dante Alighieri e a Tradição Popular no Brasil*.

Nessas páginas, há o gênio atlântico e alísio de Luís da Câmara Cascudo levando a solaridade do Nordeste brasileiro a desfazer a névoa e a poeira das interpretações pedantes, indigestas e facciosas que escureceram a compreensão dos estudantes e dos estudiosos desde as *Rerum Italicorum* de Muratori, até a revisão crítica de Carducci e Fiorini, incluindo as notícias folclóricas de Heraeus. Cascudo não aceita situações consagradas pelo "historicismo". Mostra a exuberância cultural da Idade Média. Ao lado de lutas fratricidas há a integração literária e artística do popular, do anônimo com o erudito, o titulado.

Há a unidade de sentimento que se expressou na linguagem das catedrais góticas, nos cantares e nas lendas que pertenciam a nobres e plebeus.

Escreve Cascudo: "o século XIII consagrara o burguês e neste a mentalidade popular ao nível da potência econômica". A distinção por categoria não pertence, culturalmente, ao Medievo e sim à Renascença.

Ainda Cascudo: "E na Itália, dividida e convulsa dos guelfos papais e gibelinos do Imperador germânico, o governo das cidades, mesmo na mão da aristocracia, compreendia participação entusiástica popular, os Néri, os Bianchi, como não ocorria, no momento, na França, Alemanha, Inglaterra".

A sensibilidade aos fatos essenciais da história veda a Cascudo demorar-se em considerações secundárias quanto a tenebrosas "consorterie com torri e logge", recorrentes em todos os autores que tratam do século XIII e XIV na Itália.

O importante não é o antigo senhor feudal que, por herança da *fará* germânica, longobarda, transferindo-se para a cidade, já município (*comune*), erige suas torres-fortalezas congregando os *gentili*, parentes e afins, para, eventualmente, fomentar guerras civis ou delas defender-se: a *consorteria* é cauda do feudalismo.

Realmente importante é o que Cascudo descobre nos dois séculos que antecedem o Renascimento.

Os idiomas novos, nascidos do grego e do latim, criam condições de participação popular em todos os níveis. A religião, unitária, mas mitificada pela criatividade individual e de grupos gera lendas que enriquecem a cultura da época chegando, ainda hoje, a determinar certos comportamentos entre nós. Principalmente importante é que o povo dos séculos XIII e XIV participa, como um todo, dos movimentos políticos, sociais e culturais, existindo a unidade que, atualmente, procura-se, ainda sem êxito, alcançar.

A intimidade de Cascudo com Dante nasceu da sintonização daquilo que Goethe chamava "afinidades eletivas". Não bastam seis ou sete séculos, nem o Atlântico, para impedir a busca e o encontro de espíritos universais. Como Virgílio encontrou Dante, Dante encontrou Cascudo.

O encontro não aconteceu "na selva escura", mas em Natal, Rio Grande do Norte, Brasil, século XX. Encontro austral, frente a um Potengi manso e luminoso.

Os estudos sobre Dante e sua obra começaram antes que se passassem cinqüenta anos da sua morte. Algumas escolas e universidades comentaram publicamente a *Divina Comédia*, junto com os clássicos greco-romanos, e "dantista" era título de honra em fins do século XIV.

O Dante de Cascudo não aparece desbotado como nos comentários de Iacopo Alighieri, filho do poeta, limitado à dimensão místico-religiosa como em Bosone da Gubbio e frei Guido da Pisa. Esse de Cascudo é o Dante da grandeza e da miséria humana.

Giovanni Boccaccio e Iacopo della Lana, no século XIV, já mostravam um Dante atormentado, homem ferido, circunscrito, porém, ao estereótipo da moral católica vigente na época.

Nos séculos XVII e XVIII (visto que, nos séculos XV e XVI, Dante foi considerado apenas herança literária, ganhando dos "modernistas" a alcunha de "antigo" e a *Comédia* sendo classificada como "gótica"), os estudos tornam-se mais exatos, através de Leonardo Bruni d'Arezzo e de Giovanni Battista Vico que foi o primeiro a indicar os reais valores poéticos de Dante, porém interpretações e definições da *Comédia* e da figura do poeta continuam nebulosas, assim permanecendo nos comentários de Parini, Monti, Foscolo, Leopardi e Tommaseo, até o século XIX. Em fins de 1800 e início do século XX, começa o verdadeiro estudo crítico, em sentido moderno, de Dante e sua obra.

Os italianos Pistelli, Del Lungo, Rostagno, D'Ancona, Rajna e De Sanctis desenvolveram estudos críticos e analíticos que se ressentem ainda do conceito romântico de "Dante padre", Dante pai da italianidade, da língua *volgare*, do ser humano aspirando ao divino.

O inglês Barlow vê Dante, essencialmente, como inimitável arquiteto versificador e, a *Comédia*, como uma espécie de lago represando a sabedoria de seu tempo.

Os alemães Bassermann e Vossler anatomizam Dante e sua obra detalhadamente, anotando com diligência as várias interpretações e descrevendo fatos.

Todos esses estudos e estudiosos, incluindo as teorias didáticas do ensino universitário europeu e seus representantes, terminam por limitar as proporções da obra e da figura dantesca.

Cascudo propõe um Dante não simplesmente "homem de seu tempo", inquieto, atormentado, perseguido e gênio em busca do absoluto, mas o que "reflete o juízo popular nas suas decisões supremas", um Dante que além de beber na fonte do povo, é parte integrante dessa fonte.

Em *Dante Alighieri e a Tradição Popular no Brasil*, Dante é, radicalmente, voz e porta-voz do povo. Conteúdo e continente.

Cascudo vê na universalidade, na permanência de Dante aquilo que foi, por séculos, ignorado, esquecido, relegado. A obra do poeta não é exercício cerebral abstrato, mas participação na história e nas estórias, envolvimento total com o tempo e os homens.

Dante, antes de Cascudo, excetuando-se, em certo sentido, Giovanni Papini, sempre foi visto como manipulador de rimas, mestre de retórica, precursor da unificação italiana, filósofo e teólogo em sílabas e acentos, teórico da disputa lingüística entre "nobre latim" e italiano plebeu, *volgare*. Foi visto como construtor de uma grandiosa catedral gótica de pensamento escrito em versos. Só Cascudo lembrou que Dante a "construiu", por saber ler a "mensagem" das catedrais como qualquer homem da Idade Média.

Cascudo não faz concessões a nenhum conceito ou juízo óbvio sobre Dante, sua obra e, pela primeira vez, ao longo da literatura universal, descobre "a função ininterrupta", dos assuntos da *Divina Comédia*, na existência popular do Brasil.

Nesse livro, Cascudo é etnógrafo, historiador, crítico, mas acima de tudo, poeta, artista.

O perfil que traça de Dante Alighieri é tão sintético e definido quanto o mais belo dos poemas e a adjetivação, contida, lembra as crônicas dos séculos XIII e XIV de Dino Compagni e Giovanni Villani.

O Dante de Cascudo é "soberbo e desdenhoso, altivo e sentimental, apaixonando pelas soluções ditadas na própria mentalidade, na química do raciocínio individual. Vendo argueiros nos olhos alheios e despercebido dos pessoais".

Dante é parcial, implacável, independente, condenando e absolvendo, em um tribunal onde, além de juiz, é promotor, advogado de defesa, júri e testemunha, segundo suas paixões, suas frustrações, sua generosidade, sua mesquinhez. É presunçoso, áspero, contundente, idealista e corajoso, irreverente e vaidoso.

Cascudo esculpiu Dante em incorruptível verdade histórica e psicológica. Não há sombras na escultura. Só a luz e o "movimento" indicadores do gênio universal, do homem eterno, do poeta. [F. M. J.]

DICIONÁRIO DO FOLCLORE BRASILEIRO [18]. Considerado uma síntese do vasto trabalho de Câmara Cascudo, o *Dicionário do Folclore Brasileiro* é, provavelmente, sua obra mais divulgada e conhecida. O próprio autor considerava-o interminável e não escondia a tentação de torná-lo Enciclopédia[5].

Referência freqüente de estudiosos, artistas, festeiros e carnavalescos, recebeu seis edições (1954, 1959, 1972, 1979, 1983, 1988), sendo que as quatro primeiras ganharam novos verbetes e atualizações bibliográficas. Os verbetes, que fixavam "elementos da Cultura Popular", segundo Cascudo na "Nota à Quarta Edição", apresentam uma grande variedade de temas ligados a festas, músicas, lendas, mitos, superstições, usos, costumes, gestos, indumentária, bebidas, comidas, santos favoritos, principais folcloristas etc. Para se ter uma idéia da dimensão do trabalho realizado, é importante mencionarmos, pela edição de 1988, a existência de 811 páginas (em letra bem pequena e sem ilustrações), com um número incalculável de verbetes.

Após a publicação de *Vaqueiros e Cantadores*[6], em 1939, o Dicionário teria sido iniciado de uma forma despretensiosa, como relata o autor, "ao lentamente pôr em ordem um temário do folclore brasileiro, para simplificar as consultas pessoais". Em 1941, a idéia cresceu, quando Câmara Cascudo concebeu um plano de trabalho para dez anos. Em 24 de agosto de 1943, a obra ganhou "forma e vida teimosa", em suas palavras, com o convite de Augusto Meyer, então Diretor do Instituto do Livro, para que o Dicionário fizesse parte da Enciclopédia Brasileira, que pretendia organizar na ocasião. Em outubro de 1952, os originais foram entregues ao Instituto. Em 1954, saía publicado o *Dicionário do Folclore Brasileiro*[7].

Em temos da organização da obra, é o próprio autor que declara as suas intenções nas notas às edições de seu *Dicionário*. Em primeiro lugar registra o forte compromisso de "não permitir a imaginação suprir o documento"[8]. Em cada nova edição preocupava-se em incluir novos verbetes, sempre acompanhados de vasta bibliografia e/ou consulta a diversos especialistas brasileiros. Em termos teóricos, proclamava-se ao lado da antropologia cultural, da etnografia e do folclore[9]. Na primeira edição, de 1954, declara textualmente o método então utilizado: "as três fases do estudo folclórico – colheita, confronto e pesquisa de origem – reuni-as quase sempre como forma normativa dos verbetes".

---

5. Ver "Nota à Quarta Edição", de 1979. Todas as referências às declarações do autor encontram-se nas suas notas às sucessivas edições. Ver: *Dicionário do Folclore Brasileiro* [18], pp. XV a XXIV.
6. *Vaqueiros e Cantadores* [82].
7. *Dicionário do Folclore Brasileiro* [18], "Nota à Primeira Edição", de 1954.
8. *Idem*, "Nota da Quarta Edição", de 1979.
9. *Idem*, "Nota da Segunda Edição", de 1959.

Uma significativa listagem bibliográfica, com registros de especialistas, viajantes e notícias de jornal, para felicidade dos historiadores e estudiosos preocupados com as fontes de informação, acompanha cada verbete. Nas próprias palavras do autor, "procurou registrar a bibliografia e também assinalar a possível fonte criadora". A busca das origens, apesar de considerar o debate discutível, impunha-se para Câmara Cascudo como indispensável, "para que a fixação passasse além do pitoresco e do matutismo regional"[10].

Para diferentes regiões do Brasil, Câmara Cascudo recebeu auxílio de renomados folcloristas, sendo que alguns chegaram a ser responsáveis por alguns verbetes. Dentre os mais conhecidos destacam-se: Alceu Maynard Araújo, Édison Carneiro, Guerra Peixe, Luís Heitor Correia de Azevedo, Manuel Diégues Junior, Osvaldo Cabral, Renato Almeida, René Ribeiro, Téo Brandão, Villa-Lobos etc.

No grande esforço de síntese do *Dicionário*, Câmara Cascudo admite, embora timidamente, ter encontrado alguns problemas. Revela que a "parte etnográfica exigiu maior atenção e esforço", pois a bibliografia era bem menor. No vasto trabalho que se impôs, confessa a paixão pelo folclore musical e pela literatura oral, reconhecendo os limites das descrições sobre os usos, costumes, gestos, modismos e indumentária, pelo pequeno interesse que vinha despertando. Sobre a alimentação e as festas, apesar de possuírem um registro apreciável, considera que não alcançaram áreas suficientes para uma visão de conjunto e menos ainda para uma visão sistemática[11].

Depois dessas explicações gerais, quais seriam os significados de uma obra que mereceu tantas edições? Como foi possível iniciar um trabalho, com tal pretensão, no final da década de 1930?

Nas notas introdutórias que sucedem as edições do *Dicionário*, também pode-se perceber, apesar da economia de suas palavras, o que moveu o autor e o valor que atribuiu ao seu trabalho. Na nota da primeira edição, de 1954, Câmara Cascudo admitia "não ser possível fixar o Brasil inteiro no plano folclórico", mas complementava que, "nos limites do conhecimento provinciano", pretendia "registrar o essencial, o característico, dando um roteiro do material existente e mais facilmente consultado [...]". Na segunda edição, de 1959, afirmava que encontrou, "de mão ao peito [...], no povo do Brasil, o material deste dicionário e todas as coisas aqui registradas participavam indissoluvelmente da existência normal do homem brasileiro". Declarava fazer do "esforço, uma dádiva em prol do comum, do coletivo e do nacional, indistinto". Na nota da terceira edição, de 1972, declarava ser a "obra um documentário da cultura popular brasileira [...], marcando a existência do permanente na memória coletiva". Na quarta, de 1979, registrava que pretendia "fixar elementos da cultura popular", e sua importância para a "formação do povo brasileiro" e "da cultura nacional".

A partir dessas declarações, pode-se aproximar o *Dicionário* de Câmara Cascudo do que se conheceu como Movimento Folclórico Brasileiro, que, a partir do final da

---

10. *Idem*, "Nota da Primeira Edição", de 1954.
11. *Idem*, "Nota da Primeira Edição", de 1954.

década de 1940, reuniu muitos intelectuais para a defesa do folclore brasileiro. De acordo com o trabalho de Luís Rodolfo Vilhena sobre o assunto, os folcloristas ligados ao Movimento, por mais que tentassem flagrar algo que culturalmente se produzia nas camadas populares da sociedade, tinham algumas expectativas muito claras do que iriam encontrar[12]. Uma das expectativas mais recorrentes, argumenta Vilhena, era a da cultura popular como símbolo do autêntico, justificando as eternas buscas das origens, e da identidade nacional, até mesmo muito antes de existir a pretensa nação, como, por exemplo, nas manifestações culturais do período colonial.

O próprio folclorista colocava-se com a missão de servir à nação. Um bom exemplo desta perspectiva dos folcloristas foi o tratamento especial dado à "cultura tradicional", principalmente às festas, músicas e danças, como o lugar do encontro de raças, mistura de classes e culturas diferentes, num ambiente de cordialidade e celebração, ideal para a construção da nação.

Apesar de Câmara Cascudo não ter participado efetivamente das organizações federais criadas pelo Movimento Folclórico Brasileiro, preferindo permanecer no Rio Grande do Norte, compartilhava várias de suas bandeiras. A organização e publicação do *Dicionário do Folclore Brasileiro* também coincidem com as décadas de maior mobilização em defesa do folclore brasileiro (décadas de 1940 e 1950). A despeito de todo o valor etnográfico do trabalho de Cascudo, o *Dicionário* não fugiria à regra.

Em muitos verbetes registram-se referências às expressões "nosso" costume, "nossa" música e dança de "brasileiros". No verbete maxixe, por exemplo, afirma que "foi por algum tempo expoente de *nossa* dança urbana, tendo cedido lugar ao samba". Sobre a modinha, afirma ser uma "canção brasileira". Com as novidades estrangeiras, teria passado para o "nosso acervo folclórico", tendo se transformado numa das mais autênticas tradições da "música popular brasileira".

Sobre o choro, considera-o "carioca". Como várias expressões do "nosso populário", "recebeu logo a expressão de chorinho". Para o autor, o choro "veio da cidade Nova por volta de meados do século passado, e, depois, tornou-se coisa muito nossa". São evidentes nesses verbetes expressões que atribuem alguma identidade, regional ou nacional, às manifestações culturais populares.

Às vezes, também, Cascudo não consegue livrar-se de algumas expressões preconceituosas. Em chula, por exemplo, registra que era "vulgar e comum". Sobre o batuque, cita, sem nenhuma crítica ou contextualizaçao, a frase de Macedo Soares do final do século XIX: "quando é de negros é com tambor, quando é de *gente mais asseada*, é com violão".

---

12. Ver Luís Rodolfo Vilhena, *Projeto e Missão, 1947-1964 – O Movimento Folclórico Brasileiro*, Rio de Janeiro, Funarte/FGV, 1997. O termo Movimento Folclórico Brasileiro foi utilizado pelos próprios integrantes para definir a mobilização, principalmente nas décadas de 1940 e 1950, em torno dos estudos de folclore. Essa mobilização gerou a Comissão Nacional de Folclore (CNFL), uma instituição pára-estatal ligada ao Instituto Brasileiro de Educação, Ciência e Cultura (IBECC) e ao Ministério das Relações Exteriores. Em 1958, seria criada a Campanha de Defesa do Folclore, um agência governamental que coordenaria o esforço de pesquisa e preservação do folclore brasileiro. Ver: Luís Rodolfo Vilhena, *op. cit.*, pp. 102 e 103.

Se Câmara Cascudo está próximo dessa perspectiva de construir em termos culturais uma identidade nacional brasileira, o autor não abre mão, como alguns outros expoentes do movimento folclórico, de procurar imprimir credibilidade etnográfica ao seu trabalho. Sem dúvida, o *Dicionário do Folclore Brasileiro* não pode ser resumido ao que comumente se critica nos folcloristas: muito de ideologia e bem pouco de camadas populares.

Sem deixar de oscilar entre o entusiasmo pela nacionalidade – se bem que em tom bem pouco ufanista – e a pesquisa sobre a cultura popular, Câmara Cascudo realizou uma obra impressionante, de uma riqueza inesgotável para o trabalho de pesquisa e consulta daqueles interessados pela cultura produzida pelos setores populares. Como indicam as suas últimas palavras da nota da primeira edição, a alegria do trabalho realizado encontra-se "na sinceridade do esforço, na emoção da tarefa, na lealdade da intenção". [M. A.]

O DOUTOR BARATA – POLÍTICO, DEMOCRATA E JORNALISTA (BAHIA, 1762 – NATAL, 1838) [19].

Essa biografia de Cipriano José Barata de Almeida, publicada no ano do centenário de sua morte, traz, por ser obra engajada, a poderosa marca de seu tempo. A narrativa é distribuída por seis capítulos ordenados cronologicamente, como é de bom uso nas biografias. O corpo da exposição assim organizada vem precedido por breve apresentação das motivações do autor na preservação da memória de seu personagem, o que é feito através de traços rápidos e incisivos. É aí que Câmara Cascudo define o contorno do *seu* Cipriano Barata, esboço depois retomado, mas jamais completado em retrato de corpo inteiro, malgrado o esquemático ensaio do sétimo capítulo, ao qual, pela arquitetura da composição, melhor teria sido nomear de conclusão ou, com maior rigor, epitáfio.

Ao final do livro, a curiosidade do leitor é contemplada por um elenco de notas seguidas pela relação das fontes às quais o autor recorreu para dar conta de seu projeto. Essas notas constam da transcrição de cinco documentos de interesse desigual, sobressaindo a relação estabelecida por Sacramento Blake, em 1893, no seu *Diccionário Bibliographico Brazileiro*, dos escritos de Cipriano Barata. O que aí se encontra de efetivo interesse são as anotações adicionais de Câmara Cascudo, sempre breves, a alguns dos títulos repertoriados no *Dicionário*. As "fontes", por seu turno, são de variada natureza, compreendendo documentos inéditos guardados em arquivos, caso das "diversas pastas" da Secretaria Geral do Estado do Rio Grande do Norte, bem como da volumosa documentação publicada no *Diário das Cortes Gerais, Extraordinárias e Constituintes da Nação Portuguesa* e em *Anais* e outras publicações do Arquivo Nacional. O terceiro conjunto arrolado sob a rubrica genérica de "fontes" é de ordem bibliográfica, contando 21 títulos de qualidade, pertinência e extensão desiguais, incluindo breves notas biográficas publicadas na imprensa de Natal, um estudo à época inovador de Braz do Amaral, publicado no n. 54 (de 1927) da *Revista do Instituto Geográfico e Histórico da Bahia*, além de obras de Pedro Calmon, Max Fleiuss, Ulysses Brandão e Gustavo Barrozo, entre outros.

É esse arcabouço que sustenta a matéria pulsante da obra, campo dos seus significados, e para cujo desvendamento o leitor tem no autor seu maior aliado, dada a cristalina transparência dos enunciados. De saída, Câmara Cascudo esclarece que foi levado a dedicar um período da sua vida a reunir os traços da trajetória de seu personagem pelo motivo maior de pensar "justamente às avessas do doutor Cipriano José Barata de Almeida, tirando sua ação na Independência" (p. 3). Procurou conhecê-lo num esforço que resultou na constatação, com base na leitura de fragmentado material criteriosamente reunido, de que

> tudo junto e visto de perto, tirando toda a flamejante retórica que enrolava o doutor Barata, fica muito pouco. Ele é, politicamente, uma figura secundária e, espiritualmente, um medíocre. Não tem idéias, não tem programa, não tem direção. [...] Sua eloqüência, artificial como uma Câmara de Deputados, é uma repercussão demagógica da revolução francesa. [...] É um produto típico da ideologia anti-humana e anti-lógica que 1789 espalhou pelo mundo (p. 1).

Sem ambigüidades, Câmara Cascudo define a natureza conflituosa da sua relação com o personagem. Tem o Doutor Barata como "o homem-absurdo" (p. 53), um paradigma de apego a convicções e princípios superados e, como tal, um inimigo a ser combatido. Aniquilar a memória do ídolo popular que, um século antes, havia demonstrado a possibilidade de resistir à cooptação pelo poder assume, no livro, a dimensão de tarefa política. O autor, empenhado na defesa dos fundamentos do triunfante Estado Novo, percebe na intransigência de Cipriano, na defesa de princípios que colidem frontalmente com os seus, motivo para reduzir o biografado a

> padrão de anormalidade [...] porque trazia o fermento dissolvente da Revolução Francesa [...] [da] superstição de povo, de povo abstração, massa, toda de doutrinas, de direitos e de deveres natos, esquecidos pelos tiranos. Nunca o doutor Barata examinou a inexistência do Povo, a mentira liberal dessa frase absurda. [...] Na doutrina de Barata era este nome o princípio e o fim de todas as coisas utópicas ou materiais, fonte do Direito, gênese do Poder. [...] Não se creara [sic] a Democracia, palavra-tabu, mas o doutor Barata foi o único democrata em seus tantíssimos anos de vida sofredora. Ele exemplifica admiravelmente a vacuidade dessa doutrina oposta à mais honesta e alta intenção pessoal de bondade (p. 54).

E para que, da imagem assim debuxada, nada sobrasse de valor, o nacionalismo que movia o tribuno baiano (atributo caro ao autor da biografia) é posto sob suspeição, fruto que teria sido "do ressentimento das vaias, insultos e desprezos sofridos, de dezembro de 1821 a outubro de 1822, em Lisboa" (p. 2), e não de maduras convicções dignas de respeito.

Eis a síntese do conflito que organiza a exposição. Ele não está na relação do biógrafo com biografado, mas naquela que antepõe o autor à sua própria realidade, a do Brasil do final da terceira década do século XX, sobre a qual projetava-se a sombra das intoleráveis verdades que foram tão caras a Cipriano Barata. Viviam-se tempos de entusiasmada adesão – ou penosa resistência – ao Estado Novo getulista no ano de 1938, e para um adepto da nova ordem, nada obstava a desqualificar quem fosse "apaixonado dos Direitos do Homem" e, no caso particular do tribuno baiano, aquele "legítimo Homem – cívico, cioso das prerrogativas de um liberalismo fremente de utopia e de nebulosidade" (p. 2), o lutador incapaz de perceber que "a restrição da liberdade, um sacrilégio para [quem, como ele, era incapaz de percebê-la] como função de equilíbrio necessário entre as forças confusas e divergentes" (p. 2).

A tarefa política cumpriu-se com competência até o limite da capacidade do autor em resistir ao encanto do personagem. Há passagens, no livro, em que se percebe que Câmara Cascudo deixou-se seduzir pelo *décor* do utopista apaixonado das coisas de sua terra, um dos traços do Doutor Barata que lhe tocou de perto. Mas ainda aqui, a afeição política, calibrando o ângulo da perspectiva, impediu a percepção de que, para além de *mise-en-scène* de situação periférica, estava diante do hábil uso de recursos discursivos aos quais Cipriano recorria para expressar, pela imagem, as grandes polaridades que organizavam os embates políticos de seu tempo. Sente-se no texto que as vestes de algodão grosseiro da terra, os sapatos de couro de bezerro, a bengala de madeira de lei e o chapéu de palha sabem perfeitamente ao gosto do biógrafo enquanto compõem o quadro do Doutor Barata enfrentando, em 1821-1822, os deputados portugueses em Lisboa, quando foi "verdadeiramente o Homem-sem-Medo" (p. 16), o tribuno da liquidação da subordinação colonial. Mas com o 7 de setembro, tudo muda. Os mesmos adereços que, após 1822, passaram a denunciar a submissão das elites brasileiras à hegemonia inglesa, urgindo a instalação de fábricas nacionais, ou, pecado dos pecados, expressavam a natureza da crescente tensão entre as elites encasteladas no controle do Estado e os setores populares dos quais Cipriano teimava em manter-se porta-voz, deixam de merecer a empatia de Câmara Cascudo, ridicularizados por ele como demonstrações de apego a arcaísmos, no limite, senis. Câmara Cascudo força as tintas ao retratar seu personagem como petrificado no tempo: "ele passa toda uma existência a ser a mesma causa. É a continuidade. [...] Nenhuma mudança. Nenhuma tolerância. Nenhuma modificação. Sua história é este elogio. O homem que não mudou" (p. 53).

E eis que a própria narrativa contraria os juízos do autor, revelando um Cipriano atento ao tempo e às circunstâncias, agindo sobre elas, interferindo no seu rumo. Lá está ele envolvido na sedição de 1798 na Bahia, numa escala que hoje se sabe ter sido muito diferente do que era dado a Câmara Cascudo saber em seu tempo. Depois, ei-lo enredado nos desdobramentos baianos do 1817 pernambucano e, a seguir, lá vai ele, eleito pela Bahia, representá-la como deputado nas Cortes Constituintes de Lisboa, dando conta com competência e dignidade da tarefa que lhe foi confiada. Com aguda percepção dos rumos do jogo do poder, recusa a deputação à Constituinte Brasileira por motivo de incompatibilidade com qualquer das alternativas que em seu interior se abriam, no que a história deu-lhe razão: a Assembléia foi dissolvida pelos que haviam-na convocado, com a Carta Outorgada expressando exclusivamente a vontade dos donos do poder. De resto, como esquecer que, em 1831, empenhou seu prestígio no controle dos furores populares que ameaçavam o pouco que restava de ordem na capital de Província da Bahia ou que, já no ocaso de sua vida, eleito suplente de deputado em Pernambuco, participou das sessões quando foi convocado? Em verdade, a leitura dos capítulos, naquilo que lhes é substantivo – os fatos despojados da adjetivação que lhes serve de argamassa –, revela um Doutor Barata atento às mudanças que marcaram o seu tempo, característica dos que foram, cada qual à sua maneira, artífices da construção do Estado nacional brasileiro. Algo, entretanto, diferenciava de fato o Doutor Barata da grande maioria de seus contemporâneos, característica sua peculiar a torná-lo inelegível para compor a galeria dos fundadores da nação, em conformidade com os valores dos que detinham o poder de definir os objetos de seu culto. Este seu traço peculiar era o persistente apego a princípios, ainda que ao preço de sacrifícios no geral tidos por intoleráveis, o seu desprezo à aspiração máxima dos que gravitam na órbita do Estado: a cooptação em suas diversas variantes.

Isso posto, percebe-se que essa biografia do Doutor Cipriano Barata é incomparável documento a revelar momentos da trajetória de um autor e de seu personagem.
[I. J.]

ENSAIOS DE ETNOGRAFIA BRASILEIRA [20]. Se é verdade o dito popular de que "quem vê cara, não vê coração", a folha de rosto dessa obra de Câmara Cascudo desmente literalmente sua aplicação. Como diz o título, trata-se de uma coletânea de textos ensaísticos, versando sobre diversos aspectos da chamada cultura popular brasileira. São visitas variadas ao vasto universo percorrido por esse incansável pesquisador, brindes de uma literatura tão própria, um apontar de temas, sugestões de análises, intenções de conhecimentos.

A epígrafe evangélica da primeira página, além de informar sobre matizes de formação do autor, traduz o gesto editorial: "Recolhei os pedaços que sobejam, para que nada se perca" (João, 6,12). São 28 pequenos registros de lida etnográfica, não havendo uma seqüência visível de temáticas, registro de origem ou cronologia, alguns deles não tendo mais do que duas páginas de redação. Para essa edição, a obra totaliza 194 páginas. Na tradição desse autor, outras obras assim se assemelham, a exemplo das coletâneas *Anúbis e Outros Ensaios (Mitologia e Folclore)* e *Superstições e Costumes (Pesquisas e Notas de Etnografia)*[1].

Também "nem vem que não tem", se o que procura o leitor são textos teóricos, escolas antropológicas, posições filosóficas. Câmara Cascudo até o faz bem, mas em outro lugar – no livro *Civilização e Cultura*[2]. Aqui, o conteúdo é o dar azo à "imaginação determinante" da cultura popular brasileira, dar mostras do mar-sem-fim de palavras e de atos e tradições que "a fortuna dos séculos" veio construir ao nosso derredor. Por outro lado, é claro que não poderiam faltar menções, aqui e acolá, a posições epistemológicas, citações eruditas, etimologias e fontes autorizadas, e até analogias mais rebuscadas. Em autores como este, em que as origens sociais e a formação acadêmica mais clássica contrastam e complementam-se no contato com a temática popular, eclode esse potencial confronto. Tal fato, além de apontar contradições reais e enriquecer o universo pesquisado, testemunha uma certa tradição acadêmica indo além das suas origens elitizadas, preocupando-se em eleger territórios de conhecimentos próximos de outros extratos sociais.

---

1. Luís da Câmara Cascudo, *Anúbis e Outros Ensaios*, ed. cit. *Superstições e Costumes* [77].
2. *Civilização e Cultura*, op. cit. [12].

Por outro lado, para quem se debruça sobre o tema com alguma verticalidade, sabe-se o quão contextualmente aquilo a que chamamos de cultura popular, e na contra face, o que se denomina cultura erudita tocam-se, amalgamam-se e complementam-se. É essa a base do que a antropologia cultural chama de Teoria Circular, proposta por pensadores como Mikhail Bakhtin e que, no mínimo, põe em referência a complexidade de uma formação cultural e a difícil tarefa de tentar recortar suas raízes e fronteiras.

Da formação erudita e eclética de Câmara Cascudo, testemunha o conjunto de fontes que pululam nos textos aqui analisados. Salta aos olhos uma polifonia multilíngüe com citações literais, neste caso, em francês, espanhol, inglês, italiano e latim. Pesquisas lingüísticas como fonte e como método agregam-se às referendas da literatura clássica e a bibliografias temáticas que abordam uma vasta gama de interesses. Percursos de cognição que alcançam tradições de vários mundos: Américas, Europa, África e Ásia. Labirintos de Mitologias, estruturalismos que parecem nos remeter para potenciais globalizações de culturas, ou, para ficarmos no esteio teórico do autor, doses de evolucionismos clássicos como à Frazer, traços de difusionismos, interpretações funcionalistas, sincretismos e uma forte presença do culturalismo americano aos moldes de Franz Boas, além de pitadas da Escola Francesa, explícitas na nomeação do trabalho de Marcel Mauss.

Da literatura clássica aparecem: Heródoto, Justino e Plutarco, Petrônio e Dante Alighieri. No percurso ibérico-brasileiro: Cervantes e Camões, Calderón de la Barca, Gil Vicente e pescados os mais sugestivos de cronistas e viajantes que, desde o século XVI, documentaram a formação de uma sociedade colonial de tão acalentadas matizes culturais: Cardim, Gabriel Soares de Souza, Thevet, Jean de Lery, Gandavo, Agassiz, Saint-Hilaire, Von Martius. Somam-se a mais quitutes de poesia, como da messe de Castro Alves, e a boa prosa literária de Machado de Assis (sendo de sabor especialíssimo a referência ao conto "Três Capítulos Inéditos do Gênesis", jóia da invenção machadiana na qual descreve o conflituoso debate entre os filhos de Nóe disputando posse de terras após o dilúvio). Mas o balaio cognitivo que nos oferece Câmara Cascudo tem sobretudo as fontes mais diretas da cultura popular: as histórias das *Mil e Uma Noites*, La Fontaine e as fábulas dos Irmãos Grimm, as "Histórias de Trancoso", versos, chistes e modinhas e bastante literatura de cordel.

Um capítulo à parte são os informantes. A pesquisa oral, as entrevistas e observações realizadas diretamente pelo pesquisador, com gente da mais variada proveniência, vão sendo apresentadas a cada texto, dando-nos o "gostinho" de privar até das suas próprias intimidades. É na primeira pessoa que Cascudo nos fala dos pais, tios e tias, de personagens quase fantásticos como Luiza Freire Bibi, velha ama de seu genitor, ou do aprendizado infantil com sua ama de criação, Benvenuta de Araújo, ou de sua "mãe-de-leite", Joana de Modesto, que teria morrido com mais de cem anos: "As duas valiam um curso universitário de Etnografia Geral no plano das explicações a todas as coisas mortas e vivas" (p. 191). Tamanho reconhecimento dá o grau de valoração ao aprendizado junto a esses agentes da cultura, trabalhadores anônimos, pessoas dos circos mambembes do interior, velhos freqüentadores e artistas desses picadeiros, médicos, advogados, políticos das "cidadezinhas" dos sertões, todos "ressoando nas memórias brasileiras".

O primeiro ensaio da coletânea, de pronto o mais longo e mais aprofundado, trata "Da Poesia Popular Narrativa no Brasil", passeia sobre as origens múltiplas desse gênero literário, apontando-lhe colorações portuguesas, indígenas e africanas, identificando suas expressões nas formas orais, tradicionais e populares, cobrindo manifestações do cancioneiro e focando sobretudo a produção dos folhetos de cordel. Elege assim representações de uma arte abrangente e utilitária, próxima ao cotidiano díspar de todo espaço humano, e que, como afirma, manifesta-se entre "guerra e amor". Destarte, identificando temáticas, Cascudo vem sugerir uma dicotomia, pondo de um lado tal trabalho de cunho popular, híbrido de "poesia épica" e "jornalismo heróico" e, de outra parte, apondo o registro erudito da história e da crônica, estes caracterizados como menos democráticos e situados entre uma atitude "sisuda e majestosa". A bipolaridade não deixa de ter um sabor maniqueísta. Seguindo os conselhos do autor, a literatura de cordel pode e vem sendo utilizada para estudos extremamente interessantes enquanto valor informativo de cunho jornalístico e histórico, livros e teses encontrando ali respaldo para analisar representações populares sobre fatos, movimentos nacionais e internacionais, quando não, do teor de propaganda política, ideologias, mentalidades e imaginários.

Outros ensaios aparecem, outros estudos, apelos à produção de pesquisas. Temas inusitados, recorrências, pérolas, um ou outro deslize, tudo são mostras da seara de Câmara Cascudo. Citamos o "Complexo Sociológico do Vizinho", um estudo sobre o bairro, consuetudinarismos, conflitos e solidariedades, tradições de hebreus e godos, contrastes entre o rural e o urbano. Notas sobre "Os Velhos Entremezes Circenses", lições advindas das farsas e pantomimas dos modestos picadeiros do interior, lembrando correspondentes a aspectos da história da Roma antiga. Comparece o personagem picaresco de Pedro Malas-Artes e suas correlações com as circunstâncias sádicas das apostas com o corpo. Conjecturas em torno de astúcias, manhas e simulações para "enganar" a morte.

Um curioso conjunto de textos aborda a ictiofauna brasileira. Mais de uma vez, vem o pesquisador potiguar questionar: Por que não há, ou há tão pouco peixes no folclore nacional? Nesse ínterim, afirma que o conhecido ciclo do boto é europeu, tendo o peixe-boi maior destaque no ideário popular africano e do Oriente Médio. Ainda nessa conjuntura, lembra mesmo a "Iara", personagem tida como tão amazônica, identificada como a "Mãe d'água", teria suas origens autóctones questionáveis, não aparecendo antes da segunda metade do século XIX, talvez de origens africanas, e a sua denominação não tendo identidade no idioma Tupi, como se supunha.

Sugere assim correlacionar tal entidade com a da sereia, tão própria do panteão transportado pelo colonizador europeu. Dessa sorte, ficam as interrogações, parecendo haver, para o caso, uma lacuna considerável no se que refere ao conhecimento das mitologias indígenas ou, sem dúvida, uma boa hipótese de um projeto de pesquisa.

Em alguns ensaios, o autor se debruça sobre os tão presentes conectivos entre a cultura popular e a temática sexual. Em "Dos Nomes Feios" e "Do Sexo Agressivo", realça sobretudo as diferentes colorações que atos e denominações tradicionalmente classificadas por obscenidades ou lascívia vêm a ter no uso cotidiano, lembrando as entrefaces dinâmicas desses fenômenos, objeto de estudo como no *Gargântua*, de François Rabelais, e nos "personagens humaníssimos" de Gil Vicente. Atenta, assim, para os momentos tão conhecidos em forma coloquial quando insultos viram elogios ("uma puta sorte", "um monstro"...), ou quando a gestuária tipicamente sexual é atenuada de seu universo sensual para caracterizar o simples desaforo, não detendo valor altamente positivo, como é exemplar o caso do conhecido gesto priápico da "figa".

Nessas circunstâncias, Cascudo faz recordar o espanto do escrivão de Cabral diante da nudez das índias brasileiras, segundo Caminha "sem qualquer vergonha" e, em outra circunstância, a discrição também abismada de Heródoto, descrevendo as procissões religiosas dos devotos de Isis que, ao navegarem pelo Nilo, sem pudores, levantavam suas roupas para as pessoas das povoações à margem do rio. Nessa seqüência, nos são apresentadas antigas personagens populares da cidade de Natal e do interior, "Chica Cardosa", "Sinhá Flor", "Simoa", mulheres que nos entremeios da insanidade, utilizavam a nudez ou sua ameaça para reagir aos contatos agressivos com quem as abordavam pejorativamente. Exemplos daquele mote que aconselha ser remédio para loucos nada menos do que um outro em sua própria porta.

Ainda no cunho da sexualidade, "A Exibição da Prova da Virgindade", vem aferir sobre antigos costumes da demonstração dos lençóis manchados de sangue após "a primeira noite" dos nubentes. Fala Cascudo que sua avó testemunhara essa hégira nos sertões nordestinos no final do século XIX. Desse episódio, recorre ao registro dessa tradição em literaturas tão distantes como nos contos das *Mil e Uma Noites* e costumes seculares da cultura cigana. Daí analisa a manifestação enquanto um representativo da tamanha hipocrisia desenvolvida em áreas da sexualidade ocidental. O autor, para tal conjuntura, cita o ideário de Sigmund Freud. É mister acrescer que Câmara Cascudo teve, em certo momento de sua formação acadêmica, uma aproximação com o curso de medicina e, no caso de suas incursões sobre conhecimentos da psicanálise ou da psicologia, além da citação de Freud, faz alusão à obra de Jung, com sua teoria de arquétipos.

E, finalmente, vale citar o último ensaio da publicação. O intrigante "A Banana no Paraíso", albergando ainda uma temática de conotação sensual, em que se apresentam informes obtidos na cultura popular e em certa literatura, advogando ter sido essa, e não a maçã, a fruta que no paraíso desencadeara a condenação ao exílio do primeiro casal. Possivelmente, a forma fálica da banana despertara em Eva o sentido erótico. O motivo, pois, de toda condenação à labuta humana traduz-se desta maneira na poesia popular (pp. 191-192):

>...Deixou Eva passear
>E a Cobra lhe avisar,
>Ela diz: – Estou acostumada!
>Viu bananas, e disse: – acode!
>Pôs-se com salto de bode
>Lá foi Adão para enxada!

Restam frisar alguns aspectos contraditórios que nosso autor deixa transparecer em suas linhas. Por primeiro, é preciso pensar Câmara Cascudo dentro de uma tradição mais próxima às posições oficiais do país, seja já pelo seu acentuado lusitanismo, no que é correligionário a seu contemporâneo Gilberto Freyre. Nesse sentido, em certo momento desse trabalho, chega a generalizar: "tudo quanto seja decisivo e nacional no plano da generalidade, tivemos essencialmente de técnica de Portugal" (p. 169). Por outro lado, é gritante o seu olhar preconceituoso para fenômenos de teor político e social, como ao nomear o cangaceiro Lampião, dando-lhe epítetos carregados de rejeição: "repugnante bandoleiro" (p. 9), "facínora" (p. 13), adjetivos que, vindo de um estudioso no calibre de Cascudo, demonstram claros limites de suas posições ideológicas. Dessa forma, é bom lembrar ter sido ele um homem comprometido com visões políticas mais conservadoras – o que é reforçado nesse caso pela própria edição do livro em apreço, em 1971, pelo Ministério da Educação e Cultura, denunciando conivências com o período mais perturbador da ditadura militar no Brasil. Afora isso, não deixa o autor de testemunhar criticamente sobre algumas tradições políticas brasileiras, analisando relações típicas do eleitorado, como o tão encontradiço "toma lá, dá cá", ou quando aponta para o desconhecimento dos governantes para com a própria realidade do país, trazendo à memória o quanto tão pouco viajaram pelo Brasil os dois imperadores e os presidentes da república, pelo menos nomeando aqueles até 1930.

E para suscitar polêmica, especialmente com a comunidade afro-brasileira do candomblé e do litoral, fica aqui a provocação do folclorista, discorrendo sobre sua manifesta perplexidade de encontrar tão pequeno elencado de traços marítimos (e não só sobre peixes) presentes no folclore nacional, segundo ele, "pobre e parco no que sobrevive pelas regiões atlânticas do Nordeste, mesmo da Bahia ao Maranhão", e cutuca: "A popularíssima Iemanjá é branca, loura, de olhos azuis, o tipo da ondina germânica do Reno". Deite-se em paz, então, com essa "Rainha do Mar" alemã!

Restam agora sobretudo elogios ao trabalho ímpar desse pesquisador, que soube observar as manifestações mais genuínas incrustadas sobretudo na cotidianidade e transformar traços da cultura popular, não em sociologia, ou em mais um academicismo, mas através de sua arte literária, dar a esse universo um agradável gosto de poesia, sagacidade e, sobretudo, um sopro de vida. Vida perene à sua obra! [E. B. F.]

ESTATUTOS DA SOCIEDADE BRASILEIRA DE FOLK-LORE [21]. Sociedade Brasileira de Folk-Lore (SBFL), com sede e foro na cidade de Natal, foi fundada a 30 de abril de 1941, na residência do escritor Luís da Câmara Cascudo. Tornou-se de utilidade pública pela Lei estadual n. 41, de 20 de outubro de 1948, e teve os seus estatutos reformulados, em Assembléia Geral realizada em 7 de abril de 1949, no Instituto Histórico e Geográfico do Rio Grande do Norte, sob a presidência de Câmara Cascudo.

Pelos estatutos, a SBFL "destina-se à pesquisa, estudo, sistematização e defesa do Folk Lore em todas as suas manifestações" (Art. 1º, versão de 1949). Compunha-se de 35 membros efetivos, de titulares, em número ilimitado, que poderiam ser brasileiros, residentes noutros estados do Brasil, e cidadãos estrangeiros. Integravam a Diretoria o Presidente, dois Vice-Presidentes, Secretário Geral, dois Secretários e um Conselho Cultural de 29 membros, naquele total de 35.

As eleições para a direção da entidade ocorreriam a cada qüinqüênio, conforme previsão de seus estatutos. Já os membros titulares poderiam ser eleitos pelo Conselho Cultural ou nomeados pelo Presidente da SBFL.

Suas reuniões dar-se-iam a partir de convocação do Presidente, de requerimento da Diretoria ou, ainda, por solicitação da maioria do Conselho. As deliberações de sua Diretoria poderiam ocorrer com a presença de cinco membros, incluindo o Presidente.

O alcance dessas mudanças em seus estatutos, ocorridas em 7 de abril de 1949, não pode ser aferido, pois, para isso, teríamos que cotejá-las com os estatutos de 1941[3], que não foram localizados nas instituições públicas consultadas: Memorial Câmara Cascudo, Biblioteca Câmara Cascudo e Museu Câmara Cascudo, em Natal, RN; Biblioteca Municipal Mário de Andrade, Museu de Folclore da PMSP e Sistema Dedalus/USP, São Paulo, SP; Biblioteca Nacional e Gabinete Português de Leitura, Rio de Janeiro, RJ. A leitura do texto em questão permite que se identifique apenas uma das alterações aprovadas, que é a indicação, por unanimidade dos presentes, de Câmara Cascudo "como Presidente Perpétuo e Orientador dos estudos na especialidade", justificada pelos proponentes como uma decorrência dos "relevantes serviços prestados ao Folk Lore brasileiro". Na ocasião, foi eleita uma nova Diretoria para o período de 1949-1954, com a seguinte composição:

>   Dr. Luís da Câmara Cascudo. Presidente Fundador em 30-4-1941. Presidente Perpétuo por deliberação unânime da assembléia geral em 7-4-1949.
>   Desembargador Luis Tavares de Lyra. Vice-Presidente.
>   Dr. Juvenal Lamartine de Faria. Vice-Presidente.
>   Manoel Rodrigues de Melo. Secretário Geral.
>   Dr. Veríssimo de Melo. Secretário.
>   Helio Galvão. Secretário.
>   Dr. Paulo Pinheiro de Viveiros. Presidente do Conselho Cultural.

Além da Diretoria, foram arrolados o nome dos "Sócios efetivos", residentes na cidade de Natal (num total de 27), os "Titulares Brasileiros" (37) e, ainda, os "Titulares Estrangeiros" (65). Entre os "sócios efetivos", estão os membros da Diretoria e personalidades da elite potiguar, composta de advogados, desembargadores, maestro, professores, empresários, jornalistas e, ainda, políticos como os deputados Aluizio Alves (depois, Governador do Estado e Ministro do Interior), Dioclecio Dantas Duarte (residente no Rio de Janeiro), Jerônimo Rosado, o senador Dr. Eloy de Souza e o governador Sílvio Pedroza.

---

3. *Sociedade Brasileira de Folk-Lore* [21]. A referência foi extraída de Zila Mamede, *Luís da Câmara Cascudo: 50 Anos de Vida Intelectual 1918-1968*, op. cit.

Os "sócios efetivos" eram homens de projeção da elite letrada potiguar, que tinham formações e interesses diversificados, como é possível verificar nas especificações resumidas de seus currículos: Aderbal França – jornalista; Aldo Fernandes Raposo de Melo – advogado, banqueiro e professor da Faculdade de Direito; Aloizio Alves – deputado federal, depois Governador e Ministro do Interior (Governo Sarney); Américo O. Costa – advogado e professor universitário, escreveu uma biografia de Câmara Cascudo; Antonio Gomes da Rocha Fagundes – professor e membro da Academia de Letras; Antonio Soares de Araújo – desembargador, historiador e poeta; Clementino Câmara – professor; Dioclécio Dantas Duarte – deputado federal; Eloy de Sousa – senador e jornalista; Felipe Neri de Brito Guerra – desembargador e ensaísta; Hélio Galvão – advogado, professor do ensino superior, jornalista e historiador; Jerônimo Rosado – professor, historiador e deputado; Juvenal Lamartine de Faria – Governador, deputado federal e etnógrafo; Luis da Câmara Cascudo – advogado, professor universitário, etnógrafo e historiador; Luis Eugênio Ferreira Veiga – empresário e mecenas; Luis Tavares de Lyra – historiador e desembargador; Manoel Rodrigues de Melo – membro da Academia de Letras e etnógrafo; Nestor dos Santos Lima – historiador e advogado, membro do Instituto Histórico e Geográfico do Rio Grande do Norte; Oswaldo Lamartine – advogado e etnógrafo; Paulo Viveiros – advogado e professor da Faculdade de Direito; Raimundo Nonato da Silva – historiador e biógrafo; Sergio Severo de Albuquerque Maranhão – empresário e mecenas; Silvio Piza Pedroza – Governador; Veríssimo de Melo – antropólogo e professor universitário; e Waldemar de Almeida – maestro e professor.

Deslocando o olhar em direção aos "titulares brasileiros", percebemos, entre suas fileiras, nomes de personalidades de diferentes estados brasileiros, com destaque para a presença significativa de cariocas e pernambucanos. É, ainda, digna de nota a abrangência do seu quadro associativo, tanto no país quanto no exterior. Em âmbito interno, constam o Prof. Basílio de Magalhães, o Dr. Gustavo Barroso, o Maestro Heitor Villa-Lobos, o Dr. Renato Almeida e o Prof. Roger Bastide, entre outros. No final do texto, foram homenageados os titulares falecidos entre abril de 1941 e abril de 1949, estando entre eles Mário de Andrade[4].

No plano internacional, ganha realce a vinculação dos associados com as universidades. Nota-se que, dentre os 65 associados, 38 eram professores, alguns indicando a universidade a que estavam vinculados. Detectam-se, ainda, associados que eram integrantes de museus de Arqueologia (Peru), Etnografia (Suécia) e/ou Ciências Naturais (Argentina). Para se ter uma idéia mais balizada do assunto, os quadros abaixo demonstram o espectro da composição da Sociedade Brasileira de Folk-Lore, no Brasil e no exterior.

---

4. Mário de Andrade manteve intensa correspondência com Câmara Cascudo e foi considerado como uma figura que teria influenciado a sua formação, embora o último nem sempre tenha seguido as orientações daquele Mestre. É o que afirma Luís Rodolfo Vilhena, *op. cit.*

Associados Brasileiros	
Residentes em Natal	27
Outros estados brasileiros	37
RS SP RJ MG ES BA PE AL MA PA MT 3 3 14 2 1 2 7 1 1 2 1	
Associados Estrangeiros – Europa e Américas	
Europa	39
Ing Fra Por Esp Ita Ale Sui Sue Fin Nor 2 2 17 9 1 1 1 3 1 2	
América do Norte	6
EUA Mex 5 1	
América Central	7
R. Dom Cub Cos Nic El Sal P. Rico 1 1 1 2 1 1	
América do Sul	13
Ven Col Per Chi Bcl Arg Uru 2 1 1 1 1 6 1	
Total de Associados:	129

A criação dessa entidade em 1941 inscreve-se no âmbito de iniciativas semelhantes ocorridas em outros estados da Federação, que tinham em mira o esforço de institucionalização dos estudos do folclore, considerando a experiência de Mário de Andrade, na década de 1930, no Departamento de Cultura da Prefeitura do Município de São Paulo, o exemplo mais abrangente, que sofreu, todavia, revés significativo com sua saída do órgão em 1937, após o afastamento do Prefeito Fábio Prado, em decorrência do golpe de estado daquele ano.

Essa busca de aglutinação permaneceu no decorrer dos anos de 1930 para, no início da década seguinte, ocorrer a criação, no Rio de Janeiro, da Sociedade Brasileira de Antropologia e Etnologia, fundada em 1941, por Artur Ramos, e do Instituto Brasileiro de Folclore, presidido desde 1942 por Basílio de Magalhães, ambos preocupados com pesquisas folclóricas relativas ao Distrito Federal.

Ainda em 1941, vem a público a Sociedade Brasileira de Folk-Lore, em Natal, sob a direção de Câmara Cascudo.

Na avaliação de Luís Rodolfo Vilhena, "todas elas acabaram por ter uma existência efêmera em função de sua dependência da figura de seus fundadores, mostrando a fragilidade de seus esforços de coordenar as pesquisas folclóricas brasileiras". No caso da SBFL, o autor esclarece em nota que o folclorista teve enormes dificuldades para presidir sua entidade e afirma:

> os poucos dados que pudemos encontrar sobre sua existência mostram que o impacto da SBFL foi essencialmente local, particularmente no campo da proteção das tradições populares no estado [...]. Sua existência e suas realizações derivaram basicamente do prestígio de Cascudo e sobre ele e seus discípulos mais próximos recaíram os esforços por sua existência[5].

Se foi essa a trajetória da entidade, não cabe aqui tal discussão. O fato é que em 1948, ela foi considerada de utilidade pública pelo governo do Estado e apresentou em seus quadros figuras de renome e prestígio nacional e internacional. No caso do Brasil, entre os nomes já citados, consta o do musicólogo Renato Almeida, que, em 1947, foi nomeado dirigente da Comissão Nacional de Folclore (CNFL), organismo pára-estatal, criado em 7 de novembro daquele ano, vinculado ao Ibecc – Instituto Brasileiro de Ciência e Cultura –, órgão do Ministério das Relações Exteriores, que procuraria organizar os pesquisadores da área em cada Estado da Federação. Mas a sua existência não colocou em xeque as sociedades já consolidadas, tendo tal organismo dificuldades para implementar suas diretrizes naquelas localidades onde já existia um trabalho efetivo em andamento, como é o caso do Rio Grande do Norte, com o grupo que se aglutinava em torno de Câmara Cascudo e esposava concepções teóricas (e políticas) distintas daquelas que nortearam o trabalho da CNFL.

Mas qual era o interesse de tais elites pelas tradições populares? Esse tipo de preocupação não era novo e expressou-se num debate multifário sobre a identidade nacional, que se travou entre essas elites letradas desde o final do século XIX, na tentativa de delinear o perfil de brasilidade requerido para o País. No decorrer das décadas de 1920 e 1930, houve a intensificação dessas discussões e o movimento de "redescoberta" do Brasil recolocou no centro do debate a incorporação dos extratos populares na definição e modelagem de tal brasilidade. Os intelectuais polígrafos, interessados nas especificidades dessas contribuições, assumiram um papel significativo nesse processo de "celebração do morto"[6], seguindo, na interpretação de Vilhena, um caminho próprio que desloca o debate da literatura para a música popular e, posteriormente, para os folguedos, o que provoca fissuras com os intelectuais europeus[7].

Essa posição não foi unânime entre os pesquisadores brasileiros e isso explica o distanciamento, por divergências teóricas, de Câmara Cascudo, um dos mais prestigiados folcloristas brasileiros, do "movimento folclorista", articulado em torno da CNFL. Filiado à tradição européia clássica dos estudos do folclore, ele se aproxima-

---

5. Luís Rodolfo Vilhena, *op. cit.*, pp. 93 e 113.
6. Michel de Certeau, *A Cultura no Plural*, Campinas, Papirus, 1995.
7. Luís Rodolfo Vilhena, *op. cit.*

va, na avaliação de Vilhena, do difusionismo da Escola Histórico-Cultural, de Stith Thompson, privilegiando em suas pesquisas a literatura popular e os estudos comparativos que nem sempre tomavam o Brasil como referência.

Tal perspectiva de suas reflexões foi interpretada como traços de uma postura conservadora e elitista no trato do tema, idéia reforçada por suas posições políticas que se alinham ao Integralismo ou aos seus sucedâneos autoritários[8]. [Z. L. S.]

---

8. Marcos A. da Silva, "Câmara Cascudo e a Erudição Popular", *Projeto História*, São Paulo, pós-graduação da PUC, 1998, pp. 317-334

FABULÁRIO DO BRASIL [22]. Esse livro faz justiça ao título geral da obra de que faz parte – *Grande Fabulário de Portugal e Brasil*. Elaborado para ser uma compilação das principais fábulas de Portugal e do Brasil, atinge plenamente seus objetivos. Dividida em dois volumes, a obra apresenta, no primeiro, os trabalhos recolhidos por Vieira de Almeida sobre Portugal e o Ultramar Português e, no segundo, que é o objeto desta resenha, os trabalhos reunidos e comentados por Câmara Cascudo.

A obra foi originalmente, confeccionada em tiragem especial e reduzida, dedicada a bibliófilos. Esse dado fez com que a publicação não atingisse o mercado, tornando-a uma das obras menos conhecidas de Câmara Cascudo. Presente no Brasil, *a priori*, apenas no acervo do Real Gabinete Português de Leitura, no Rio de Janeiro, merece uma reedição urgente, pois seu conteúdo é de fundamental valia para o conhecimento da tradição oral que as fábulas conservam.

No primeiro volume, compilado por Vieira de Carvalho, reuniram-se as fábulas portuguesas traduzidas de Esopo (grego) e Fedro (latim). Em relação a Esopo, tem-se 63 fábulas encontradas por J. Leite Vasconcelos na Biblioteca Palatina de Viena de Áustria. Acredita-se que esse texto seja a primeira tradução de Esopo para o português, datando do século XV. Sobre esse texto, as impressões de J. Leite Vasconcelos, reunidas por Vieira de Carvalho, foram editadas originalmente em 1906. Em relação ao texto latino de Fedro, é apresentada a versão de Manoel Mendes, composta por 92 fábulas e impressas em diversos momentos: 1603, 1611, 1643, 1673, 1705 e 1778.

No segundo volume do *Grande Fabulário de Portugal e Brasil*, têm-se os trabalhos compilados por Câmara Cascudo. Nas mãos de Cascudo, o *Grande Fabulário* torna-se "colossal" e transmite um conhecimento que não se resume à simples exposição das fábulas recolhidas. Esse volume, de 326 páginas, é subdividido em uma introdução e quatro partes (Fábulas Brasileiras de Origem Indígena, de Origem Africana, de Recreação Popular e de Redacção Literária), cujas análises são grandiosas e quase enciclopédicas.

Câmara Cascudo, ao não se limitar a uma simples compilação das fábulas, transforma os personagens (cutia, gambá, cupim etc.) em seres científicos (*Dasyprocta aguti*, *Didelphys marsupialis*, *Termitas*), propiciando, de forma original, uma interpretação para a fábula que refreia um possível descrédito acadêmico em relação à paisagem imaginária que habita as tradições orais.

Na introdução do volume, o caráter de aparecimento das fábulas como narrativas que transpõem o tempo e o espaço, adaptando-se aos momentos de forma oportuna, faz com que o autor filosofe a respeito: "Fábula é um rio que se desconhece a localização da fonte originária" (p. 10).

Observa-se no desencadeamento das idéias de Cascudo que a fábula sofre influências e se adapta conforme a interpretação que lhe é atribuída por diversos grupos culturais. O autor critica a "monomania técnica" (p. 13) de alguns novelistas tradicionais que desprezam a tradição oral desse gênero literário, enfocando, por exemplo, as pesquisas de Max Müller que, em 1870, discutiu a questão das migrações das fábulas. Nessa crítica, Cascudo, citando o trabalho de Joseph Bédir, defende "[...] a transmissão oral [das fábulas] como forma inequívoca e normal da vitalidade literária popular" (p. 14). Ainda, para Cascudo, "A Fábula (*fari*, falar) é a breve exposição verbal de um episódio com intenção orientadora no plano do comportamento. Comportamento que inclui a moral necessária à existência normal do grupo social. Um aviso premonitório para a conduta [...]" (p. 17).

Na primeira parte, intitulada "Fábulas Brasileiras de Origem Indígena", com narrativas recolhidas notadamente no século XIX por Couto Magalhães, entre outros, percebe-se a presença marcante da Companhia de Jesus. Nos séculos de catequese (XVI, XVII e XVIII), a cultura oral indígena foi corrompida e usada como mecanismo de aculturação, pois o objetivo jesuíta era "[...] fazer-se ouvir e não entender a confusa e assombrosa reminiscência do aborígene" (p. 30).

A fábula como "breve lição doutrinária" serviria à fixação dos conceitos da catequese. Câmara Cascudo fala das dificuldades de encontrar narrativas puras anteriores ao período e lamenta ser a fábula a menor parte do que se recolheu da tradição oral brasileira. Nessa parte, composta por vinte fábulas indígenas, "[...] ao contrário do fabuloso e do imaginário, caracteriza-se pela credibilidade, pela viabilidade para a compreensão ambiental" (p. 19). Os mitos mágicos da criação, os heróis-civilizadores e as origens das espécies animais indicam, segundo Cascudo, em virtude do processo de aculturação sofrido pelos ameríndios, pouco de sua cultura cotidiana e muito de sua "formação religiosa" (p. 31).

Ao final desse capítulo (p. 61), Câmara Cascudo acrescenta as notas críticas, buscando, nas semelhanças com outros estudos a respeito desse tema, a explicação da evolução e adaptação das fábulas apresentadas.

Na segunda parte da obra, "Fábulas Brasileiras de Origem Africana" (p. 68), composta por 22 narrativas, nota-se o pensamento africano tolhido pela herança da escravidão. Para Câmara Cascudo, "[...] estas fábulas serão africanas pelos seus transmissores e insistência dos registros locais mas não posso garantir que sejam de nascimento [...]" (p. 70).

A moral apresentada nessa pequena coletânea busca, em um primeiro momento, mostrar a esperteza dos seres mais fracos sobre os mais fortes. Assim, encontramos o coelho vencendo a onça ("O Coelho e a Onça", p. 74) ou mesmo a história do gato que não ensinou o principal truque de seus saltos à onça ("A Onça e o Gato", p. 77). No segundo momento, a herança da escravidão é identificada, por exemplo, na fábula "A Sedução do Beija-Flor" (p. 82), quando se torna necessária a intervenção violenta do senhor para livrar seus escravos e sua própria família dos encantos mágicos da deliciosa música do pássaro, restabelecendo, pelo uso do "manguá", a ordem patriarcal.

Como no capítulo anterior, Câmara Cascudo acrescenta suas notas críticas ao final dessa parte (p. 87), buscando as origens e semelhanças dos temas presentes nas fábulas coletadas, possibilitando, assim, recuperar os alicerces das narrativas.

Na terceira parte da obra, "Fábulas Brasileiras de Recriação Popular" (p. 95), são apresentadas narrativas nas quais a mescla do imaginário português, indígena e negro apresenta um saber matuto "[...] tipicamente de moralizante popular, uma moral simples, imediata, pouco exigente como a de La Fontaine ou dos velhos Cálila e Dimna" (p. 96). Nesse capítulo, composto por 140 fábulas, Câmara Cascudo compila as redações de Sílvio Romero, José Carvalho, Silva Campos e Veríssimo de Melo, responsáveis por 53 das fábulas apresentadas, além de redigir pessoalmente as demais.

Nota-se em fábulas como "Luís – Caixeiro e o Sapo" (p. 97); "O Macaco e as Bananas" (p. 98); "O Sapo e o Boi" (p. 100); "Cascavel, Jararaca e Surucucu" (p. 104), entre outras, a presença da esperteza do matuto baseada na observação paciente de seu cotidiano. Talvez a mais conhecida dessa série seja a fábula do sapo que se esconde na viola do urubu e viaja até o céu para participar de uma festa ("O Sapo na Festa do Céu", p. 101).

Ao final do capítulo (p. 145), as notas críticas elucidam a autoria da redação de cada fábula e mostram que muitas das redigidas por Cascudo foram recolhidas no próprio ambiente familiar do autor, no qual o pai, o avô e as amas da casa são receptáculos da oralidade necessária à concretização de seu estudo. O aproveitamento de seu próprio cotidiano demonstra o alcance do trabalho de Cascudo, que parte da experiência individual para a vivência coletiva.

Na última parte do Grande Fabulário, são apresentadas as "Fábulas Brasileiras de Redacção Literária" (p. 163). É a parte mais extensa da obra, apresentando 188 fábulas sob a responsabilidade de 37 escritores, entre eles, Machado de Assis, Catulo da Paixão Cearense, Monteiro Lobato, João do Rio, Afrânio Peixoto, Olavo Bilac e o próprio Cascudo.

O autor elabora uma descrição pormenorizada das publicações existentes desde 1852, quando Justiniano José da Rocha publica, no Rio de Janeiro, a sua *Coleção de Fábulas*, "imitadas de Esopo e La Fontaine" (p. 159), até aproximadamente 1950. O critério de seleção estabelecido por Cascudo baseou-se nas "[...] traduções mais expressivas de Esopo, Fedro, La Fontaine, as imitações com algumas semelhanças e cenário diverso e as originais, inspiradas na ecologia e interacção brasileiras" (p. 172).

As fábulas reunidas nessa etapa da publicação apresentam a identificação de cada autor, muitas são escritas em versos e, em sua grande maioria, destacam a moralidade ao lado da redação da fábula. Entre todas, talvez a mais conhecida seja a de Machado de Assis, "Um Apólogo" (p. 225), na qual, um professor de melancolia também tinha servido "de agulha para muita linha ordinária". Ao final do capítulo

(p. 311), Câmara Cascudo, na redação das notas críticas, elabora uma pequena biografia de cada autor, em que são recuperadas algumas curiosidades das personalidades de cada um, inseridas no contexto de suas obras.

A elaboração desse volume do *Grande Fabulário de Portugal e Brasil* reforça a habilidade de Câmara Cascudo em transitar por diversos ramos do conhecimento literário sem perder a essência original de seus objetivos. Percebe-se, também, que em suas explicações sobre as fábulas encontram-se as soluções para grandes indagações feitas quando ainda éramos crianças e esperávamos, olhando para nosso pequeno cotidiano, que animais, plantas e objetos solucionassem, sabiamente, os problemas presentes no mundo dos adultos. [A. J. C.]

FLOR DE ROMANCES TRÁGICOS [23]

> Criando Deus o Brasil
> desde o Rio de Janeiro
> fez logo presente dele
> ao que fosse mais ligeiro:
> o sul é pra o Exército
> o norte é pra cangaceiro...
>
> CÂMARA CASCUDO, *Vaqueiros e Cantadores*, p. 161

Flor de Romances Trágicos é um objeto de minha paixão desde que o li pela primeira vez, há alguns anos. Nas sucessivas comemorações, tanto em 1998, por ocasião do centenário de nascimento de Câmara Cascudo, como durante o ano de 1999, quando das festas em homenagem aos quatrocentos anos da fundação da Cidade do Natal, insisti repetidas vezes pela sua reedição.

Esse livro inscreve-se na categoria dos escritos sem gênero definido, o que pode enquadrá-lo nas teorizações da pós-modernidade, na medida em que intercruzam-se, em cada capítulo, duas formas distintas de produção. Em primeiro lugar, o texto em prosa de Câmara Cascudo, resgatando a vida e a obra da personagem enfocada a partir de uma pesquisa no "documentário-fiel" e nos depoimentos prestados por testemunhas da mesma "paisagem grupal". A seguir, os versos elaborados pelo povo em torno dos episódios ali relatados.

Situa-se o volume entre os dois domínios da literatura – o popular e o erudito –, dando conta de uma demanda cascudiana, parte das mais significativas do seu projeto intelectual, que era reunir num único texto, de modo harmonioso, os dois braços da cultura. Esse enlace tão bem engendrado interessa particularmente à literatura, porque, de certo modo, resolve a contradição que é a distância existente entre as produções do povo e as da elite.

Dada a especificidade deste trabalho, não entrarei aqui nos debates que envolvem as teorizações sobre o termo *popular*, adotando como conceito básico aquele

---

1. Idelette Fonseca Muzart Santos, *Em Demanda da Poética Popular*, Campinas/São Paulo, Unicamp, 1999.

proposto por Idelette Muzart Santos[1]: o termo *popular* é de complexa definição, porque está atrelado à palavra *povo*, podendo referir-se a "uma multidão de pessoas" ou à "parte mais pobre da nação". Designa, também, "aquilo que vem do povo, o que é feito para o povo e finalmente o que é amado pelo povo".

O título escolhido por Cascudo já indicia o olhar que lança o autor sobre essas trágicas florações nordestinas, que trazem um conteúdo novo ao gênero tradicional dos romances ibéricos. Segundo o intelectual potiguar, tais produções são consideradas pelos sertanejos "a expressão mais legítima e natural do que chamaríamos literatura"[2].

Atravessando o Atlântico com os marinheiros "de pés ligeiros"[3], os romances aqui se adaptaram com perfeição, sendo cantados nas feiras, nas fazendas e nas festas populares e religiosas. Seus personagens são "as figuras clássicas do tradicionalismo medieval, cavaleiros andantes, paladinos cristãos, virgens fiéis, esposas heróicas a ensinarem perpétuas lições da palavra cumprida, a unção do testemunho, a valia da coragem, o desprezo pela morte, a santidade dos lares".

Acompanhados por sofridas melopéias, tão ao gosto popular, longos e minuciosos, alguns romances são a mais completa exibição da cultura tradicional do povo.

O ciclo do cangaço vai constituir a poética guerreira do Nordeste, porque, através dele, fala a voz do sertão defendendo uma moral toda sua, seus direitos ignorados e seu patrimônio destruído. Os poetas populares são os "psicografadores" dessa voz violada por arbitrariedades seculares das classes dominantes contra o povo brasileiro.

A veste de couro que reveste o corpo sofrido dos homens do cangaço metaforiza, a rigor, uma segunda pele que é necessário impor ao mundo, no sentido de romper a desumana ordem, tornar-se reconhecido como ser humano, instaurando um tempo mais justo.

Composto por dezessete capítulos independentes, o livro relata fatos históricos acontecidos entre os anos de 1710 e 1950 e protagonizados por figuras como Jesuíno Brilhante, Moita Brava, Jararaca, Antônio Silvino, entre outros. A única exceção ao predomínio da região nordestina nessas tristes histórias é o capítulo dedicado a Pedro Espanhol, que migrou da Galícia para o Rio de Janeiro, onde morreu.

Cada um dos episódios resgatado no livro é introduzido por um ensaio cascudiano sobre a vida e a morte (trágica, é claro!) dos personagens, seguido da produção poética gerada em torno dele.

As criações populares em versos enquadram-se na tipologia das canções de gesta, porque falam da vida aventurosa e marcada pela fatalidade desses anti-heróis que o povo consagrou, a partir de um critério de valor diferente daquele que estabelecia o Código Penal da época. São romances, vários ABC's, cantigas, quadras e até uma xácara em sextilhas que mantém a métrica setissilábica da antiga poesia peninsular, alguns anônimos e muitos inéditos.

As duas Anas, que ocupam os dois últimos episódios, denunciam, com suas tristíssimas histórias, as injustiças e os preconceitos da sociedade patriarcal brasileira e

2. *Vaqueiros e Cantadores* [82].
3. Paulo de Tarso Correia de Melo, *Romances de Alcaçus*, Natal, EDUFRN, 1998.

constituem interessantíssimo testemunho escrito da moral da época, porém esses dois capítulos fogem ao conjunto dos romances do cangaço. São outras histórias...

O solo comum a todos esses episódios são as terras do semi-árido nordestino dominado com fera mão pelo poder das oligarquias latifundiárias. Darcy Ribeiro chama a atenção para o fato de "que o cangaço surgiu no enquadramento social do sertão, fruto do próprio sistema do latifúndio pastoril, que incentivava o banditismo, pelo aliciamento de jagunços pelos coronéis..."[4].

O banditismo nordestino está associado também aos movimentos messiânicos e milenaristas, por serem ambos respostas das populações ameaçadas pelas injustiças socio-econômicas e políticas, como ensina Pierre Bourdieu[5].

No seu clássico estudo sobre os *Rebeldes Primitivos*, Hobsbawn teoriza sobre o bandido social, que "parte para o crime por causa de alguma contenda com o Estado ou com a classe dirigente"[6].

Chama atenção, também, para a falta de organização e de ideologia desses grupos, considerando o banditismo um movimento arcaico e pré-político. A falta de uma linguagem adequada, que traduzisse essas carências já tinha sido apontada por Antônio Gramsci, quando dos seus ensaios sobre as massas camponesas italianas, na década de 1920[7].

Rui Facó, analisando os inúmeros surtos de fanatismo e cangaceirismo no Brasil, aponta o monopólio da terra, estabelecido desde a colonização, como a principal causa interna desses movimentos sociais. Foi a divisão do Brasil em capitanias hereditárias e a concessão de extensas sesmarias que deram origem aos imensos latifúndios existentes até os nossos dias. A monocultura voltada para a exportação e o total desprezo pela subsistência mínima do braço servil – escravo – que a sustentava foram as duas outras causas[8]. Com a transição "do centro de gravidade econômica para o Sul", a situação agravou-se ainda mais, tornando-se os nordestinos, no dizer do poeta norte-rio-grandense Jorge Fernandes, aves "em revôo, pro Norte das aratacas" ou para um "São Paulo não sei de onde"[9].

São essas, em ligeiras linhas, as causas fundamentais desse fenômeno que assolou o nordeste durante tantos anos e continua, sob novas vestes, agora plastificadas, assombrando as terras povoadas de homens fortes, como tão bem concluiu Euclides de Cunha[10].

Na nota final sobre o "cangaço", Câmara Cascudo explica que o termo significa um conjunto de objetos simples e misturados sem critério, cacarecos, trecos, troços,

---

4. Darcy Ribeiro, *O Povo Brasileiro*, São Paulo, Companhia das Letras, 1996, p. 355.
5. Pierre Bourdieu, "Gênese e Estrutura do Campo Religioso", *A Economia das Trocas Simbólicas*. Trad. Sérgio Miceli *et al.*, São Paulo, Perspectiva, 1974 (Estudos 20).
6. Eric Hobsbawm, *Rebeldes Primitivos*, trad. de Nice Rissone, Rio de Janeiro, Zahar, 1970.
7. *Idem, ibidem*.
8. Rui Facó, *Cangaceiros e Fanáticos*, 8ª ed., Rio de Janeiro, Bertrand, 1988.
9. Jorge Fernandes, *Livro de Poemas*, Natal, Fundação José Augusto, 1970.
10. Euclides da Cunha, *Os Sertões*, São Paulo, Círculo do Livro, 1975.

burundungas utilizadas no cotidiano das famílias pobres, lembrando, também, que "andar no cangaço, tomar o cangaço, viver no cangaço, debaixo do cangaço, são sinônimos de bandoleiro, assaltador profissional, ladrão de mão armada, bandido".

Considero o livro *Flor de Romances Trágicos* uma obra especialíssima no conjunto das publicações cascudianas por resgatar o universo arcaico sertanejo, suas profundas contradições e suas personagens quase mitológicas, que o povo soube fixar com arte nas suas construções simbólicas:

> Há quatro coisas no mundo
> Que alegra um cabra macho;
> Dinheiro, e moça bonita
> Cavalo estradeiro – baixo,
> Clavinote e cartucheira
> Pra quem anda no cangaço.

[D. C.]

FOLCLORE NOS AUTOS CAMONIANOS [24]. Trata-se da segunda edição, com nova redação, de texto publicado em 1950 (Natal, Departamento de Imprensa) comentando os autos de Luís Vaz de Camões, transcritos e anotados por Marques Braga e editados em Lisboa, em 1928, pela Imprensa Nacional. A obra analisada por Cascudo reúne, em transcrição diplomática, as seguintes peças: *Auto Chamado dos Enfatriões* (publicado em 1587), *Auto Chamado de Filodemo* (publicado em 1587) e *El Rey Seleno* (publicado em 1645).

O objetivo do ensaio, declarado pelo próprio autor, "é a constatação no Brasil, vulgar e letrado", de certas permanências, "no plano rifoneiro e etnográfico", daquilo que se encontra nos autos camonianos, uma vez que o poeta luso "repete o que vira e não o que lera" (p. 1). Assim, comentando diversas passagens dos autos, Cascudo localiza palavras, provérbios, costumes, objetos, danças, folguedos e gestos presentes na tradição popular, na cultura oral e no universo letrado do Brasil e da América portuguesa. O que não o impede de, em certos casos, registrar algumas ocorrências que se verificam apenas na Península Ibérica.

No que se refere aos costumes, o autor observa, por exemplo, ao comentar a linha 853 do *Auto Chamado dos Enfatriões* ("Com una bota de vino"), que essa "bota guardando vinho é a popular 'Borracha' no Brasil rural", de onde derivou "emborrachar-se, borracho, ébrio, no vocabulário português". Porém, a "pouca vulgaridade do vinho pelo interior brasileiro, fê-la conduzir água potável" (p. 4).

Quanto aos rifões, Cascudo realiza também uma espécie de arqueologia dos mesmos, freqüentemente buscando seus equivalentes hoje ou demonstrando sua evolução no tempo. É o caso das linhas 122 e 132 do *Auto Chamado de Filodemo*. Sobre a primeira ("Fazendo alardo / de castelinhos de vento"), lembra que "Alardo era parada, revista, desfile de soldados. Resta como sinônimo de exibição vaidosa: 'vive fazendo alardo da riqueza'. Castelinhos de vento, castelinhos no ar, ainda contemporâneos". Sobre a segunda ("Que por muito madrugar / nam amanhece mais azinha"), diz: "Por muito madrugar, o sol não sai mais cedo. Corolário do axioma: 'Mais vale a quem Deus ajuda do que a quem muito madruga', ambos populares e favoritos no século XVI" (p. 5).

O pequeno ensaio contém ainda notáveis observações de caráter etimológico, como no seguinte exemplo, referente à linha 1.695 ("Patrão vossa boa estrela") do *Auto Chamado dos Enfatriões*: "Os indígenas brasileiros não conheciam essa predestinação sideral, venerada na tradição judiciária da consulta aos astros, dando o 'considerar', considere, com as estrelas" (p. 4).

Para o leitor dos autos camonianos, portanto, trata-se de instrumento bastante útil, exceto pelas poucas passagens em que o autor insiste em ver nos textos de Camões o reflexo de sua psicologia ou biografia, como é o caso das alusões ao jogo de cartas (linha 364 do *Auto Chamado dos Enfatriões*: "Que outro meo ganha o jogo e eu triste pago os paos"), cuja fidelidade ao vocabulário Cascudo atribui ao fato de o poeta ter sido jogador (p. 3). [J. P. F.]

FOLCLORE DO BRASIL [25]. Lendo esse livro, é como se eu estivesse revivendo a infância no Recife, a adolescência no Rio de Janeiro e a vida adulta por todo o Brasil, parando no Embu, SP.

Vão passando na minha mente, enquanto leio:

A Lapinha na casa de minha avó, no Pina, Recife:

A nossa Lapinha
Já vai se queimar...
Com cravos e rosas
Vai perfumar.

Meu avô, Manoel Abílio, Velho de Pastoril, no tablado, no meio do Cordão Azul e do Cordão Encarnado, enquanto as pastorinhas cantavam:

Traz zás,
Traz zás,
Traz zás,
Quem é?
É o Velho
Que chegou agora
Com seu charuto
Na boca,
Com seu chapéu à
Hespanhola.

Continuo lendo e parece que, através do livro, estou fazendo uma fantástica viagem ao passado, quando ele fala do São João. Aí, eu me lembro das festas que meu pai, o poeta Solano Trindade, pernambucano, e minha mãe, Margarida da Trindade, paraibana, faziam no Rio, em Duque de Caxias, onde eu, adolescente, dançava o coco e o baião e cantávamos, como Câmara Cascudo conta, as quadrinhas de São João:

> Capelinha de Melão
> É de são João,
> É de cravo, é de rosa,
> É de manjericão.
> São João foi tomar banho
> Com 24 donzelas,
> As donzelas caíram n'água,
> São João caiu com elas.

Nós, de origem africana, adotamos e colocamos ao nosso modo os costumes e as danças dos europeus: o Pastoril, a Festa de São João, o Guerreiros, a Nau Catarineta. Minha mãe, Margarida, levantando da máquina de costura e dançando comigo, cantava:

> Guerreiros, cheguei agora,
> Nossa Senhora é nossa defesa.
> A noite era tão turva
> E não havia uma luz acesa.

No quintal, lavando roupa, minha avó materna, Damázia, me ensinava as músicas da Nau Catarineta:

> Nós somos marujos,
> Marinheiros somos.
> Dessa Nau Catarineta,
> Marinheiros somos. (bis)
> Olá, da proa, oa,
> Nesse dia, nesse dia,
> Ô, Viva Jesus
> E a Virgem Maria.

Vou viajando no *Folclore do Brasil* e volto à minha infância no Pina, Recife, de novo. Meu avô Manoel Abílio, que contava *histórias sem fim*, como a do homem que tinha uma infinidade de filhos e tinha caçado um *tamanduá*, e os filhos iam chegando e perguntando:

> – Papai, que bicho é esse?
> – É tamanduá.
> – Com que matou?
> – Com a espingarda.

Meu avô imitava a voz daquele monte de filhos, do maior ao menor, e nós todos (eu e meus primos) ficávamos, todos os dias, esperando ele chegar para contar o final da *história sem fim*.

O mais importante para mim é que Câmara Cascudo me salva da teimosia de "mestres de capoeira modernos e universitários", alguns até de origem negra, principalmente aqui de São Paulo, que teimam comigo que a capoeira *não nasceu em Angola*, de um jogo chamado N'golo ou Bassula, como meu avô me contava, e sim que é de origem indígena ou que começou no Brasil.

Pois bem: Câmara Cascudo "mata a cobra e mostra o pau", como diz o matuto, quando escreve nesse *Folclore do Brasil*:

– Existe em Angola a nossa capoeira nas raízes formadoras – e é como supunha uma decorrência de cerimonial de iniciação, aspecto que perdeu no Brasil.
– Inicia-se pelo embate de mão aberta, a liveta, as nossas negaças, com destreza no ataque e prontidão defensiva.
Segue-se uma dança, a chamkula que não veio para o Brasil. Depois a luta verdadeira, bassula em Luanda ao som do urucungo, o berimbau, humgu ou m'bolumbumba, espalhadíssimo pela África do Atlântico e do Índico. Bássula é a denominação do n'golo em Luanda.
– É divertimento e luta real entre pescadores e marinheiros, como ocorreu no Brasil...

Neves de Souza de Luanda, poeta, pintor, etnógrafo, quando escreveu para Cascudo, falou sobre e desenhou uma dança da selva chamada N'golo, na qual o rapaz vencedor tem o direito de escolher esposa sem pagar dote. Diz Neves de Souza: "O N'golo é uma dança típica de povos do sul de Angola. Vi no Mulondo e no Mucope. Creio que além desses povos, os Muxilengue e os Muhumbé também a praticam".

Câmara Cascudo escreve:

Ora, pois a coisa está posta em linhas gerais, Teoria de Neves e Souza a respeito do N'golo no Brasil: "Os escravos das tribos do Sul que foram para aí através do entreposto de Benguela levaram a tradição da luta de pés. Com o tempo, o que era em princípio uma tradição tribal foi-se transformando n'uma arma de ataque e defesa que os ajudou a subsistir e a impor-se num meio hostil." [...] Capoeira no Brasil é a vegetação franzina, rareada, nascida subseqüentemente à primitiva que fora destruída.

Eu acrescento: uma vez que os negros escravizados lutavam contra o "capitão do mato" nesse espaço, tomaram o nome indígena de *capoeiras*. Mudou só o nome.

Como se vê, até nas minhas polêmicas, Câmara Cascudo está presente.

E com ele, para terminar, eu digo: "...estudei na Universidade do tempo, li pelos livros da experiência e me graduei com os anos". [R. T.]

GENTE VIVA [26]. "Quem morre, não morreu: partiu primeiro". Na rápida apresentação que fazia do seu *Gente Viva*, Cascudo retomava o mote camoniano para celebrar os companheiros de caminhada, já idos. Havia entendido a importância fundante da circulação dos bens culturais que aqueles nomes – alguns *munes* – representavam. Parecendo crer que enquanto mantivermos viva a memória, fazendo circular o olhar por entre essas referências, não só eles vão estar mais vivos – mas nós, porquanto somos uma história, uma memória.

Câmara Cascudo foi o leitor atento e talentoso das coisas circulantes. Interessava menos a ele a superstição da origem: queria registrar a circulação, a transformação do imaginário cultural. Seu procedimento era o de um rigor de outra ordem: não o das coisas assentadas em supostas certezas, baseado na exaustão de uma circunstância, mas o rigor de uma busca em aberto, incessante.

Peados pelo paradigma de uma incerta cientificidade, muitos críticos de Cascudo, de imediato, não viram valor na recusa de sistematização de seu saber. Sua enorme curiosidade o poupou da superstição positivista. Padeceu num limbo referencial, em tempos de rudeza ideológica.

Ora suscitando suspeitas, ora convocando elogios, Câmara Cascudo empenhou-se, com persistência pouco comum, em perseguir as formas protéicas que assume a cultura – num trabalho que conjuga imaginação, sensibilidade e rigor de perquirição.

Seu intuito vem dito quando compartia preocupações com Ronald de Carvalho sobre a necessidade dos estudos brasileiros. Lá dizia e já *se* dizia: "Investigar as raízes, as permanências vitais do Coletivo brasileiro, no nível da formação, desenvolvimento, constância, e não as frontes ornamentais da paisagem, podada e ajeitada ao sabor das tesouras alienígenas" (p. 157).

Em dado momento de muita acuidade crítica, Marcel Proust diz ser o estilo, não questão de técnica, mas de visão. Seguramente, Cascudo desdenhou ser um teórico da antropologia acadêmica: pôs seus préstimos à escuta apaixonada das várias vozes que compõem a sinfonia da cultura de um povo. Teve a honestidade de nunca elevar a leis as analogias e as coincidências que detectava em alguns elementos comuns que transitavam no comércio das culturas.

Inteiro homem de seu tempo, cumpre bem seu destino. É a um tempo, testemunho e temperatura moral de uma dada literatura empenhada (e não seria menos exato dizer: *engajada*) na pesquisa laboriosa dos traços que delineiam a cultura brasileira. Seu interesse era a sociedade concreta, a viva circulação das coisas – com suas contradições fundas.

Preferiu, às explicações, as descrições. Há pouco, seu trabalho sofria ainda eco da estreiteza crítica de parte da intelectualidade daquele momento que, ensurdecida pela sandice radical, não podia ouvir Câmara Cascudo. Sua pesquisa aprofundava-se em outro rigor – intransigente, sem contudo resolver-se em qualquer discurso de inflexibilidade acadêmica.

Cascudo sente a sutileza de sua ciência. Daí, o cuidado com que vai à circulação das coisas culturais que a memória entesoura. Percebe que os fenômenos culturais, mesmo os de aparência sistêmica simples, são susceptíveis de uma dinâmica complexa. Um aboio era, para Cascudo, o sinal de uma presença ancestral; na história da Moura Torta, Cascudo vai buscar as variantes de Toledo e Cuenca, aponta anotação de Soropita, amigo de Luís de Camões, tanto quanto as de Gregório de Matos, falando das filhas de Vasco de Souza de Paredes.

Para saber o que fazer, primeiro é preciso inquirir sobre o que somos, é lição de Câmara Cascudo. Ele parece definir bem a dimensão de seu trabalho quando, entre jocoso e sério, diz acertadamente que isso que registra é *conversa de vigia*. Cascudo retoma os vestígios das *conversas* – com que o historiador atual pode recompor o sentido daquele momento. Importante: estar de vigia – impedir que o empenho humano daquele presente se perca, por incúria, em insignificância.

Hoje, mudados os tempos e os critérios críticos, a exigência é a de que se alargue a leitura cultural até pôr a atenção em elementos miúdos que, muitas vezes, são decisivos para a inteligência das coisas. São migalhas de história, mas as migalhas devem ser recolhidas, como diz o Machado que Câmara gosta de reivindicar – certamente, já a favor do moderno historiador da cultura, cuja prática agora busca restituir a conexão perdida dos saberes dispersos nas ciências particulares.

Cascudo trazia estudos pioneiros no mapeamento do imaginário social, ocupado que estava com ver a instituição social a partir do suporte representativo: a circularidade dos elementos que emprestam à cultura seu dinamismo peculiar. É notável em Cascudo a persistência de um rigor interno que cura a fantasia. Em *Gente Viva*, que Cascudo deu à Editora da Universidade Federal de Pernambuco, em 1970, sua preocupação já é a de impedir que morram os mortos: por isso, Cascudo traz à circulação, ao movimento da vida, muitos de seus companheiros de geração. Quer fazê-los falar, dar o testemunho de suas experiências, suas contribuições no delineamento de um tempo cultural, essa é a utopia de Cascudo. Essa utopia não cede, no entanto, à falácia do futuro: as vozes convocadas devem ajudar a melhor ver e avaliar o tempo presente.

A partir de alguns perfis, o leitor vai vendo desenhar-se o quadro cultural ao longo do século, especialmente sob os quadrantes nordestinos: quando evoca João Vasconcelos, vem com ele a revista *Fronteiras*, que reunia em torno de si Joaquim Cardozo e Gilberto Freyre. "Um grupo de moços de inteligência original em contato com as idéias mais vivas do momento consciente de sua pena e do seu talento", como diria, mais tarde, Tristão de Athayde.

Câmara Cascudo põe em relevo a importância desses pioneiros com os quais faz par, nessa fraternidade singular em que as afinidades e convergências agrupam, em torno de um tempo comum, interlocutores no diálogo vivo do espaço cultural. A essas afinidades, ele, antes, tratando de Guimarães Rosa, havia chamado "concordâncias consolidadoras". Seguramente, alguma coisa de primeira ordem perde-se, se perdermos memória da prática desses homens.

Quando, em 1952, Câmara Cascudo encontra Guimarães Rosa, na livraria José Olympio, na rua do Ouvidor, registra a impressão, "cabeça em mamão macho, olhos de mangação cortês por atrás de óculos redondos". No entanto, não escapa a Cascudo, junto ao superficial do aspecto, o essencial do escritor: "Nunca me falou de Hamburgo, Bogotá, Paris, mas da região onde vivera e possuía, integral e palpitante, na memória criadora".

Tal concepção era cara e comum a Cascudo. Ele a reconhece, rápido, em João Vasconcelos: mesmo muito conhecedor da literatura de língua inglesa, trazia essa elegância interior a que alude Cascudo: "nunca expôs estas credenciais para sua projeção".

Jordão Emerenciano, falando de João Vasconcelos, diz bem o traço definidor que bem cabe tanto a um João Ribeiro quanto ao próprio Cascudo: pouco escrevem de modo apressado ou improvisado. "Suas opiniões, seus ensaios, suas crônicas eram resultado de uma elaboração lenta, cuidadosa, amadurecida." Essas figuras fulguram na memória de Câmara Cascudo e ele as repassa em *Gente Viva*. São marcos norteadores para o entendimento do que o Brasil produziu como inteligências em constante ebulição criativa.

O testemunho que dá de Guimarães Rosa confirma os críticos posteriores: "seus personagens, enredos, dinâmica, linguagem, apoiavam-se na reminiscência infindável, não fonte solitária mas enseada onde caíam as águas dos subseqüentes afluentes da Sugestão".

Em 1966, Cascudo ministrava um curso sobre cultura popular, na Universidade Federal do Rio Grande do Norte. Era a oportunidade de dividir sua pesquisa entre o espaço acadêmico e o público. E, ainda uma vez, falando de um outro, diz de si: "Houve sempre a batalha para a exatidão vocabular, que lhe era um ato de honestidade, fazendo-o pesquisar a técnica especializada do pormenor indiscutido, com ouvidos e olhos".

Importante: é já parte considerável de seu testamento o testemunho amigo. Alguém fica pelo que nos deixa; ou, antes: no que nos deixa, não parte inteiramente. Interessante também a notável maneira de Cascudo ver os que se vão: com a intimidade dolorosa e natural menos de uma perda que de uma partida. Apenas. Falando desses idos, refere-se a eles com a gasta e precisa metáfora da viagem. "Digamos que essas páginas sejam conversa de vigia, impressões de viagem". De João Ribeiro, diz ele que *desembarcou* em abril.

As coisas da cultura pedem movência. Vida é movimento, mudança, viagem. Poética da circulação: urge fazer circular as memórias de nossos *maiores*, como diz o respeito espanhol pelos predecessores. Estático, o monumento ameaça o morto com a rotina que nos desgasta a retina. Como anonimizamos as ruas prestando uma homenagem que quase sempre deságua em desmemória. Daí, o cuidado de Cascudo em preservar "a insubstituível história íntima, movimentada, pitoresca".

E, porque a memória cultural não é um capital que se deva pôr em reserva, mas uma força que se deve pôr em ação, é preciso fazer circular as memórias, o modo peculiar de ver e viver, de habitar o seu tempo – nesse movimento da memória, o revide da vida. Daí, a feliz ousadia de Cascudo na plasmação semântica que aponta um sentido certeiro: *Gente Viva*.

Digna de consideração é a consciência da responsabilidade do intelectual em guardar vígil o espírito. Cascudo, inteligência lúcida e luminosa, vê que os escritores criam engenhosos modelos de mundo para explicar o real – que o texto reflete e refrata. Por isso, Cascudo promove a literatura a uma presença ativa na história.

É tarefa nossa fazer circular o legado desses homens que viveram uma cultura e um momento que podem servir de lume e alento quando o nosso nos arrasta, pela dispersão – quando os credos caducam –, para o esfacelamento interior. [L. H.]

GEOGRAFIA DO BRASIL HOLANDÊS [27].

Em 1907, o historiador pernambucano Alfredo de Carvalho explicava que, se alguém estivesse andando pelo sertão nordestino e encontrasse, de repente, uma antiga ruína, abraçada de trepadeiras e coberta de liquens, e resolvesse perguntar aos moradores próximos qual a sua origem, ou quem eram seus primitivos construtores, teria certamente por resposta: "É obra do tempo dos *framengos*". Tudo que houvesse de misterioso e inexplicável nos vestígios de um passado intangível, era remetido pela imaginação popular para o período da dominação holandesa. Tempo tido como de opulência e maior adiantamento artístico, de um passado mais forte e substancial do que o presente de agruras e misérias. Passados quarenta anos, Gilberto Freyre notava, no prefácio que escreveu para o livro de estréia de José Antônio Gonsalves de Mello[1], que a lenda persistia. Para ele, "o *tempo dos framengos* continua igual na imaginação de nosso povo ao tempo dos mouros na imaginação dos portugueses". O livro de Gonsalves de Mello surpreendeu pelo trato cuidadoso e inovador de um assunto já tão mastigado e visitado pela historiografia: analisou aspectos do cotidiano da vida urbana e rural do Brasil holandês (1630-1654), assim como as atitudes dos holandeses para com os negros, os índios, os portugueses e os judeus.

O livro de Luís da Câmara Cascudo, *Geografia do Brasil Holandês*, não pode ser entendido fora desse contexto. Escrito em 1945 (como o denuncia a frase de abertura), esse trabalho havia sido publicado nos *Anais do IV Congresso de História Nacional*[2],

---

1. José Antônio Gonsalves de Mello, *Tempo dos Flamengos*, Rio de Janeiro, José Olympio, 1947.
2. *Anais do IV Congresso de História Nacional*, Rio de Janeiro, 1950, vol. 4, pp. 243-450.

encontro organizado pelo Instituto Histórico e Geográfico Brasileiro no Rio de Janeiro, no ano de 1949 (por ocasião do IV centenário da fundação de Salvador). Seis anos depois, aparecia na coleção Documentos Brasileiros da editora José Olympio, quando já era dirigida por Octávio Tarquinio de Sousa (seu primeiro diretor, como se sabe, foi Gilberto Freyre). Tal como Gonsalves de Mello (a quem o livro é dedicado), Câmara Cascudo busca desvendar esses mistérios do tempo dos flamengos. Contudo, procura entendê-los na forma de sua circunstância viva na memória. Certa volta, quando se definia como um "provinciano incurável"[3], Câmara Cascudo não confessara que jamais abandonou "o caminho que leva ao encantamento do passado"? Como salienta na primeira parte de *Geografia*, os holandeses não são para ele apenas um assunto de pesquisa, mas uma presença. Em suas palavras, o holandês

[...] conquistou e dirigiu a região brasileira em que nasci e vivo, a mais amada e conhecida. Não o encontro apenas nos livros, mapas, nótulas e relatórios da Goectroyerd Westindische Companie, mas na recordação inconsciente de sua visita de vinte e quatro anos, inapagável na memória nordestina. São familiares aos meus olhos e ouvidos lugares e nomes citados em Barléu, Marcgrave, Moreau, Nieuhof e nos frades cronistas da reconquista.

Nesse sentido, o período de domínio flamengo era antes, "uma fase quase doméstica nas lembranças coletivas. Uma espécie de hégira, dividindo um tempo distante e nevoento" (p. 13).

O professor de história do Ateneu já havia publicado outros pequenos estudos sobre a presença holandesa no Nordeste, seja nas plaquetes *O Brasão Holandês do Rio Grande do Norte, Tricentenário de Guararapes* e *Os Holandeses no Rio Grande do Norte*, como nos capítulos correspondentes do seu livro sobre a *História do Rio Grande do Norte*[4]. Nestes trabalhos, como no livro em questão, o historiador aliou a erudição, ao apego à minúcia e ao anedótico com o esforço interpretativo. *Geografia* está dividido em duas partes. Na primeira, Cascudo estuda a "presença holandesa no Nordeste do Brasil", abordando-a em diversos aspectos, como o clima, a alimentação, os caminhos e estradas, a arquitetura, o folclore, o vocabulário, o tratamento dado aos escravos e índios etc. A segunda parte é composta de oito estudos monográficos (alguns deles com adendos) relativos à geografia do Brasil holandês, nos quais são estudados aspectos dos "nomes e lugares" das capitanias conquistadas pela Companhia das Índias Ocidentais, a saber: Bahia, Sergipe, Alagoas, Pernambuco, Paraíba, Rio Grande (do Norte), Ceará e Maranhão. A toponímia alia-se, então, à análise dos caminhos de penetração e comunicação e às formas de ocupação e sua descrição.

A documentação utilizada por Câmara Cascudo é essencialmente a cartografia impressa na crônica de Barleus (o conjunto de mapas desenhados por Margrave e

---

3. Américo de Oliveira Costa, *Viagem ao Universo de Câmara Cascudo: Tentativa de Ensaio Biobibliográfico, op. cit.*, Zila Mamede, *Luís da Câmara Cascudo: 50 Anos de Vida Intelectual, 1918-1968, op. cit.*
4. Luís da Câmara Cascudo, *O Brasão Holandês do Rio Grande do Norte: Uma Tentativa de Interpretação. Tricentenário de Guararapes*, Recife, 1949; *Os Holandeses no Rio Grande do Norte* [38]. *História do Rio Grande do Norte* [36].

ilustrados com desenhos de Post) e os relatórios, crônicas e outras descrições que haviam sido impressos, na época ou em edições críticas posteriores. Nada muito original. O historiador aproveitava-se da enorme quantidade de traduções e reimpressões desses papéis do século XVII, assim como da fecunda tradição historiográfica que tinha se debruçado com minúcia sobre o episódio do domínio holandês.

A análise dos mapas e da geografia ao tempo dos flamengos é entremeada, com clara influência de Gilberto Freyre, por episódios – às vezes extemporâneos – e por considerações de natureza sociológica sobre personagens e homens. Contudo, o tom dominante é o do folclorista e do antiquário. Para se ter uma idéia, nos adendos à monografia sobre Pernambuco, Câmara Cascudo dedica umas páginas ao episódio do boi voador, quando Nassau conseguiu engabelar a população do Recife na inauguração da ponte que ligava o bairro de Boa Vista à cidade. Anunciando que um boi voaria de um lado para outro da rua, manejou a coisa até que fez lançarem um couro recheado de palha, o que enganou os mais crédulos. O movimento foi tanto de um lado para o outro da ponte que, naquele primeiro dia, o pedágio já rendeu uma boa nota para o governo. O caso é exemplar. Por meio de uma mistificação, os holandeses conseguem obter algum lucro. A lógica mercantil aproveita-se da credulidade da população, inclinada ao maravilhoso, imersa em uma visão de mundo dominada pelo fantástico. É a lira popular, evocada pelo folclorista Câmara Cascudo, que sentencia: "Afora essas desgraças que não lembra/O povo que as mirou,/Conserva o mais que viu bem na memória/O boi que lá voou!".

O estudioso dos mapas e da geografia do Brasil holandês tem nesse bonito livro – que merece e reclama uma segunda edição – sua referência obrigatória. Jaime Cortesão – que no tomo segundo de sua *História do Brasil nos Velhos Mapas* dedica dois capítulos à cartografia e às gravuras holandesas do Brasil – não deixa de lembrar "o alto interesse" do estudo de Câmara Cascudo[5]. Com relação à geografia pernambucana, o trabalho se completa, vale lembrar, pelo escrito minucioso de Gonsalves de Mello sobre *A Cartografia Holandesa do Recife*, um estudo dos principais mapas da cidade no período de 1631-1648, e o mais recente *Atlas Histórico-Cartográfico do Recife*, organizado por José Luiz Mota Menezes[6]. [P. P.]

GEOGRAFIA DOS MITOS BRASILEIROS [28]. Em qualquer inventário dos trabalhos mais significativos devotados ao estudo dos fatos folclóricos nacionais, *Geografia dos Mitos Brasileiros*, de Luís da Câmara Cascudo, ocuparia posição de expressivo destaque. Aliás, concedendo-lhe o "Prêmio João Ribeiro", a Academia Brasileira de Letras reconhecia, já em 1948, os evidentes méritos desse livro.

Câmara Cascudo, um dos mais notáveis folcloristas do país, é autor de complexa e vasta obra, uma produção intelectual ainda carente, todavia, do devido reconhe-

---

5. Jaime Cortesão, *História do Brasil nos Velhos Mapas*, Rio de Janeiro, Instituto Rio Branco, 1971.
6. José Antônio Gonsalves de Mello, *A Cartografia Holandesa do Recife*, Recife, IPHAN, 1976; José Luiz Mota Menezes (org.), *Atlas Histórico-Cartográfico do Recife*, Recife, Massangana, 1988.

cimento acadêmico em razão de certos julgamentos segundo os quais os temas folclóricos seriam desprovidos de maior relevância científica. Bastaria mencionar a riqueza das contribuições de Van Gennep, Vladimir Propp, Antonio Gramsci e Alan Dundes, no plano internacional, e as de Mário de Andrade e Florestan Fernandes, no cenário brasileiro, para desautorizar o primarismo dessa avaliação.

Sabedor dos preconceitos restritivos dos estudos sobre o folclore, Cascudo não se furtou a apontá-los no "Prefácio" que escreveu, em 1940, para *Geografia dos Mitos Brasileiros*: "Não termos no Brasil um instituto, uma associação, um clube, uma coisa que reúna os malucos que amam o folclore, é um elemento negativo e afastador de qualquer possibilidade de realização sistemática e geral", para concluir, mais adiante, que "A conseqüência é ouvirmos folclorista como palavra pejorativa e vagamente insultuosa. Um amigo meu, residente no Rio de Janeiro, homem de livros por fora e idéias por dentro, perdeu meia hora explicando as razões de não ser folclorista". Gustavo Barroso, Oswaldo Elias Xidieh e Alceu Maynard Araújo, entre muitos outros estudiosos das manifestações populares, fariam suas as opiniões de Cascudo.

Geografia dos Mitos Brasileiros exibe densa massa de informações pertinentes à "bicharia fantástica" reunida nesse livro. Cascudo aproveita aí os seus muitos saberes, recolhidos de fontes escritas e sondagens da memória oral dos brasileiros, ademais do material obtido por meio de correspondência enviada a "amigos e desconhecidos" em praticamente todos os estados do país. Ressalte-se que a técnica do inquérito por correspondência constitui um recurso de pesquisa consagrado em todas as disciplinas no campo das ciências humanas.

Convicto de que os fatos folclóricos viam-se ameaçados pelas influências do rádio e do cinema, Cascudo destacava a urgência de salvar o material, "o mais avultado, o mais longínquo", para depois estudá-lo. Evidenciam-se aí as marcas do pesquisador comprometido com os valores e saberes materiais e simbólicos da cultura popular brasileira – ou "cultura espontânea", nos termos propostos por Rossini Tavares de Lima –, que se vão desconfigurando com a expansão progressiva da *mídia* e dos valores importados de contextos em que a existência é vivida em bases muito diversas daquelas historicamente estabelecidas para a população brasileira. Nesse aspecto, Câmara Cascudo avizinha-se de ilustres figuras, como, por exemplo, o falecido Monteiro Lobato e o combativo Ariano Suassuna.

Reunidas as informações e descrições pormenorizadas, tornou-se imperioso, para Cascudo, ordená-las de algum modo: "a classificação que elegi, com modificações pessoais, é a mais velha e clássica, a mais simples, primitiva e lógica das classificações", esclarece o autor, que procede à divisão de seu "mundo espantoso" em dois quadros gerais: 1) mitos primitivos e 2) mitos secundários e locais. Os mitos primitivos subdividem-se em "mitos-gerais" indígenas (Jurupari, Curupira, Anhanga, Mboitatá, Tupã, Ipupiaras e outros) e europeus, "diversificados pelo elemento colonial brasileiro": Lobisomem, Mula-sem-Cabeça, Mães-d'Água etc.

Está dito no livro que não foram encontrados, à luz dos critérios de seu autor, mitos puros, ressalva esta pertinente tanto aos de procedência indígena quanto aos de origem européia. Em outras palavras, o "elemento colonial brasileiro" – amerabas, negros, mestiços – encarregou-se de introduzir modificações em todas essas representações mitológicas. Ainda segundo Cascudo, apenas o mito do Quibungo poderia ser integralmente atribuído ao elemento negro.

Nessa *Geografia dos Mitos Brasileiros*, Cascudo ocupa-se dos mitos "ainda vivos, correntes e crentes na imaginação popular", deixando para outro trabalho o estudo daqueles que, em sua percepção, articulam-se aos fenômenos meteorológicos, acidentes geográficos, aos fatos sociais ou religiosos. Poder-se-ia traçar aqui, a propósito, certas analogias entre a *Geografia dos Mitos Brasileiros* e o *Manual de Zoologia Fantástica*, de Jorge Luís Borges, a despeito deste último não se ter ocupado da contextualização espacial nem da atualidade dos mitos.

Os mitos brasileiros, acrescenta Cascudo, originam-se de três fontes essenciais – portuguesa, indígena e africana –, nessa ordem de influência, o que confere também o tom de sua distribuição, acompanhando a concentração e a dispersão dos diferentes contingentes etnodemográficos que se foram estabelecendo nas distintas porções do território.

Fluxos migratórios (deslocamento de nordestinos para a região amazônica), proximidade de fronteiras (influência peruana e boliviana na cultura acreana), concentração de africanos escravizados (na Bahia, por exemplo) e preponderância de contingentes indígenas autônomos ou miscigenados (como no Pará), todos esses fatores condicionaram a singularidade da dispersão dos mitos através do território brasileiro. Em outros termos: as representações míticas configuraram-se em razão de fatores etnodemográficos, resultantes, estes últimos, dos processos históricos associados à colonização, sobretudo os que se materializaram em ciclos econômicos, empreendimentos catequistas, embates armados etc.

"O melhor condutor dos mitos foi incontestavelmente o mestiço", esclarece Cascudo, ressaltando a plasticidade deste tipo "misturado", dotado de mobilidade espacial e espiritual, agente responsável pela articulação e miscigenação dos mitos "nos extremos do Brasil que ele conheceu e batalhou". Por isso,

> Mais facilmente os colonos [estrangeiros] recebem, com as deformações decorrentes de cada mentalidade, os mitos existentes, do que, por sua presença, determinam a criação de um novo. Os gaúchos e catarinenses, filhos de alemães, vêem sempre o Boitatá e não a Irrlicht, o Saci e não o Kobole, a Iara e não as ondinas renanas.

Senhor de invejável erudição – foi estudante de Medicina, advogado, jornalista, professor e sobretudo pesquisador –, Cascudo não se contentou com a mera descrição dos mitos segundo as diferentes regiões brasileiras. Em sua *Geografia dos Mitos Brasileiros*, o empreendimento interpretativo enriquece e articula informações coerentemente sistematizadas, seja do ponto de vista histórico, seja da perspectiva, de feitio antropológico, iluminadora dos significados próprios à mitologia popular associada aos segmentos mais subalternos da população brasileira.

Nos termos da interpretação inaugurada por Gramsci e adotada por outros estudiosos – Lombardi Satriani, por exemplo –, o folclore adquire o estatuto de cultura das classes subalternas, uma cultura em larga medida antagônica à dominação material e ideológica exercida pelas camadas dominantes. Nessa medida, a obra de Câmara Cascudo constitui um rico registro das representações integrantes dessa cultura dos subalternos e de sua, muitas vezes irônica e crítica, visão-de-mundo.

No primoroso subcapítulo "A Relação Étnica nos Mitos Brasileiros", Cascudo exibe uma de suas principais características: a de estabelecer o que lhe parece verdadeiro sem se descuidar da dimensão estética, já prenunciada no próprio material mítico com que está trabalhando. Veja-se, por exemplo, a seguinte passagem:

> O português plantou as estacas da fazenda de criar, do sítio, do roçado. Fez a família, multiplicou os mestiços, amou as índias e negras e fundou, com seu imenso abraço amoroso, a raça arrebatada, emocional e sonora. Cada noite, metendo os pés na terra fria, olhando as estrelas claras, erguia a voz, contando estórias... Povoava a noite com seus assombros, os assombros que tinham vindo com ele nos galeões, com o Governador-Geral. Lobisomens, mulas-sem-cabeça, mouras-tortas, animais espantosos, cavalos-marinhos, zelações que furam a treva numa brusca chicotada de fogo, lumes errantes, gigantes, anões, mágicos, reis do mato, das águas e dos ares surgiam, evocados do mistério. E foi, insensivelmente, aformoseando, enfeitando, com o prestígio de tantos séculos de beleza milagrosa dos mitos. Assim o mboi-tatá disforme e matador virou o lume azulado dos Sant'Elmos, a boiúna esfomeada e repelente tornou-se senhora de palácios fluviais e o ipupiara informe e bruto, vestiu a cabeleira loira de Loreley, teve pele resplandecente e, do fundo dos rios onde vive para devorar cadáveres, ergueu a magia irresistível duma voz miraculosamente suave.

Já nos mitos do "ciclo da angústia infantil", observa Câmara Cascudo, prepondera a influência africana, com destaque para a figura ameaçadora do Quibungo, negro velho preador e assombrador de crianças. Entretanto, a contribuição do africano escravizado seria bem reduzida nos mitos adultos, ao contrário do que ocorre no universo de outras manifestações populares: danças, ritos religiosos etc. De outro lado, os mitos indígenas, os primeiros catalogados, foram logo confundidos (avivados, ajustados, completados) com os portugueses; estes últimos, por sua vez, acolheram os "duendes das florestas Tupis como seres normais e capazes" de façanhas idênticas às de suas próprias entidades fantásticas.

Com esse recenseamento dos mitos e sua localização geográfica, Câmara Cascudo produziu uma obra de inegável valor para a compreensão da cultura brasileira. Nela aparece, de início, estado por estado, uma minuciosa "geografia" da nossa mitologia. Cumprida esta tarefa, Cascudo vai esmiuçar os "mitos primitivos e gerais" (indígenas, europeus e africanos), sem se esquecer daqueles que integram o "ciclo da angústia infantil" e o "ciclo dos monstros". Fechando o livro, o autor trata dos "mitos secundários e locais", deixando para os "adendos" o material que não coube, satisfatoriamente, nas partes anteriores.

Não seria exagerado concluir que, ao lado de livros notáveis e essenciais à compreensão da cultura nacional, devesse figurar a *Geografia dos Mitos Brasileiros*, cuja importância tem sido subestimada nos meios acadêmicos em razão do rótulo "folclore", empregado de modo preconceituoso e desqualificante para designar a inestimável produção científica de Luís da Câmara Cascudo. [R. S. Q.]

GOVERNO DO RIO GRANDE DO NORTE [29]. Esse não é um livro de história política propriamente dita. Trata-se, antes de tudo, de uma espécie de dicionário biográfico sobre aqueles que governaram a terra potiguar, desde a expedição colonizadora liderada por Manoel Mascarenhas Homem, em 1597, até a interventoria de Rafael Fernandes Gurjão, em 1935.

O trabalho é dividido em duas partes. A primeira consiste de uma listagem, organizada em ordem cronológica, de todos os governantes do Rio Grande do Norte – Capitães-Mores, membros do Senado da Câmara de Natal, componentes da Junta Provisória Constitucional, Governo Temporário, Presidentes da Província, Governadores do Estado e Interventores federais do período Vargas. A segunda, mais rica, é composta de 195 verbetes biográficos sobre esses mesmos governantes.

No que se refere aos Capitães-Mores, os dados fornecidos são bastante abreviados, especialmente, no que diz respeito às suas atividades na colônia. O que não surpreende, se levarmos em conta o estado de abandono e atraso que caracterizava a capitania do Rio Grande do Norte durante boa parte do período colonial.

De modo geral, as informações encontradas nesses perfis consistem em dados genealógicos, breves referências aos serviços prestados na capitania – pacificação das tribos indígenas, resistência contra os invasores holandeses e a distribuição de sesmarias. Ao considerar esses verbetes em seu conjunto, é interessante observar que conflitos entre os Capitães-Mores e a Câmara do Senado de Natal constituíram um tema quase constante ao longo do período.

Surpreendentemente, as informações sobre os governantes do Rio Grande do Norte que administraram a capitania no período que abrange a chegada de Dom João VI ao Brasil até a Proclamação da Independência também são bastante abreviadas, de forma que o leitor não consegue captar a maneira pela qual o complexo enredo da ruptura entre colônia e metrópole ali se manifestou.

Esse padrão de ausência de contextualização dos dados biográficos permanece no setor dedicado aos Presidentes da Província que serviram no Rio Grande do Norte durante o reinado de Pedro I, a Regência e o Segundo Império. Talvez isso se deva à alta rotatividade daqueles que ocuparam tais cargos. Aliás, ao longo do período imperial, o Rio Grande do Norte foi governado por mais de quarenta presidentes. Raro era aquele que permanecia por mais de um ano. Ocasionalmente, porém, os verbetes incluem dados sobre o orçamento da província, o número de habitantes, a população escolar, obras públicas e a produção de algodão e açúcar.

Com relação ao Rio Grande do Norte da República Velha e dos anos após 1930, os dados sobre os Governadores e Interventores são igualmente diminutos, apesar do fato de Cascudo ser contemporâneo de vários deles. Nesse sentido, é interessante que na capa original do livro, está impressa a frase "Mandado publicar pelo Interventor Federal Dr. Rafael Fernandes Gurjão".

Apesar dessas ressalvas, trata-se de uma obra que não deve ser desprezada. Os dados pesquisados pelo autor sobre o nascimento, a procedência, a formação acadêmica, a profissão e os laços familiares dos biografados fornecem elementos básicos para biografias coletivas da elite política potiguar e brasileira.

Assim, o Governo do Rio Grande do Norte se constitui em valioso instrumento de pesquisa para aqueles que se interessam pela história política do Brasil, representando um importante legado ao pesquisador contemporâneo. [M. H.]

HISTÓRIA DA ALIMENTAÇÃO NO BRASIL [30]. Escrito inicialmente como encomenda para a Sociedade de Estudos Históricos Pedro II, esse livro foi publicado pela primeira vez em março de 1963. Numa tentativa de escrever uma sociologia da alimentação com base histórica e etnográfica, Cascudo recorreu à bibliografia de viajantes estrangeiros no Brasil do século XIX, bem como a notas, observações e inquéritos pessoais que já andava acumulando desde 1943.

Dividido em dois tomos, o primeiro conta com uma imensa pesquisa sobre o cardápio indígena, a dieta africana e a ementa portuguesa, fontes da cozinha brasileira, tema que será tratado detalhadamente em seu segundo volume. Assim, Cascudo pretende "mostrar a antigüidade de certos hábitos, explicáveis como uma norma de uso e um respeito de herança dos mantimentos de tradição" (p. 18).

Na parte destinada ao cardápio indígena, Cascudo começa por relembrar a Carta de Pero Vaz de Caminha a El Rey, em que cita o "primeiro" encontro dos nativos da terra com os europeus das embarcações. Como era de se esperar, comidas foram oferecidas, mas o paladar distinto impossibilitou ambos os lados de qualquer troca. Uma estranha raiz, confundida muitas vezes com o inhame, despertou a atenção dos cronistas: a mandioca. Aipy e maniot são alguns dos nomes pelos quais os viajantes a conheceram. Cultivada no Brasil de norte a sul, a mandioca impressiona os cronistas não só por seu formato diferente, como pela variedade com que pode ser preparada e comida. Sua transformação em farinha mereceu as mais completas descrições ao longo dos tempos.

Alimento principal da dieta indígena, a farinha de mandioca ganhou o mundo a partir das descrições dos cronistas. Sua transformação em farinha de pau, de guerra ou de puba é relatada com minúcia nos detalhes, visto que era importante descrever com maior precisão o "pão" dos indígenas. Assim, o processo começava com a lavagem da mandioca, seguia pela extração de seu caldo venenoso com o tipiti (ou tapiti), passava pelo fogo (quando na preparação da farinha de guerra, boa para ser armazenada) ou mesmo por longe dele (o apodrecimento da raiz, na preparação da puba), acabava nas bocas famintas dos indígenas e, mais tarde, dos colonos e viajantes que com eles se encontravam. Começou a fazer parte da alimentação destes e acabou por tornar-se indispensável. "Era a reserva, a provisão, o recurso" (p. 105).

Ainda nesse mesmo capítulo, Cascudo estuda todas as possibilidades que se tem para fazer com a farinha, desde o mingau e o pirão até os beijus e a tapioca, passando pelo milho, pelas frutas e pelos bichos de taquara. Para Cascudo, o indígena ensinou o português a comer e a cozinhar à maneira como se fazia nestas terras e assim foram se conhecendo.

A segunda parte, intitulada "Dieta Africana", trata de recompor a base da alimentação na África ocidental do século XVI, sabidamente, a região que exportou negros para serem escravos no Brasil. Com eles, vieram as pimentas, boas para serem comidas puras, esmagadas no caldo de carne ou peixe, o leite de coco, o cuscuz. Uma vez nas terras novas, esses negros tiveram que se adaptar a um novo paladar, em que imperava a farinha de mandioca, também transformada em angu, e o feijão preto. Bananas, laranjas e alguma eventual carne-seca acabavam por fechar o cardápio do negro escravo do Brasil.

Câmara Cascudo termina a parte destinada à alimentação dos negros do Brasil exemplificando as permutas alimentares afro-brasileiras, como inhames por mandioca ou mesmo vinho da palma de dendê por cachaça.

Na terceira parte daquele primeiro volume, Câmara Cascudo se pergunta: "o que se comia no Portugal quinhentista?" (p. 255), e parte para uma minuciosa pesquisa sobre a ementa portuguesa. Um de seus informantes é Gil Vicente, que, com fina ironia, descreve nas sátiras teatrais preciosa documentação do cotidiano de uma época. Mais ainda, Cascudo se vale de infindáveis documentos, conseguidos na viagem que fez a Portugal especialmente para essa pesquisa, para retratar o cardápio português de 1500, e como ele se modificou ao chegar ao Brasil. Desse modo, verificamos que o português trouxe a horta, o hábito do quintal, vacas, ovelhas, cabras, galinhas, patos e gansos. Trouxe também figos, limão e cidra e, porque não dizer, o costume de se usar os ovos das galinhas. Na verdade, é com a chegada da mulher portuguesa ao Brasil que os indígenas e os negros vão se encontrar com as práticas culinárias portuguesas. É ela quem adiciona açúcar às frutas, criando as compotas que, mais tarde, serão sinônimo de doçaria brasileira.

Outro informante é Domingos Rodrigues, autor de *Arte de Cozinha*, publicado pela primeira vez em Portugal em 1680. A partir dessa obra, Cascudo faz uma verdadeira viagem gastronômica por Portugal daquele tempo, recompondo todo o variado cardápio lusitano e reconstruindo o clima de "comilança" de então. Ainda, através de receitas de doces consagrados em Portugal, tenta uma explicação sobre o porquê da predileção dos portugueses pelo açúcar. Também, nesse capítulo, ele recria o ambiente das grandes viagens de descobrimento e sua "dieta embarcada" (p. 352), passando, no fim, a uma descrição do cerimonial da refeição de D. João VI.

O segundo volume começa com a proposta que Cascudo fez ao iniciar esse trabalho: a tentativa de construção de uma sociologia da alimentação, antes levantamento histórico do que propriamente sociologia. Cascudo se dedica, nesse capítulo, a uma longa trajetória do paladar humano, partindo do século XIV para chegar aos dias em que escrevia. Percorre a Idade Média, o Império Napoleônico, a França de Luís XIV, atrás de rastros deixados pelos cozinheiros, e chega às cidades de São Paulo,

Rio de Janeiro e Belo Horizonte, com seus *menus* hoteleiros e a comida internacional. Para não correr o risco de ser criticado posteriormente, termina esse capítulo citando Santa Teresa de Jesus: "es imposible ecertar en todo. El tiempo lo dirá" (p. 460).

Na parte seguinte, continuando o que já havia iniciado no volume anterior, Cascudo segue os cronistas que escreveram sobre o Brasil no século XVI, como Hans Staden, Jean de Lery e Gabriel Soares de Souza, procurando entender como a "despensa portuguesa começou a ser brasileira" (p. 461). Na verdade, trata-se de uma tentativa de recriação de uma época, quando os alimentos "nativos" começavam a ser incorporados na dieta dos "estrangeiros", até por uma questão de sobrevivência. Assim é que a farinha indígena vira pirão, acrescida de caldo português; a batata é substituída pela mandioca, o pão por tapioca e outras equivalências. As sementes, para melhor conservação, foram mergulhadas em água quente e secadas ao sol, garantindo maior durabilidade, comprometendo, no entanto, a qualidade do produto, que se tornava demasiado rijo. E vai aos elementos básicos da (hoje) chamada cozinha brasileira, como o feijão/farinha, o "suplementar arroz", as pimentas, os cheiros, os doces de frutas, passando pelas técnicas de cocção, preparo de alimentos e comidas de gravidez. Cascudo encerra esse volume com pequenos artigos sobre questões alimentares no Brasil ("Farnel de Trabalho e Viagem", "Superstições Alimentares", "Bebidas no Brasil", "Folclore da Alimentação" etc.).

Assim foi que, de experimentos surgidos da necessidade de intercâmbio, se fez a "primeira" cozinha brasileira. Unindo ingredientes, mesclando práticas culinárias e elementos de culturas distintas, a saber, dos indígenas, negros e europeus, a cozinha "tipicamente" brasileira desponta no cenário tropical. Luís da Câmara Cascudo, com sua *História da Alimentação no Brasil*, fornece, sem sombra de dúvidas, a mais completa pesquisa já realizada sobre esse assunto no país. [P. P. S.]

UMA HISTÓRIA DA ASSEMBLÉIA LEGISLATIVA DO RIO GRANDE DO NORTE [31].

Esse livro ocupa um lugar de certa forma marginal no conjunto da rica, diversificada e extensa obra de Luís da Câmara Cascudo. No entanto, é uma contribuição fundamental para a compreensão de parte da história política do Estado e, nesse sentido, mais do que um simples registro cronológico da Assembléia Legislativa. Ao escrevê-lo, Cascudo já era um historiador experiente e consagrado. Havia escrito várias obras historiográficas, utilizando, com muito rigor, fontes documentais, como são os casos de *López do Paraguay* [49], *Conde d'Eu* [14], *História da República do Rio Grande do Norte* [35], *O Governo do Rio Grande do Norte* [29] e *História da Cidade do Natal* [32]. Em 1948, foi agraciado pelo prefeito de Natal, Silvio Pedrosa, como "O Historiador da Cidade de Natal".

Resultado de um rigorosa pesquisa documental, o livro reconstitui a história da Assembléia Legislativa do Estado desde seus primórdios, ou seja do Ato Adicional de 12 de agosto de 1834, que criou a Assembléia Legislativa Provincial, até a 23ª Legislatura republicana, eleita em 1969. São 136 anos de história, sendo 27 legislaturas no Império e 23 durante a República, num total de cinqüenta eleições.

Elaborado inicialmente entre outubro de 1952 e junho de 1953, por solicitação da Assembléia Legislativa, reunindo a esparsa e desorganizada documentação nos arquivos da Assembléia Legislativa e dos jornais, não foi publicado à época. Em 1960, os originais foram devolvidos por um funcionário da Assembléia, que temia "seu inevitável desaparecimento". Cascudo guardou-o no arquivo do palácio do governo. Em 1967, tentou outra vez publicar em livro e não conseguiu. No dia 29 de setembro de 1971, o então presidente da Assembléia Legislativa, Deputado Moacir Duarte, formalizou, através de uma carta, o convite para que Cascudo escrevesse a história da Assembléia Legislativa do Rio Grande do Norte. Ele aceitou o convite e no dia 30 de novembro de 1971, última sessão legislativa do ano, entregou, em sessão solene, os originais, com dados atualizados até a 23ª Legislatura republicana (1971-1974).

Dividido em doze capítulos[1], o livro trata das distintas fases da Assembléia Legislativa desde sua origem no Estado. Em relação ao Império, Cascudo revela como foi formada a Assembléia Legislativa (instalada oficialmente no dia 2 de fevereiro de 1835), como foram as primeiras eleições na província[2], o primeiro projeto de lei aprovado, o primeiro projeto rejeitado, a criação de municípios, paróquias e ainda uma lista de todos os deputados eleitos.

Observada a relação destes, há uma característica marcante e que também se estende ao período republicano: o monopólio das elites locais no controle do Legislativo – no Executivo, o presidente da província era nomeado pelo Imperador e durante todo o Império, dos 48 que governaram o Rio Grande do Norte, apenas um, Tomás de Araújo Pereira, era natural da província, o que também ocorreu em relação aos seis senadores vitalícios – o Padre Francisco de Brito Guerra. No perfil de 65 "Personalidades do Império e da República" que Cascudo apresenta, isso fica evidente. Destes, 23 são bacharéis (formados basicamente na Faculdade de Direito do Recife, para onde iam os filhos das elites), vinte são padres – aliados dessas elites, quando não, integrantes delas (nas primeiras eleições realizadas em 1834 dos vinte eleitos, nove são padres), dez militares (Comandante do Corpo Policial da Província, Coronel da Guarda Nacional etc.) e os demais são médicos, engenheiros, proprietários de engenho e fazendeiros, no dizer de Cascudo a respeito de um deles, "expressão legítima da aristocracia rural". Essa é, aliás, a origem do próprio Cascudo, cujo pai era um Coronel da Guarda Nacional, tendo ele mesmo sido candidato e eleito deputado estadual nas eleições de 1930[3]. Durante o Império, o controle era de tal ordem que não

---

1. Na realidade, os três primeiros capítulos são os mais importantes: "Assembléia e o Governo", "Antecedentes da Assembléia" e "O Legislativo no Rio Grande do Norte". Os demais são sobre criação de paróquias, os paços da Assembléia, as penas de pato, as compras da Assembléia e um breve perfil de "65 Personalidades do Império e da República."
2. As eleições eram realizadas de dois em dois anos. Com a República, passou a ser realizada a cada quatro anos. O número de deputados estaduais variou ao longo da história: de 1835 a 1858, era 22, de 1858 a 1888, passou para 23 e de 1888 a 1907, para 24. De 1907 a 1935 aumentou para 25. Em 1946, para 32, em 1948, para 34, em 1962, para quarenta e em 1970 diminuiu para dezoito deputados.

raro, os deputados se elegiam para seis, sete e até oito mandatos consecutivos. Caso, entre outros, de Jerônimo Cabral Raposa da Câmara, que se reelegeu por dez vezes.

Outra característica é a inexpressividade do número de votantes. Na primeira eleição geral ocorrida em 10 de novembro de 1834, havia na Província do Rio Grande do Norte apenas setenta eleitores, que elegeram vinte deputados (limite estabelecido pelo Ato Adicional de 1834). Em 1837, por exemplo, o colégio eleitoral de Natal, capital da província, era de 27 eleitores. No Brasil, para dar uma idéia da inexpressividade do número de votantes, em 1876, numa população de 10.927.276 habitantes, apenas 24.627 – ou seja, 0,2% – eram eleitores de segundo grau. Além do reduzido número de eleitores, as eleições eram indiretas[4] e fraudulentas[5] – sobre o assunto, em nenhum momento, Cascudo faz qualquer referência. Com o controle absoluto do processo eleitoral, incluindo o voto a descoberto e conhecidas práticas de fraudes eleitorais – que se estenderam durante toda a chamada Primeira República[6] –, não havia qualquer possibilidade de ser eleito alguém fora das classes dominantes locais.

O que fazia esse parlamentar? Segundo Cascudo, tinha "os compromissos das Irmandades, a criação de freguesia de comarcas e municípios" e, além disso, "cumpria seus deveres de cortesia com o Imperador", como é o caso da formação de uma Comissão para felicitar o Imperador pelo nascimento da Princesa Leopoldina (13 de julho de 1847). Durante todo o período imperial, era uma Assembléia obediente, a cumprir ordens dos governantes e "transformar em leis os pensamentos do administrador". Nunca se pronunciou contra a escravidão (incluindo os padres-deputados) e quando a Lei Áurea foi assinada e "ruidosamente festejada em Natal", não houve qualquer repercussão na Assembléia. Cascudo registra: "não deparei registro repercutindo as vozes simpáticas à lei que libertava todos os escravos do Império"[7].

Em 1889, foi proclamada a República. O que mudou?

---

3. Foi eleito pelo Partido Republicano, mas não tomou posse. Essa legislatura foi dissolvida pela Junta Militar em 6 de outubro de 1930.
4. Eram chamadas eleições em dois graus. Primeiro, os votantes se agrupavam em suas paróquias e elegiam os eleitores e, depois, os eleitores se reuniam e escolhiam os deputados (eleição em 2º grau). As eleições indiretas foram até 1881, quando a Lei Saraiva excluiu os analfabetos de votar e estabeleceu eleições diretas para o Legislativo. Embora instituído o voto direto, na prática, significou uma diminuição do número de eleitores, uma vez que excluía os analfabetos do processo eleitoral.
5. Sobre o sistema eleitoral no Império consultar: Maria Dalva Gil Kinzo, *Representação Política e Sistema Eleitoral no Brasil*, São Paulo, Símbolo, 1980; Jairo Marcone Nicolau, *Sistema Eleitoral e Reforma Política*, Rio de Janeiro, Flogio, 1993.
6. Consultar, entre outros: Rodolfo Telarolli, *Eleições e Fraudes Eleitorais na República Velha*, São Paulo, Brasiliense, 1982.
7. Não há dados precisos a respeito do número de escravos no Rio Grande do Norte. Tavares de Lira, na *História do Rio Grande do Norte*, ao se referir ao assunto, registra um dado de 1872, o qual revela que numa população de 233.979 habitantes, havia 13.020 escravos. Como o Rio Grande do Norte foi um dos estados pioneiros na libertação dos escravos (caso da cidade de Mossoró), é provável que o número de escravos, quando da assinatura da Lei Áurea em 13 de maio de 1888, fosse bem menor.

Do ponto de vista da composição da Assembléia Legislativa, nada. Eram os mesmos integrantes da elites locais. No início, o domínio inconteste da oligarquia de Pedro Velho e depois, numa sucessão de controle pelas oligarquias até à última da chamada República Velha, com Juvenal Lamartine (1928-1930).

Durante todo esse período, o controle do poder executivo estadual em relação à Assembléia Legislativa era total, considerando-se ainda a continuidade dos processos eleitorais fraudulentos que havia caracterizado o Império.

Como disse Cascudo, "O partido era o governador". E acrescentou: "depois de 1894 nenhum oposicionista chegou a deputado estadual". Com as eleições controladas (o voto a descoberto, fraudes etc.), o governador era soberano. Segundo Cascudo, o governante apresentava para as eleições estaduais uma chapa com vinte nomes e por aquilo que ele chamou de "uma ficção legal", reservava-se para a oposição a quinta parte do número de deputados para compor a minoria, ou seja, "mandava votar em mais cinco amigos na manobra vulgar e banal do rodízio". O controle se estendia à representação do Estado no Congresso nacional (senadores e deputados federais).

Essa unanimidade foi até 1930, com a derrocada das oligarquias no plano federal. No Rio Grande do Norte, iniciou-se um conturbado período de interventorias que foi até à posse, em agosto de 1933, de Mário Câmara[8]. As oligarquias que detinham o poder no período anterior organizaram um partido (Partido Popular) e depois de uma conturbada eleição, elegeram catorze dos 25 deputados nas eleições em 1935, retomando o controle da Assembléia Legislativa, mas já não era unanimidade. Dos 25 deputados eleitos, onze eram da oposição (Aliança Social)[9].

Nessas eleições, pela primeira vez na história da Assembléia Legislativa, elegeu-se uma mulher (Maria do Céu Pereira). E até 1971, quando o livro foi publicado, apenas duas outras mulheres foram eleitas para a Assembléia Legislativa: Lindalva Torquato (1954-1958) e Monica Nóbrega Dantas, na legislatura 1967-1971.

O período que se estende de 1935 a 1971, curiosamente, fora o menos documentado. Há momentos cruciais não apenas na história do Brasil, do Estado, como as eleições pós-ditadura do Estado Novo em 1945; o conturbado início dos anos de 1960; a eleição de deputados alinhados às forças populares, como Luiz Maranhão Filho e José Rocha, pela Aliança Popular Nacionalista (PTN, PST e PSB), no pleito de 3 de outubro de 1958, e Floriano Bezerra de Araújo, eleito pelo PTB em 1962. E, é importante destacar, o golpe de 1964, sobre o qual também não há qualquer informação,

---

8. De 1930 a 1933, o Rio Grande teve oito interventores, indicados pelo Governo Federal. Eram tenentes que haviam participado da revolução de 1930, todos oriundos de outros estados, o que gerava diversos conflitos com as oligarquias locais. Entre os interventores, havia os que se compunham com as oligarquias (é o caso de Aluisio Moura) e os que procuravam governar com maior independência, postura de Hercolino Cascardo, depois, importante membro da Aliança Nacional Libertadora, criada em 1935.

9. Para uma análise detalhada desse período no Rio Grande do Norte, ver: José Antonio Spinelli, *Vargas e a Oligarquia Potiguar: 1930-1935*, Natal, EDUFRN, 1996; Homero de Oliveira Costa, *A Insurreição Comunista de 1935: Natal, o Primeiro Ato da Tragédia*, São Paulo/Natal, Ensaio/Cooperativa Cultural do Rio Grande do Norte, 1995.

nem, tampouco, o período da ditadura militar (de 1964 à publicação do livro), quando há cassações e violências de toda ordem.

Por fim, em que pesem todos os méritos do livro, como reconstituição histórica da Assembléia Legislativa e importante contribuição para a compreensão da história política do Estado, há também muitas lacunas, como as já aludidas, referentes ao processo eleitoral, e outras, como os partidos a que pertenciam os deputados (não há praticamente referências a partidos), o número de votos dos eleitos e, em se tratando de uma história da Assembléia Legislativa, sua participação em momentos cruciais da história política do Estado. [H. O. C.]

HISTÓRIA DA CIDADE DO NATAL [32]. Constitui-se a obra pioneira na bibliografia natalense e do Rio Grande do Norte. Reúne artigos publicados na imprensa local, a partir de pesquisa bibliográfica, documental, coleta de dados e informações do temário histórico-social e cultural, durante as décadas de 1930 e 1940. Compreende-se, então, porque não existe nos capítulos uma ordem metodológica, como também cronológica do seu temário no tempo e espaço.

A primeira edição data de 1947, publicada pela Prefeitura Municipal de Natal. A segunda, de 1998, uniu Editora Civilização Brasileira, MEC e UFRN. A terceira edição, ano 1999, foi lançada pelo Instituto Histórico e Geográfico do Rio Grande do Norte e pela Prefeitura da Cidade do Natal. O temário distribui-se em 43 capítulos, a partir do século XVI até às primeiras décadas do século XX. Deste século, especificamente, há dois capítulos.

Os dois primeiros, de conteúdo histórico, iniciam o temário. Relatam a expulsão dos franceses, a fundação e os nomes que recebeu a cidade. O autor, com isso, presta valiosa contribuição à história do Rio Grande do Norte e do Brasil. Primeiro, em relação à fundação da cidade, que sustenta ter sido por Manuel Mascarenhas Homem, Capitão-Mor de Pernambuco, como também a respeito do nome que, a despeito de outras denominações, guardou o mais coerente, bonito e fácil – Cidade do Natal, fundada a 25 de dezembro de 1599.

Seguem-se mais três capítulos, que discorrem sobre o momento anterior à invasão holandesa. Logo depois, em 1633, ano de invasão, ocupação e domínio na cidade, então denominada Nova Amsterdã. A invasão interrompeu o processo inicial do seu povoamento. Com a expulsão dos holandeses no ano de 1654, a Capela, que fora destruída, foi reconstruída, como também, aos poucos, a cidade, ainda pouco habitada.

O "Senado da Câmara", título do VI Capítulo, funcionou como importante órgão administrativo. Sua trajetória para Câmara Municipal foi criada pela Constituição do Império em 1824, depois da Proclamação da República substituída pelas Intendências Municipais, a exemplo da de Natal, hoje Prefeitura da Cidade do Natal.

Do temário histórico-social e cultural, constituem-se os capítulos: "Na Era de Setecentos", "A Sociedade e os Costumes" e "Marcha Demográfica". A cidade do

Natal, nas primeiras décadas do século XVIII, povoava-se lentamente. Existiam, no ano de 1757, 118 casas e mais os prédios das igrejas, o Erário Público, a Cadeia Pública e o símbolo de cidade, o Pelourinho.

A cidade se estendia para o norte: limitava-se, nesse ponto, com o cruzeiro da Rua da Cruz, atual Junqueira Aires; ao sul, com a Cruz do Rio da Bica ou Rio de Beber Água (atual Santa Cruz da Bica no Baldo); a leste, com a Rua da Conceição, seguida pela Rua Santo Antônio; e a oeste, com o Largo da Matriz (atual Praça André de Albuquerque).

No capítulo sobre "Igrejas e Vigários", o autor descreve a primeira capelinha, destruída pelos holandeses, reconstruída mais tarde. Foi demolida e edificada uma nova igreja, cuja obra, iniciada no ano de 1672, terminou em 1694, conforme também consta no frontão da igreja. A segunda igreja mais antiga é a de Nossa Senhora do Rosário dos Pretos. A terceira igreja é de Santo Antônio dos Militares, a quarta, a do Senhor Bom Jesus das Dores, na Ribeira. Esta foi a última igreja construída entre os séculos XVII e XVIII. A primeira igreja edificada no século XX foi a de São Pedro, no bairro do Alecrim.

O autor contempla no estudo os nomes de alguns sacerdotes que se distinguiram pela participação na história do Rio Grande do Norte, a partir do primeiro Vigário Gaspar Gonçalves (1601); do Padre Ambrósio Francisco Ferro, vítima do massacre de Uruassu (1645); dos Padres Leonardo Tavares de Melo, Feliciano José Dornelas, José Hermínio da Silva Borges, Padre João Maria (1881-1905), até o Monsenhor José Alves Landim (1925).

Os conteúdos dos capítulos que se seguem dão conta do início do século XIX, quando a população da cidade era estimada em cerca de setecentos habitantes. Ocorrem mudanças na Província, depois do ano de 1808, com a instalação da Corte Portuguesa no Brasil. A Ribeira progredia porém até o ano de 1880, a tradição ainda dominava o povo, identificada nos habitantes da Ribeira, chamados de Canguleiros, e nos Xarias, habitantes da Cidade Alta. Esses capítulos contêm uma história sociocultural sob os títulos: "A Terra e a Gente", "Festas Religiosas", "Festas Populares", "Como a Padroeira Chegou", "Cidade Alta e Ribeira", "Mercados da Cidade" e "Pena de Morte".

"Onde Morava o Governo" possui conteúdo histórico-social e político sobre as casas do governo. A primeira foi o Forte dos Reis Magos, onde moraram o Capitão-Mor Jerônimo de Albuquerque e outros. A segunda casa do governo, entre o final do século XVII e durante todo o século XVIII, situava-se no Largo da Matriz. Já no século XIX, a terceira casa do governo foi na Rua da Cruz, hoje Junqueira Aires, no ano de 1830. A quarta casa do governo, chamada de Palácio do Governo, foi instalada na Rua da Conceição, no ano de 1862. A quinta casa do governo foi na Ribeira, Rua Chile, a partir do ano de 1869. A sede administrativa do governo voltou para a Cidade Alta, na Rua da Conceição. O prédio passou por algumas reformas, porém sua grande remodelação foi iniciada no ano de 1865 e terminada em 1872.

Nos capítulos subseqüentes, o autor escreve sobre "Ensino", "Médicos e Saúde Pública", "Teatro", "Xarias e Canguleiros", "Comércio e Comerciantes", "Bairros Exteriores e Centrais", "Cemitério do Alecrim" e "Hospital".

O capítulo sobre "Revoluções" narra a participação do Rio Grande do Norte em movimentos dessa natureza durante todo o século XIX, até a década de 1930: a Revolução de 1817 e o papel de André de Albuquerque Maranhão, "herói ritual de nossa história", "Escaramuças", "A Confederação do Equador", a "Guerra dos Formigueiros", "A Conspiração de 1838", "A Deposição do Presidente Miguel Castro", "O Fogo de José da Penha" (1815-1914), "Movimento Comunista em 1935".

Os serviços como funções urbanas da Cidade do Natal são destacados pelo autor sob os títulos: "Luzes da Cidade", "Água", "Transportes Urbanos", "Divertimentos", "Imprensa Política", "Correio e Telégrafo", "Polícia", "Em Nome da Lei".

Com o título "Cidade Nova e Alecrim", o conteúdo do capítulo trata do primeiro plano urbanístico da cidade, através da Resolução nº 15, de 30.12.1901. Chamava-se Cidade Nova e compreendia os bairros, hoje, de Tirol e Petrópolis. O plano foi traçado pelo agrimensor Antônio Polidrelli.

Sobre a criação do bairro do Alecrim, inicia a sua história quando foi destinado um terreno para o Cemitério Público, no ano de 1856. A localidade possuía raríssimas casas, era ainda terra de roçados. Concentrava-se em um pequeno arruado do lugar denominado de Mangueira, hoje Praça Gentil Ferreira, e também no espaço onde está localizada a Praça Pedro II. Porém somente no dia 23 de outubro de 1911, o Alecrim foi criado como bairro.

Como história da cidade do Natal, destaca-se o capítulo "Abolição e República". Natal foi a terceira capital de Província sem escravos antes da Lei Áurea. Desde 1º de janeiro do ano de 1888, instalou-se a Sociedade Libertadora Norte-Rio-Grandense, que tinha como presidente o Padre João Maria Cavalcante de Brito.

No momento da Proclamação da República, governava o Rio Grande do Norte o vice-presidente Antônio Basílio Ribeiro Dantas. Havia o Partido Republicano, fundado a 27 de janeiro de 1889 por Pedro Velho D'Albuquerque Maranhão e dois partidos monárquicos, embora divididos entre os dirigentes. Após a Proclamação da República, no dia 17 de novembro, Antônio Basílio procurou Pedro Velho e o convidou para assumir a administração. Com a aceitação, foi aclamado o primeiro Governador do Rio Grande do Norte.

Os últimos capítulos tratam da "Assistência"; "Rebanho de Deus"; "Musa, Canta os Poetas e Escritores", "Álbum de Retratos"; Trem, Vapor, Avião". O Rio Grande do Norte, devido à sua privilegiada posição geográfica, foi o local escolhido pelos militares americanos para a instalação de uma base aérea durante a Segunda Guerra Mundial. A partir de então, foi crescente a evolução urbana de Natal. A cidade expandiu-se, novos bairros foram criados e abertas largas avenidas.

Essa é uma síntese da grande obra *História da Cidade do Natal*, de Luís da Câmara Cascudo. Continua sendo a melhor no gênero, pelo seu pioneirismo, como primeira referência bibliográfica sobre o temário. [M. L. L. G.]

HISTÓRIA DE UM HOMEM (JOÃO SEVERIANO DA CÂMARA) [33]. Esse trabalho constitui-se na biografia do norte-rio-grandense João Câmara (1895-1948).

Trata-se de uma edição simples, de circulação reduzida, produzida a partir de depoimentos colhidos junto a amigos, funcionários, adversários políticos, pessoas que conheceram e/ou conviveram com João Câmara. A partir dessas reminiscências, habilmente transformadas numa envolvente narrativa (o que compensa as limitações gráficas da edição), o autor busca retratar a vida desse filho de agricultores simples, que se tornou um dos homens mais importantes do Rio Grande do Norte na primeira metade do século XX.

Com uma tônica bastante elogiosa, Cascudo exalta os feitos e virtudes de um homem que, embora pobre e com pouca instrução formal, através de inteligência, ousadia e capacidade empreendedora, conseguir tornar-se a figura mais importante do cenário político do seu Estado durante os trinta anos em que atuou no comércio, na indústria e na agricultura. Lançando mão de uma citação de Goethe, Cascudo externa o caráter laborioso e audaz de João Câmara: "Até quando for dia, ficaremos de cabeça erguida e tudo o que pudermos fazer não o deixaremos fazer depois de nós" (p. 65).

O objetivo do autor, entretanto, não se limita apenas a escrever a biografia de um grande homem. Seguindo a perspectiva da historiografia positivista, Cascudo associa o desenvolvimento da história econômica do Rio Grande do Norte, na primeira metade do século XX às contribuições encetadas por aquele personagem, estabelecendo uma relação direta entre seus projetos e a modernização da economia potiguar em tal período. Nessa medida, a biografia pode ser percebida como uma forma de narrar um pouco da história política e econômica daquele Estado.

As primeiras décadas do século XX assistiram ao crescimento da malha ferroviária do país. No Rio Grande do Norte, as estradas de ferro começaram a cortar caminhos em direção ao interior, transformando fazendas e pequenas povoações em cidades. Percebendo a importância e as oportunidades que elas traziam, em 1914, João Câmara decidiu investir no nascente povoado de Baixa Verde. Iniciou um pequeno armazém de secos e molhados, raiz do império "João Câmara e Irmãos", que, devido ao seu desenvolvimento, passou a ser conhecido apenas como "A Firma". No final dos anos de 1920, João Câmara passou a negociar com algodão. Pode-se afirmar que esse produto decidiu sua carreira econômica: antes da comercialização, a busca pelo aumento da produção, pela melhoria técnica do beneficiamento e a preocupação com o escoamento, através da expansão das lavouras, do contínuo avanço tecnológico e do investimento na abertura de estradas, fizeram com que ele se tornasse um dos maiores beneficiadores e exportadores de algodão do Brasil.

O avanço empresarial obtido a partir dos anos de 1930 contribuiu para que a política se impusesse como um caminho natural para esse homem, que se tornou prefeito de Baixa Verde (atual município de João Câmara), deputado estadual, senador da República e líder do Partido Social Democrático em seu Estado.

A análise de sua forma de ação política baseia-se no que Cascudo considera o caráter político do homem brasileiro (denotando, mais uma vez, a preocupação do autor em não limitar a obra a um caráter meramente biográfico), marcado pelas relações entre povo e chefes políticos, fundadas na fidelidade, no solidarismo, na reciprocidade. Cascudo acentua positivamente o tradicionalismo dessas relações ao afirmar que, em geral, os homens "[...] devem pertencer a um chefe e ninguém vai cair na parvoíce de acreditar na indiferença, imparcialidade e apatia de um ser humano quando se fala num chefe, num partido, centros de interesse de faiscante atração" (p. 103).

Retratado como possuidor de invejável capacidade de comunicação, acolhimento, dotado de rara inteligência, perspicácia, além de retidão moral, João Câmara tornou-se, assim, o mais importante orientador político do Rio Grande do Norte na primeira metade do século XX.

Partindo da visão de que o melhor produto de um país são seus cidadãos, Cascudo, ao enaltecer a figura de João Câmara, visa a contribuir para a valorização da história de seu estado natal, mostrando, com uma boa dose de ufanismo, o caráter empreendedor e as habilidades políticas e laborais de seus homens. [R. M. P.]

HISTÓRIA DOS NOSSOS GESTOS [34]. A riqueza histórica e cultural dos gestos humanos é a matéria-prima trabalhada por Luís da Câmara Cascudo nesse livro. Mais de trezentos gestos comuns são investigados à luz de uma considerável erudição lingüística. Através de uma incursão a épocas e regiões diferentes do Brasil, o autor fornece visibilidade à íntima relação existente entre formação social e cultura gestual, escapando com destreza dos riscos de confinar o que é banal e corriqueiro a um espaço da insignificância ou do meramente pitoresco. Nos inúmeros exemplos narrados pelo professor Cascudo, a naturalidade dos gestos de milhares de brasileiros ganha espessura cultural, política, social, religiosa e econômica. Por conseguinte, no lugar de ser considerado uma espécie de "primo pobre" da linguagem oral ou escrita, o gesto aparece como "comunicação essencial, nítida e positiva".

Beliscões, cotoveladas, pernas que se cruzam, cafuné, sorrisos e muitas outras possibilidades gestuais são eloqüentes em seus sentidos: indicam, previnem, alertam, desenham no ar imagens vivas do cotidiano e singularidades precisas de nossa cultura. "Anterior à palavra", diz Cascudo, o gesto enriquece a linguagem, desvelando possibilidades de expressão corporal surpreendentes.

As histórias contadas através dos gestos não se limitam às fronteiras do Brasil. Há casos em que a origem de um gesto, assim como a sua duração, inclui travessias por oceanos e gerações distintas. Há situações, também, em que um gesto provoca outros, ou, ainda, serve para constrangê-los e modificá-los. Há, enfim, uma comunicação entre os gestos, uma espécie de cognição entre corpos que ultrapassa os limites da oralidade.

Mas o livro de Cascudo não é apenas um inventário dos gestos humanos. Ele é, principalmente, o histórico de uma rede dinâmica, feita de valores de outros tempos, tensões entre grupos nem sempre resolvidas, necessidades rotineiras e liberdades corporais por vezes inusitadas, hierarquias sociais esquecidas ou preservadas. Uma rede de experiências dentro da qual cada gesto nunca figura sozinho, como se fosse uma mônada fechada. A concepção que informa os gestos estudados por Cascudo evita transformá-los em atos amnésicos, apartados da teia de relações sociais e da trama de memórias que os constituem e que os fazem perdurar ao longo do tempo.

Talvez seja este um dos maiores méritos da pesquisa dos gestos realizada por Cascudo: cada gesto investigado é, ele mesmo, uma rede de possibilidades e de situações históricas e geográficas. Cada expressão do corpo serve quase como pretexto para enviar o leitor a pequenos mundos, por vezes totalmente esquecidos. Ou ainda, cada gesto serve de *passagem* para o leitor encontrar um universo de afetos, regras, valores, costumes e paisagens diferentes. Por isso, um gesto remete freqüentemente o leitor para outros gestos, num escorregar que lembra o próprio fluxo da vida, no qual é imperceptível justamente o momento da passagem, o espaço existente entre uma mão que se fecha e outra que se abre. Não é por acaso que quando Cascudo trata do trivial gesto de escorregar, ele mesmo desliza da imagem de deixar cair o corpo, tão afeita às brincadeiras de criança, para uma lembrança sexual, lúbrica, do mundo adulto. De fato, toda a sua pesquisa convida o leitor a deslizes entre gestos, entre mundos, entre lembranças. Sua narrativa é indicativa do ato de lembrar que nunca ocorre no singular. Cada lembrança leva a outra lembrança, como cada gesto remete e aponta para outro gesto. Fica a impressão de que o autor abriu cada gesto ao meio, não para investigar a sua suposta essência, mas para decompô-lo no tempo e no espaço, transformando-o em teia de acontecimentos, incluindo sons, cores e muitas possibilidades de interpretação.

A posição "deitada" para a mulher, por exemplo, expressa várias mensagens, admite o autor (p. 175), dependendo da época e da região. Houve época em que "Donzela não se deitava à vista masculina". E, no sertão nordestino, "era proibido conversar deitada, tendo o outro sexo por interlocutor". Mas, na atualidade, com "a pública exibição abdominal na normalidade da mulher deitada nos Banhos de Sol coletivos, que a Antigüidade desconhecia", aqueles pudores tendem a ser esquecidos ou transformados em impertinências de um outro tempo, ou em costumes antiquados. Cascudo não recorre à história apenas com finalidade ilustrativa ou segundo uma intenção meramente anedótica. As histórias que norteiam cada gesto, que o alimentam e lhe dão vida, contam sobre os limites e os sonhos de épocas passadas, mas também sobre aqueles de nossa contemporaneidade. Como se ao ver os gestos de nossos antepassados (ou aqueles de nossa infância), pudéssemos vislumbrar, em meio à penumbra criada pelo hábito, as razões dos gestos que, mesmo sem razão aparente, caracterizam os corpos de hoje.

Além de atravessar oceanos e terras, épocas e culturas, há gestos que transitam do público ao privado, entre classes ricas e pobres, disfarçando, quando necessário, as redundâncias de certos movimentos, realçando aqueles adequados à moral de cada circunstância. Não espanta, portanto, que, nessa rede tecida ao sabor de tantas histórias, seja possível encontrar personalidades como Nabucodonosor, Napoleão e D. João V, ao lado de pessoas bastante comuns: pedreiros, escravos, soldados, indígenas, sambistas e muitos homens e mulheres que construíram suas vidas com os gestos que Cascudo investiga. Diversos gestos correspondem a diversas experiências no mundo, revelando a força de crenças tornadas habituais, mas também as suas desventuras. Crenças, mitos e valores religiosos são confirmados e rememorados por certos gestos cujo sucesso dependeu, em certa medida, do alheamento dos fiéis a outras crenças, distantes do Ocidente cristão. "Dar bananas", por exemplo, é um gesto que leva o autor à milenar tradição oriental na qual a banana era "a fruta tentadora do Paraíso" (p. 261).

A primeira figura coreográfica registrada no mundo é, para Cascudo, a batida do pé, sugerindo dança ou teimosia irracional. E, no final do gesto de escrever esse livro, Cascudo menciona o gesto de aclamar. Um gesto que aparece em várias épocas e culturas, sugerindo a euforia dos braços agitados, de mãos acenantes "como flâmulas festivas".

Os gestos participam, portanto, de momentos coletivos, extraordinários, entusiasmados, e daqueles em que um único indivíduo tenta firmar os contornos de sua individualidade ou de suas contrariedades. Cortar, separar, cindir, mas também unir, integrar, misturar, duas tendências ancestrais que, ao longo da história e de acordo com cada cultura, deram lugar a gestos cuja riqueza de sentidos ganha nesse trabalho de Cascudo um considerável espaço de expressão. [D. B. S.]

HISTÓRIA DA REPÚBLICA NO RIO GRANDE DO NORTE [35]. O título do livro já antecipa a perspectiva que o autor imprimiu à obra: narrar o desenvolvimento do processo político do Rio Grande do Norte, do final do século XIX ao início do século XX, ou precisamente, da instalação do Partido Republicano até a consolidação do regime com a primeira eleição direta.

Trata-se de uma crônica viva do movimento social pela República no Rio Grande do Norte, com o perfil dos propagandistas, adesistas e principais figuras do cenário político do momento. Para sua elaboração, o autor, o historiador Luís da Câmara Cascudo, utilizou como fontes depoimentos de amigos de seu pai, memórias de seus familiares, documentos do tempo como jornais e atas de reuniões e suas próprias lembranças de personagens com os quais conviveu e de episódios da conjuntura do início da República dos quais ouviu falar.

Publicada em 1965, essa obra foi concluída em 1931, com a finalidade de participar de um concurso na administração de Juvenal Lamartine, governo deposto pela revolução de 1930. Depois disso, não havendo interesse em sua publicação pelos governantes que vieram em seguida, os originais ficaram engavetados por exatamente 34 anos, até quando passaram para o patrimônio do Estado no governo de Aluísio Alves, que, consultado pelo autor sobre a possibilidade de sua publicação, concluiu por editá-los.

Segundo o próprio autor, a obra retrata a realidade da família política do Estado e se caracteriza como um importante documento sobre a história local do período, ponto de partida indispensável para aqueles que pesquisam e desejam estudar o movimento republicano no Rio Grande do Norte.

Dividido em doze capítulos, o estudo começa com uma visão da conjuntura política local do final da Monarquia, destacando o enfraquecimento dos partidos como responsável pelo clima favorável às idéias pró-República. Em seguida, apresenta um relato sobre a formação do Partido Republicano do Rio Grande do Norte, reunindo elementos que vão desde os antecedentes até a reunião de fundação em janeiro de 1889 e da fundação do jornal divulgador das novas idéias em julho do mesmo ano. O autor deixa claro, no registro da composição do novo partido, características locais próprias, diferentes de outras regiões, ao mostrar a ausência de militares, o reduzido número de proprietários rurais (e assim mesmo, os poucos presentes eram parentes de Pedro Velho) e a maior afluência de funcionários públicos, aposentados e empregados da firma de exportação ligada à família Maranhão.

No capítulo em que trata dos partidos na Província do Rio Grande do Norte, reportando-se aos partidos e lideranças antecedentes, o autor explica as formas de manutenção do poder e as transformações do quadro político com substituição das antigas chefias na Província no final do regime monárquico. Ele aponta os choques entre luzias e saquaremas (liberais e conservadores) e as cisões partidárias face aos interesses contrariados como responsáveis pela fragilidade da situação política. É evidente o tipo de dominação política mantida pelo grupo que detinha o poder no Rio Grande do Norte e a pouca repercussão que teve a fundação do Partido Republicano nos meios situacionistas.

São importantes as informações sobre a realidade político-administrativa norte-rio-grandense daquele momento para destacar a marcha da propaganda republicana, complementada pela última eleição do regime, de 31 de agosto de 1889, considerada pelo autor como a prova de fogo do Partido Republicano. Nesse particular, é significativa a apresentação da montagem da estrutura política de Pedro Velho, que não possuía base eleitoral, mas, estrategicamente, cercou-se das maiores forças político-eleitoreiras dos municípios mais importantes e, através de conchavos, conseguiu ter em suas mãos, como afirma o autor, " [...] a maior soma de votos que o Estado poderia dispor". A composição da chapa articulada por Pedro Velho reúne o litoral e o Seridó, com a adesão dos grandes chefes políticos locais, e apresenta os atores que definirão a política daí por diante.

No capítulo sobre a Proclamação da República, o autor mostra as decepções e insatisfações no meio local com a interrupção da administração do chefe do Partido Republicano, Pedro Velho, após apenas dezenove dias de governo, graças à indicação do senador paulista, Adolfo Gordo, para substituí-lo, pelo governo federal. No curto espaço de tempo do governo de Pedro Velho, observa-se nas nomeações que fez para sua equipe de governo a ausência dos primeiros republicanos, os "históricos", que acompanhavam o partido desde a sua origem, o que acabou com a lua-de-mel da unanimidade, para usar as palavras de Cascudo. Estava criada a oposição. A partir daí, nota-se uma fase de grande instabilidade política no Estado, conseqüência das contradições internas e reflexo das divergências na situação nacional. De 1889 a 1892, foram nomeados cinco governantes para o Rio Grande do Norte pelo poder central, afirmando o autor que essa fase contribuiu para a afirmação das novas lideranças. Com efeito, as informações registradas demonstram a formação do grupo pedro-velhista e o desmoronamento dos partidos adversos e as antigas lideranças no

Rio Grande do Norte. Nesse particular, é interessante notar as articulações e conchavos entre os atores da política local naquele momento, ressaltados pelo autor nos dados biográficos e registro dos episódios marcantes, bem como no desenvolvimento dos acontecimentos, tais como a promulgação da primeira Constituição Estadual, em que merece destaque o papel desempenhado por cada um.

No capítulo referente à eleição da Constituinte Nacional de 1891, o autor apresenta um aspecto importante referente ao relacionamento entre os políticos locais e a cúpula federal. Essa situação sofre uma reviravolta na ocasião da eleição para a presidência nacional, demonstrando o descontentamento dos políticos locais com o governo provisório. O autor destaca, nessa conjuntura, a posição dos congressistas locais nos acontecimentos que marcaram a eleição de Deodoro, com a participação de Pedro Velho, José Bernardo e Amaro Cavalcanti nas reuniões do grupo de oposição do General José Simeão (PE) e do Almirante Custódio de Melo (BA), favoráveis a Prudente de Morais.

Após a eleição de Deodoro, as conseqüências da posição assumida pelos políticos norte-rio-grandenses no que se refere à sua candidatura são expressas pela interferência do governo central na política local e pela marginalização daqueles que lhe fizeram oposição.

Somente com a posse de Floriano Peixoto na presidência da República é que Pedro Velho e José Bernardo de Medeiros voltam ao Estado e a 28 de novembro, conseguem a deposição do Presidente Dr. Miguel Joaquim de Almeida Castro e a posse de uma Junta Governativa do Estado. A 17 do mês seguinte, dezembro, a Junta dissolveu o Congresso, convocando outro com seus representantes eleitos, para 20 de fevereiro de 1892. No dia 22 de fevereiro desse mesmo ano, esse Congresso elegeu Pedro Velho para Governador do Estado e promulgou a Constituição de 7 de abril de 1892, a primeira na história pedro-velhista e terceira na contagem comum e verídica, como destaca o autor.

No capítulo final, intitulado "Sob o Comando do Chefe", Cascudo mostra como se deu o rompimento de Pedro Velho com o Senador José Bernardo, Amaro Cavalcanti e o grupo do Seridó, fato de grande significação para a história política local, que levou Amaro Cavalcanti a afastar-se da política no Rio Grande do Norte. A gota d'água de um processo que já vinha em formação foi o episódio em que Pedro Velho se negou a atender ao pedido do Presidente Floriano Peixoto para dar a Amaro Cavalcanti a cadeira senatorial, alegando que o partido já tinha como candidato o Dr. Almino Álvares Afonso. A consolidação da sua posição como chefe da oligarquia norte-rio-grandense é observada na composição da chapa para a eleição de 1894, com a distribuição de cargos entre os membros do grupo e da família (Augusto Severo e Tavares de Lira). Encerra o estudo a eleição do substituto de Pedro Velho no governo com a indicação dos nomes do Dr. Joaquim Ferreira Chaves e do Dr. Francisco de Sales Meira e Sá para vice. O capítulo ressalta também o papel das disputas dos grupos de oposição, da imprensa e dos entendimentos para revanchismo.

Merecem destaque as notas aos capítulos, estabelecidas como autênticos complementos para esclarecimentos sobre personagens e acontecimentos, auxiliando na elaboração de encadeamentos e encontro de elos e ligações na reconstituição e explicação dos fatos.

O trabalho chega ao final com a inclusão dos adendos, que revela uma pesquisa exaustiva sobre o período, com o registro de documentos de grande importância para a fundamentação da história da República no Rio Grande do Norte, como: Os Republicanos Norte-Rio-Grandenses de 1871, Manifesto Republicano ao Povo Seridoense, Ata da Reunião Republicana de 27 de janeiro de 1889, Ata da Proclamação e posse do primeiro Presidente (17 de novembro de 1889), Manifesto divulgado por Pedro Velho (21 de novembro de 1889) e algumas atas das sessões da Câmara dos Deputados.

História da República no Rio Grande do Norte constitui uma obra destinada não só aos profissionais diretamente envolvidos com o tema, como também às demais pessoas que se interessam em conhecer as nuanças da política local. A obra oferece um quadro significativo dos momentos relevantes da conjuntura da implantação da República norte-rio-grandense, dentro das características da historiografia tradicional, de encadeamento de fatos e biografias de personagens, coerente com a época de sua elaboração. [M. S. M.]

HISTÓRIA DO RIO GRANDE DO NORTE [36]. Esse volumoso manual apresenta panoramicamente a história do estado natal do autor, do início da colonização à década de 1950.

Seu ponto de partida é a ação do colonizador, tomada como inaugural. Os indígenas figuram, nessa primeira etapa, como apêndices dos europeus e desaparecem no século XIX. O Forte dos Reis Magos, instalação bélica, é apresentado como "Primeira morada cristã, primeiro lar onde o lume clareou sonhos de uma fixação pacífica" (p. 25). A indicação, pelo próprio Cascudo, da despesa da Fazenda Real com a capitania em 1615 é eloquente sobre a inadequação de falar em paz: num total de 3:293$950, só 110$ eram destinados ao funcionalismo, sobrando 3:183$950 para o "pessoal de guerra" (p. 411).

No mesmo sentido de assumir o olhar do colonizador, Cascudo afirma que "Os potiguares assaltavam sempre. Não havia segurança" (p. 25), peculiar maneira de marcar os procedimentos de colonização: Quem assaltava quem? Qual grupo sentia insegurança? Daí, ele ter aludido à "pacificação da massa indígena, insubmissa, reatacando sempre, transformando a vida dos brancos num estado permanente de inquietação bravia e áspera" (p. 26), dando menor atenção à vida dos índios que, somente depois, teriam identificado seu aniquilamento, na oposição "saindo da vida, indo para a história" (p. 27), de leve sabor varguista[10].

Uma estratégia argumentativa de Cascudo é a apresentação de anexos documentais ou metodológicos em cada capítulo, abordando tópicos específicos dos te-

---

10. "[...] saio da vida para entrar na história". Getúlio Vargas, "Carta-testamento", em Edgard Carone, (org.), *A Quarta República*, São Paulo, Difel, 1984, p. 59.

mas tratados antes. No plano do método histórico, evoca Menendez y Pelayo (p. 33) para realçar as mudanças na historiografia a partir de novos documentos e fatos identificados, evidenciando suas opções interpretativas, derivadas da acumulação de informações lastreadas em fontes, e negligenciando o olhar indagador de quem pesquisa e formula problemáticas de conhecimento.

Na caracterização do povo norte-rio-grandense, Cascudo enfatiza suas origens portuguesas, indígenas e negras, realçando especialmente as primeiras, que têm por contrapartida a desaparição dos índios e a escassa presença africana. Os indígenas são descritos através de caracteres raciais de potiguares e cariris, desdobrados nos mestiços. Os negros surgem em processos de mestiçagem, que implicam em branqueamento. O enegrecimento de brancos não é considerado, embora o historiador reconheça a inexistência de puros arianos ali.

A administração lusitana inicial tem ressaltadas as relações com indígenas, a concessão de sesmarias e as origens do Engenho de Cunhaú.

A presença holandesa na capitania merece especial atenção do autor, descrevendo atos militares, alianças com índios e interesses econômicos. Cascudo caracteriza essa etapa por "violência, extorsão, vilipêndio, rapinagem" (p. 65), como se esses procedimentos de colonização fossem inéditos no Brasil da época. Ele traça um primeiro perfil de Jacob Rabbi ("judeu alemão [...] inteligente, sem escrúpulos e sem caridade", p. 66), deixando de criticar fontes e critérios adotados. Essa passagem evidencia o desinteresse crítico de Cascudo quanto aos documentos como instrumentos de poder, priorizando seu teor de prova.

Na descrição do episódio da matança de moradores do Engenho de Cunhaú, Câmara Cascudo destaca a liderança de Jaccob Rabbi, à frente de "malta indígena" (os janduís, p. 68), que urra e guincha de alegria enquanto mata – antes, sons e sentimentos de colonizadores portugueses, quando matavam índios, africanos e europeus de outras nacionalidades, não foram registrados.

Na reconquista portuguesa da capitania, o autor aponta reiteradamente o ato de arrebanhar gado do vencido, interessante evidência de uma lógica de colonização (obter mercadorias), que não merece maiores comentários no livro[11].

Câmara Cascudo caracteriza o momento seguinte à expulsão dos holandeses pela reconstrução e pelo repovoamento, expressando um conceito de população que exclui o elemento indígena: "A indiada, inquieta corria solta, alarmando os moradores espalhados no interior". Nesse passo, destaca-se uma legitimação da escravização dos índios, que dá continuidade à tomada do partido colonizador, com o genocídio americano sendo definido como "desencontros com a indiaria, na necessidade inadiável de obter o braço servil gratuito e farto, para o arroteamento das roçarias e amanho do gado" (p. 94).

---

11. Tal face do "Sentido da Colonização" foi discutida pioneiramente no livro *Formação do Brasil Contemporâneo*, de Caio Prado Jr., já esboçada em seu ensaio "Evolução Política do Brasil", de nove anos antes. Caio Prado Jr., *Formação do Brasil Contemporâneo*, São Paulo, Brasiliense, 1995 (1ª ed., 1942) e *Evolução Política do Brasil*.

Cascudo evidencia consciência de que o argumento da "guerra justa" era um álibi para a escravização dos índios. Mesmo assim, caracteriza a luta indígena com os adjetivos "armada, depredadora, assassina", bem diferentes da sutil compreensão face à "obrigação de viver" dos portugueses (p. 95). O desfecho da "Guerra dos Bárbaros" (de 1687 a cerca de 1700 – aspas do autor) foi reiteradamente caracterizado como restabelecimento da paz. Um dos adendos a esse capítulo reproduz "Instrução e Memorial" de 2 de julho de 1689, explícita no que se refere à política de terra arrasada que se praticava em relação aos indígenas: "[...] assistam no dito sertão e dele se não retirem até com efeito se destruir e arruinar todo o gentio, ficando estes sertões livres para colonizadores [...]" (p. 101). Diante disso, é possível concluir que, no contexto da colonização, tranqüilidade e esperança não podiam ser desfrutadas pelos índios da capitania, cabendo-lhes, quando muito, o trabalho escravo ou, no limite, a morte.

A sociedade norte-rio-grandense do século XVIII merece de Câmara Cascudo a caracterização de "tradicionalismo patriarcal", assentado em agricultura e pecuária. Retomando preocupações expressas em *Viajando o Sertão* [84], ele indica aspectos da alimentação dos colonizadores e seus descendentes, vestuário e costumes de homens e mulheres, mobiliário, moradia, etiqueta, relações com escravos e acesso à terra – inclusive, para esses últimos. Importantes excertos documentais (inventários e regimentos de ofícios) fundamentam tais considerações, permitindo entrever aspectos significativos do cotidiano dos colonizadores nesse capítulo, o melhor do livro[12].

A abordagem de Cascudo sobre a Revolução de 1817 no Rio Grande do Norte prima pela irônica desconfiança em relação a esse tipo de experiência política, mesclada a uma compreensão da história sob o signo de conformismo e inevitabilidade. O governo republicano é apresentado como inócuo. Destaca-se, ainda, a descrição do martírio de André de Albuquerque Maranhão, principal figura do governo republicano, golpeado na virilha quando deposto e preso, cavalgado e esporeado depois de morto (pp 139-140).

Na aclamação natalense de Pedro de Alcântara, em 1822, Câmara Cascudo realça a mistura de pompa e carência material na província: "As luminárias eram quengas de coco ou bandas de laranjas, com um trapo ardendo em azeite de carrapato" (pp. 147-148).

O relato sobre a política norte-rio-grandense nos períodos imperial e republicano é caracterizado pela minúcia informativa no que se refere a governantes e grupos da elite política, com escassez de explicações sobre reviravoltas ou continuidades. O historiador demonstrou sensibilidade para registrar movimentos sociais, como a revolta indígena de Portalegre, em 1825 (os índios derrotados, "uns setenta", foram

---

12. Nessa passagem, Cascudo se inspira metodologicamente em José de Alcântara Machado, *Vida e Morte do Bandeirante*, São Paulo, Revista dos Tribunais, 1930. Mário de Andrade, na carta indicada, aponta esse autor como exemplo: "Mas neste caso será obra de paciência, controle, comparação, análise, multivariedade e enfim síntese, do gênero *Vida e Morte do Bandeirante* do Alcântara Machado. Porque não *Vida e Morte do Índio?*", Mário de Andrade, *Cartas de Mário de Andrade a Luís da Câmara Cascudo, op. cit.*, p. 148.

todos fuzilados no trajeto para Natal, p. 166), os atos contra a implantação do sistema métrico ("Quebra-Quilo", 1874-1875, pp. 182-183) e o "motim das mulheres", combatendo a lei do recrutamento militar, em 1876, p. 183. Ele cita ainda a "tragédia de Baía Formosa", matança de moradores de terras de João Albuquerque Maranhão Cunhaú, em 1877 (p. 184). No mesmo sentido, indica os efeitos políticos e sociais das secas de 1877, 1889, 1904-1905, 1915 e 1919 – movimentos de população, carências de gêneros, ações governamentais etc.

Abordando o Abolicionismo no Rio Grande do Norte, o escritor ressalta a pequena importância do trabalho escravo na economia da província. Ele menciona o entusiasmo de muitos norte-rio-grandenses pela campanha, bem como a freqüente prática local, de alforrias, quer por "serviços prestados", quer no ato do batismo, pelos padrinhos e senhores (p. 192). Indica ainda, sem comentários, cláusula condicional numa dessas alforrias concedidas – "acompanhar-me enquanto Deus me conceder a vida" (p. 192), novo vínculo de prestação de serviços que não cita obrigações do antigo senhor para com o liberto.

Sobre o período republicano, o autor fala na eleição do Presidente da Província Ferreira Chaves "pelo povo", em 1895, sem esclarecer quem compunha tal comunidade de eleitores – homens alfabetizados e maiores de 21 anos. Os principais marcos periodizadores usados foram a Proclamação, 1930 e a etapa posterior a 1945, sem falar mais claramente sobre o Estado Novo, embora valorize mudanças administrativas de fins dos anos de 1930 e começo da década seguinte. A presença da Coluna Prestes no Rio Grande do Norte mereceu cinco linhas na p. 221 e mais três na p. 425, reduzida à invasão e assalto, quase o mesmo espaço dedicado ao movimento comunista natalense de 1935, sintetizado na frase "espalhou pavor naqueles dias trágicos" – cinco linhas na p. 224 e outras cinco na p. 431.

Cascudo discute a religião no âmbito da tradição judaico-cristã, sem falar em nada anterior à conquista nem mesmo nos catimbós, que tão bem conhecia e apresentou a Mário de Andrade e outros[13].

Aborda a instrução a partir do contexto colonizador, através das Missões e Cadeiras de Gramática Latina, dos mestres-escolas e Professores Régios, passando por escolas de primeiras letras do Império, Aulas Maiores, criação do Ateneu Norte-Rio-Grandense, em 1834, aparecimento do primeiro Colégio de Educandos Artífices, em 1859, da Escola Normal do Ateneu, em 1874 e, já na República, surgimento do Grupo Escolar Modelo Augusto Severo, em 1908. O ensino confessional, o escotismo (1917) e a Escola de Aprendizes Marinheiros (1873-1898) também mereceram sua atenção nesse campo.

---

13. Há resultados dessa apresentação em: Mário de Andrade, *Música de Feitiçaria no Brasil*, edição organizada por Oneyda Alvarenga, São Paulo, Martins Fontes, 1963. Os catimbós tinham merecido referência anterior em: *Macunaíma*, Belo Horizonte, Itatiaia, 1984 (1ª ed., 1928). O próprio Cascudo tratou dos catimbós em: Luís da Câmara Cascudo, "Notas sobre o Catimbó", em Gilberto Freyre, *et al.*, *Novos Estudos Afro-Brasileiros*, Rio de Janeiro, Civilização Brasileira, 1937, pp. 75-129 e *Meleagro* [52]. No último caso, afirmou que "catimbó não é culto religioso" (p. 87).

O historiador apresenta a Assistência Médica dentro da tradição européia e erudita; vê outras ações de combate à varíola como "mais pertencentes ao domínio anedótico que ao terapêutico" (p. 276). Cita as boticas e o Cirurgião do Forte do período colonial, associando o saber médico à disciplina militar. Expõe mais detalhadamente a atuação contra epidemias a partir do século XIX, em especial, contra a varíola, que inclui vacinação desde 1818. Arrola surtos e endemias de febre amarela (1850, 1863, década de 1940), cólera (1856, 1862, 1863), gripe (1858, 1909, 1910, 1911 e 1918 – a gripe espanhola), varíola (1863, 1872), febres miasmáticas (1882), catapora (1883-1893), impaludismo (1930), alastrim (1935) e tifo (década de 1940). Assinala a atuação do médico do partido público e do inspetor de saúde pública, no século XIX, e a criação de hospitais – Hospital de Caridade (1856, mesmo ano de construção do Cemitério do Alecrim, encerrando os sepultamentos em igrejas), Hospital Juvino Barreto (1909), Colônia São Francisco (leprosário, 1926), Hospital Evandro Chagas ("destinado ao isolamento de portadores de doença de notificação compulsória", 1943, p. 283) e Maternidade Januário Cicco (1950), bem como serviços de vacinação, assistência e prevenção voltados para doenças infantis, tuberculose, raiva, psicopatologias e câncer. Registra a criação da Escola de Serviço Social de Natal (1945), com apoio da Legião Brasileira de Assistência.

Caracteriza a Justiça no Rio Grande do Norte desde a colonização, apontando o surgimento da primeira comarca autônoma em 1818 e as comarcas existentes no final dos anos de 1940.

Câmara Cascudo analisa as vias de comunicação norte-rio-grandenses a partir das necessidades colonizadoras de ocupação da terra e circulação de tropas militares e mercadorias. Já no século XIX, destaca a tendência descentralizadora da província, exemplificada pela maior ligação de Mossoró com Aracati, CE, e de Caicó com Campina Grande, PB. Cita, ainda, a ligação da pecuária norte-rio-grandense com o Piauí, atingido por terra, o estabelecimento dos Correios na província (1829), a expansão da rede postal no século XIX, a implantação dos telégrafos em 1878 e o início dos serviços do cabo submarino em 1939. Descreve a navegação de cabotagem a partir de 1853, a inauguração do cais das Docas em 1932, o tráfego ferroviário desde 1888 e o serviço de radiogramas, de 1942.

Sobre o papel do município na história do Rio Grande do Norte, Cascudo realça a exclusividade de Natal nessa condição, em toda a capitania, até a segunda metade do século XVIII, quando antigos aldeamentos foram transformados em vilas. Ele apresenta um histórico de cada município do Estado e comenta sua toponímia. Reproduz, ainda, informações sobre as finanças municipais.

A economia norte-rio-grandense tem destacadas, desde o período colonial, atividades como pecuária (predominante), agricultura canavieira, de algodão e de mantimentos, extração de sal, pesca e exploração do pau-brasil, com a capitania abastecendo Pernambuco e outras áreas da América Portuguesa. O século XIX marca maior equilíbrio entre a pecuária e aquelas outras práticas (exceto a última, extinta), situação alterada apenas em meados do século XX, com o crescimento de indústria e mineração. Cascudo indica significativa expansão da receita do Rio Grande do Norte de meados do século XIX à época em que ele escreveu o livro, mas não fica claro se considerou o processo inflacionário do período.

Câmara Cascudo apresenta as finanças norte-rio-grandenses desde o período colonial, apontando a cobrança de dízimos, destacando, no Império, a importância da pecuária nas rendas provinciais. Descreve dificuldades da economia republicana, devido a secas e enchentes, e desequilíbrios orçamentários, responsáveis por empréstimos e emissões de apólices. Salienta a tendência à universalização da cobrança de impostos desde 1937, com o governo deixando de isentar correligionários partidários, elogiando o Estado Novo e criticando partidos.

Os capítulos sobre Capitães-Mores, Presidentes de Província, Governadores do Estado e representação parlamentar quase se restringem ao arrolamento de nomes e datas, exceto por algumas indicações a respeito de processos eletivos e curtos comentários sobre tais personagens.

As informações sobre polícia são potencialmente interessantes no sentido de se pensar sobre a demanda por esse corpo disciplinar mas não respondem a tal possibilidade, restringindo-se a nomes, datas e legislação, tudo envolto em pesada retórica oficial.

O capítulo final do livro biografa personalidades norte-rio-grandenses, com predomínio da elite masculina: em 131 nomes, três são mulheres (Auta de Souza, Isabel Gondim e Nísia Floresta) e um é ex-escravo (Félix José do Nascimento), viés coerente com a proposta de "explicar a razão de acontecimentos e desenhar a psicologia dos homens que estiveram à frente dos sucessos antigos" (p. 9).

História do Rio Grande do Norte, apesar de seu inevitável caráter datado (seleção de temas e fontes, periodizações, nexos explicativos), preserva uma importância derivada do trabalho com vasta massa documental, bibliográfica e informativa. O silêncio sobre saberes populares – medicina, justiça, religião, poesia, cotidiano[14] etc., alguns deles bem estudados noutras de suas obras – demonstra que a atividade de Câmara Cascudo como polígrafo não se confunde necessariamente com uma preocupação multidisciplinar, em que cada campo de conhecimento criticasse outros.

Outras histórias do mesmo autor – *História da Alimentação no Brasil* e *História dos Nossos Gestos*, por exemplo[15] – assumiram a articulação com aquelas conquistas do etnógrafo, representando sua melhor contribuição na área. [M. A. S.]

HISTÓRIAS QUE O TEMPO LEVA... [37]. Esse é um pequeno livro de "contos", tendo por eixo central da narrativa aspectos da história do Rio Grande do Norte. São vinte pequenas histórias, nas quais mesclam-se "fatos históricos" a uma narrativa literária. Publicado pela editora de Monteiro Lobato, em 1924, foi o primeiro livro do autor lançado em nível nacional.

Cada uma das vinte histórias possui uma pequena epígrafe e data após o título, marcando sua temporalidade. Esse conjunto é uma pequena saga da história do Rio

---

14. Há breves exceções quanto ao século XVIII e o transporte de gado.
15. *História da Alimentação no Brasil* [30] e *História dos Nossos Gestos* [34].

Grande do Norte, cujo ponto de partida é o século XVI – "O Forte dos Santos Reis", fechando no século XX, com algumas de suas "Reminiscências".

A obra é dedicada a Rocha Pombo, também autor do prefácio, datado de 1922, quando Câmara Cascudo contava 23 anos de idade. Rocha Pombo procura elogiar o escritor pela precocidade, apontando aspectos de sua prosa, ainda imatura, mas que fatalmente o levaria ao sucesso. Chama a atenção também para a pluralidade de sua formação cultural e salienta aspectos da biografia e da atividade jornalística do autor norte-rio-grandense.

Histórias que o Tempo Leva... inicia-se com o conto "O Forte dos Santos Reis", que marca o momento da ocupação efetiva do norte do país por parte dos portugueses, com a expulsão dos franceses da região e a construção da fortaleza tendo a finalidade de proteger o território. Apresenta-se a cerimônia de entrega do forte a Jeronymo d'Albuquerque, a missa, a garbosidade de todos os presentes, a descrição dos chefes indígenas aliados aos portugueses e a recomendação para que "as mãos d'inimigo" não tocassem aquela "fazenda", que deveria ser protegida com "sangue". Assim é descrito o nascimento do Rio Grande do Norte, nos trópicos, "num cenário de vida e força", com o hasteamento da bandeira portuguesa, consolidando o domínio colonial no norte.

Segue-se, então, um conjunto de quatro contos – "O Brabantino Verdonck", "As Lágrimas do Capitão-Mor", "As Quatro Investidas do Batavo" e "A Santa do Azourrague". Esses contos se referem ao período de dominação holandesa na capitania do Rio Grande do Norte.

"O Brabantino Verdonck" narra o início dos contatos dos holandeses no Rio Grande do Norte. Refere-se ao relatório de Adriano Verdonck, que viaja toda a capitania, descrevendo-a detalhadamente. A descrição inclui Natal e a Fortaleza dos Santos Reis. Finaliza com a morte trágica de Verdonck ao tentar barganhar com as informações obtidas, pois, acusado de traição, é enforcado pelos holandeses.

"As Lágrimas do Capitão-Mor" narra a resistência quase épica do Capitão-Mor Pedro Mendes de Gouveia na tentativa de defesa do Forte dos Santos Reis e sua derrota devido ao desproporcional poderio militar dos holandeses. Esse texto marca o início da dominação dos holandeses no Rio Grande do Norte.

"As Quatro Investidas do Batavo" descreve as quatro expedições de conquista do Rio Grande do Norte empreendidas pelos holandeses. Inicia com a descrição da primeira frota de auxílio aos batavos na cidade de Salvador, investida baseada na descrição e relatos de Verdonck. Esse conto ressalta a aliança com os indígenas e finaliza com a última expedição que culmina na rendição de Pedro Mendes de Gouveia. Após a conquista, os holandeses mudam o nome do forte para Castelo de Ceulen, devido a Mathias Von Ceulen, chefe da quarta expedição de conquista.

"A Santa do Azourrague" é fundamental nesse conjunto, pois trata dos massacres promovidos pelos holandeses durante sua administração. O conto faz referência aos episódios de Ferreiro Torto, Cunhaú, João Lostão Navarro e Uruaçu. Finaliza com a descrição da reação portuguesa, na expulsão dos holandeses do Rio Grande do Norte.

Nesse conjunto de contos, Câmara Cascudo qualifica a dominação dos holandeses como um "período de privações e massacres" – o Rio Grande do Norte "jugulado sob a manopla férrea do batavo, gemeu 21 anos", "num regime autocrático de mando e morte" (p. 51).

Contrastando com essa imagem trágica, Câmara Cascudo joga todo seu poder de fogo na defesa dos portugueses, destacando a epopéia desses "heróis", na defesa da capitania. Apesar da derrota, a ação heróica de Pedro Mendes de Gouveia na defesa do Forte é lembrada a todo instante – "alma rude e valorosa do paladino português".

Todavia, Câmara Cascudo atribui outro significado à derrota: "A raça superior que domara o Oriente e Ocidente, soldados valorosos foram batidos por chefes índios. Generais e tropas aguerridas se viram obrigadas à paz vergonhosa de 24 de janeiro de 1654" (p. 52). Mas se por um instante os brios da "raça superior" estavam batidos por "chefes índios", a providência divina não tardaria a pôr sua mão sobre a história, "anunciando a vitória das armas libertadoras [...] Não se sabe a razão da vitória. Não se sabe qual foi a base do Movimento" (p. 64). "A Santa do Azourrague" foi capaz de soerguer "o edifício das liberdades conspurcadas" (p. 59).

Refeita a "Nacionalidade" com a expulsão holandesa, o "Brasil inaugura uma nova fase histórica" (p. 64).

Em "A Guerra dos Índios", vemos descrita a forma cruel e violenta com que as autoridades portuguesas massacraram os índios tapuias janduís do interior da capitania, população aliada dos holandeses durante a ocupação desse território. Há uma descrição desses indígenas e a narração da posterior campanha que terminou na aniquilação e no extermínio dos tapuias, a qual contou com a colaboração de Domingos Jorge Velho, que na mesma época se encaminhava para destruir Palmares.

Os tapuias janduís foram o último obstáculo dos portugueses na colonização da capitania: "Foi o último levante dos índios" (p. 76). A ação portuguesa no extermínio dos indígenas é vista por Câmara Cascudo sob dois prismas: ação jesuítica e o extermínio das armas.

No tocante à ação dos missionários, esta é vista como "incisiva e eficaz. Enquanto fizeram marcha contra eles os piquetes e as escopetas, as falconetas e as largas espadas de dois gumes, os índios desdobraram em astúcias e forças, vencendo e dominando onde passavam. Só pela persuação e pelo exemplo de trabalho e de paz, aquietaram-se" (p. 76).

Mas Câmara Cascudo vai mais além, pois, em consonância com as teorias de hegemonia racial, tão comuns nessas searas, típicas de formação de nossa nacionalidade, o extermínio dos índios marca "uma intensa fase de evolução moral, estimulando o caráter, aperfeiçoando os tipos físicos, despertando as energias adormecidas, refazendo e reerguendo a alma do povo no duro embate das escaramuças, focalizando na história o nome dos valentes e a tática dos fortes, numa epopéia obscura e sangrenta" (p. 76).

Assim, negros e índios, que no dizer de Fernando Azevedo, compunham os elementos desagregadores e degeneradores da raça, de um lado, sofreram a ação impiedosa da catequese, e do outro, a epopéia destrutiva das armas, contadas por Câmara Cascudo nesse conto – uma história dos "grandes feitos e dos grandes homens".

Um segundo conjunto de contos que merece destaque no livro faz referência à Revolução de 1817 e à Confederação do Equador. Com respeito ao primeiro tema, três contos compõem o quadro. O primeiro, "Paixão e Morte de André D'Albuquerque", chefe do Movimento de 1817, narra as dificuldades do movimento em Natal e a repressão da Coroa portuguesa ao movimento.

O segundo conto, "O Sargento-Mor Antônio Germano", concentra-se nas atividades desse pesonagem, de atuação dúbia no episódio, pois, monarquista, adere ao republicanismo e, com a derrota do movimento e a morte de André D'Albuquerque, elege-se governador da Província, sendo desmascarado posteriormente.

No terceiro texto, "O Tenente-Coronel José Inácio Borges", é descrita a trajetória política desse governador no período de 1816-1821 e seu papel de consolidador dos ideais monárquicos e a repressão do republicanismo de 1817.

Esse conto pode ser considerado um dos mais expressivos do livro, especialmente pelo fato de Câmara Cascudo fazer a defesa intransigente do coronel, afirmando que a história o relegou injustamente ao esquecimento, dada sua ação enérgica em defesa da Monarquia. Mais do que a tentativa de resgate histórico da figura do coronel, lemos no conto a desqualificação dos ideais republicanos, apresentados como infantilidade dos líderes despreparados.

O Movimento de 1817 "não possuía elementos; nem ordem, nem dirigentes militares. Não visava fim próximo. Era tudo idealização, desejo de formar uma república à velha maneira de Roma – a aristocracia de talento, dirigindo a vitalidade da pátria" (p. 144). Para Câmara Cascudo, os ideais republicanos "morreram soltando frases lapidares, convictos que a posteridade os recolheria ao coração" (p. 146).

É seguindo essa mesma linha de raciocínio que Câmara Cascudo se refere ao episódio da Confederação do Equador na província, relatado em "Fogo de Monturo".

O próprio título do conto expressa a posição do autor frente aos acontecimentos:

[...] nos pequenos limites da província pequena, cheia de preconceitos, fossalizada em rotinice, repleta de espíritos inexperientes e egoístas, sem lances de coragem, sem gestos de abnegação, sem traços de energia, o fogo de monturo se alastrou e arde, ofuscando as vontades e dificultando a marcha vitoriosa da civilização" (p. 160).

Coube ao Almirante Lord Thomaz Cochrane esse papel civilizatório, na repressão ao Movimento.

Finalmente, um último conjunto de contos, sem unidade temática, refere-se a aspectos importantes da vida na província do Rio Grande do Norte.

"O Exacto Koster" conta-nos a passagem do viajante inglês Henry Koster pelo Rio Grande do Norte, ano de 1810. O texto descreve aspectos típicos da paisagem local, hábitos, costumes das populações locais, modos de vida da elite local e apresenta uma descrição detalhada de Natal.

Em "O Velho Nacionalista", apresenta-se a vida do jornalista e político Cipriano Barata de Almeida na província do Rio Grande do Norte. O conto resgata aspectos de sua atividade política na província, sendo fundamentalmente uma homenagem à memória desse jornalista pela sua intensa atividade política.

Já "Os Justiçados de Natal" é um texto interessante sob dois aspectos. Primeiro, pela descrição da cidade de Natal na primeira metade do século XIX, com sua estrutura urbana, seus hábitos e costumes – uma cidade que, ao que tudo indica, cresceu pouco ou quase nada ao longo dos séculos, como podemos atestar nas descrições feitas ao longo do livro pelo próprio autor ou por relatos de terceiros, citados por ele. O segundo aspecto, objeto do conto em si, é a aplicação da "lei" na província. O conto se ocupa da narrativa dos três últimos episódios que resultaram na aplicação da pena de morte na província, descrevendo os crimes, a personalidade dos assassinos, as execuções e todo o ritual a que era submetido um condenado à morte. Destaca-se também a descrição do espaço onde ficavam os presos da província e as condições em que chegavam e permaneciam – de extrema crueldade e rudeza.

Desse conjunto final de contos, o mais significativo é "Os Fanáticos de João do Valle", que trata de um "movimento messiânico" ocorrido na província, na Serra de João do Valle, região caracterizada por Câmara Cascudo como "lugarejo sem nome" e "arruados desconhecidos". Essas pessoas passaram a ser seguidoras de Joaquim Ramalho e Negro Sabino, personagens que começam a fazer "fama" e a "arregimentar" gente para seus cultos e orações.

Câmara Cascudo descreve o "movimento" e seus "líderes" da forma mais desqualificada possível – "homem física e moralmente doente sem ter adoecido" (p. 208), referindo-se a Joaquim Ramalho; ou "Caolho sinistro [...] alma complexa de bandido [...]" (p. 210), referindo-se a Negro Sabino.

Os rituais religiosos são descritos como "rito impressionante e macabro" ou "altar de culto bárbaro num povo bárbaro" (p. 211), característicos, segundo Câmara Cascudo, do "medo atávico das raças inferiores" (p. 209).

Dá-se a entender que tal movimento aconteceu em 1899, num período de seca prolongada e fome, situação em que, na expressão de Cascudo, aparece "o delírio das rezas fortes, das loucuras fanáticas" (p. 209).

O crescimento do número de adeptos passou a preocupar as autoridades provinciais, pois os ecos de Canudos ainda se faziam ouvir. Dessa forma, foi designado o Tenente Francisco Justino de Oliveira Cascudo – pai de Câmara Cascudo –, que cuidou da repressão e dispersão da incômoda presença das "raças inferiores", com "energia e presteza máscula".

Foi assim que o pai de Câmara Cascudo pôs fim ao "bando" de João Ramalho e Negro Sabino, "apagando da história [...] o inculto mentor d'inculta gente, degenerado inferior pela raça e pela cultura [...]" (p. 214).

O livro termina com as "Reminiscências" do autor, que traz à tona lances de sua infância focalizando três momentos – a chegada da luz elétrica, do cinema em Natal e a sua lembrança do contato com Pedro Velho, um dos líderes do Movimento Republicano em Natal.

Histórias que o Tempo Leva... é um livro conservador por essência. Tem o mérito de resgatar e tematizar aspectos da história do Rio Grande do Norte, mas isso não redime seu autor de suas posições conservadoras, muitas vezes beirando o racismo e o preconceito.

Sua defesa da monarquia portuguesa é clara. Procura o tempo todo destacar a "ação" de alguns grandes homens da história do Rio Grande do Norte, o que pode ser percebido com clareza em sua narrativa: a unidade do livro se faz em marcos da política oficial.

Câmara Cascudo preocupa-se fundamentalmente com a preservação da memória oficial, identificando em cada conto a história e o papel das autoridades administrativas, citando-as, apontando-lhes qualidades morais ou políticas.

Quase não encontramos referência a outros sujeitos sociais – e quando ela existe, Câmara Cascudo sistematicamente desqualifica esses personagens para a história.

Entendida dentro de seu contexto, *Histórias que o Tempo Leva...* constitui-se num rigoroso documento de um momento chave da história do país, em que Câmara Cascudo e outros intelectuais do período forjaram um projeto de "Nação" e "Civilização", em que estava posto acabar com os "elementos desagregadores" e a "degenerescência da raça". Era essa a palavra de ordem do dia. [C. E. R.]

OS HOLANDESES NO RIO GRANDE DO NORTE [38]. As relações comerciais existentes entre Portugal e Holanda, iniciadas em tempos medievais, ampliaram-se com a exploração da cana-de-açúcar no Nordeste brasileiro. Financiando a produção, procedendo o refino e a comercialização do produto na Europa, os holandeses reforçaram os antigos laços comerciais com a nação portuguesa. A intermitente entrada de cristãos novos na Holanda, nos finais do século XVI, foragidos da ação inquisitorial, permitiu que os contatos se sedimentassem no social.

A União Ibérica de 1580 e a conjuntura internacional, favorecendo a hegemonia política espanhola, fizeram interromper as tradicionais relações comerciais e de amizade existentes entre Holanda e Portugal. Proibida de comerciar nos portos portugueses, a república-calvinista, iniciou represálias contra a Espanha, na defesa de seus interesses econômicos.

Criando, a partir de 1621, as Companhias Privilegiadas de Comércio das Índias Orientais e Ocidentais, concedendo-lhes o monopólio do comércio naval e a conquista das terras da América, da África e da Ásia, os Estados Gerais das Províncias Unidas conseguiram apropriar-se do Nordeste brasileiro, maior produtor de açúcar do período. Em 1624, os holandeses tomaram a Bahia, sede administrativa do Reino português na América, aí permanecendo por um ano. Seis anos depois, melhor aparelhados, atacaram Pernambuco, a mais próspera e rica das capitanias do ultramar português, com seus 120 engenhos, em franca produção.

Na expedição de 1630, além dos holandeses, encontravam-se franceses, alemães, escoceses, italianos e judeus de origem portuguesa[16]. Efetivada a conquista, os holandeses transformaram Recife no maior centro administrativo, militar e comercial do

---

16. Os judeus, participantes da produção, do refino e da comercialização do açúcar, falando o português, tornaram-se, no Nordeste, intermediários nos negócios, elemento de confiança do conquistador.

Atlântico-Sul no século XVII. De religião calvinista, efetivaram em pouco tempo, a liberdade de consciência religiosa, para que as propostas econômicas pudessem ser alcançadas num clima de convivência com os "papistas", da terra a ser administrada. No Brasil, a Companhia das Índias Ocidentais concentrou todas suas energias e possibilidades na busca da concórdia. Em 1636, o experiente militar Conde Maurício de Nassau foi contratado para administrar e consolidar a posse das terras. A conquista e o domínio, como vemos, não foram uma mera aventura e nem empreendimento de judeus e cristãos-novos, fez parte de uma ação cuidadosamente planejada e na linha dos interesses político-econômicos dos Países Baixos[17].

Ao assumir as funções de Governador-Geral, Capitão e Almirante das possessões da Companhia de Comércio, Maurício de Nassau, além de urbanizar Recife, iniciou a construção de Maurícia e construiu pontes e canais em Recife. O sítio urbano dessa cidade lembrava o de Amsterdã. Nassau, além da produção canavieira, estimulou o cultivo do algodão, anil, mandioca, o "pão da terra", destinados ao abastecimento das tropas e das populações. Apesar de não apropriado ao cultivo da cana, o engenho de Cunhaú, situado na sesmaria de Jerônimo de Albuquerque, era produtivo. O engenho d'água, com pastagens, carros de bois e trinta escravos negros, foi comprado em 1637 pelo comandante Joris Garstman van Werse e Baltazar Wyntgens por sessenta mil florins. No Nordeste, Nassau teve apoio da maioria dos senhores de engenho, dos comerciantes e de religiosos como Frei Manuel Calado e do "apóstata" jesuíta Manuel de Morais da Paraíba[18]. Nassau procedeu a venda dos engenhos abandonados e, contrariando os costumes locais, restringiu a força dos senhores de engenho, obrigando-os a aceitar a presença dos comerciantes na Câmara dos Escabinhos. A despeito de alguns calvinistas fanáticos, garantiu proteção e liberdade de consciência a católicos e judeus[19]. Homem do Renascimento, Maurício de Nassau trouxe consigo pintores, arquitetos, músicos, astrônomos e naturalistas, permitindo que nossa natureza fosse estudada e retratada, originando trabalhos artísticos e científicos, hoje importantes fontes de referência do século XVII.

Depois da tomada de Pernambuco, os holandeses, como estratégia de defesa, iniciaram a conquista das terras ao norte, dominando as capitanias da Paraíba e do Rio Grande do Norte. O aparato militar holandês possibilitou a ampliação das conquistas, favorecidas pelo auxílio indígena, pelo conformismo e adesão dos moradores. A passagem de Calabar para o lado holandês foi importante, porque este colono conhecia bem a região.

Região de gado e da mandioca, a capitania do Rio Grande do Norte transformou-se em centro de abastecimento de carne, farinhas e peixe para as guarnições sediadas na Paraíba e Pernambuco. Essa tarefa importante fez com que o Rio Grande

---

17. Anita Novinsky, *Cristãos-Novos na Bahia*, São Paulo, Perspectiva, 1972.
18. J. A. Gonsalves de Mello: "O domínio holandês na Bahia e no Nordeste", *História Geral da Civilização Brasileira – A Época Colonial*, Cap. V, São Paulo, Difusão Européia do Livro, 1972, p.250.
19. Nas regiões dominadas pelos holandeses, os judeus de Amsterdã organizaram sinagogas e as primeiras instituições judaicas da América.

do Norte fosse bem resguardado pelas tropas holandesas. Durante o domínio, as salinas, em especial as de Areia Branca, pouco aproveitadas pelos portugueses, foram exploradas pelos holandeses com o auxílio dos índios.

Em 1632, Matias Van Keulen, membro da Câmara de Amsterdã, chegou das Províncias Unidas para reforçar a conquista do Forte dos Reis Magos, uma légua e meia distante de Natal. Com a conquista da Paraíba em 1634, os holandeses conquistaram toda a faixa costeira desta capitania ao Cabo de Santo Agostinho.

Em fins de 1637, depois de viagem de inspeção, Nassau designou o cartógrafo George Marcgrav para levantar a topografia da Paraíba e do Rio Grande do Norte[20]. O mapeamento desta extensa faixa costeira, impresso em 1647, foi utilizado por Luiz da Câmara Cascudo em seus estudos regionais. O domínio holandês foi, portanto, litorâneo, não ultrapassando 45 km da costa, em vista da indisposição holandesa em conquistar o interior, onde se encontravam os grandes proprietários de engenhos. O sertão do Rio Grande do Norte, como de todo o Nordeste, permaneceu misterioso e inexplorado pelo holandês.

Luis da Câmara Cascudo, professor de etnografia e diretor do Instituto de Antropologia da Universidade Federal do Rio Grande do Norte resolveu iniciar na década de 1940 investigações sobre a presença dos holandeses na capitania. Depois de analisar as *Memórias Diárias da Guerra do Brasil* de Duarte de Albuquerque Coelho, o *Diário da Companhia das Índias Ocidentais*, de Ambrósio Reichshoffer (1629-1637), os relatórios de Adrien Van der Dessen, de 1639, a obra de Gaspar Barléu e outras sobre os oito anos de governo de Maurício de Nassau, Príncipe de Orange, Câmara Cascudo produziu um ensaio, rico em informações históricas[21].

Numa visão objetiva, deixando de lado exageros em favor ao conquistador, Cascudo produziu um trabalho estimulante, provocativo, fruto do profundo domínio da cultura regional. O antropólogo, informalmente e, algumas vezes, irônico, relatou inclusive sobre cenas dramáticas ocorridas na luta contra o jugo holandês. Depois de análise minuciosa conseguiu identificar diversos acidentes geográficos, renomeados pelos cientistas holandeses. O domínio do folclore regional, da tradição oral, utilizando "provas dignas de respeito e merecedoras de citação" e estudos comparativos transformam-se em fontes estimulantes a novas pesquisas sobre o domínio holandês no Rio Grande do Norte[22].

Tentando esclarecer as causas da tomada, em 1633, do Forte dos Reis Magos, Cascudo contestou a tese do conluio criminoso das partes envolvidas, atribuindo às desiguais condições de defesa a falta de água, de víveres e a posição privilegiada da artilharia inimiga, fatores determinantes da vitória flamenga.

No Rio Grande do Norte, a região mais explorada pelos holandeses foi o agreste até Canguaretama. Nessa área, a maioria dos colonos sentia-se protegida pelas guar-

---

20. Marcgrav, G, *Brasilia qua parte paret Belgis*. Impressa na Holanda.
21. O ensaio, publicado anos depois, era dedicado ao historiador e Ministro de Estado Tavares de Lyra.
22. Luís da Camara Cascudo, *Os holandeses no Rio Grande do Norte*, Coleção Mossoroense, série "C", vol. 792, 1992. p. 7.

nições holandesas. Quando, em 1640, a reconquista luso-brasileira se iniciou, a região estava sob o comando de Joris Garstman e o Forte dos Reis Magos – agora Forte Keulen – estava sob a guarda de 150 soldados holandeses[23].

Cascudo chega a sugerir novas pesquisas sobre os personagens que se rebelaram contra o invasor. Entre eles, o rico e influente lavrador João Lostau Navarro, dono de portos de pesca e possível líder da rebelião de 1645 contra os holandeses. Navarro foi chacinado pelos índios que estavam sob as ordens de Jacob Rabbi, delegado da Companhia das Índias no Brasil. Esse delegado, conhecido como implacável representante do domínio holandês, era um judeu-alemão de Waldeck e chegou ao Brasil com o governador Maurício de Nassau. Jacob Rabbi, ao casar-se com Domingas, uma índia cariri, ganhou o apoio e a fidelidade dos indígenas. Acusado de ter liderado o violento conflito contra os colonos na igreja e de ter assassinado Navarro, Jacob Rabbi foi executado pelo comandante Garstman, casado com uma brasileira[24]. Além de comandante de tropa, Rabbi sobressaiu-se por ter registrado estudos sobre os índios cariris, consultados pelo cartógrafo Marcgrav.

Janduí, amigo fiel de Rabbi, era conhecido pelos holandeses como Jan de Wy. Era um índio forte, imponente e tinha orgulho do seu prestígio junto aos holandeses. Sabe-se que parte do sucesso da conquista holandesa no Nordeste deve-se a ele a ao seu povo. Janduí, ao chegar ao Rio Grande do Norte, acompanhado por Jacob Rabbi, ficou hospedado no Castelo de Keulen, no Forte dos Reis Magos, com honras de oficial superior. Em 1639, Maurício de Nassau homenageou-o no brasão da Capitania, identificando-o como uma ema, ave corredora.

Apesar dos projetos de engenharia, o tempo e as circunstâncias locais impediram que os holandeses iniciassem obras no Rio Grande do Norte. Um templo reformista foi construído. No trabalho de manutenção das antigas instalações portuguesas, os holandeses as renomearam com nomes holandeses. O mesmo se fez com os acidentes geográficos. Cascudo conseguiu identificá-los, depois de exaustivos estudos.

Além das fontes impressas, Câmara Cascudo buscou na literatura, na poesia popular, no folclore e nas expressões populares inspiração para produzir o ensaio. Suas "antenas captadoras" permitem-nos colocá-lo como precursor da chamada Nouvelle Histoire ou da história das Mentalidades, metodologia que, na busca das fontes possíveis para a reconstrução do passado, busca todas as possíveis fontes até a própria mente humana, "corpo vivo da humanidade", refúgio de fatos e idéias que datam de tempos passados[25]. [R. M.]

---

23. O Forte dos Reis Magos ou de Keulen foi eternizado nos quadros do primeiro pintor das paisagens brasileiras, Franz Post.
24. Cascudo informa que a família Gracismã do Rio Grande do Norte é descendente deste comandante holandês. In: *Os Holandeses no Rio Grande, op. cit.*, p. 13.
25. Theodore Zeldin. Uma História íntima da Humanidade. São Paulo/Rio de Janeiro, Record. 1996.

O HOMEM AMERICANO E SEUS TEMAS [39]. Nesse ensaio, Câmara Cascudo se propõe a tecer um balanço crítico das teorias então em voga a respeito da origem do homem americano. Tomando por base as diretrizes dos trabalhos apresentados no XXII Congresso de Americanistas, ocorrido em Roma em 1926, que definiam como certa a origem adventícia do homem americano e as migrações neolíticas pelo estreito de Behring como a rota fundamental de acesso às terras americanas, Câmara Cascudo vai discutir essas hipóteses, contrapondo-as às teorias concebidas por intelectuais americanos, sobretudo latino-americanos, teorias que, de forma geral, enveredavam por duas vertentes explicativas: uma primeira que defendia o caráter autóctone do homem americano e uma segunda que, embora aceitasse a hipótese adventícia, rebatia as conclusões a que haviam chegado os sábios europeus, considerando o povoamento do continente muito anterior e muito mais variado em termos culturais do que dava a supor a premissa das migrações mongóis, realizadas via estreito de Behring, tidas como únicas e exclusivas fontes do povoamento original da América pelos citados estudiosos europeus.

Igualmente, não se furta o autor a apresentar sua interpretação pessoal a respeito da questão, baseada em fontes heterodoxas, provenientes tanto da antropologia racial do século XIX, da antropometria, da glotologia, da arqueologia, quanto da teosofia. De fato, seguindo a sugestão proposta por Haeckel, entre outros, e abraçada por intelectuais americanos, cujo escopo foi extensamente desenvolvido por Mme. Helena P. Blavatsky, em *A Doutrina Secreta* e *Ísis Sem Véu*, Câmara Cascudo postula a existência dos continentes da Lemúria e da Atlântida, como berço da origem da vida e da civilização humanas. Segundo o autor, a existência dos continentes perdidos surge como explicação mais abrangente e satisfatória dos intricados argumentos a respeito dos insolúveis problemas e mistérios que ainda pesam sobre a determinação da origem da vida humana no Novo Mundo.

O partido que toma Câmara Cascudo a respeito da origem do homem nas Américas o coloca no âmbito das discussões dos cientistas-naturalistas e antropólogos americanos que, desde pelo menos a segunda metade do século XIX, vinham postulando a filiação das grandes civilizações americanas (sobretudo maias, astecas e incas) às civilizações clássicas (principalmente egípcia, cartaginense, grega ou "turaniana") e as línguas americanas (nahuátl, quíchua, aimará, tupi, entre outras) aos então considerados, pelos defensores da tese dos continentes perdidos e pelos teosofistas, como o principal tronco lingüístico civilizado, isto é o ariano/indo-europeu. Portanto, o ponto de vista de Câmara Cascudo, assim como de diversas gerações de intelectuais e cientista americanos, é, pode-se dizer, difusionista, e tem como questão fundante a reflexão sobre o papel das culturas e do homem americanos no grande conjunto das civilizações.

Para Câmara Cascudo, o problema central na discussão da questão da origem do homem americano não reside na ausência de pesquisas de caráter arqueológico, antropológico ou lingüístico interessadas no desvendamento desse importante assunto, muito menos se encontra escassez de fontes materiais ou culturais que se prestem às reflexões dos estudiosos. De fato, para o autor, o mais grave problema a ser enfrentado no deslindamento da questão da origem da civilização na América encontra-se no aspecto fortemente ideológico do problema. A leitura desse ensaio evidencia que, para Câmara Cascudo – e para muitos intelectuais de sua geração –, a delimitação da origem do homem e da cultura americanas se integra fortemente na base da construção de uma identidade americana e latino-americana. Nesse sentido, o autor deixa bem claro, desde o início de sua argumentação, que considera os cientistas europeus (que tão freqüentemente têm visitado e estudado os restos materiais e a fontes culturais americanas) parciais e guiados por asserções preconcebidas que os torna muito propensos a considerar, desde logo, a origem adventícia e relativamente recente do homem americano como um axioma indiscutível, que viria a corroborar o caráter subsidiário da cultura americana frente à civilização européia.

Assumindo uma postura americanista e nacionalista, Câmara Cascudo vai discutir o axioma da origem adventícia do homem americano, contrapondo às teorias dos "sábios europeus", que o autor acusa serem mais "doutrinas intocáveis" do que hipóteses científicas, os trabalhos realizados por estudiosos americanos, cujas conclusões pendem para o pólo oposto, optando pela origem autóctone ou pelo menos muito antiga da humanidade americana. Segundo o autor, o aspecto complicador desse entrechoque de conclusões, que redunda na dificuldade de se estabelecer as bases seguras para determinação da origem do homem americano, é a falta de consideração, por parte dos europeus, das pesquisas realizadas pelos eruditos americanos, cujas conclusões foram sistematicamente negligenciadas, por razões escoradas no mero preconceito e na arrogância dos estrangeiros.

Procurando sanar o que ele denomina de silêncio preconceituoso, Câmara Cascudo, no decorrer do ensaio, apresenta as pesquisas, achados e conclusões daqueles que ele considera como os principais estudioso da questão da origem do homem na América. É com esse objetivo que nomes como o de Florentino Ameghino, de origem argentina e autor da tese da origem pampiana do homem americano, apresentada em *La Anteguedad del Hombre en el Plata*, de 1915, e Rafael Requena, médico venezuelano, estudioso das antigas civilizações indígenas do norte de seu país e autor do livro *Vestígios de la Atlantida,* de 1932, aparecem nesse ensaio, reputados como expressão cultural que honra todo o continente. Igualmente, estão aqui citadas as hipóteses de P. Lund, da metade do século XIX, baseadas no exame dos fósseis localizados na Lagoa Santa, em Minas Gerais, cujas suposições, embora aparentemente viessem a confirmar a premissa européia do caráter adventício da "raça americana", a contradizia mortalmente. Afirmava Lund que o homem americano não só era contemporâneo dos animais de grande porte – e, portanto, lançava para o passado remoto as migrações para o continente americano –, como o próprio território americano, ou pelo menos o platô central brasileiro, era, sem dúvida, a porção mais antiga do mundo e já conhecia a vida humana quando outras partes do globo ainda jaziam submersas nos oceanos.

A hipótese de Lund, assim como de outros estudiosos americanos (por origem ou adoção), cujas idéias e propostas são entusiasticamente apresentadas por Câmara Cascudo no decorrer desse ensaio, acabam por levantar o problema fundamental subjacente à discussão da origem do homem nas Américas: a datação e as origens étnicas das possíveis levas migratórias que teriam dado origem às civilizações indígenas no continente. É nesse ponto que Câmara Cascudo postula a factibilidade da existência dos continentes perdidos, o que viria a explicar cabalmente o mistério de muitos resquícios e ruínas de civilizações extremamente sofisticadas em regiões onde o colonizador encontrou apenas selvagens – como seria o caso, lembra o autor, da Ilha do Marajó, no norte do Brasil – e demonstrar a unidade da família humana e das civilizações, colocando em pé de igualdade diferentes culturas, línguas e civilizações, nas quais, o homem americano e sua cultura encontrariam o justo lugar. [M. H. P. T. M.]

INFORMAÇÃO DE HISTÓRIA E ETNOGRAFIA[40].1ª VERSÃO. Publicado em 1944, esse livro reúne oito ensaios sobre assuntos miscelâneos que, embora componham uma coletânea de textos, estão pouco articulados entre si. Tratam, em sua maioria, de diferentes aspectos do folclore indígena e da sua persistência na cultura popular brasileira.

Os primeiros dois capítulos, entretanto, versam sobre a história do Brasil, incluindo um ensaio mais longo que busca comprovar a intencionalidade do descobrimento. Nesse texto, o alvo de Câmara Cascudo é a "lenda" da casualidade que, segundo ele, "já não é mais possível endossar, como vêm fazendo monotonamente os historiadores didáticos do Brasil" (pp. 33-34). Para desbancar essa crença, tão fortemente arraigada, o autor lança mão da "mesma intensidade lógica, a mesma profundeza documental, a mesma simplicidade expositiva" com a qual esta havia sido construída. É esse terceiro componente que sobressai, num texto pontuado pela eficácia de frases curtas e perguntas retóricas. Quanto à profundeza documental, o autor faz uma interessante incursão pelos primeiros documentos relatando o "achamento" da terra nova, sobretudo a carta de Pero Vaz de Caminha – "o atestado de batismo do Brasil" – e a "Relação do Piloto Anônimo", bem como outros relatos escritos alguns anos depois da viagem de Cabral, porém fazendo referência à ocupação portuguesa do litoral sul-americano. Já a intensidade lógica corre por conta da historiografia portuguesa, que começava a propor hipóteses sobre uma suposta "política de sigilo" dos reis D. João II e D. Manuel I, sobre a improbabilidade técnica de uma descoberta casual e sobre a possível presença pré-colombiana de navegadores e mesmo comerciantes lusitanos no Brasil.

De fato, um dos objetivos de Câmara Cascudo aqui é o de transformar as suas leituras, tão incansáveis quanto ecléticas, num texto informativo e mesmo polêmico. Aliás, o seu método, como é sabido, não se resumia à leitura convencional: num trecho simpático, ele relembra um encontro que teve com um desses especialistas em história náutica, o almirante Gago Coutinho que, "nos dias que juntos passamos, em junho de 1931, em Natal, andei folheando o velho navegador, com a curiosidade incansável dos estudantes" (p. 22).

Essa curiosidade incansável, marca maior da produção de Câmara Cascudo, levou o folclorista e historiador a se debruçar sobre uma bibliografia variadíssima para desmistificar – pelo menos de seu ponto de vista – a noção da descoberta acidental: "Para aceitarmos a casualidade no descobrimento do Brasil é preciso nova série de provas. As que conhecemos aderiram ao silêncio" (p. 34). Uma vez estabelecida a "falência das provas", coube a Câmara Cascudo apresentar a contraprova demonstrando a tese da intencionalidade. Para tanto, buscou apoio naquilo que havia de mais moderno – e, paradoxalmente, mais reacionário – na historiografia portuguesa. A idéia de uma "política de segredo" dos monarcas expansionistas do passado caía como uma luva para o Estado Novo salazarista, pois afirmava a vocação nacionalista, autoritária e antiespanhola de um país que buscava reerguer um império colonial das cinzas em pleno século XX. Apesar de professar um compromisso com a verdade histórica, Câmara Cascudo acaba dando vazão para uma balela que, curiosamente, encontra defensores ainda hoje no aquém e no além mar. Assim, seguindo a obra de Duarte Leite, assevera que D. João II rechaçou a proposta de Colombo e só aceitou o Tratado de Tordesilhas após afastar o meridiano 370 léguas a oeste porque já possuía um projeto que nem mesmo os primeiros cronistas chegaram a registrar: "O Rei tem um plano traçado e o executa inflexivelmente. Quem se antepõe é arrastado..." (p. 43).

À luz dessa política, torna-se plenamente defensável a tese da intencionalidade. Voltando para uma questão esmiuçada na primeira parte do estudo, Câmara Cascudo busca explicar porque a armada mudou o seu rumo repentinamente, na ausência de condições adversas de navegação. "Só uma palavra do Rei levaria as naus para oeste em vez de sudoeste ou sul. Não há outra explicação". O argumento ganha peso com uma leitura algo enviesada do Esmeraldo de Situ Orbis, de Duarte Pacheco Pereira que, por sua vez, suscita uma última indagação: como os portugueses sabiam do Brasil antes da viagem de Cabral?

Como em outras investidas do autor pela história, o texto termina com uma hipótese surpreendente, mais uma vez apoiada em documentos quinhentistas e no aval dos historiadores portugueses. Se o "achamento" relatado por Caminha foi intencional, então teriam de existir antecedentes na ocupação portuguesa da América meridional. Trocando a imprecisão dos relatos antigos pela precisão aritmética, Câmara Cascudo calcula que os portugueses estavam no Brasil na época do Tratado de Tordesilhas, já que Estévão de Frois afirmou em 1514 que o Rei de Portugal possuía essas terras "há vinte anos e mais". Porém é um documento apresentado pelo historiador Jordão de Freitas, que comprovava não apenas a ocupação pré-cabralina da América do Sul pelos portugueses, como também sugeria que "os portugueses em 1492 já estavam com residência fixada em Itamaracá, casas e armazéns, para mercadorias que exportavam para a Europa" (p. 58). Concluindo, Câmara Cascudo até supera a meta inicial de comprovar "a intencionalidade da viagem de Pedro Álvares Cabral", pois recua a data do descobrimento para o período pré-colombiano: "com dedução lógica, poder-se-ia indicar a data de 1490 como de início de posse dos portugueses na América do Sul" (p. 58).

A segunda "informação de história" também trata das origens do país, oferecendo um estudo sobre "O Mais Antigo Marco Colonial do Brasil". Recuperando uma comunicação feita pelo conselheiro Alencar Araripe numa reunião ordinária do Instituto Histórico e Geográfico Brasileiro em 1890, Câmara Cascudo interessou-se pela questão tanto na sua dimensão histórica quanto na dimensão folclórica. O velho marco, afinal de contas, havia se tornado objeto de devoção popular e a maioria dos moradores estimava a santidade da pedra, "com a cruz e as chagas de Jesus Cristo". Outros, contudo, acreditavam numa lenda diferente, que a pedra sinalizava o lugar onde os holandeses haviam depositado um enorme tesouro escondido. Movido pela curiosidade, Câmara Cascudo visitou o marco em 1928 para tirar as próprias conclusões. Após uma descrição minuciosa da pedra deteriorada pelo tempo e pela depredação de caçadores de tesouro, o autor relata a opinião de um morador dessa praia de Touros, chamado José Jocôzo, que confirmou as propriedades sagradas da pedra. Contou-lhe que "dois sacrílegos violadores do Marco tinham sido rudemente castigados", um morrendo e o outro enlouquecendo. Sempre atento para a versão local e popular, Câmara Cascudo ainda registra: "Não o chamam marco mas Cruzeiro do Marco, nome popular do padrão colonial que vive esquecido numa praia silenciosa do setentrião brasileiro". O resto do texto faz mais uma incursão na documentação quinhentista para chegar àquilo que considerava uma verdade histórica: "O Marco de pedra existente na praia de Touros, no Rio Grande do Norte, é decididamente o mais antigo padrão colonial e o primeiro que foi chantado na terra do Brasil" (p. 82).

As informações de etnografia compõem os últimos seis capítulos do livro. Do ponto de vista antropológico, esses ensaios deixam muito a desejar, mesmo dentro dos padrões da época em que foram escritos. Em sua *Bibliografia Crítica da Etnologia Brasileira*, Herbert Baldus comenta que há cinco ensaios que "tratam dos índios do Brasil, mas de maneira tão pouco satisfatória que não merecem ser lidos pelo estudioso de etnologia". Não obstante esse julgamento tão severo quanto sumário, os textos guardam um valor pela grande quantidade de informações de interesse folclórico, pacientemente acumuladas por Câmara Cascudo através da voracidade de suas leituras e da perspicácia de sua observação das manifestações da cultura popular.

Os ensaios de etnografia lidam com assuntos bastante diversos, porém possuem algumas características comuns que apontam para a maneira que o autor trabalha com assuntos etnográficos. No que diz respeito aos povos indígenas, Câmara Cascudo navega entre a diversidade étnica e a universalidade do homem. Suscita ao longo dos ensaios exemplos dos mais particulares, retirados em sua maioria da bibliografia conhecida de viajantes e de etnógrafos, trazendo informes sobre os antigos tupinambás e os contemporâneos caingangues, apinajés, tarianas, macuxis, guaranis e tantos outros, cujos mitos e práticas rituais ilustram as questões que o autor se propõe a dimensionar.

É interessante observar que, a exemplo de Sérgio Buarque de Hollanda, Egon Schaden e do próprio Herbert Baldus, Câmara Cascudo foi um importante divulgador dos etnólogos alemães, tais como Karl von den Steinen, Paul Ehrenreich, T. Koch-Grünberg, Fritz Kraus e Max Schmidt, todos talvez um pouco ultrapassados para o gosto de Baldus, porém exímios coletores de mitos e de outras informações sobre um grande número de povos nativos. Ao mesmo tempo, porém, o autor tende a reduzir essa imensa diversidade e particularidade em determinados momentos, ao apresentar "o índio brasileiro" ou "o indígena do Brasil" como uma categoria que englobaria todos os povos nativos de uma só vez.

No primeiro ensaio, o autor faz uma pergunta que evoca as antigas pautas das reuniões dos institutos históricos oitocentistas: "Os índios conheciam a propriedade privada?" Bem humorado – chega a referir-se à "instalação da 'home' selvagem" –, Câmara Cascudo contesta a "unilateralidade do 'comunismo dos índios brasileiros'" (p. 90). Não fica claro a quem ele dirige as críticas, a não ser os autores de livros didáticos, cuja abordagem das sociedades indígenas sempre merecia algum reparo. O texto, contudo, não se refere explicitamente a qualquer grupo, salvo os antigos tupinambás, deslocando os índios mais uma vez para um quadro universal, em que seguiram um padrão evolutivo comum a todas as sociedades humanas. Concluindo, citando Andrés Giménez Soler, defende a idéia de que a propriedade começa com a agricultura. "O cultivo iniciava-se para o indígena. Mas a idéia da propriedade privada já era, não apenas esboçada e vaga, mas positiva e delineada em traços enérgicos e claros." (p. 94)

Os capítulos quatro e cinco abordam duas questões presentes nas mitologias indígenas, traçando um amplo painel de diferentes explicações sobre a criação do homem e a tradição do dilúvio. Logo no início do primeiro desses ensaios, o autor chama a atenção para uma dimensão pouco considerada no estudo dos mitos: "A influência católica infiltrou-se poderosamente mesmo nas tribos que ainda não tiveram contato" (p. 97). Essa idéia parece ter menos a ver com as teses de aculturação que andavam em voga na época do livro e mais com as antigas teorias a respeito da circularidade e da universalidade das idéias religiosas. Partidário de um método comparativo que o aproxima mais a Max Müller e James Frazer do que aos etnólogos seus contemporâneos, Câmara Cascudo evoca um grande número de exemplos de grupos brasileiros, porém também não resiste em chamar a atenção para os hebreus, gregos, neozelandeses, fijianos e mexicanos. Aliás, no ensaio sobre "A Tradição do Dilúvio para os Indígenas Brasileiros", é particularmente interessante a evocação dos exemplos mexicanos, a partir dos antigos textos maias e nauas, o que revela um certo olhar americanista, também presente em outras obras do autor.

O último ensaio, especificamente sobre índios (capítulo sete), oferece "Uma Interpretação da Couvade", o conjunto de prescrições rituais seguidas pelos homens quando nascem seus filhos. De leitura um tanto truncada, o capítulo resume-se a anotações esparsas colhidas de fontes bastante variadas, desde os escritores coloniais aos etnógrafos americanistas do século XX. Ainda assim, mais do que nos outros textos sobre temas indígenas, Câmara Cascudo evidencia suas preferências teóricas, sobretudo no que diz respeito a questões de mito e ritual. Transitando entre Tylor, Müller, Frazer, Sébillot e Lévy-Bruhl, Câmara Cascudo mais uma vez sublinha a universalidade de um traço cultural indígena. Longe de uma propriedade específica deste ou daquele grupo, trata-se, para o autor, de "uma herança de séculos em quase todos os povos da Terra e com amplos vestígios atuais" (pp. 190-191). Num misto eclético que abriga explanações místicas e evolucionistas, o autor conclui numa frase lapidar:

"Os elementos espirituais da personalidade paterna, tenacidade, paciência, domínio pessoal, eram levados ao filho naqueles dias de sujeição passiva, por amor à própria continuidade material, perpetuidade imediata e positiva, expressa no juvenil rebento, prolongamento da espécie, a mais nova e tênue folha viva no ramo forte da velha árvore racial" (p. 191).

Os restantes ensaios etnográficos (capítulos seis e oito) abordam assuntos folclóricos mais amplos, a "Avifauna no Folk-Lore Brasileiro" e "Superstições Meteorológicas". Unindo a sabedoria popular ao conhecimento científico, Câmara Cascudo esboça um vasto quadro que abrange o território nacional e que atravessa os séculos. São particularmente fascinantes os detalhes provenientes das lendas indígenas e das "superstições" populares, revelando um universo de crenças e de explicações dos fenômenos naturais, próprio de uma cultura do Novo Mundo que se orientava pelos sortilégios, talismãs e sinais, que se debatia entre a sorte e o azar, entre Deus e o Diabo.

Câmara Cascudo registrou com afinco esses detalhes de um universo que parecia estar em vias de desaparecimento mas que viveria para sempre nas páginas de seus livros. Interessantes, informativos e, sobretudo, bem escritos, esses e os ensaios de história merecem ser lidos não apenas pelos estudiosos da etnologia, mas por todos que se voltam para conhecer melhor o país que Câmara Cascudo buscou, a seu modo, decifrar. [J. M. M.]

INFORMAÇÃO DE HISTÓRIA E ETNOGRAFIA[40]. 2ª VERSÃO. Trata-se de uma pequena coletânea, composta de oito ensaios escritos entre 1933 e 1940, ocupando um lugar pouco conhecido na bibliografia de Cascudo. Os dois primeiros artigos discutem aspectos da história colonial do século XVI, quatro outros abordam questões de etnografia indígena e os dois restantes tratam do folclore brasileiro.

No primeiro ensaio, "A Intencionalidade no Descobrimento do Brasil" (1933), Cascudo examina farta documentação referente à viagem de Pedro Alvares Cabral, em 1500, para demonstrar que o argumento da casualidade na descoberta das novas terras é uma lenda que não se sustenta, por falta de fundamento histórico. Afirma que a mudança de rumo na rota seguida pela esquadra foi intencional. Não se deveu a razões como tempestade, corrente marítima ou regime de ventos, e sim à intenção da Coroa portuguesa de expandir-se no rumo oeste e sudoeste do Atlântico para arrebatar ao Mediterrâneo sua hegemonia comercial. Com base nos roteiros náuticos dos portugueses, no final do século XV e início do XVI, conclui que o desvio da armada de Cabral estava previsto num plano sigiloso de sistematização cartográfica ordenado pelo rei de Portugal e que todas as provas convergem para demonstrar que o achamento do Brasil não foi resultado acidental e de mero acaso, como por tantos séculos se repetiu.

O segundo ensaio denomina-se "O Mais Antigo Marco Colonial do Brasil" (1934) e contém importantes informações sobre a exploração e posse do território brasileiro nos primeiros anos da chegada dos europeus. O autor descreve o marco quadrangular de pedra-liós existente no Rio Grande do Norte, tal como o encontrou em visita feita em 1928 ao local em que se acha fixado, no limite entre os municípios de Touros e Baixa Verde (e não junto ao Cabo de São Roque, como pensam alguns historiadores). A população local chama-o de Cruzeiro do Marco, nome popular do padrão de posse situado na Praia do Marco, próximo ao delta do rio Açu, noventa quilômetros ao norte do Cabo de São Roque. Segundo Cascudo, trata-se do mais antigo marco atestando a soberania de Portugal no Brasil, fincado pela expedição exploradora de 1501, em que viajou Américo Vespucci, que batizou a costa litorânea desde o Cabo de São Roque até Cananéia, onde se encontra um outro padrão de posse do mesmo tipo, também visitado pelo autor.

O terceiro ensaio parte da indagação "Os Índios Conheciam a Propriedade Privada?" (1936) para contestar a tese de que tal prática era estranha ao indígena do passado. Revendo a bibliografia colonial e a etnologia alemã do século XIX, examina aspectos como a posse de instrumentos de trabalho e objetos domésticos, de guerra, caça e pesca. Discute os critérios de propriedade coletiva e individual da terra, trabalho, produção, distribuição de mantimentos e outros aspectos da vida econômica dos índios. Sem entrar na análise específica dos grupos étnicos, defende o ponto de vista genérico de que o indígena detinha a propriedade de certos bens, sem obrigação distributivista ou solidariedade tribal. Cita como evidências a posse do escravo obtido em guerra, o sepultamento com objetos de uso, a disputa pela caça. Considera que a noção de propriedade privada não se prende à prática da agricultura permanente do solo, como querem alguns autores, mas a concepções milenares decorrentes da "intuição comum", as quais já estariam claramente fixadas entre os indígenas quando estes iniciaram a prática do cultivo agrícola.

O quarto ensaio trata do tema "A Criação do Homem Entre os Índios do Brasil", no qual o autor discute a influência do catolicismo e da catequese nas representações ameríndias sobre a criação da humanidade. Após fazer uma análise comparativa das tradições religiosas entre diversos povos, em especial os hebreus e os gregos, destaca a importância dos elementos da natureza, dos animais e dos mitos astrais nas narrativas indígenas sobre o surgimento da espécie. Transcreve versões de alguns mitos de origem dos índios munduruku, pareci, bororo, apinagé, guaicuru, macuxi e outros, recolhidas na Amazônia e no Brasil central por antropólogos, viajantes e missionários em diferentes épocas, comparando-os com a literatura oral de outras áreas geográficas. Apesar da diversidade de crenças e representações nos relatos apresentados, a preocupação do autor é apontar a convergência das tradições indígenas e de outros povos com a explicação bíblica da origem do homem.

O quinto ensaio, "A Tradição do Dilúvio para os Indígenas Brasileiros", dá seqüência ao anterior e parte da premissa de que "o dilúvio repete-se em todos os povos do mundo". Aqui, torna-se mais clara a concepção teórica implícita nos demais textos, de que a formação da tradição oral segue um movimento que vai do geral para o particular, de noções comuns universais para expressões locais diferenciadas. Citando autores como Van Geenep, Frazer e Tylor, Cascudo supõe que as representações culturais se estabelecem por meio de "leis de formação das lendas", "transposição" e "adaptação". Nessa visão, busca as explicações de cataclismos no continente americano, destacando as que convergem para a narrativa bíblica do Gênesis, segundo um modelo de análise em que a multiplicidade de lendas e mitos nada mais seria que a "cor ambiental" da idéia-núcleo do castigo como explicação da desgraça, que passa de um a outro país, como justificativa da punição divina.

O sexto ensaio trata da "Avifauna no Folclore Brasileiro", abordando as tradições populares em que os pássaros e as aves são dotados de qualidades especiais, mágicas e simbólicas. Galinha, anum, beija-flor, pombo, urubu, coruja, uirapuru são algumas das figuras dessa espécie rica e multiforme que desfila pelo texto, indo do interior do Nordeste brasileiro à Grecia antiga, passando pela tradição européia. Com a agilidade e a verve que lhe é peculiar, Cascudo compara o urubu sertanejo com o corvo no tempo de Hesíodo, alinha contos de presságio e agouro sobre a coruja, aproxima Jurupari e Satanás, e destaca o amplo ciclo da Mãe da Lua no continente sul-americano, tornando a leitura do texto a mais atraente do livro.

Nos dois últimos ensaios o autor retorna à pesquisa das origens dos costumes e das crenças, um de seus temas favoritos. O sétimo ensaio busca fazer "Uma Interpretação da *Couvade*" (1936), usando a análise comparativa para extrair notícias da abrangência universal dessa prática, em diferentes épocas e civilizações. Demonstrando a erudição que o destaca entre os estudiosos de seu tempo, pinça casos no México, na América do Norte, na África, na China, na Índia, na Austrália, remonta a Marco Polo e à Antigüidade greco-romana e recorre a folcloristas franceses para validar suas teses sobre o universalismo da cultura e o poder de reprodução milenar da memória social. O conceito de que tudo no presente é herança do passado remoto é também o fio condutor do oitavo e último ensaio, em que o autor aborda, sob o título "Superstições Metereológicas", as representações sertanejas sobre fenômenos como a nuvem, a chuva, o nevoeiro, o vento, o relâmpago, o raio, o arco-íris, as estrelas cadentes e os remoinhos, além da previsão do tempo. Não obstante o excesso da afirmação inicial de que "O sertanejo do Nordeste brasileiro estava ligado à metereologia romana do tempo de Lucrécio", o texto faz um resgate sugestivo e saboroso das explicações que o homem do campo tece sobre o tempo, no quotidiano das relação com a natureza e os mistérios cósmicos, deixando em aberto as possibilidades de exploração do tema.

No conjunto, esses primeiros escritos do jovem Cascudo são uma mostra da amplitude do objeto de análise e da ênfase na pesquisa bibliográfica que caracterizam seus estudos posteriores. Ao inscrever-se na corrente de investigação das origens e dos caminhos difusores do saber tradicional, sua intenção evidente, embora não explicitada, é superar o romantismo regionalista e extrapolar o âmbito do pensamento literário e da história dos costumes predominantes até então no conhecimento da tradição oral no Brasil. Nesse sentido, a obra contribui para o esforço de transformar os estudos culturais no Brasil, de uma espécie de exotismo, em objeto de investigação.

No entanto, algumas conclusões são, na verdade, menos fruto da pesquisa do que da premissa de que toda tradição provém de uma origem comum ancestral, radica-se a cada região e converge para as locais. Nessa perspectiva, não há espaço para o estudo da diversidade cultural, pois as práticas e crenças se repetem e são sempre as mesmas, aí residindo a principal limitação do livro.

A nosso ver, os textos de maior interesse são os que exploram o folclore brasileiro, em que o autor revela a sensibilidade e familiaridade com o universo popular, o brilho e a leveza de estilo que conferem à sua prosa a justa e notável reputação que iria conquistar nas décadas seguintes. A pesquisa sobre assuntos nebulosos e polêmicos dos primeiros tempos da colonização, embora datada, também desperta o interesse atual, revelando facetas características do pensamento historiográfico das primeiras décadas do nosso século. A cuidadosa revisão das fontes documentais e a perícia da argumentação são, sem dúvida, qualidades do Cascudo historiador aqui plenamente manifestas.

Já a sua concepção de etnografia é pouco aproveitável e demonstra as lacunas de um melhor preparo teórico e metodológico, bem como a pouca familiaridade do autor com as práticas da antropologia social. Apesar do esforço de incluir os índios nas temáticas tratadas, as notícias sobre as tradições desses povos não apresentam a consistência analítica que seria de se esperar. A bibliografia utilizada, que vai do século XVI ao XX, incluindo cronistas, religiosos, folcloristas, historiadores e antropólogos, é heterogênea e pouco criteriosa quanto ao valor documental das fontes. Além disso é acionada, com freqüência, de modo arbitrário e aleatório, mais para provar um argumento do que para ampliar o conhecimento do assunto. Hoje ninguém poderia aceitar uma série de pré-noções que percorrem os textos, tais como:

a idéia de um Deus escultor é universal [p. 98]; Dia a dia é mais difícil a confidência do índio e sua ignorância total pelo passado da família [p. 102]; a convergência para a narrativa bíblica foi um trabalho relativamente fácil da catequese" [p. 127]; [há um] papel disciplinador e central do herói-deus, dominando aves, animais e elementos [p. 140]; "a *couvade* é uma afirmativa orgulhosa da exclusividade masculina. O Pai é o único responsável pela vida que acaba de surgir [p. 178] ou a subalternidade feminina é patente em todas as religiões do mundo [p. 186].

Numa avaliação final, diríamos que a leitura desse pequeno conjunto de ensaios, apesar de conter premissas teóricas e metodológicas hoje em desuso, tem o mérito de despertar o interesse do leitor por abordar temas e problemas que continuam a desafiar nosso entendimento e permanecem em aberto. Além disso, constitui documento valioso sobre o pensamento social nas primeiras décadas do século XX, abrindo pistas a respeito da renovação dos estudos culturais nessa época, ainda pouco conhecida.

Como membro de uma geração de intelectuais que inicia seu trabalho na transição para a Modernidade, Cascudo mostra precocemente sua importância na renovação do campo de estudos sobre o saber tradicional e a originalidade de seu pensamento. Passando ao largo de correntes e tendências, ele resiste ao tempo, apesar do radicalismo, graças à capacidade de colher as vozes da memória e mantê-las viva. [M. S. P. A.]

JANGADA [41]. Quem já passou os olhos pelas páginas dos grandes livros do folclorista Câmara Cascudo (*Civilização e Cultura* [12], *Prelúdio e Fuga do Real* [69], *Flor de Romances Trágicos* [23], *Cinco Livros do Povo* [11] ou *Vaqueiros e Cantadores* [82], por exemplo) nota duas características de estilo na sua prática ensaística: uma linguagem mais acessível ao gosto popular e uma incisiva ironia em função de sua própria autoridade como pesquisador, diante de outrem.

Percebe-se também, como postura vivencial, uma excessiva nostalgia com relação às tradições e aos costumes antigos, anulados pela urgência moderna. Nesse ponto, Cascudo assinala seu toque aristocrático e reacionário diante da extensão tecnológica de sua contemporaneidade.

Pode-se dizer que em *Jangada*, livro publicado em 1957, aquelas marcas estilísticas e essa postura saudosista permanecem bastante vivas na investida interpretativa e crítica à temática brasileira jangada/jangadeiro, tendo como cenário o litoral nordestino.

Nesse livro, Cascudo reencarna-se na voz de um contador de história/estória, não obstante o teor científico do texto. Um simulacro virtual da representação escritural moderna. História e estória mesclam-se como marcas registradas nesse ensaio, fazendo lembrar o procedimento crítico e artístico do argentino Jorge Luís Borges. Cascudo faz uma provocação entre o real e o irreal, no cruzamento analítico dos depoimentos e das conversações dos jangadeiros, atrelado à voz narrativa da problemática desse grupo humano em extinção. Cascudo, o escritor.

Ele se reencarna, portanto, nas vozes dos jangadeiros ou pescadores, aqui e acolá, narrando e interpretando os pequenos depoimentos e as conversações truncadas que tivera com esses taciturnos homens do mar, sustentado por uma vasta bibliografia que vem desde o quinhentismo até o novecentismo. Cascudo, um tradutor etnográfico.

Em *Jangada*, o autor cria um mosaico antropológico cultural, a partir dos detalhes observados e analisados na vida e no habitat do jangadeiro e na jangada, entre a terra e o mar. Aí, chega-se a confundir, por momento, a voz do jangadeiro com a do escritor: "Todos sabem que sereia existe" (p. 14). De quem seria a voz? Eis a sutilidade escritural cascudiana, em que alguns historiadores alegam que Cascudo "chuta" muito.

Também se percebe, nesse livro, o tom ponderável do tempo existencial de Cascudo, um escritor de transição entre o mundo oral e o escrito: foi testemunho vivo e ocular dessa virada secular entre o sertão e o litoral, a carroça e o automóvel, o jumento e a bicicleta, tendo em conta todas as transformações modernas. Assim, tentou resgatar na memória temporal o máximo dos acontecimentos desse período, considerando as tradições e os costumes dos grupos humanos e das sociedades que desapareciam com a verve moderna. Desse modo, desenvolveu-se a temática jangada/jangadeiro, entre o espaço antigo e o moderno, clímax e decadência desses lobos do mar. É impossível *Jangada* passar isento desse contexto geral da obra cascudiana.

O texto fala da vivência e da sobrevivência de um grupo humano: os jangadeiros. Enfoca o elemento primordial de uso e de profissão desses homens: a jangada, instrumento, hoje, praticamente anulado pela necessidade populacional e pela demanda tecnológica do mundo contemporâneo. Cascudo frisa bem tal problemática no decorrer desse ensaio etnográfico. O livro fala, portanto, sobre o universo existencial e operacional do jangadeiro e da jangada brasileira, levando em conta todo um processo arqueológico e arquetípico universal, dentro da teoria funcional e comparativa.

Jangadeiros e jangadas existiram nos quatro cantos do globo terrestre, embora em instâncias diferenciais – por exemplo, na Índia e no Brasil antes da colonização (Igapeba ou Pipiri), descrita pelos historiadores quinhentistas e missionários que aqui estiveram no momento do descobrimento. Ambas diferentes em suas origens. Um modelo universal com suas formas diferenciais: eis o Cascudo platônico.

Cronologicamente, o livro pode ser dividido em duas partes: a primeira é o capítulo "O Jangadeiro", em que se descreve o homem e o seu habitat (terra/mar), com todas as suas tradições e os seus costumes (superstições, economia, educação, estrutura familiar, culinária etc.), dentro de uma visão antropológica cultural; a segunda é o capítulo "Presença no Brasil", entrecruzado por uma introdução etimológica do nome "jangada". É aí que se dá o desdobramento da evolução ou transformação da jangada brasileira pelas modificações da vela, da bolina e do remo de governo, analisadas por Cascudo. Nessa parte, expõe-se toda a origem, a nomenclatura, a construção, a geografia e a finalização da jangada no Brasil, relevando o litoral nordestino como espaço operativo e vital desse instrumento de trabalho e sobrevivência.

As questões mais problemáticas no livro são:

a. o olfato ou a visão determinando a perseguição dos tubarões em torno das jangadas, carregadas de pescado;
b. o coqueiro ou o cajueiro como elemento favorito ou operacional na vida do jangadeiro;
c. o pauperismo, entre a pobreza da pescaria e a do pescador, condicionando o homem ao meio;
d. o cronológico da primeira jangada a vela no Brasil.

As duas primeiras são mal solucionadas: os elementos verificáveis foram insuficientes, inclusive a bibliografia utilizada. Cascudo opta pelo olfato e pelo cajueiro:

por que não a simultaneidade de olfato e visão ou de coqueiro e cajueiro, marcando a ação de tubarões e jangadeiros? As outras são melhor resolvidas através de vasta bibliografia e de uma teoria mais fundamentada e consistente.

Jangada é um livro que parte do espaço local (litoral nordestino) como experiência vivencial, inserido num contexto nacional e mundial, determinando o limite geográfico da ação do trabalhador e da embarcação brasileira, com todas as suas possíveis influências e transformações no tempo, sob uma metodologia funcional e indutiva, numa visada etnográfica sem nenhuma concessão. [B. P.]

JANGADEIROS [42]. Segundo nos informa no prefácio o diretor do Serviço de Informação Agrícola do Ministério da Agricultura, que publicou esse livro, sua edição teve como propósito "tornar acessíveis aos professores, etnólogos, sociólogos e técnicos as peculiaridades das regiões típicas do país".

Em tempos de afirmação e institucionalização nacional das pesquisas sobre folclore, concretizadas na Comissão Nacional do Folclore e, mais tarde, na Campanha de Defesa do Folclore Brasileiro, Câmara Cascudo, o "maior folclorista brasileiro", precursor que mantinha relações tensas com aqueles movimentos, como aponta Luís Rodolfo Vilhena[1], traz para compor a tipicidade do país o mundo nordestino da jangada e dos jangadeiros.

Nas preliminares do livro, assinadas na Cidade do Natal, no dia de São Pedro, Câmara Cascudo apresenta as credenciais de sua narrativa: "No fim da rua onde me criei encalhavam as jangadas, outrora. Ainda são elas fabricadas por amigos meus. A curiosidade, nos vários planos da infância e maturidade, levou-me a conviver com jangadeiros, compadres e confidentes". E, ainda nas preliminares, o autor informa aos leitores – aqueles etnólogos, professores, sociólogos e técnicos citados no prefácio – que "Notas, livros, amizade com velhos mestres de jangada, veteranos de mar e vento, credenciarão este depoimento".

Como aponta Marcos Silva na discussão de um outro texto do autor, a ênfase recai numa etnografia que é tributária da memória pessoal muito mais do que dos recursos de campo ou de gabinete[2]. Para além da memória pessoal, as outras fontes que articulam a narrativa do etnólogo/memorialista e cientista social, como cronistas e viajantes diversos e relatórios de várias capitanias de portos do Nordeste, parecem assegurar não só a cientificidade da pesquisa, como emoldurar o relato originário da primeira. Vez por outra, a articulação entre as diversas partes do relato, assentadas no tratamento científico proposto pela terceira pessoa do singular, é garantida pela intromissão de um "eu" – e muito mais raramente de um "nós" –, que se evidencia em locuções como "ainda assisti dançar o rei do coco jangadeiro" ou "já não alcancei as violas praieiras que meu pai dizia inseparáveis dos domingos jangadeiros".

---

1. Luís Rodolfo Vilhena, *Projeto e Missão: o Movimento Folclórico Brasileiro 1947-1964*, *op. cit.*
2. Marcos Antonio da Silva, "Câmara Cascudo e a Erudição Popular", *op. cit.*, p. 332.

Compondo, nos capítulos I e III, uma breve informação histórica sobre a presença da jangada, no Brasil e no mundo, e de suas técnicas de construção – "Jangada que usa prego vira no mar com toda certeza" –, tema de um outro estudo finalizado em 1954[3], é nos outros cinco capítulos que Câmara Cascudo adentra a geografia, os espaços e práticas do trabalho e os costumes e tradições dos jangadeiros do Nordeste brasileiro.

Identificando os limites da geografia jangadeira brasileira, aponta a presença da jangada em inúmeras praias dos estados de Alagoas, Pernambuco, Paraíba, Rio Grande do Norte e Ceará. Presença que, segundo o autor, prolongando-se nas águas inquietas do Atlântico, anuncia aos visitantes o "trabalho brasileiro [...] tarefa diária dessa vida primitiva e bravia". Trabalho jangadeiro que desenvolvido por mais de quatro mil pescadores em cerca de 1.400 jangadas, do litoral do Alagoas até as águas do Ceará, alimenta mais de 25 mil bocas.

Essa geografia jangadeira ganha em especificidade, familiaridade e afetividade quando se refere ao Rio Grande do Norte. Percorrendo o litoral do Estado praia a praia, o autor avança para o mar, identificando os lugares mais freqüentados pelos jangadeiros, percorre grutas, cabos, baixios, canais, arrecifes, referindo-se ao tipo de pesca praticado em cada local e deliciando-se em apontar os mistérios e perigos que, de acordo com as tradições orais, estavam associados a cada um desses lugares.

Mas é quando se refere à cultura material, vivências, rotinas de trabalho e, principalmente, à psicologia do jangadeiro que o texto de Câmara Cascudo revela-se mais instigante. Ganham destaque temas como hábitos alimentares, danças e cantigas, a importância das tradições da oralidade, as relações de vizinhança e parentesco.

Num desses trechos, um dos mais ricos do livro, em que tematiza a pesca do voador – "o mais proletário e fácil dos pescados brasileiros" e que em todo o percurso, de Natal até às praias paraibanas, vai matando a fome as populações litorâneas e do sertão –, Câmara Cascudo produz uma narrativa vivaz, que tece articulações sutis e emocionadas entre a cultura material da economia pesqueira do litoral nordestino e os costumes e tradições dos jangadeiros, demonstrando sua análise etnológica refinada

Acompanhando o calendário e os circuitos da pesca do voador, descrevendo as técnicas de seu preparo, o autor nos remete aos ritmos de vida das praias jangadeiras. Nessa narrativa/depoimento, o período da safra do voador é a época das feiras, bailes, lanternas mágicas, mamulengos. É também a época de

[...] pagar dívidas e abrir novos créditos, pedir mão de moça, raptar donzela ou mulher casada sensível, fazer roupa nova, fumar charuto com rótulo, ter um sapato espelhante, justar contas com inimigos, compor pazes, convolar núpcias, deixar a mulher, amigar-se com o amor imprevisto, dar presentes à Igreja e batizar filho chorão. Tudo pago pelo voador.

No entanto, logo após essa rica descrição dos modos de viver dos jangadeiros, que se animam na época da safra do voador, assumindo o papel de tradutor/mediador entre esses modos culturais do viver popular e as tradições letradas, Câmara

---

3. *Jangada – Uma Pesquisa Etnográfica* [41].

Cascudo nos informa que devido à taciturnidade tranqüila que lhe impõe a profissão, "o pescador de jangada não dispõe de um vocabulário expressivo e fácil para nos traduzir as visões da vida jangadeira".

É no papel de tradutor e mediador dessas tradições e vivências que Câmara Cascudo identifica uma psicologia e organiza uma antropologia do jangadeiro nordestino. Dialogando ironicamente com a cultura intelectual de seu tempo e afirmando sua erudição, o autor nos informa que esses objetivos mais gerais do livro foram alcançados prescindindo da ajuda de Freud e sem incomodar Frobenius nem Huizinga. Em sua formulação, condicionado, ou quase determinado, pelo meio ambiente e pelo silêncio que lhe impõe a profissão, o pescador nordestino, capaz de mostrar-se um "Nijinsk do bambelô", dono de grande energia lúdica e de uma sensibilidade viva e virgem, encontra-se preso a um temperamento lacônico, reservado e bisonho.

Os modos culturais de viver dos jangadeiros e as virtudes que os mesmos encerram, desafiados pela alfabetização e pela moral corrompida da vida urbana, "sob a pena de morte", devem adaptar-se às novas condições, perdendo a força de sua pureza primitiva. É nessa operação de organização sintética de uma psicologia e de uma antropologia, a partir das caracterizações dos modos de viver desses pescadores, desenvolvidas ao longo de todo o texto, que Câmara Cascudo traz para compor a tipicidade brasileira a figura do jangadeiro nordestino.

A leitura atualizada de *Jangadeiros* parece propor que um dos desafios colocados para o pensamento social é o de apreender criticamente essas importantes tradições dos estudos folclóricos brasileiros, indagando sobre a força projetiva dessa e de outras formulações em nossas atuais pesquisas, concepções e teorias sobre a dinâmica das culturas populares no Brasil. [H. F. C.]

JERÔNIMO ROSADO (1861-1930): UMA AÇÃO BRASILEIRA NA PROVÍNCIA

[43]. A obra sobre Jerônimo Rosado inscreve-se entre os estudos biográficos que Cascudo dedicou a figuras do Rio Grande do Norte. Contando pouco mais de setenta páginas, ao volume foram acrescentados, na edição da editora Pongetti, dois outros trabalhos versando sobre Jerônimo Rosado, de autoria de Vingt-Un Rosado, os quais perfazem dois terços do livro.

O mais extenso dos capítulos, o terceiro, assume um lugar de destaque na urdidura do livro. Nele, o autor realiza um recuo cronológico para permitir ao leitor a compreensão dos incansáveis trabalhos que Jerônimo realizará e que serão expostos nos dois capítulos seguintes. Nele, igualmente, estão revelados traços do método de composição que orientaram essa, como ele chamou na dedicatória, "História" de Jerônimo Rosado.

Jerônimo Rosado nasceu no sertão da Paraíba, em 1861, de pai português, agricultor e criador de gado. Em 1885, órfão, deixa o balcão do comércio e segue para a Corte, para estudar Farmácia na Faculdade de Medicina do Rio de Janeiro.

Abre-se para Jerônimo um período de formação. As adversidades enfrentadas por ele integram as provações que terá de enfrentar no Rio de Janeiro. Para reconstruir essas provações, Cascudo mobiliza recursos estilísticos de escritor competente, estruturando o capítulo sobre uma série de contraposições que repousam sobre uma base comum: a oposição entre duas realidades culturais e geográficas, o Rio de Janeiro cosmopolita e o sertão rude, presente no temperamento e nas posturas de Jerônimo.

Logo de início, na primeira atitude que Jerônimo manifesta em face da visão da cidade, o leitor pressente sua resistência e lê o sinal da vitória diante do embate que será desencadeado: "O meio milhão de habitantes do Rio de Janeiro não o atordoam nem estarrecem." (p. 37 da edição da Ed. Pongetti). Alheio à buliçosa vida literária do Rio de Janeiro, Cascudo faz o leitor visualizar Jerônimo, que "no seu quartinho de pensão humilde, estudante sem mesada, estirava a roupa amarfanhada com uma garrafa. A engomadeira era luxo. Devia lavar, discretamente, a roupa branca, inacabável, pelos cuidados" (p. 37).

À vida interior cultivada por Jerônimo, na entrega ao labor intelectual metódico e seguro, Cascudo contrapõe o mundanismo da sociedade carioca, na qual o prestígio é conferido aos que manejam a palavra fácil: "O Parlamento era um viveiro de eloqüência. As famílias ricas davam festas deslumbrantes. O Imperador Pedro II não oferecia festas, o que Jerônimo imitaria" (p. 38).

Em meio às paixões que incendiavam a mocidade do tempo, irrompem os hábitos sertanejos de Jerônimo:

> Dizia-se republicano. Não bebia vinho. Detestava o cheiro do charuto. Comia canja todos os dias, mesmo no camarote do teatro. Não canja de galinha mas, preferencialmente, de macuco, jaó, a nossa zabelê. Homem sem infância, filho sem mãe, "maior" antes de tempo, era uma alma compreensiva, solitária, álgida. Estudava hebraico de madrugada, culto e simples, sem que jamais animasse a defesa intelectual do regímen. Era um piloto fatalista, ausente de todas as bússolas doutrinárias (p. 38).

Com a conjunção adversativa que abre o parágrafo seguinte, Cascudo sugere o reencadeamento do confronto, realçando a força imperiosa do meio carioca sobre o sertanejo: "Mas o Rio de Janeiro era cidade imensa, derramada pelos morros, alongando-se na orla do mar, avivada pela moldura de vegetação incomparável, num conjunto sedutor de metrópole tropical, suja, brilhante, acolhedora, inesquecível" (p. 38).

Sedução logo neutralizada pela indiferença de um caráter superior, temperado nas resistências:

> Jerônimo Ribeiro Rosado, segundo-do-nome, era rapaz tranqüilo, consciente, lógico. O pai morrera. 1877 esvaziara a pequena fortuna. [...] enfrentando o desajustamento do seu temperamento com aquela alegria sonora de cidade povoada de boêmios, serenatas e lirismos noctívagos. Era um sertanejo sem lamúrias, sem intimidades, sem pedidos insistentes (pp. 38-39).

Seguem-se outras contraposições, que operam como estratégias de persuasão empregadas pelo autor[4]. Concebido por Cascudo como "motivo de alta intensidade

---

4. Peter Gay, *O Estilo na História*, trad. Denise Bottmann, São Paulo, Companhia das Letras, 1990, p. 177.

humana", Jerônimo emerge nessa biografia como o indivíduo que se singulariza diante da coletividade, dos "tipos genéricos" (pp. 10-11), corroborando a imagem do pioneiro, patriarca fundador de extensa descendência, que ele nomeou, numerando os filhos em latim e francês, formando-os no amor à terra, preparando-os para a continuidade nos negócios e no poder que se conservou por décadas após sua morte. O empreendimento intelectual que incluiu a escrita de uma "História de Mossoró", na qual Jerônimo cintila como mito fundador e herói civilizador[5], deu, entre outros resultados, a Coleção Mossoroense, que editou e reeditou a biografia de Jerônimo Rosado, tendo publicado inclusive outros títulos de Cascudo, entre eles *Notas e Documentos para a História de Mossoró*, de 1955[6].

Ao servir-se fartamente, nessa biografia, de escritos de memorialistas e do depoimento pessoal dos descendentes e membros da parentela de Rosado, Cascudo, extremando o caráter de mutilação que está na origem da reconstrução da história, esculpiu uma figura adamantina, sem fissuras, que pode ser facilmente conduzida à categoria de vida exemplar, digna de ser imitada[7]. Somente valorizando o depoimento de testemunhas vivas dos eventos do passado, segundo afirmou em prefácio de uma obra publicada em 1965, poderia o historiador cumprir sua tarefa, a de insuflar vida a um mundo desaparecido, permitindo reconstituir essa "história real de nossa família política"[8], a que o tempo conferiu homogeneidade e eliminou os escolhos, para junto do leitor "recordar esses mortos, para que a memória deles não morresse também [...]" (p. 13).

Concluído o ciclo de formação de Jerônimo, Cascudo constrói uma cena final, postando-o na contemplação do caminho novo que se descortinava. Por meio da imaginação literária, que permite ao autor adentrar-se onde as fontes documentais não alcançam, Cascudo ausculta os sentimentos íntimos do herói:

Terminara a etapa. Olhava, enamorado, a Carta de Farmacêutico. Para ela e não para o Rio de Janeiro envolvente, o Sul sedutor, volvia a esperança do trabalhador. A demora em voltar era o exame para o reajustamento no sertão, no sertão legítimo, abrindo novo ciclo na vida esforçada. Não lhe passou pela cabeça continuar no Rio de Janeiro, agora titulado num curso superior (p. 43).

Apto para iniciar a ação na província, o herói retorna, muda-se para Mossoró, situado setenta léguas a nordeste de Natal, empório comercial da região[9], monta

---

5. A noção de "herói civilizador" foi aplicada pelo próprio Cascudo a Rosado e explorada criticamente por Francisco Fagundes de Paiva Neto, *Mitologias do "País de Mossoró"*, Mossoró, Fundação Vingt-Un Rosado/ETFR/Uned; João Pessoa, Secretaria de Educação e Cultura, 1998 (Mossoroense/C/1056).
6. Luís da Câmara Cascudo, *Notas e Documentos para a História de Mossoró* [61]. Sobre a Coleção Mossoroense ver: José Lacerda Alves Felipe, "A Coleção Mossoroense: Tendências de Editoração", 3º Fórum de Cultura de Mossoró. Sem local, datilografado, sem data.
7. A idéia de mutilação do conhecimento histórico está em: Paul Veyne, *Como se Escreve a História*, trad. Antonio José da Silva Moreira, Lisboa, Edições 70, 1987, pp. 23-24.
8. Luís da Câmara Cascudo, *História da República no Rio Grande do Norte* [35].
9. Francisco Fausto de Souza, *História de Mossoró*, 2ª ed., Mossoró, Fundação Vingt-Un Rosado/ETFRN/Uned, Mossoró, 1995, pp. 21-23.

farmácia, manipula fórmulas, empenha-se nas lutas redentoras da época: açudagem, estradas de ferro, exploração mineral, instrução pública.

Jerônimo não foi à Corte em busca de fortuna, nome na política, glória literária. Esse itinerário de tantos moços das províncias do Norte para o Sul, no Império, entrando pela República, com a intensificação da supremacia de uma região sobre a outra, passou para a escrivaninha dos literatos nordestinos, à medida que se forjava o discurso regionalista do século XX. A mesma contraposição entre as duas regiões foi tematizada por uma ficção que podia fazer o herói nordestino ser tragado pelo Sul, como em José Américo de Almeida, mas em geral fazia triunfar no final as forças telúricas atuantes no indivíduo, no *ser* nordestino[10], como ocorre em romance precursor de Mário Sette, ou num romance de Gilberto Freyre, e é testemunhado nas memórias íntimas de intelectuais como Oliveira Lima e Joaquim Nabuco[11].

Ressaltando em Jerônimo o itinerário dos filhos que retornam e aplicam na província uma modernidade técnica abrandada pelo amor telúrico, Cascudo, que já havia notado e lamentado essa tendência moderna de drenagem de jovens das pequenas cidades para os grandes centros urbanos[12], revela a empatia que o aproxima de seu biografado. Cascudo também realizou a viagem de Jerônimo, absorvendo uma cultura universal, mas recusando as oportunidades de viver fora de sua Natal provinciana. Foi fixado no casarão da rua Junqueira Ayres, n. 393, que o "professor de província" realizou obra de alcance nacional. [R. A.]

JOIO [44]. Esse livro, o segundo de Câmara Cascudo, representa um conjunto de textos que se insere na história da cultura brasileira numa época em que a literatura era o espaço hegemônico da vida cultural do país: a época do Modernismo. São textos que apontam para a necessidade da pesquisa da realidade local, refletindo, de alguma forma, o ideário nacionalista que se desenharia nas primeiras décadas do século XX e, ao mesmo tempo, significam uma tentativa de atingir um pensamento e uma prática cosmopolitas. O contraponto dessa tentativa seria, no entanto, o ambiente provinciano acanhado e conservador, do Rio Grande do Norte e do Nordeste, elementos geradores de uma tensão que se manifesta nos seus primeiros escritos. Nesse sentido, vanguarda, cosmopolitismo, nacionalismo e regionalismo tomam forma na obra do ensaísta Câmara Cascudo e se apresentam como elementos problematizadores para o seu entendimento.

---

10. Sobre o discurso regionalista nordestino e as noções essencialistas como a de *ser nordestino* ver Durval Muniz de Albuquerque Junior, *A Invenção do Nordeste e Outras Artes,* Recife, Fundação Joaquim Nabuco/Massangana, São Paulo, Cortez, 1999.
11. José Américo de Almeida, *Reflexões de uma Cabra,* 2ª ed., Rio de Janeiro, INL/Leitura, 1971 (1ª ed., 1922); Mário Sette, *Senhora de Engenho,* Recife, ASA, 1986 (1ª ed., 1921); Gilberto Freyre, *Dona Sinhá e o Filho Padre,* Rio de Janeiro, José Olympio, 1964; Fernando da Cruz Gouveia, *Oliveira Lima – Uma Biografia,* Recife, IAHGP, 1976; Joaquim Nabuco, *Minha Formação,* 5ª ed., Brasília, UnB, 1963 – especialmente, o capítulo "Massangana".
12. Luís da Câmara Cascudo, *Ontem: Maginações e Notas de um Professor de Província* [65].

Com o subtítulo "Páginas de Literatura e Crítica", *Joio* traz nas suas páginas finais vários "Excertos da Crítica sobre o *Alma Patrícia*" [1]. De João Ribeiro ao Conde Affonso Celso, de Rocha Pombo a José Américo de Almeida, do argentino Luís Emílio Sotto ao Conde d'Eu, todos elogiam o *mérito* do primeiro livro de Luís da Câmara Cascudo. A mesma unanimidade não se daria em relação a *Joio*: pelo menos Mário de Andrade não gostou muito do livro, e expressa claramente, numa carta enviada ao seu autor, a sua preferência pelas *Histórias que o Tempo Leva*... [37], que formam um *livro*, numa concepção mais inteiriça e completa[13]. É necessário, então, informar que *Joio* fora publicado a partir da junção de vários textos cuja origem é a contribuição jornalística de Câmara Cascudo à imprensa potiguar. Além dessa apreciação, Mário de Andrade observou mais dois, digamos, "defeitos" em *Joio*: "Nas suas críticas há *uma mistura de bom e mau* que me atordoa. Aliás isso não tem importância porque é opinião minha, pessoal. Em todo caso admirou-me *a facilidade dos seus entusiasmos*" (p. 32, grifos meus).

Em concordância com Mário de Andrade, e com ressalvas ao ecletismo ainda não de todo examinado pelos estudiosos da obra de Câmara Cascudo, tomamos como ponto de partida de análise uma amostragem contida na coletânea *Joio*, que é o lugar de onde o ensaísta potiguar alça o seu vôo em direção ao reconhecimento da crítica cosmopolita... brasileira.

Na parte do livro que se denomina "Páginas de Crítica" salta aos olhos o entusiasmo com que o autor descreve os renomados intelectuais que circulavam na vida literária carioca e que ele irá tomar como modelo cosmopolita. Diga-se de passagem, Câmara Cascudo conviveu plenamente naquele meio, quando da sua temporada no Rio de Janeiro como estudante de medicina. A escritura do material referido é fruto daquela experiência e ao mesmo tempo é um esforço no sentido de recriar em Natal um ambiente propício às letras. Numa linha elogiosa, desfilam em *Joio* vários personagens: Elísio de Carvalho, Menotti del Picchia, Agripino Grieco, Laurindo de Brito, Rocha Ferreira, Jorge de Lima, Benjamim Costallat, Adelino Magalhães, Medeiros e Albuquerque, Fidelino de Figueiredo. Na descrição de todos eles fica patente a preocupação com o exemplo de talento, genialidade, criação pessoal, renovação, erudição, elegância e versatilidade; atributos que ficarão para sempre na personalidade de Câmara Cascudo como um ideal a perseguir pela via do cosmopolitismo[14].

---

13. Cf. Mário de Andrade, *Cartas de Mário de Andrade a Luís da Câmara Cascudo, op. cit.*
14. Adotamos como noção de "cosmopolitismo" aquela estritamente ligada à modernidade, como esclarece Jorge Schwartz: "Superados os preconceitos que o termo cosmopolita possa provocar, o século XIX chega à acepção mais corrente até hoje, que vê o cosmopolita como o cidadão capaz de adotar qualquer pátria. Mais ainda: o homem cosmopolita é aquele que, em conseqüência da multinacionalidade, é capaz de falar muitas línguas e transportar-se de um país para o outro sem maiores dificuldades. Isso não impede, no entanto, que autores de grande cultura universal, e verdadeiros cosmopolitas do ponto de vista de sua produção textual, nunca tenham saído de seus lugares de origem" (p. 6). Jorge Schwartz, *Vanguarda e Cosmopolitismo na Década de 20: Oliverio Girondo e Oswald de Andrade*, São Paulo, Perspectiva, 1983.

Faltaria, no entanto, autenticidade e verossimilhança ao nosso personagem, se não o víssemos pelo outro lado da medalha, qual seja, o sentimento localista que, de igual peso na cultura brasileira, permitirá ao futuro autor de *Vaqueiros e Cantadores* [82] uma visão das manifestações regionais brasileiras. Por essa via, o mesmíssimo autor cosmopolita de *Joio* admira aqueles que falam do interior do país: Gustavo Barroso, Roquette Pinto, Lucilo Varejão. Lembremo-nos, também da referência, que já se fizera em *Alma Patrícia* [1], à figura exótica do poeta natalense Ferreira Itajubá como um pastoril no meio de tantos plumitivos franceses...

No ensaio sobre o pernambucano Lucilo Varejão, Câmara Cascudo pratica a chamada "crítica viva" quando opina e informa sobre nomes e obras que, no calor da hora, nunca tinham antes aparecido aos leitores da provinciana Natal. Os três primeiros parágrafos do ensaio caracterizam a literatura brasileira como "em formação" e, portanto, com vida e espaços abertos "a qualquer planta". Após se referir ao "tumulto das correntes estéticas de hoje" em meio perverso e criador de glórias efêmeras, destaca a figura de Monteiro Lobato, cujo "malabarismo clássico-brasileiro [...] realiza o milagre de ser lido duas vezes". A agitação paulista é nomeada:

São Paulo sacode numa dissonância de *Cathedrate Engloutie*, a *Paulicéa Desvairada* ou *O Homem e a Morte*. Para o intenso viver das gentes ocupadas na onda verde do café, a sonoridade verbal do Menotti, as linhas "esquisses" de Oswald de Andrade ou Raoul Pollilo, versos mussetianos de Guilherme de Almeida ou caipirismos de Cornélio Pires, passam e deslumbram como o abre-fechar de uma datilioteca (p. 89).

O intuito do ensaio, no entanto, é chamar a atenção para o abismo entre o Norte e o Sul do país e, naqueles anos de poesia, clamar pela construção de um romance nacional... que sairia do Norte (leia-se "Nordeste"): "O romance, como a mais perfeita expressão de cultura ambiente, só representará o Brasil legítimo se sair do Norte. Não é separatismo. É exclusivamente a construção artística de um scenario que a Europa tem parcamente influído" (p. 90).

Sintomaticamente, se temos em mente a imensa força do movimento regionalista nordestino, já ativo naqueles anos, Pernambuco aparece para Luís da Câmara Cascudo como o mais brasileiro de todos os estados. Raro momento em que se percebe uma sintonia perfeita entre o pensamento cascudiano e as idéias regionalistas de Gilberto Freyre:

[...] Pernambuco de história tão vasta e tão longa que é a própria história do Brasil por muitos séculos, está na obrigação moral de agir fortemente.
Se algo existe de novo, é demasiado novo. Pernambuco efigia tipicamente o Brasil. Vive por crises. Crise de letras, crise de finanças, crise de política. Na minha simpatia pelo Estado, vive o desejo de vê-lo, maior ainda do que está e menos do que merece. Para o seu viver intelectual, vários nomes animam um futuro melhor (p. 90).

Enquanto se restringe a uma apresentação das manifestações literárias do Rio Grande do Norte, no seu primeiro livro, em *Joio*, Câmara Cascudo tenta a "desprovincianização" e faz a leitura de vários escritores e poetas brasileiros e argentinos. O livro, que se divide em três partes, apresenta na sua primeira parte um conjunto de crônicas nas quais o autor dá os seus primeiros passos como aquele que irá representar literariamente a memória cultural que se deposita nos mitos. Interessa, nesse caso, o ponto de vista do sujeito que reflete sobre a Modernidade, uma "força fatal" desmistificadora que, no entanto, encontra na tradição dos costumes enraizados na memória uma resistência. É essa a tensão presente na maioria das onze crônicas.

Ainda em *Joio*, chama-nos a atenção o aspecto "indicial" das primeiras obras de Câmara Cascudo, elemento fundamental para a compreensão do conjunto da sua obra. Se é possível para o analista seguir as pistas que o autor vai deixando ao longo dos seus textos, abre-se uma perspectiva para a compreensão dos eixos básicos que norteiam o conjunto visado e, então, desfaz-se relativamente a aparência assistemática que o leitor pressente numa primeira leitura da obra cascudiana. Na verdade, muitos dos aspectos desenvolvidos por ele, posteriormente, já estão presentes como gérmen nos seus primeiros livros e esparsos.

Para concluir esta rápida leitura, fiquemos com as palavras finais do cronista de "Natal à Noite", a segunda "página de literatura" de *Joio*, que é um modo de elogiar a cidade do Natal que ele trouxe para a literatura:

> Perduram no ar as notas sonoras da estridência guerreira do galo. Aparece mais alguém, depois outros. Grupos descem, vagarosos e calmos. Pelas oficinas já existe um sussurro de vozes, um tinir de ferros. Nas gares, as locomotivas fremem sob pressão. Luzes espreitam pelas frinchas das janelas. Apagam-se as filas luminosas das lâmpadas. Sacolejam-se, no calçamento, as primeiras carroças. Recolho-me. Pelo céu, desdobra-se, multiplica-se, alarga-se, uma imensa nódoa luminosa [...] (p. 18, grifo meu)[15].

[H. H. A.]

---

15. Foram também referências para esse verbete os textos: Antonio Candido, *Literatura e Sociedade*, 6ª ed., Rio de Janeiro, Nacional, 1980 e *Formação da Literatura Brasileira: Momentos Decisivos*, 5ª ed., Belo Horizonte/São Paulo, Itatiaia/Edusp, 1975, 2 vols.

LENDAS BRASILEIRAS [45]. A edição inaugural desse livro, de 1945, foi planejada e produzida por Leo Jerônimo Schidrowitz, com grande requinte: papel preparado especialmente pela Klabin, a Litografia Luccano imprimiu os 21 desenhos ilustrativos de Martha P. Schidrowitz. Da mesma artista plástica, é a cabeça de cobre que ornamenta a capa, baseada em cerâmica indígena e realizada pelo Ateliers Reunidos. Os Schidrowitz figuraram como co-autores da obra. Nas edições seguintes, somente o nome de Cascudo é mencionado e as ilustrações são de Poty, com um adendo: "Vocabulário e Informações".

Algumas lendas são narradas a partir de relatos escritos, mencionados no adendo, e outras foram recolhidas oralmente pelo autor. A narrativa é clássica, concisa, direta, empática e com poucos comentários. Às vezes, beira o verso branco. Esse volume é antecedido pela *Antologia do Folclore Brasileiro* [31] (1944) e seguido pela *Geografia dos Mitos Brasileiros* [28] (1947). Essa preocupação com a variedade e geografia estava em sintonia com a dissolução de um regime centralizado e autoritário, o Estado Novo, e o reaparecimento dos problemas regionais. Eis a seleção:

NORTE – "A Lenda da Iara"; "Cobra Norato"; "Sapucáia-Oroca"; "Barba Ruiva". Lendas de extração indígena, centradas na questão da metamorfose e da grande floresta.

NORDESTE – "A Cidade Encantada de Jericoacoara"; "Carro Caído"; "Senhor do Corpo Santo"; "Mangas Jasmim de Itamaracá"; "Morte de Zumbi". Lendas calcadas no ciclo pecuário sertanejo ("A Cidade Encantada" e "Carro Caído"), na presença holandesa ("Senhor do Corpo Santo"), no catolicismo de renúncia ("Mangas Jasmim") e na resistência negra ("Morte de Zumbi").

LESTE – "O Frade e a Freira"; "A Serpente Emplumada da Lapa"; "O Sonho de Paraguassu". Todas calcadas em bases católicas: a renúncia ao amor em "O Frade e a Freira", a fundação de uma cidade num contexto de misticismo, a magia em "A Serpente Emplumada" e a inclinação cristã dos índios em "O Sonho de Paraguassu".

SUL – "Negrinho do Pastoreio"; "A Lenda da Gralha Azul"; "Fonte dos Amores"; "A Virgem Aparecida"; "A Lenda de Itararé". As duas primeiras remetem aos pampas.

"A Fonte dos Amores" e "A Virgem Aparecida" remetem à fundação do Passeio Público no Rio de Janeiro e à fundação do culto e da igreja em Aparecida do Norte (São Paulo). E a última ("A Lenda de Itararé") refere-se ao ciclo das bandeiras.

Centro – "Tatus Brancos"; "A Missa dos Mortos"; "Chico Rei"; "Romãozinha". As duas primeiras estão relacionadas ao ciclo das bandeiras, sendo que a primeira evoca um contexto de canibalismo e vampirismo e a segunda é atestada na Península Ibérica. "Chico Rei" remete à festa de Reis e "Romãozinho" é uma fábula goiana com desfecho moral.

Algumas considerações podem ser feitas com proveito. Cinco das lendas referem-se a fundações de vilas, cidades, cultos, logradouros e baseiam-se em eventos plenamente históricos. Em "O Sonho de Paraguassu", o autor relata o substrato histórico e depois a lenda. Esse material é precioso para antropólogos e psicólogos, pois mostra como a imaginação popular se apropria de eventos históricos e os transforma em lendas e mitos. Nesse caso, o veículo para a transformação é uma estátua que causa profunda impressão ou à qual se atribuem milagres.

Outra dimensão digna de referência é a presença de mitos e lendas originárias de outros povos que não os ibéricos. A história e, especialmente, o desfecho de "O Frade e a Freira" remetem a *Tristão e Isolda*. Intrigante é a presença da serpente emplumada, símbolo central de uma divindade centro-americana, numa lenda católica da fundação de uma cidade (Lapa, na Bahia). Em o "Senhor do Corpo Santo", Jesus aparece na forma de um mendigo, como o profeta Elias nas lendas do judaísmo popular, o que seria compreensível pela grande presença de cristãos-novos na Colônia. Há uma ausência significativa na seleção nordestina, pois a presença de tradições mouriscas é bem atestada, inclusive na música. De maneira geral, há uma acentuação da tradição ibero-católica em detrimento de outras.

"Negrinho do Pastoreio" é a mais impressionante síntese dos horrores da escravidão negra no país. Uma criança trabalha e sofre desmandos nas mãos de um fazendeiro caprichoso. Perde uma corrida em que o patrão apostou muito dinheiro e, depois de surrado, é colocado num formigueiro por três dias, depois do que seu corpo desaparece para ser visto, eventualmente, por tropeiros e boiadeiros que perdem seu gado. A referência ao calvário de Jesus é direta. É intrigante que essa lenda tenha se difundido no sul do país, onde a escravidão negra era bem menor que no Nordeste ou no Sudeste.

Mas há uma explicação para o desvario desse europeu nos trópicos: o mundo dos aborígenes era apavorante, com suas oníricas metamorfoses (Iara, Cobra Norato) e tentações de abdicar do Cristianismo pelo amor de uma linda índia. Sabedoria teve o europeu Caramuru, dando filhos a Paraguassu, o que possibilitou à índia ter sonhos premonitórios com a Virgem Maria.

Ainda em 1945, os cultos afros e indígenas não podiam ser evocados pelo autor. Quebrava-se a resistência, apagando a identidade. Trabalho vão, pois eles ainda estão aí, na realidade e na escrita de outros antropólogos e folcloristas. [R. S. S. B.]

LITERATURA ORAL [46]. Quando apareceu a série História da Literatura Brasileira, coordenada por Álvaro Lins e editada pela José Olympio na década de 1950, na coleção Documentos Brasileiros, um fato parecia inusitado e notável: O volume VI, por Luís da Câmara Cascudo, trazia o título *Literatura Oral*.

Apesar das críticas que depois foram feitas ao paradoxo da denominação literatura oral, nesse caso, podemos dizer que, para além de uma estratégia lúcida, trata-se de uma conquista, que não voltaria a se repetir. É que, guardando o modo de ser, o específico e os circuitos da criação popular, não se excluiu essa presença do conjunto que representa a nossa literatura, inscrevendo assim a literatura popular tradicional na série literatura brasileira.

Cascudo justifica dizendo que a denominação é de 1881, e aproveita para, através daí, apresentar um grande panorama que, no fundo, termina sendo um painel de sua obra. Ao nos falar de Paul Sebillot e de seu conceito, utilizado acerca da *Haute Bretagne*, repete o mestre dizendo: "A literatura oral compreende aquilo que, para o povo que não lê, substitui as produções literárias".

Hoje, já não podemos pensar em substituição mas em um modo de criação que tem seu registo próprio. Não se trata de substituir mas de recriar nos suportes possíveis, e em sua própria linguagem, uma poética – a tradicional, que se expressa em várias escalas e utilizações da letra e da voz.

Em posfácio de *A Letra e a Voz*, de Paul Zumthor[1], mencionei como seria fundamental a continuação desse caminho aberto por Cascudo. Pioneiro, vivo, desbravador e cheio de encanto, sem perder a oportunidade para um comentário sugestivo, uma alusão bem realizada.

Guardadas as inflexões dos comentários de época, de suas matrizes ideológicas e do que isso implica enquanto adesão ao "folclore", há, no entanto, nessa, como em outras de suas obras, uma vivência inigualável, a força de um conhecimento que não se improvisa e que, afinal, vai nortear os caminhos de uma vida e de uma obra, a mais importante que já se realizou entre nós, nesse domínio.

O livro é composto de dez capítulos muito bem articulados logicamente. No primeiro, discute técnicas e fundamentos; no segundo, discorre sobre o que chama de espécies de oralidade, mas trata de gêneros orais e de suas relações. E aí, contempla a variedade e riqueza da transmissão e da recriação, inclusive dos jogos infantis, dos jogos de linguagem de parlendas e advinhas, das formas mnemônicas que organizam e conduzem complexas poéticas orais.

Um outro fator de modernidade, ao situar os materiais, é aquele que concerne à narração e ao ato de narrar. É assim que o autor nos fala de condições específicas e localizadas, a depender da relação do sujeito narrador com o seu ouvinte. É a integração sensível do pesquisador com o seu objeto. Ele nos diz que "as fábulas, contos de aventuras, apareciam no decorrer de uma amizade que se tornara íntima" (p. 81).

---

1. Paul Zumthor, *A Letra e a Voz*, trad. Amálio Pinheiro e Jerusa Pires Ferreira, São Paulo, Companhia das Letras, 1993.

E também destaca o que concerne à oralidade e informação, alcançando até os aspectos fonemáticos-semânticos, como é o caso de ter observado com minúcia a nasalidade, quando da emissão de certos gêneros orais, o que Geneviève Calame Griaule viria a estudar tantos anos depois, na África[2], como tão bem nos lembrou Bráulio do Nascimento.

Nos três capítulos seguintes, articula questões e oferece subsídios sobre a participação indígena, negra e ibérica. Mesmo ainda preso à idéia dos três grupos formadores, omitindo as tensões de vária espécie, as lutas sociais, nos traz muitos elementos, alguns em segunda mão, outros por ilação e outros resultados de observação, que oferecem subsídios para refletir e aproveitar caminhos.

O interessante é que, apesar da divisão tripartite, ele não deixa de perceber que "segunda geração brasileira, mamelucos e curibocas, 'cabras' e mulatos, foi a estação retransmissora, espalhando no ar as estórias de seus pais". Estava consciente da importância da mestiçagem (ou melhor dizendo da sobreposição) como organizadora do nosso texto de cultura. Apesar de aí ter deixado de lado outras etnias, sabemos como elas estavam sob a sua prospecção – por exemplo, tradições como a judaica e a árabe.

O sexto capítulo trata do que denomina fontes impressas, e aí, enfoca, com propriedade, os romances ibéricos e sua permanência na tradição oral brasileira, trazendo importantes subsídios para a história da recepção e da leitura entre nós.

Intercala e coloca no capítulo VII toda uma discussão teórica que vai levar à sua pesquisa do conto popular, e ao método histórico-geográfico – motivos e elementos. Segue-se no VIII uma pequena antologia do conto popular brasileiro.

Nos últimos capítulos, IX e X, configura a recriação mais especificamente brasileira, no que toca aos romances, como os do ciclo do gado ou a gesta dos valentes e os autos populares e as danças dramáticas (denominação de Mário de Andrade) para os nossos folguedos, como as congadas e o bumba-meu-boi[3].

Ao percorrer sua biblioteca (em 1994), observando desde a constituição do acervo às suas marcas de leitura, pude entender melhor o alcance de sua procura e a dimensão do seu trabalho. Se existe algo coerente e articulado é a organização desse corpo de livros, que reflete o perfil de um intelectual, pesquisador e escritor como Câmara Cascudo.

Comparatista, identificado com a escola finlandesa, com os motivos e tipos de Aarne & Thompson, rastreador incansável de temas e suas redes, extensões e canais de comunicação – essa obra do potiguar aponta para o universal, e daí retorna trazendo elementos precisos para explicar o fato regional, a partir de uma perspectiva mais ampla.

Não se identificando com as conquistas do mais recente século XX, omitindo questões sociais da maior importância, ele nos traz, no entanto, instrumentos que são indispensáveis, para entender e nos aproximar de repertórios ainda vivos, sobre-

---

2. Geneviève Calame Griaule, *Pour une anthropologie des voix*, Paris, Harmattan, 1993.
3. Mário de Andrade, *Danças Dramáticas do Brasil*, op. cit.

tudo nos sertões do Brasil, e até nas grandes metrópoles, para onde se deslocaram e deslocam contingentes migrantes.

Esse livro cumpre o papel de germinadouro e é, em si mesmo, um monumento, tanto no que toca aos repertórios levantados, quanto pela intuição que faz dele um panorama, um ponto de partida e também de chegada. Estão aí previstos também vários delineamentos para sua obra, então em curso, como está contido o rebatimento daquela já realizada. Aí, encontramos, bem nitidamente, a presença de *Vaqueiros e Cantadores* [82], *Geografia dos Mitos Brasileiros* [28], *Cinco Livros do Povo* [11] e, entre outros, as próprias antologias que preparou.

Audacioso e sutil, já estudara nas décadas de 1940 e 1950 a performance, o corpo e o gesto, as condições físicas da performance e sua relação com o receptor. Marca ainda muitos pontos nos comentários que estabelece, relacionando o *corpus* observado ao mundo que para ele representava a modernidade, os novos meios de transporte e de comunicação.

Ao nos falar dos folguedos assistidos, ele os transmite para nós como os elementos vivos da literatura oral: "um mundo sonoro e policolor aglutinando saldos de outras representações apagadas na memória coletiva, resistindo num verso, num desenho coreográfico". Corpo e gesto são contemplados e a noção de performance se insinua e afirma mais uma vez, para dar conta desse território de plurissensorialidade-multiplicidade visual e sonora.

Porém o que mais impressiona é o desenho que faz de toda uma tradição, vindo a formar um corpo de referência necessária, que vai dos gêneros orais e de seu conhecimento aos textos das literaturas universais que com ela interagem.

Passando da teoria ao vivenciado, de elencos estabelecidos, a partir da leitura de obras fundamentais da literatura portuguesa, dos visitantes estrangeiros e dos historiadores do Brasil-colônia, essa obra faz-se uma espécie de baliza. Mas é também uma possibilidade de avaliação do "grande texto oral", passando pela teoria dos gêneros orais e de sua exemplificação à observação daquilo que ele considera as fontes de nossa literatura oral. Daí ao livro impresso, à relação oral/escrito que nos conduz àquilo que venho considerando as "matrizes impressas do oral".

Há ainda nesse livro um ponto notável e lúcido, motivação para muitos estudos a se fazerem, apesar de ela ter dicotomizado excessivamente. É quando aponta para a literatura tradicional do seguinte modo:

1. Exclusivamente oral (o que não é bem assim, sabemos que oral e escrito se completam em diversos níveis e que seria melhor dizer dominantemente oral, ou de realização oral).
2. Os livrinhos orais, a versificação popularizada desses livrinhos – com ou sem fixação tipográfica (ele nos diz), essa matéria pertence à literatura oral.

E é esse um dos momentos em que sua contribuição se faz, de fato, muito importante pois aí se oferece toda uma documentação, que nos permite alcançar a constituição dessa literatura da voz, tão assentada também em tradições letradas, que por sua vez apontam para um lastro mítico e para um conjunto de práticas de transmissões vocais e populares.

Diríamos que a obra de Teophilo Braga é um dos maiores apoios de Câmara Cascudo, inclusive os *Livros do Povo Português* (aliás, citado tão discretamente), que oferece também subsídios para os *Cinco Livros do Povo*, como pude verificar[4].

Mesmo depois dessas conquistas, o autor se perde em considerações obsoletas sobre o folclore e sua ciência, o que chega a nos parecer um despropósito. Só a título de curiosidade, lembremos que Propp publica sua *Morfologia do Conto* em 1928 e Jakobson e Bogatirev, o seu trabalho *O Folclore, Forma Específica de Criação*, em 1923[5].

Passar no entanto por essa obra fundante da cultura brasileira é compreender o alcance de um autor que, ancorado na tradição comparatista, por sua sensibilidade e conhecimento, intui, alcança e verifica a construção de toda uma poética. Envereda pela arquitetura dos signos que se intensificam nesse grande texto oral. Aí se ampara a construção de nosso lastro de Brasil, pela criação das vozes populares, intérpretes de uma tradição que inclui desde as mitopoéticas ao conjunto de livros e impressos que, em nossos tempos coloniais, marcaram história e presença, resistência às proibições e realizaram adaptações às possibilidades mais correntes da vida social e dos seus públicos leitores/ouvintes. [J. P. F.]

O LIVRO DAS VELHAS FIGURAS [47]. Nasceu de uma iniciativa do Instituto Histórico e Geográfico do Rio Grande do Norte, através de seu presidente, Enélio Lima Petrovich. Luís da Câmara Cascudo era sócio benemérito da instituição e com ela colaborava, ocupando cargos na diretoria e participando de seus eventos. A publicação dos seis volumes, saídos até dezembro de 1999, deve-se, pois, ao empenho da direção daquele Instituto.

Luís da Câmara Cascudo utilizou, em incontáveis momentos de sua vida literária, a maneira rápida, objetiva e muitas vezes sentimental, de abordar temas os mais variados. Eram crônicas destinadas à publicação periódica, não devendo, por isso, ocupar um espaço maior que uma lauda, sempre por ele mesmo datilografada numa antiga máquina portátil.

Zila Mamede registra, no seu levantamento da obra de Luís da Câmara Cascudo, a data de 18 de outubro de 1918 para a primeira de suas crônicas no jornal natalense *A Imprensa*. Circulando a partir de 15 de novembro de 1914, é bem possível que sua colaboração tenha se iniciado a partir desta última data. A falta daqueles jornais impede uma mais correta afirmação.

O Livro das Velhas Figuras foi concebido em comum acordo com o próprio escritor, como uma forma de trazer ao público, de maneira mais cômoda e acessível, aquelas

---

4. Theophilo Braga, *Livros do Povo Português*, Lisboa, Era Nova, 1881.
5. Vladimir Propp, *Morfologia do Conto*, trad. Jaime Ferreira, Lisboa, Veja, 1978; e Jakobson e Bogatirev, *O Folclore, Forma Específica de Criação*.

antigas, mas sempre interessantes, crônicas que se escondiam nas páginas de velhos jornais. São escritos, na sua grande maioria, publicados sob o título de "Acta Diurna".

Em crônica datada de novembro de 1965 e intitulada "Era uma Vez um Livro" – a primeira "Acta Diurna" do primeiro volume –, é o próprio Cascudo que apresenta a história daqueles escritos e indica o ano de 1938 como o início da série, publicada nos jornais *A República* e *Diário de Natal*. E os define: "É um documentário de figuras do Rio Grande do Norte. Prata da casa".

Sua experiência com escritos seqüenciados é bastante anterior: "Notas de História" foram iniciadas em agosto de 1930; "Biblion" e "Biblioteca" – crônicas literárias –, começaram em junho de 1928 e abril de 1939, respectivamente. Tiveram vida curta, as três, comparadas à longevidade da "Acta Diurna".

A 3 de agosto de 1943, Cascudo publicou a crônica "Que Quer Dizer 'Acta Diurna'?" na qual esclarecia: "'Acta Diurna' era uma espécie de jornal diário, uma folha onde os acontecimentos do dia eram fixados pelas autoridades de Roma, para conhecimento do povo. Pregavam-na a uma parede num dos edifícios do Forum". Mais adiante, caracteriza a "sua": "A minha é uma *Acta Diurna* que recorda o pensamento que presidiu meu dia. Fixo a minha impressão diária sobre um livro, uma figura ou um episódio, atual ou antigo.

Dei-lhe batismo latino porque a intenção é honrar o passado, nas suas lutas, alegrias, tragédias e curiosidades."

A seqüência dos volumes de *O Livro das Velhas Figuras* editados até a data da presente publicação é a seguinte:

1º volume

Edição do Instituto Histórico e Geográfico do RN, com auxílio do Conselho Federal de Cultura; 156 páginas e 71 capítulos. Impresso na Gráfica Manimbu, Natal, 1974.
Orelha: Sanderson Negreiros.
Apresentação: Enélio Lima Petrovich

2º volume

Edição do Instituto Histórico e Geográfico do RN, com auxílio do Conselho Federal de Cultura; 166 páginas e oitenta capítulos. Impresso na Gráfica Manimbu, Natal, 1976.
Orelha: Manoel Rodrigues de Melo
Apresentação: Enélio Lima Petrovich

3º volume

Edição do Instituto Histórico e Geográfico do RN, com auxílio do Conselho Federal de Cultura; 149 páginas e 62 capítulos. Impresso na Gráfica Manimbu, Natal, 1977.
Orelha: Sanderson Negreiros.
Apresentação: Enélio Lima Petrovich

4º volume

Edição do Instituto Histórico e Geográfico do RN, com auxílio do Conselho Federal de Cultura; 161 páginas e 71 capítulos. Impresso na Gráfica Manimbu, Natal, 1977.
Orelha: Enélio Lima Petrovich
Apresentação: Thadeu Villar de Lemos

5º volume

Edição do Instituto Histórico e Geográfico do RN, com auxílio do Conselho Federal de Cultura; 133 páginas e 49 capítulos. Impresso na Gráfica Manimbu, Natal, 1981.
Orelha: Onofre Lopes
Apresentação: Enélio Lima Petrovich

6º volume

Edição do Instituto Histórico e Geográfico do RN, com auxílio da Internacional Engenharia S. A.; 149 páginas e 62 capítulos. Impresso na Cooperativa dos Jornalistas de Natal, 1989.
Orelha: Vicente Serejo
Apresentação: Enélio Lima Petrovich

Além dos volumes referidos, mais quatro estão preparados para publicação:

7º volume

Edição do Instituto Histórico e Geográfico do RN, 155 páginas.
Orelha: Olavo Medeiros Filho
Apresentação: Enélio Lima Petrovich

8º volume

Edição do Instituto Histórico e Geográfico do RN, 145 páginas.
Orelha: Paulo de Albuquerque Maranhão
Apresentação: Enélio Lima Petrovich

9º volume

Edição do Instituto Histórico e Geográfico do RN, 145 páginas.
Orelha: Dorian Gray Caldas
Apresentação: Enélio Lima Petrovich

10º volume

Edição do Instituto Histórico e Geográfico do RN, 145 páginas.
Orelha: Vânia Gicco
Apresentação: Enélio Lima Petrovich

As "velhas figuras", personagens que alcançaram evidência ou desempenharam papéis de destaque na vida local, são o que mais caracteriza o título escolhido. Políticos, administradores, religiosos, militares, revolucionários, homens do direito, do governo, do ensino, da iniciativa privada, figuras, enfim, cuja vida se destacou e que foram encobertas pelo manto ingrato do esquecimento; são esses os principais destaques do *O Livro das Velhas Figuras*.

O personagem popular, humilde e, às vezes, anônimo e escondido sob um simples apelido, recebeu, entretanto, igual atenção e cuidadoso tratamento, visando evidenciar sua passagem ou o papel que desempenhou na vida local.

Além das figuras humanas, encontram-se ainda, em *O Livro das Velhas Figuras*, a descrição e a análise de acontecimentos históricos, eventos importantes para a história local, bem como o fato simples, elemento do costume, componente da cultura popular; tudo examinado na perspectiva humana dos personagens que o produziram.

Fazem parte, também, do elenco das velhas figuras, minuciosos relatos e descrições de lugares, cidades, acidentes geográficos, obras construídas pelo homem, artísticas ou não, num persistente objetivo de estudar-lhes as origens, de explicar-lhes o nome, de fixar sua importância no decorrer do tempo.

Em meio a esses elementos destacam-se outros que vão ampliar, ainda mais, o horizonte das figuras retratadas por Câmara Cascudo: os musicistas.

Muitos sabem, mas poucos se interessam em valorizar a atividade musical de Luís da Câmara Cascudo. Havendo estudado piano na juventude, utilizava os conhecimentos que possuía para improvisar e acompanhar as músicas de sua época, desde as velhas e sentimentais modinhas aos agitados ritmos dançantes que chegaram com o início do século. A muitos esclareceu que pianista era a sua esposa; ele era apenas "pianeiro". Como tal, participava de concorridos saraus familiares, animando-os com o seu repertório sempre atualizado. A sua casa era ponto de passagem obrigatória das serenatas que, muitas vezes, ali encerravam sua peregrinação pelas ruas desertas, quando o sol já tomava o lugar da lua, no horizonte da cidade.

Não se criou ou organizou movimento musical em Natal sem que se pudesse contar com a presença estimulante de Luís da Câmara Cascudo na diretoria, como presidente de honra ou como orador entusiasmado e insubstituível. Foi professor de História da Música no Instituto de Música do Rio Grande do Norte, criado em 1933, e incentivou pessoalmente as instituições e as noitadas musicais no velho teatro Carlos Gomes.

Foi grande o número de "Acta Diurna" versando sobre personagens da música do Estado e neles se encontra uma íntima ligação, uma sintonia de emoções que só se verificaria de músico para músico. Embora havendo escrito sobre nomes locais pertencentes a outras áreas artísticas, foi no campo musical que buscou, encontrou e destacou o maior número de personagens. Essa é uma faceta muito pouco divulgada da atividade do mestre Cascudo. Assim, entre as velhas figuras das mais diversas atividades, aparecem os velhos músicos do Estado, compondo, igualmente, *O Livro das Velhas Figuras*, o grande álbum de recordações norte-rio-grandenses. Ali estão evidenciados desde os velhos boêmios seresteiros aos eruditos, maestros cujos conhecimentos aparentemente os distanciariam dos primeiros, mas que são nivelados pela carinhosa e colorida visão do mestre.

Cascudo assumira desde tanto tempo a confecção da série "Acta Diurna" como uma prestação de um serviço a seu povo: "Era uma maneira de servir à minha terra e à minha gente, restituindo-lhes a vivência dos acontecimentos e das vidas dignas de memória".

As crônicas curtas e de aparente simplicidade escondiam o árduo trabalho que as anteciparam: "Raros, bem poucos, avaliariam o trabalho obstinado, meses e meses, para um pequeno resultado, passado sem a atenção na rapidez da leitura".

O Livro das Velhas Figuras continua e amplia essa atuação, indo resgatá-la das páginas de velhos jornais, cujo acesso tornara difícil a procura e penosa a leitura.

Nos volumes publicados e nos muitos que ainda virão, Luís da Câmara Cascudo continua, mesmo fisicamente ausente, a fazer justiça e salvar do esquecimento fatos há tanto tempo passados e os seus protagonistas humanos, na saudosa evocação das suas velhas figuras. [C. A. P. G.]

LOCUÇÕES TRADICIONAIS NO BRASIL. COISAS QUE O POVO DIZ [48].

Câmara Cascudo publicou dois livros com expressões tradicionais e populares colhidas por ele na "obstinação de tantos anos de simpatia" (p. 232): *Coisas que o Povo Diz* (C) e *Locuções Tradicionais no Brasil* (L). Os dois foram reunidos num mesmo volume em 1986[6].

Há duas principais diferenças entre os livros: o número de verbetes – 485 e 505 na primeira e segunda edições, respectivamente, de *Locuções Tradicionais no Brasil* e sessenta, em *Coisas que o Povo Diz*; o caráter mais lingüístico de *Locuções Tradicionais no Brasil* – o autor conta, no prefácio, que reuniu, nessa obra, locuções efetivamente *ouvidas* por ele durante os sessenta anos em que trabalhou como repórter e os cinqüenta em que foi professor – enquanto que, em *Coisas que o Povo Diz*, faz "um passeio através das idéias populares, comuns e naturais" (p. 232). De resto, os dois livros têm muitas características em comum que merecem atenção: são as noções de *uso*, de *fala* e de *povo* e as questões de *espaço* ("no Brasil") e de *tempo* ("tradicionais").

Em outras palavras, em *Coisas que o Povo Diz*, a maior parte dos verbetes não se ocupa de expressões lingüísticas ou do *que o povo diz*, mas antes do que o povo faz ou em que pensa ou acredita. É o caso, por exemplo, de "Vassoura atrás da porta" (C, p. 260), "Dormir na igreja" (C, p. 246), "Desejo de mulher grávida" (C, p. 277). São temas e figuras que se repetem e se mantêm, mas não são obrigatoriamente frases feitas ou locuções lingüísticas. Vejam-se, por exemplo, "Lagartixa de ouro" (C, p. 242), com os temas comuns do milagre, da metamorfose, da gratidão, da obediência, as figuras repetidas do ouro, da esmeralda e do rubi e a variação de lagartixa, escorpião, serpente; "Quem nasceu cego da vista..." (C, p. 29), em que se conservam

---

6. Luís da Câmara Cascudo, *Coisas Que o Povo Diz; Locuções Tradicionais no Brasil, op. cit.; Locuções Tradicionais no Brasil. Coisas Que o Povo Diz, op. cit.* A paginação citada no verbete é da última edição.

temas e figuras; "Atirei um limão verde..." (C, p. 292), em que se mantêm os temas da dedicação amorosa, as figuras de atirar, jogar e em que variam os objetos atirados – limão, maçã, lenço etc.

Os verbetes (um terço deles) que são retomados em *Locuções Tradicionais no Brasil* sofrem três tipos de tratamento: são recuperados integralmente (exemplo: "Deu no vinte!", L, p. 92 e C, p. 289); são apresentados no segundo livro de forma resumida e, nesses casos, o autor muitas vezes remete o leitor a *Coisas que o Povo Diz* (exemplo: "Candeias às avessas", L, p. 107, C, p. 269; "Ovelha negra", L, p. 220, C, p. 252; "Macaco velho não mete a mão em cumbuca", L, p. 178, C, p. 237; "Voz do povo, voz de Deus", L, p. 224, C, p. 233); são, raramente, mais desenvolvidos em *Locuções Tradicionais no Brasil*, em decorrência de pesquisas posteriores, em geral explicitamente mencionadas (exemplo: "São outros quinhentos!": "Estudando essa frase [*Coisas Que o Povo Diz*], apenas marquei rumo com as fontes disponíveis. Adianto um pouco" [L, p. 41]; "A pedra do escândalo": "Estudei o motivo no *Coisas Que o Povo Diz*, completando a informação" [L, p. 108]). O segundo caso, o de verbetes mais curtos e resumidos em *Locuções Tradicionais no Brasil*, é o que mais vezes acontece e a síntese deve-se em geral à retirada de citações, de exemplos, de polêmicas com estudiosos, de hipóteses de origem menos viável etc.

Em relação ao *uso*, é preciso observar que o autor não trabalha com a noção de freqüência de uso. Há, aparentemente, uma certa imprecisão e flutuação no conceito de *uso*, que podem ser percebidas nas observações freqüentes e genéricas que assinalam a continuidade do uso com termos como "continua", "ainda" e "também" – "ainda expressiva" (L, p. 38); "locução continua popular" (L, p. 39); "a locução, ainda contemporânea" (L, p. 49); "Frase ainda popular no Nordeste" (L, p. 225); "ainda corrente e viva no Rio de Janeiro" (L, p. 214); "continua expressiva e popular" (L, p. 161); "E a invenção pegou e viveu até hoje, como visgo em solado de sapato" (C, p. 306). Usadas, para o autor, são as locuções que ouviu em algum lugar e em algum momento de sua vida. As citações que seguem comprovam que o uso está relacionado principalmente com o fato de a expressão ter sido ouvida pelo autor, ainda que uma única vez: "jamais reparei o adágio ["Quem tem mazela tudo dá nela!"] nem meu Pai o repetiu" (L, p. 214); "Não documento a origem, mas comprovo a existência funcional do ditado. E digo como Y Juca Pirama: Meninos, eu vi!" (L, p. 52); "sou uma testemunha, uma memória sobrevivente desse ciclo que desapareceu quase por completo" (C, p. 271); "já não ouço, com a mesma freqüência" (C, p. 285).

Essa concepção de uso explica o emprego de um dos procedimentos argumentativos que fazem a delícia de ambos os livros: os exemplos de fatos vividos pelo autor, os "causos" que preenchem e enriquecem o texto:

Na noite de 25 de setembro de 1968, o meu velho amigo João Baptista de Medeiros veio ver-me, acompanhado da filha Teresa e do genro, Dr. João de Souza Leão Cavalcanti, flor de velhas roseiras pernambucanas. Visita viva, variada, evocadora [Nove Horas, L, p. 48]; Seria, evidentemente, antes de 1928. Estávamos no terraço, nas primeiras horas da noite. Meu pai, com tumor no polegar do pé direito, apoiava-o numa cadeira almofadada junto à vistosa rede nordestina ("Quem tem mazela tudo dá nela", L, p. 214); Um episódio policial de 1900, na Cidade de Natal, teve a mais lisonjeira repercussão. O Chefe de

Polícia, Dr. Francisco Carlos Pinheiro da Câmara, mais conhecido por Chico Farofa, ouviu de um ladrão de galinhas e explicação de que o furto fora cometido pela necessidade de atender ao desejo de sua mulher grávida. Mandou-o pôr em liberdade, pagando o preço das galináceas a fim de não prejudicar a gestante ("Desejo de mulher grávida", C, p. 277).

A narração de fatos vividos, com datas, lugares e pessoas que o leitor reconhece, é um dos procedimentos muito usados para fazer o outro acreditar na verdade das conclusões gerais extraídas dos casos particulares, ou seja, na realidade ou veracidade da locução usada.

Outro recurso utilizado pelo autor na mesma direção é o das pessoas gramaticais. Os textos empregam as duas projeções de pessoa possíveis: em terceira e primeira pessoa. Os discursos em terceira pessoa produzem os efeitos de sentido de objetividade, de distanciamento e de neutralidade e os em primeira pessoa, de subjetividade. O autor alterna os dois empregos, mas não ao acaso: a primeira é empregada quando se trata de discordar de outros autores ou de com eles polemizar ("Creio etiqueta esdrúxula [...]", L, p. 37; "não creio que a camisa fosse sinônimo de penalidade [...]", L, p. 38; "julgo bem pouco possível [...] na roça", L, p. 223; "não sei como mestre João Ribeiro escreveu", C, p. 275); e para contar os casos vividos, acima mencionados.

Em resumo, os dois procedimentos persuasivos empregados – a ancoragem em "causos" e a subjetividade da primeira pessoa – ajudam a construir a concepção de *uso* fundamental nos textos: pelo exemplo de fatos vividos e sentidos subjetivamente, constrói-se a verdade geral dos acontecimentos, no caso, lingüísticos. As locuções recolhidas, principalmente em *Locuções Tradicionais no Brasil*, são, portanto, verdadeiras, pois comprovadas pelo *uso* tal como aqui entendido. É essa passagem do particular ao geral que permite o emprego do termo *uso* e a qualificação de *popular* ou do povo que recebem as locuções e os ditos nos dois livros.

O segundo elemento a ser comentado é o da *língua falada*. As locuções foram *ouvidas* e não lidas, o povo *diz* e não escreve. O texto, no entanto, trabalha com a relação entre escrita e fala. Se a primeira condição do uso para o autor é a locução ter sido dita e ouvida, a escrita autentica o uso. É claro que, não havendo documentação escrita, prevalece o uso na fala ("os dicionários conspícuos, Morais até 1931, ou Frei Domingos Vieira, na edição do Tesouro, não o acolheram: nem por isso o Coió deixou de ter vida farta e milagrosa", L, p. 214). A escrita tem assim duas funções no texto: referendar o uso (sobretudo pelos dicionários); datar ou mostrar a antigüidade da locução ("Frase bem velha. Jorge Ferreira de Vasconcelos, na *Comédia Ulíssipo*, 1618 [o autor falecera em 1585], registrou-a, ato I, cena VII").

A questão de espaço – *no Brasil* – leva a dois tipos de considerações: as relações entre Brasil e Portugal e a regionalização no Brasil. O autor insiste, no prefácio de *Locuções Tradicionais no Brasil*, em que as locuções recolhidas foram ouvidas no Brasil e não apenas em Portugal. Deve-se observar, porém, que são poucos os casos de locuções originadas no português do Brasil, em geral, por influência indígena ou africana (Quantos cajus?. "Frase ainda popular no Nordeste. Refere-se à tradição dos indígenas tupis guardarem [...]", L, p. 225; "Malandrice astuciosa dos maridos brasileiros. É mais fácil mentir a senhora que enganar a mulher". Minha Senhora,

L, p. 37; "A inclusão da banana é que é made in Brazil". "Dar bananas", L, p. 120; "A redação do 'Vá pentear macacos!' é brasileira, pelo emprego de macaco, denominação indígena dos símios, vinda dos Galibis, da Guiana". "Pentear macacos", L, p. 47).

A maior parte das frases feitas tem sua fonte em Portugal, em outro país (e língua) da Europa, sobretudo França e Espanha, ou no mundo romano e chegou no Brasil por via do português de Portugal:

> Corresponde ao *prendre le chèvre*, valendo se *fâcher* de velho uso na França ("Amarrar o bode", L, p. 38); "Na *Comédia Aulegrafia* [42 v.], de Jorge Ferreira de Vasconcelos [1619]: "Cuidou levar a toa sua dama" (Andar a toa, L, p. 39); "É uma presença portuguesa, recebida da França, e abundantemente citada no *Ilustre Casa de Ramires*, de Eça de Queirós ["É da pontinha!", L, p. 220, C, p. 285]; "O imperador Vespasiano faleceu em Roma a 23 de junho do ano de 79 na Era Cristã. Dezenove séculos passaram. Dizia ele que a raposa mudava de pêlo mas não de costumes. *Vulpem pilum mutare, non mores*. O sertanejo continua convencido de que "a raposa muda de cabelo, mas não deixa de comer galinhas" ("Provérbios", L, p. 42).

O *tempo da tradição*, por sua vez, nos dois livros de Câmara Cascudo é pouco marcado – as locuções são colocadas quase que "fora do tempo" – e caracterizado apenas pelo aspecto de um tempo que dura, que permanece. É o tempo da memória, das reminiscências, das sobrevivências:

> Quanto registamos é parte mínima do patrimônio possuído pela memória do Povo ("Quem tem mazela tudo dá nela!", L, p. 214); "Reminiscência das obrigações devidas aos Párocos, creio que a frase..." ("Quinhão do vigário", L, p. 214); "Restou uma sobrevivência, boiando na linha das superstições que foram enviadas pelos castelhanos e portugueses às terras da América" ("Viver de chinela emborcada", L, p. 217); "O Povo guardou a imagem que nos veio de Portugal" ("Ficou com a calva à mostra", L, p. 219); "Na voz do Povo é outra contemporaneidade do milênio ("Mente por todos os dentes", L, p. 219, C, p. 279); "São reminiscências francesas, [...] ("Mão beijada", L, p. 42); "É uma das contemporaneidades do milênio" ("Arrancar a máscara", C, p. 244); "Tinham permanecido no vocabulário como imagens populares e o português trouxe a frase para o nosso uso normal" ("Está frito", C, p. 267).

As observações feitas sobre o tempo e o espaço apontam os efeitos de sentido *arcaizante* e *universalizante* que caracterizam as frases feitas.

O caráter *arcaizante* resulta da colocação fora do tempo e de sua duração e também de elementos da construção gramatical das frases feitas e mais particularmente dos provérbios, tais como ausência de artigos e ordem das palavras.

O caráter *universalizante* das frases feitas e principalmente dos provérbios decorre também dos procedimentos mencionados. Câmara Cascudo insiste na universalidade das frases feitas que vieram de Portugal ou por meio de Portugal para o Brasil e que existem também em outros países:

> É a Ovelha Negra, *black lamb, brebis noir, Schaf Schwarse*... É a Ovelha Negra. Figura corrente na Europa, Ásia e Américas [É a ovelha negra da família, L, p. 220, C, p. 252]; Assim emigrou [de China, Japão, Tartaria, Sião, Índia, Espanha, Portugal] para o Brasil a soturna figura lúgubre [Uns gatos-pingados..., L, p. 217]; Essa técnica não pode ser invenção sertaneja e sim tradição na Europa [Emendar as camisas, L, p. 40]; Veio o jogo para o Brasil Velho e desapareceu, porque nunca o vi nem dele consta notícia em livro e conversa. Mas a figura ficou... [Deu no vinte, C, p. 289].

Com os procedimentos mencionados, o autor instala um locutor que fala com a voz de outros – da memória, do conhecimento dos antigos, de um mundo acabado, equilibrado e fora do tempo – e, também, um falante que põe em uso, num tempo e num espaço historicamente localizados, as locuções examinadas, os "causos" narrados. Com isso, juntam-se no discurso dois efeitos de sentidos contrários: as verdades "eternas" e sem fronteiras e os valores e crenças de um povo. Entende-se melhor, com essa duplicidade de vozes, a obra de Câmara Cascudo no campo da fraseologia no Brasil: as locuções são, ao mesmo tempo, tradicionais e populares, universais e brasileiras, antigas e atuais. [D. L. P .B.]

LÓPEZ DO PARAGUAY [49]. Como já se adivinha pelo título, esse livro é dedicado à controvertida figura de Francisco Solano López (1827-1870), que governou seu país durante a chamada Guerra do Paraguai.

Mesmo levando em consideração o grande número de assuntos a que se dedicou Câmara Cascudo, vale a pergunta: por que escrever um livro dedicado àquele ambíguo personagem? Na falta de outras informações sobre a obra, contentêmo-nos com o próprio autor, que atribui a oportunidade do livro à campanha, "inútil e paradoxal", de reabilitação da memória de López, que acontecia no Paraguai nas décadas de 1920 e 1930. Seus principais expoentes eram os escritores paraguaios Juan O'Leary e Carlos Pereyra. É contra essa revisão da história oficial paraguaia, estabelecida durante e imediatamente após o conflito, que se insurge Câmara Cascudo.

Além dessa, houve outras revisões da história favoráveis a López. São os muitos "revisionismos" que a história da Guerra do Paraguai contra a Tríplice Aliança (1864-1870) e a figura de López têm suscitado desde o início do século XX.

É, portanto, com o objetivo declarado de reconduzir López à sua real estatura histórica que Câmara Cascudo escreve esse curto ensaio. O resultado é um trabalho que, apesar de seus 72 anos, serve ao questionamento e à refutação do "revisionismo" que dominou boa parte da produção teórica de esquerda dedicada ao tema, escrita entre 1960 e 1980.

Câmara Cascudo dividiu seu livro em três partes muito desiguais: (1ª) "Tema Platino da Influência Brasileira"; (2ª) "Morte de Francisco Solano López"; e (3ª) "López – Bandeira de Campanha".

Na primeira parte, são rapidamente descritos os regimes políticos da região do Prata. O Império do Brasil é caracterizado como uma espécie de "S. Cristóvão gigante, pacificador de povos e estrangulador de monstros". Câmara Cascudo ressalta a tradição civil do Império e lembra que no Brasil, ao contrário do que ocorria no Uruguai, no Paraguai e na Argentina, dominados pela figura do "ditador e soldado", não existia o "militarismo político". O Brasil, finalmente, "como os gigantes das lendas infantis era ingênuo e bom porque era forte [...]"

De maneira simplificada, todos os conflitos do Prata foram explicados por uma vocação pacificadora do Império num ambiente turbulento de caudilhos e ditadores. Aqui, a unidade territorial e a forma monárquica sob os Bragança; na América espanhola, especificamente no antigo Vice-Reinado do Prata, um sangrento processo de balcanização e lutas internas que resultou na formação das repúblicas atuais.

Pela utilização de generalizações e metáforas inconsistentes, essa talvez seja a parte menos interessante do livro. Felizmente é, também, a menor delas.

Em 1º de março de 1870, a cavalaria brasileira matou Francisco Solano López em Cerro Corá, no Nordeste do país. Em curto combate a cavalo com os brasileiros, López recebeu um golpe de lança na altura dos rins. Ferido, apeou e com alguns de seus oficiais, entrou numa mata rala. Não conseguiu transpor um córrego diminuto. Abandonado, recebeu voz de prisão mas resistiu, caído, com a espada. Na luta, sua cabeça tombou na água diversas vezes. Meio afogado, recebeu golpes de sabre e um disparo fatal nas costas, à queima roupa. A morte de Francisco Solano López como que coroou sua biografia. Apesar dos justos reparos à sua personalidade e ao seu comportamento, não cabem dúvidas de que morreu como um bravo.

Nessa segunda parte do trabalho, Câmara Cascudo analisa as versões desse episódio, sempre utilizado pelos revisionistas como modelar da personalidade de Francisco Solano López. Mostra, com bom domínio de fontes primárias e secundárias, que não existe apenas uma versão da morte do dirigente paraguaio. Existem diversas, manipuladas conforme o interesse do narrador.

O que acontece com a figura de Francisco Lacerda, o Chico Louco ou Chico Diabo, nesse sentido, é exemplar. O cabo gaúcho, autor do golpe de lança que feriu gravemente López, aparece e desaparece dos relatórios oficiais conforme o interesse do comandante, general José Antônio Corrêa da Câmara, em atenuar as violências a que López foi submetido. A lança, o tiro e a cabeça seguidamente submergida, além de detalhes da luta desigual, desaparecem da terceira versão do episódio, escrita por Câmara. Termina eximindo-se explicitamente: "está portanto fora de dúvida que não dependeu de mim salvar-lhe a vida". O medo do general que esconde os fatos explica-se pelo antibelicismo de Pedro II, que preferia López preso e julgado no Rio de Janeiro em vez de massacrado pelo exército brasileiro.

Essa versão, na frase de Câmara Cascudo, "é a morte da lenda de Chico Diabo e o começo da morte legal do ditador". O laudo dos médicos que examinaram o cadáver de López, no entanto, atesta tanto o tiro como o golpe de lança. Chico Diabo, reabilitado, voltava a fazer parte da história oficial.

Dentre as inúmeras versões e os testemunhos paraguaios e brasileiros, vale destacar as frases do jovem oficial Floriano Peixoto, que estava na primeira carga de cavalaria que atacou as linhas paraguaias em Cerro Corá. Chegou quando o corpo de López se encontrava "estendido". Impressionado, escreveu a um amigo: "Que espetáculo, caro amigo! Não é possível descrever a alegria que causou o cadáver de López, esse malvado que surrava todos os dias sua própria mãe". Em outra passagem, o mesmo Floriano Peixoto deixa transparecer uma preocupante admiração pelo ditador: "De um homem d'aqueles é que nós precisamos no Brasil [...]"

A paradoxal conclusão da parte precedente, de que a morte foi o único gesto heróico de López em vida, teria sido usada para sua reabilitação no início do século XX. Segundo Cascudo, o López, "travesti de sociólogo e doutrinário", evocado por O'Leary e Pereyra seria uma figura de "pura imaginação" pois "López não possuía uma só virtude".

Ao longo do livro, Câmara Cascudo não economiza adjetivos em relação a López: "ditador grosseiro, desonesto, Impudico, covarde, sangüinário e louco, caluniador, selvagem com um sioux, venenoso como víbora, megalomaníaco, impulsivo, não amava ninguém", entre outros.

Mesmo com essa adjetivação excessiva, o autor faz um retrato ácido, quase uma caricatura, do Paraguai de López ao descrever a "imprensa servil", os massacres promovidos por López em San Fernando, quando se deram os processos por uma suposta tentativa de golpe, e o atraso do país, onde não existiria uma elite culta e nenhum título universitário.

O "plano ideal" de López, base de seu sistema de alianças, é corretamente avaliado por Câmara Cascudo. O objetivo de López a longo prazo parecia ser o de reviver o Vice-Reinado do Prata, sob seu comando, dada sua força militar, reunindo as províncias argentinas de Entre Ríos e Corrientes, o Uruguai e o Paraguai. Mau político, terminou isolado e em guerra com a Argentina, o Brasil e o Uruguai.

Segundo Câmara Cascudo, no Paraguai, a vida normal – entendo-se como normalidade a manutenção da lei e da ordem – teria se iniciado somente depois da guerra, com a morte de López. O Império, em outras palavras, teria trazido a civilização ao país guarani.

O revisionismo das décadas de 1920 e 1930 deve muito à figura de Juan E. O'Leary, escritor contratado por Enrique Solano López para recuperar a memória de seu pai – então declarado "traidor da pátria" –, condição necessária para seu acesso à herança de Francisco Solano López. Por volta da guerra do Chaco (1932-1935), López reabilitado já era um símbolo da resistência nacional. No governo Stroessner (1954-1989), foi definitivamente consagrado como símbolo nacional, ao lado de Bernardino Baballero, ex-oficial lopizta e, claro, Alfredo Stroessner.

O revisionismo dos anos 1970 ou a teoria imperialista da Guerra do Paraguai, segundo a qual Brasil e Argentina teriam sido manipulados pela Inglaterra com o objetivo de destruir um modelo nacionalista de industrialização, foi a favorita da esquerda populista latino-americana por meio de autores como Léon Pomer, na Argentina, Eduardo Galeano, no Uruguai, e Julio J. Chiavenatto, no Brasil[7]. Curiosamente, a direita paraguaia stroessnerista utilizou-se dessa versão da esquerda para justificar a derrota de López. Diversos autores já demonstraram os limites dessa abordagem ultrapassada, mas muito atual[8].

Ao negar a transcendência que as esquerdas argentina, brasileira e uruguaia atribuiriam a López, Câmara Cascudo entra no debate, fornecendo, com humor, o seu retrato do governante e de seu país.

---

7. Ver Ricardo Cabalero Aquino, Prólogo a *Memórias ó Reminiscencias Históricas sobre la Guerra del Paraguay*, de Juan Crisostomo Centurión, Asunción, El Lector, Imprenta Salesiana, 1987.
8. Ver: Moniz Bandeira, *O Expansionismo Brasileiro*, Rio de Janeiro, Philobiblion, 1985; e Diego Abente Brun, "La Guerra de la Triple Alianza: Tres Modelos Explicativos", *Revista Paraguaya de Sociología*, Asunción, Año 26, n. 74, 1989.

Como outros autores, limita-se a explorar os muitos flancos que López oferece. Nega sua condição de "herói nacional e derradeiro mártir da independência paraguaia", evocada por O'Leary. Não consegue, no entanto, explicar a sagacidade e a persistência de López, que durante seis anos resistiu aos exércitos de três nações com recursos infinitamente superiores, ainda que com sacrifício do país e de seu povo. Ficam, também, como um grande complicador as condições de sua morte, que lhe emprestam uma aura de santo supliciado. Definitivamente, não é fácil fechar uma imagem do personagem.

No final, repito o que Ricardo Caballero Aquino disse sobre o líder paraguaio: seu papel como símbolo é eterno, sua atuação histórica não. De forma despretensiosa, Câmara Cascudo joga lenha na fogueira do debate, interminável desde logo, sobre a figura do Mariscal López e sobre as razões da Guerra do Paraguai. Tendo em vista o que López foi e o que se diz que ele foi, está de bom tamanho esse retrato em cores fortes. [A. A. T.]

MADE IN AFRICA [50]. A África não é longe daqui: eis a impressão mais forte que nos fica após a leitura desse livro. Os temas da identidade e do multiculturalismo, ontem e hoje uma preocupação constante dos estudiosos da cultura brasileira, permeiam de maneira instigante os ensaios reunidos.

Resultado de uma viagem feita pelo autor à África, em 1963, cujo interesse maior era a pesquisa que vinha realizando para a elaboração de sua *História da Alimentação no Brasil* [30], *Made in Africa* não constitui propriamente um relato de viagem. Como diz o autor na apresentação do livro, trata-se, isto sim, de "observações africanas" e sua intenção foi principalmente a de verificar influências recíprocas, prolongamentos, interdependências.

Não se trata, pois, de descrição de lugares visitados. São notas e pesquisas reunidas por um viajante "que procurava informação que legitimasse, pela evidência imediata, continuidade ou modificação às verdades iniciais". E por verdades iniciais entendemos, tão logo iniciamos a leitura do livro, a profunda intimidade do folclorista com temas da cultura popular, advinda não apenas da investigação científica sistemática, mas sobretudo de uma vivência pessoal repleta de lembranças e imagens que insistentemente lhe sugeriam a África.

Nascido no berço de uma sociedade escravista, dez anos após a Abolição, Cascudo foi menino na cidade de Natal, de onde abriu a janela para o mundo. Antes mesmo de despontarem suas preocupações intelectuais, a África já era uma referência fundamental. Canções de ninar, brincadeiras, frutas, deuses e demônios povoavam a imaginação da criança e passaram a ocupar a mente do chamado Papa do folclore no Brasil. Assim é que em sua viagem à África, os "motivos pesquisados tinham a dupla nacionalidade sentimental".

Observador arguto e estudioso contumaz, suas observações africanas surpreendem pelo inusitado de alguns temas tratados. O viajante movimenta-se em território estrangeiro, disposto a verificar costumes, lendas, crenças, origens, semelhanças e diferenças. Interessa-lhe tanto a cultura brasileira como a africana, elementos de uma na outra.

Os ensaios reunidos em *Made in Africa* investigam, por exemplo, a trajetória da banana como "o mais popular africanismo no Brasil". Ficamos sabendo que, embora oriunda da Índia, a banana aqui chegou por intermédio dos africanos. E o autor resgata em textos de viajantes e de estudiosos que o antecedem, ou mesmo contemporâneos seus, citações que aludem à presença real e simbólica da fruta. Alimento indispensável na mesa de ricos e pobres, no Brasil ou na África, a banana tem presença diversa no nosso imaginário, seja por associação morfológica com o falo, seja porque representa o homem apático, moleirão, despersonalizado. E por que africanismo? Porque banana é vocábulo africano que designa a fruta trazida ao Brasil pelos negros. A brasileira, nativa, é pacova, ensina Cascudo.

E no terreno da alimentação, o mestre nos ensina mais: que o abacaxi é nosso e o ananás africano. Que o abacaxi não é o ananás e que a África não conhece o abacaxi. Que o abacaxi é uma variedade cultivada do ananás e que não há abacaxi silvestre. Que às margens do rio Abacaxi, no Amazonas, existia uma tribo de indígenas abacaxis...

Aprendemos ainda com Cascudo que farofa constitui o vocábulo banto mais corrente no Brasil, depois do africanismo banana. Embora sua pesquisa indique uma grande variedade tanto na forma de fazer a farofa como na própria denominação do alimento (farófia, falofa, farinha de pau, fubá de bombó), o autor afirma que "em Angola inteira a farofa é idêntica à que comemos no Brasil".

Mas a atenção de Cascudo, em suas andanças pela África, não se fixa apenas no motivo original de sua viagem. O autor observa com extremo interesse hábitos como o cafuné, a posição do socó, o gosto pela tipóia e pela rede, as formas de saudação, a umbigada, o andar rebolado, mostrando aproximações, adaptações e diferenças numa e noutra cultura. Interessante é perceber o que o olhar do folclorista seleciona na África e a maneira como confronta o que vê ao que ele já conhece e àquilo que são as suas lembranças. Informações colhidas pela observação, pelo estudo sistemático e pela memória constituem, dessa forma, os ingredientes básicos de *Made in Africa*.

Elementos da religiosidade popular também atraem a atenção do viajante e ficamos sabendo que a Rainha Jinga, soberana indomável, astuta, combatente obstinada da dominação do branco, morta há trezentos anos, é presença viva em toda a África. E que, "sem jamais saber da existência do Brasil, Jinga continua na memória brasileira, íntegra, feroz, na autenticidade do tipo voluntarioso, decisivo, legítimo, com a majestade da voz e da vontade ilimitadas e objetivas".

Não apenas deuses mas também o diabo preocupa Cascudo. Assim é que sua conclusão decepcionada de que "não há um Diabo legítimo, verdadeiro, típico, nas crenças da África Negra" leva à constatação de que o velho Belzebu, "sempre, inevitável, funcionalmente perverso" é coisa nossa.

Em considerações sobre a presença do negro na cultura brasileira e sobre diferenças entre negro e preto na África, no Brasil, e mesmo em Portugal, o autor pontifica: "a valorização negra para os olhos de outras sensibilidades humanas será um resultado lógico de indagações posteriores, verficações, pesquisas. Consciência pela comunicação legítima, imediata, direta". Cascudo demonstra grande sensibilidade para com o problema da democracia racial em nossa sociedade quando afirma: "não creio nas simpatias por decreto, solidarismo por imposição e movimento compreensivo advindo das proposições dos congressos, políticos ou científicos." O autor compreende a complexidade da questão e sabe perfeitamente que sua solução só poderá ser encontrada no terreno mesmo da cultura.

Esses são alguns dos temas tratados em *Made in Africa*. Há outros, todos curiosos e importantes na percepção do folclorista. Duas histórias, no entanto, atraíram minha atenção de estudiosa: "Quem Perde o Corpo é a Língua", história que lhe fora contada, desde menino, por uma antiga empregada da família. Mais tarde, em suas pesquisas, Cascudo encontrou algumas outras narrativas da mesma história, tanto no Nordeste brasileiro, como em Luanda. Lendo-as, lembrei-me imediatamente de Elias Canetti e o pavor que sua ama lhe impusera aos quatro anos de idade[1]. Versão européia de uma história africana ou brasileira, ou apenas um leitor sugestionado?

Já "Recado ao Morto" surpreende pelo ineditismo, pois, se aparece no Nordeste, "claro e sereno em sua estonteante banalidade", o mesmo não acontece no Sudeste brasileiro. O recado ao morto, "por intervenção graciosa de outro defunto, é tradição européia e não ameríndia", como afirma o autor. Curioso é que não tenha se espalhado pelas demais regiões do Brasil.

Made in Africa pode ter ficado esquecido por muitos anos. Afinal, num país que se dedicava a perseguir o desenvolvimento e ingressar a todo o custo na aldeia global, absorvendo mais e mais os valores da cultura americana-do-norte, é de se perguntar: que interesse teria despertado esse livro, quase terceiro-mundista, do mestre Cascudo?

Três décadas e meia depois, não é difícil afirmar que ele interessa a todo aquele que queira conhecer-nos, a nós brasileiros e à nossa cultura. [T. V. C. P.]

O MARQUEZ DE OLINDA E O SEU TEMPO [51]. Esse livro foi concluído em fevereiro de 1930. Trata-se de uma biografia de perfil clássico: o autor relata o desempenho ímpar do personagem, contraposto ao de outros políticos contemporâneos, de forma a torná-lo referência para os pósteros. Juntamente com o percurso político de Pedro de Araújo Lima, a narrativa reconstrói a história do Império para ali reconhecer a origem e as possibilidades de resolução de problemas ainda remanescentes na política brasileira do século XX. No capítulo intitulado "Preliminar" (escrito após a finalização do texto), Cascudo explicita sua tese: devido à predominância de uma prática de origem liberal e européia, desde o Império, o Brasil desconhecia agremiações políticas efetivas.

> Os dois partidos, Liberal e Conservador eram lados d'um ângulo reto. Seus programas copiavam-se mutuamente. Seus chefes eram os mesmos na prática, na identidade de ação, na coordenada técnica das aptidões pessoais [...]. O conservador é psicologicamente e fisionomicamente o liberal. A recíproca é certa também. Faltou-lhes unidade de comando [na medida em que] a doutrina [que orientou estes partidos nunca expressou] um corpo homogêneo de princípios mas uma soma de predileções pessoais dos chefes componentes [...]. [Isso aconteceu porque] seus mentores vieram de Coimbra [...] da Europa

---

1. Elias Canetti, "História de uma Juventude", *A Língua Absolvida*, trad. de Kurt Jahn, São Paulo, Companhia das Letras, 1987.

e do Congresso de Viena. A terra brasileira só lhes surgia como entidade geográfica [...]. Da Europa nos veio a idolatria pelas monarquias parlamentares dos ingleses e pelos reis democratas de França com suas Câmaras sonoras e lindas. [...] Ficamos depressa vivendo vida da Europa e sem a idade dela. (pp. 23-31)

Dessa escolha resultaram algumas decorrências. Em primeiro lugar o "desequilíbrio" que inviabilizou situações políticas duradouras, já que, em virtude da imitação do modelo europeu, estabeleceu-se uma "dessemelhança" entre lideranças e bases partidárias, "pois o brasileiro não era nada daquilo que se discutia e citava nas Câmaras". Em segundo, ficamos "enquistados, distanciados, ignorados por nossos vizinhos", pois o espelhamento na prática liberal européia impossibilitou a emergência de lideranças locais, ou do "soldado político", de "um arrebatador Rosas, caudilho e meneur". Houve "sempre no militar brasileiro o fermento da obediência ao poder civil que ele viu construir a nação. Na revolução de 3 de outubro de 1930, dirigida por soldados, foi imediatamente após o sucesso, entregue a civis". Ainda resultou que

o progresso brasileiro foi sempre de enxertia. Uma continuada tentativa de adaptações. [...] Nós nunca nos livramos da idéia do cotejo, de padrão, de modelo [...] É esse hábito renitente e tenaz de respeito, do respeito supersticioso ao que se está usando que torna macaqueante e cômica a nossa fisionomia internacional: (p. 29)

A figura e o desempenho de Araújo Lima foram a nota dissonante nesse cenário. Foi o "mais esquecido" dos estadistas do Império, por não ter deixado vestígios expressivos, apenas uma documentação esparsa e difusa. Não ter publicado livros, nem memórias, e sua atuação, sem o esperado brilho dos grandes oradores, não deu margem a anedotas ou origem a discursos memoráveis – "Olinda é tão difícil de ser visto em seu conjunto como em detalhe" –, fato que, de acordo com as "lentes liberais", levantaria dúvidas quanto "à sua eficiência". Entretanto, tal originalidade, encobria os traços do estadista exemplar para a política brasileira: o aproximador, o vértice do ângulo reto que mediava liberais e conservadores, o elemento que reuniu fatores de contato difícil, que fez situações e as administrou:

Olinda não se ilude com a magia da frase rápida e brilhante, nem o seduz o prestígio duma doutrina com o selo europeu. Calca o solo da pátria e nela se radica duro sério, pesado e sincero. Não tem a inteligência plástica de Nabuco de Araújo nem a palavra vitriólica de Zacarias [...] Sua mentalidade é de análise, de perscruta, de exame, de estudo. Não há nele o arrojo da experiência, a ousadia do inusitado, a obediência, a popularidade, a manutenção dos partidos. Olinda é uma entidade isolada, única, definitiva. Não muda, não acelera, não retrograda, não pára (p. 32). [Foi o perfeito] Rei Constitucional.

De onde provinha essa originalidade? Cascudo a explicou a partir de várias heranças. Da herança genética, Olinda recebeu "um temperamento frio, pausado, rítmico pela vontade". A origem social fez dele senhor de engenho – condição que nunca perdeu de vista, mesmo passando na Corte e no Parlamento a maior parte de sua vida –, descendente dos Araújos Lima e Cavalcantis, famílias tradicionalmente devotadas à Monarquia. A vivência histórica tornou-o um "liberal precavido", pois assistiu ao esboroamento do Absolutismo em Portugal, corroído pelas exorbitâncias dos monarcas; os excessos "inúteis" das revoluções liberais impulsionadas pelas paixões; a obra arguta da restauração na França, que desconstruiu sem estrondo as conquistas liberais; e especialmente, observou de perto a solidez da Monarquia parlamentar inglesa, que "não salta, não corre, não cai. Continua".

O autor identifica três momentos no percurso de Olinda: um de formação política e intelectual (1813-1830), período de contato com a Europa e início do desempenho parlamentar; outro de apogeu de sua carreira (1831-1850), circunstância em que se tornou regente e "Rei Constitucional"; e um terceiro, 1850-1870, quando o estadista, deixando o primeiro plano, atuou, quando chamado pelo Imperador, como um "poder moderador" entre os partidos.

No período de formação, o biografado incorporou e adaptou, mediante um cuidadoso procedimento de análise, as lições assistidas em Coimbra, no exercício parlamentar nas cortes portuguesas e na Constituinte brasileira, com as situações presenciadas na França, em 1824, e na Inglaterra, em 1821 e 1824. Dessas experiências, Cascudo considera que as mais importantes foram a participação nas cortes e as estadas na Inglaterra. No primeiro caso, destoando de outros deputados brasileiros que tiveram uma atuação contundente no enfrentamento com os representantes portugueses, a exemplo de Antônio Carlos de Andrada, Araújo Lima foi o único que não se deixou dominar pelo arrebatamento: "não atroa, não ruge, não ameaça [...] o estágio nas Cortes explicará sua ação posterior. Ele desconfiará de todas as fórmulas substitutivas, evoluções que não tragam a soma das experiências parciais. Ele será modelarmente um Poder Moderador". Por sua vez, na Inglaterra, "passava sem transição do parlamentarismo teórico das Cortes portuguesas, para um outro assente em bases profundas, evoluído em campanhas longas [...]. Seu espírito de raciocínio frio, de observação demorada ter-se-ia encantado com esse aspecto para ele inteiramente novo".

De Canning, observou a audácia de aderir aos *whigs* no que fosse conveniente, criando "pontes de ouro"; de Peel, a habilidade de transformar revoluções em reformas. Esse aprendizado permitiria que o Olinda conservador levasse liberais para seus gabinetes, criasse o partido progressista e morresse em oposição aos saquaremas (p. 66).

Definidos a origem e os traços do personagem, Cascudo narra detalhadamente seu desempenho parlamentar, no qual destaca o perfil constante que garantiria a Olinda o respeito de todos os partidos: "fala pouco, tem boas maneiras, sabe fazer diplomacia"; mantém-se eqüidistante dos grandes embates e mostra-se sempre solidário com os colaboradores dos inúmeros ministérios dos quais participou, procedimentos que lhe permitem relacionar-se com políticos de origens e matizes diversos.

Durante o primeiro reinado, colaborou com "saliência discreta" na Constituinte mediando, juntamente com Bonifácio, os desacertos entre o Imperador e "uma aristocracia de espírito que não o reconhecia apto a dirigi-la. O Imperador queria 'dar' uma Constituição. E a Constituinte queria 'fazê-la' " (p. 70). Nesse papel, Olinda nunca despertou suspeitas nos Andradas ou mesmo nos liberais mais expressivos.

Quando participou, por pouco tempo, do Gabinete de 20 de novembro de 1827, esforçou-se em recuperar a popularidade de Pedro I, tarefa difícil em virtude do comportamento imprevisível do soberano.

Na Regência, atingiria o apogeu de sua carreira justamente por não ter-se envolvido em grandes disputas. No período das Regências Trinas, foi notado, fato testemunhado pela discreta presença de seu nome em todos os escrutínios. Mais do que com os interesses particulares, Araújo Lima preocupava-se com a nação "estava desligado de todos os partidos esboçados. Não era naquele mar de sargaços emaranhado e flutuante, que seu espírito julgasse cimentar poderio e criar solidariedades. Pairava um pouco acima. Nem alto que as situações desaparecessem, nem baixo que nelas se imiscuísse" (p. 144).

Esse cuidado, aliado às decorrências da morte do Imperador e da implementação do Ato Adicional (especialmente as rebeliões), levou-o, ao lado de Bernardo de Vasconcelos, a organizar o "partido do regresso, núcleo irradiante do Partido Conservador" (p. 152). O compromisso de Olinda com a nação motivaria Feijó – "homem de força disciplinadora que acreditava apenas no poder da repressão" – a facilitar sua ascensão a regente único, nomeando-o senador e ministro do Império, preterindo o rival e companheiro de partido, Holanda Cavalcanti. Então, Olinda tornou-se um "bom rei constitucional", condição que, respeitando a lei, procurou preservar de todas as maneiras. Para isso, enfrentou, sem sucesso, as manobras dos liberais em favor da maioridade, medida que considerava uma decisão prematura. E no Senado, resistiu (no caso da escolha senatorial pernambucana de 1847) aos ministros e ao próprio Imperador.

O tempo demonstraria que o "filho de Serinhaém" tinha razão, compreendia melhor do que ninguém a "lógica da situação brasileira" – fundada nos interesses e no poder dos senhores de engenho, no latifúndio e na escravidão – e nela visualizava as condições para o efetivo "equilíbrio" político. Quando, em 1848, se deu a "exaustão liberal", foi chamado para dar início à "Era Saquarema", presidindo "o maior gabinete da monarquia", aquele que realizou grandes reformas, dentre elas, a abolição do tráfico. Porém, para preservar seu prestígio de "regente único e bom rei constitucional" e atuar no interesse do Império, discordou da intervenção brasileira no Prata e de outras orientações das chefias saquaremas, e deixou a direção do gabinete em 1849. E, nas décadas seguintes, ao mesmo tempo em que resistiu às intervenções do Estado no gerenciamento da propriedade escrava, em especial à determinação da liberdade do ventre, exercitou uma genuína "conciliação", contribuindo significativamente na montagem da Liga Progressista e na reforma do partido liberal.

Nas delicadas circunstâncias políticas criadas pelas guerras platinas, pelas turbulências financeiras, pelo desequilíbrio político nascido dos desentendimentos internos ao partido conservador e pela pressão liberal emergente a partir da década de 1860, Olinda seria lembrado para presidir vários gabinetes importantes: o de 4 de maio de 1857 (que gerenciou a crise decorrente da morte súbita de Paraná); o de 30 de maio de 1862 – gabinete dos Velhos (integrado por Holanda Cavalcanti e Sinimbu); e o Ministério das Águias, que reuniu, na gestão da Guerra da Paraguai, Nabuco, Ferraz, Saraiva e Paranhos. Então, estava distanciado dos partidos e dos programas pré-estabelecidos. Essencialmente pragmático, respondia às interpelações da Câmara: "Senhores, um programa de governo não é mais do que a maneira de resolver as questões pendentes" (p. 240).

A propósito dessa última fase da atuação de Olinda, Cascudo procurou nuançar o "retrato retocado" do marquês construído por Joaquim Nabuco em *Estadista do Império*[2], obra que, juntamente com os *Anais do Parlamento*, foi referência essencial para o texto. Embora aceitando algumas considerações feitas pelo historiador, dentre elas, que Olinda "tinha idéias próprias", mas "não tinha flexibilidade" devido ao "orgulho de ter sido regente", o autor discorda da idéia de que o estadista "não podia exercer o comando por se sentir um homem de outra época" e que, por isso, teria "arregimentado os melhores nomes e os deixado agir". Em seu entender, "depois de 1850, numa coerência psicológica, Olinda, servia sempre de nucleador de energias, apaziguador de tormentas, um homem que se indica como melhor anteparo pacificador a uma tempestade ameaçante" (p. 227), tarefa vital para a preservação da ordem e sobrevivência da nação que o brilho e a vaidade dos grandes oradores, apenas, jamais poderiam realizar. Isso porque, no exercício da política, Olinda submetera as lições européias às necessidades da "terra brasileira" e de seu "povo", combinando exemplarmente conhecimento, experiência, energia e moderação, atributos de quem estava habituado a dirigir negócios, homens livres e escravos. Administrara o Império com o cabedal e a vivência de um senhor de engenho, habilidades que o tornaram o mais autêntico dos estadistas. Por isso, ao falecer em 1870, havia garantido, apesar de sua maneira discreta e severa de ser, um lugar insubstituível na história da nação.

Dessa maneira, o autor estabelece, ao mesmo tempo, uma aproximação e uma polêmica sutil com Joaquim Nabuco e *Estadista do Império*. Por um lado, configurou, assim como aquele historiador e inúmeros outros escritores contemporâneos, um estudo biográfico tradicional, projetando um personagem único, cujo percurso se caracterizou por irrepreensível coerência e linearidade. O traço conservador desse perfil teórico se acentua, particularmente, quando consideramos as contribuições para esse gênero de trabalho historiográfico já apresentadas por Lucien Febvre em *Un destin: Martin Luther* (1927), e por Marc Bloch, em *Les rois thaumaturgues* (1923)[3], autores que problematizaram as figuras dos heróis, acentuando tanto a plasticidade dos indivíduos quanto das circunstâncias históricas. Mas, por outro, demonstrando sua originalidade frente a Nabuco, ao contrapor a grandeza e a eficácia do estadista/senhor de engenho no gerenciamento das crises políticas ocorridas no Império, aos procedimentos, invariavelmente inadequados e malsucedidos dos bacharéis liberais, Cascudo não deixou de sugerir que Nabuco de Araújo, apesar de sua ilustração, sensibilidade e inteligência, não chegara a partilhar da perfeita sintonia que se estabelecera entre Araújo Lima, "o povo e a terra brasileira". [I. A. M]

2. Joaquim Nabuco, *Estadista do Império. Nabuco de Araújo. Sua Vida, Suas Opiniões, Sua Época*, São Paulo, Nacional, 1936.
3. Lucien Febvre, *Martinho Lutero, Um Destino*, trad. de Fernando Tomaz, Porto, ASA, 1994; Marc Bloch, *Os Reis Taumaturgos*, trad. de Júlia Mainardi, São Paulo, Companhia das Letras, 1993.

MELEAGRO [52]. 1ª VERSÃO: *Por que Meleagro? Cascudo narra a lenda que explica o título, "nome pedante para justificar feitiço da Grécia em mão africana". Meleagro, príncipe etólio, teve ao nascer a vida ligada a um tição que ardia na lareira. Altéia guardou a acha que escondia a existência do filho, tornado invulnerável, insensível, imortal. Mas num momento de raiva, atirou ao fogo o tição que era a vida do filho. Quando a acha se consumiu, Meleagro faleceu...* "Quem Matou Meleagro foi a Magia que Vive no Catimbó" (p. 23).

Mas o que é catimbó?

Embora Cascudo vise, como Montaigne, citado em epígrafe e no epílogo, só contar uma história, a das pesquisas que vinha fazendo já antes de 1928 – data em que Mário de Andrade fechou o corpo em Natal –, a narrativa do que é catimbó não é das mais claras. O que se deve tanto ao método não metódico do autor, e seus vertiginosos saberes e derivas comparatistas, quanto à própria complexidade do universo da feitiçaria e da magia, da fluidez dos conceitos (que já está no subtítulo que fala em magia branca, por que não magia negra?), da mistura que é própria do catimbó, além das mudanças que este foi sofrendo no tempo da pesquisa, também registradas por Cascudo, à medida que o vai descrevendo. Donde aquela mescla de reações que balança o leitor de Luís da Câmara Cascudo: admiração, envolvimento, aprendizagem, mas também sufoco, quase naufrágio pelo excesso de informação e comparação que o leva mundo e tempo afora. Mas que fique bem claro: só depois que se aprendeu com os conhecimentos que só Mestre Cascudo possui é que se é levado a interrogar-lhe os métodos, ou a construção do texto, ou os passeios do raciocínio. Sendo que, no caso de *Meleagro*, "contagiado pelas reportagens de João do Rio às religiões suplementares na Capital Federal", Cascudo nos leva pelos terrenos pantanosos dos mistérios humanos e cósmicos, e isso numa época em que ainda se derrapa em fugidios, escondidos e perseguidos cultos, em que feitiçaria, catimbó, macumba, espiritismo e candomblé se confundem (vide Mário de Andrade, em *Música de Feitiçaria no Brasil*)[4] e são caso de polícia, e a umbanda ainda está em gestação. Época em que o mais poderoso dos feiticeiros não teria ousado vislumbrar o estatuto que adquiririam hoje, não que se tenha perdido o apelo aos bons (?) efeitos dos feitiços.

E provavelmente não só no Nordeste onde feitiço tem nome: catimbó.

Já que "nome, organização, funcionamento tudo está misturado, confuso" (p. 20), o melhor será acompanhar o livro capítulo por capítulo, cujos títulos indicam um roteiro, ainda que não esgotem todo o conteúdo dos mesmos que se espalham mundo e tempo afora, no comparatismo enciclopédico de Cascudo.

O catimbó é um ritual de feitiçaria que parece circunscrito ao Nordeste. Incorpora traços da antiga feitiçaria européia, trazida pelos colonizadores e reforçada

---

4. Mário de Andrade, *Música de Feitiçaria no Brasil*, org. de Oneyda Alvarenga, São Paulo, Martins Fontes, 1963.

com as práticas das feiticeiras portuguesas degredadas no Brasil pelos tribunais da Inquisição, está próximo da pajelança da Amazônia, com reminiscências de rituais indígenas como o "adjunto da jurema", cachimbo e memórias negras de espíritos de heróis mortos, aos quais também haveriam de se agregar doses de espiritismo.

Capítulo 2: O Que É Catimbó? Nome e Função.

Pode-se, conclui Cascudo após citar os verbetes de muitos dicionários, somente afirmar que "catimbó é cachimbo [...] e sem cachimbo não haveria catimbó". Afirmação desenvolvida no terceiro capítulo, "Elementos Étnicos no Catimbó: O Cachimbo. Instrumentos. A Chave Simbólica", e no capítulo quatro: "Mesa de Catimbó. Funcionamento. Os Preparos".

Além do cachimbo, outro objeto indispensável do catimbó, emprestado aos rituais indígenas, é o pequeno maracá, a "marca-mestra". A chave intervém na cerimônia de fechar o corpo e serve para abrir e fechar a sessão de catimbó. Esta se chama Mesa. Tudo se reduz no cerimonial às invocações aos "mestres do além" através do fumo sagrado e das defumações. "O trabalho do mestre se chama fumaça" (p. 41). Há a "fumaça às direitas", para o bem, realizadas às segundas, quartas e sextas-feiras. E, às terças, quintas e sábados, a fumaça às esquerdas, para o mal: vinganças, obstar casamentos, enfermar alguém, conquistar mulher casada, despertar paixões "sem ser para o bom fim" etc.

Preparos: no centro da mesa de pinho, há a "princesa", bacia de louça clara, entre duas "bugias" acesas ao começo da "fumaça". Dentro da princesa, há os objetos mais heteróclitos: imagens ou figuras de santos, geralmente Santo Antonio de Lisboa, peças de roupa para o "preparo de trabalhos", bonecas de pano "preparadas", terços, raízes e madeiras "convencionalmente vindos do Pará" e livrinhos, principalmente espíritas. Ao lado da princesa, estão a marca, o cachimbo e a "marca-mestra". Diante do mestre, um crucifixo e, à esquerda, a chave; em cima da mesa, há vários papeizinhos enrolados em canudos, que servem para acender os cigarros ou charutos da assistência, depois de acesos nas bugias, o que é precedido pelo sinal-da-cruz. O mestre abre a sessão com o fornilho do cachimbo na boca, assopra a fumaça para os quatro pontos cardeais, monologa uma oração católica, seguida das linhas da licença.

Durante os trabalhos, não se fala, fuma-se e bebe-se cauim, servido em pequenas cuias que vão passando de mão em mão ao longo de toda a sessão.

Capítulo 5: Transe e Possessão.

Defumações e maracá, jurema ou cauim são servidos para chamar os espíritos, os encantados. Seria do cerimonial banto o canto das "linhas" para chamar os encantados, os "mestres de além", que vão acostar no "mestre da mesa" ou em algum participante do ritual. O "acostamento" é discreto, nada que se assemelhe à ruidosa chegada do orixá.

Capítulo 6: O "Mestre". A "Semente". Reinados e Aldeias. Deveres do "Mestre". As Mestras. O Tabu do Mênstruo. Continência Sexual. A Virgem.

Referência a vários mestres e mestras conhecidos. A semente é o sinal exterior, fixando a legitimidade do mestre. Só ele exibe a semente, uma espécie de quisto, de cor vermelho escuro, visível por baixo da pele. A semente garante um saber e a capacidade de aprender.

Capítulo 7: Uma Sessão de Catimbó.

O autor descreve uma sessão a que assistiu no bairro do Alecrim, em Natal (seria o da casa de dona Plastina, onde Mário de Andrade fechou o corpo, cerimônia longamente descrita em *O Turista Aprendiz*[5] e em *Música de Feitiçaria no Brasil?*)

Capítulo 8: "Fechar o Corpo", Pé Direito sobre o Pé Esquerdo. Chave do Sacrário.

Capítulo 9: Mau Olhado. Quebranto. Amuletos.

Aqui, como em todos os capítulos, o autor desenvolve a perspectiva comparatista, apelando para as mais diferentes culturas, remetendo ao aspecto universal desse universo da feitiçaria.

Capítulo 10: Catimbó Não É Macumba nem Candomblé.

Ou seja, "catimbó não é culto religioso" (p. 87). "Com a pajelança há intercomunicação, mas não dependência ou filiação" (p. 89).

Capítulo 11: Flora Medicinal do Catimbó. Banho de Cheiro. Remédios Tradicionais. Fumigações. As Entradas. O Sangue. A Saliva. O Sopro. Os Ares.

Capítulo 12: Feitiço, Despacho, Canjerê, Coisa-feita, Ebó, Muamba. O Sal. Chá de Rasto. Areia. Remédios Repugnantes. Encruzilhadas. Não Olhar para Trás. Soleira da Porta. Horas Propícias e Maléficas, Horas Abertas.

O longo título já é por si um verdadeiro tratado de magia, no catimbó e no mundo. Um exemplo de feitiço 'tremendo". Mistura-se um pouco de sal

com areia da pegada de uma criatura, tendo no meio uma unha, cabelo, um pedaço de roupa íntima. O "mestre" defuma com o cachimbo grande, salpica de cauim preparado, aguardente com sumo de raízes de jurema e enterra, à meia-noite, o feitiço numa encruzilhada ou estrada deserta, nas proximidades da casa do paciente. Este brevemente terá o corpo coberto de feridas incuráveis [...].

Descreve-se também o difícil contra-feitiço.

Capítulo 13: Envultamento.

Trata de uma reza forte, a oração ao sol, "destinada a despertar e fixar o amor", para alcançar a felicidade amorosa "ao alcance da vontade" e para isso exige preparo. Envultamento é "serviço de mulher", dizem os catimbozeiros, e são geralmente mestras que o preparam: confeccionam dois bonecos de pano, que devem conter algum fragmento de roupas das pessoas que simbolizam. Uma tem alfinete ou faca espetada no corpo; uma deve amar, a outra morrer.

---

5. Mário de Andrade, *O Turista Aprendiz*, São Paulo, Duas Cidades, 1976.

Capítulo 14: "Orações Fortes". Modelos Clássicos. Orações para Beber e Orações para Engolir. Material Colhido pelo Santo Ofício. Oração da Cabra Preta. Oração do Sonho de Santa Helena, Oração da Pedra Cristalina, Oração das Estrelas etc. etc.

As orações do Rio Jordão, do Sol, e de Santo Amanso, "com dois eu te vejo, com três eu te ato [...]", remetem, mostra Cascudo, ao velho fundo da feitiçaria ibérica; aparecem já em processos de 1638: "con dos te miro, con cinco te ato" etc.

Uma unidade feiticeril que eu haveria de reencontrar quando me ocupei de Maria Padilha[6].

Capítulo 15: Mestres Invisíveis e suas Biografias. As "Linhas" e as Músicas.

Os mestres do além podem ser indígenas, negros, brancos. Cada um possui fisionomia própria, gestos, voz, manias, predileções.

Capítulo 16: Post-scriptum *e Conclusões.*

Capítulo 17: Adendo.

Durante a Segunda Guerra Mundial, militares norte-americanos da base aérea de Parnamirim também apelaram para o catimbó, lembra o autor. Ele também reproduz reportagens, feitas por ocasião da "prisão de macumbeiros na Praia do Meio, que transcrevem muitas cartas de clientes e descrevem uma sessão de catimbó realizada como demonstração especial" na Delegacia da Ordem Social (outubro de 1947).

Os capítulos finais retomam o que já corria em filigrana pelo livro: apesar das reminiscências de práticas afro-indígenas,

a concepção da magia, processos de encantamento, termos, orações, são da bruxaria ibérica, vinda e transmitida oralmente" (p. 35).

A presença do feiticeiro, da feiticeira especialmente, é um documento histórico, uma constante etnográfica desde as manhãs do Brasil colonial. As denunciações e confissões prestadas ao Santo Ofício em Bahia, 1591-1593, e Pernambuco, Paraíba, 1593-1595, evidenciam a fauna prestigiosa da bruxaria européia, em funcionamento normal e regular. Encontramos os nomes ilustres de Maria Gonçalves, a Cajada, de alcunha Arde-lhe o Rabo, natural de Aveiro; a cigana Joana Ribeira, uma outra feiticeira que virava borboleta; uma denominada Mija Vinagre; Isabel Rodrigues, a famosa Boca Torta, que se transformava em pata quando queria; Catarina Ropdrigues, a Tripeira, uma mãe de Giga; a mulata Correia, colaça de Fernão Cabral de Andrade, dona de uma cobra dentro de uma botija e que fez o navio em que viajava degradada para o Brasil arribar duas vezes [etc.].

Assim, brancos, negros e indígenas fundiam suas técnicas para a conquista do brasileiro quinhentista.

O colono português trouxera suas superstições e as semeara no Brasil inteiro. Essas superstições fazem o lastro essencial às nossas crendices e constituem a percentagem decisiva. [...]
Ao findar o século XVI o brasileiro estava com todos os elementos disponíveis do espírito para ser um fiel consulente do candomblé, muamba, macumba, canjerê e xangô. Os volumes que registraram as confissões e denúncias em Bahia, Pernambuco e Paraíba evidenciam que a credulidade popular contemporânea tem raízes fundas na terra em que a raça se formou (pp. 191 e 193).

---

6. Marlise Meyer, *Maria Padilha e Toda a sua Quadrilha*, São Paulo, Duas Cidades, 1993.

O que será confirmado por Laura de Mello e Souza[7]. *Meleagro* forma, com esse livro e o de Yvonne Maggie[8], um quadro do que parece ser consubstancial à formação brasileira: a estreita relação com magia. O que é corroborado por Gilberto Velho, que presenciou em 1978 em plena Av. Nossa Senhora de Copacabana a tranqüila incorporação de um preto velho, que passou imediatamente a ser saudado e consultado pelos passantes: "[...] o domínio do 'sobrenatural' aparece como fundamental para compreender o sistema de representações da sociedade brasileira ou do sistema cultural propriamente dito"[9]. [M. M.]

MELEAGRO [52]. 2ª VERSÃO. *Meleagro* é livro fundamental para o conhecimento do folclore, da magia, da religião, e da medicina popular em nosso país. E ainda que se refira sobretudo ao Nordeste Oriental – à área, mais ou menos paralela ao litoral, que vai de Pernambuco ao Rio Grande do Norte –, não deixa, como destaca no subtítulo, a seu modo, de abranger todo o Brasil. Está cheio de descrições, mas sem deixar de conter lições teóricas e uma concepção bem articulada da formação social brasileira.

À magia, Cascudo dá o nome de catimbó, ainda que em seu entendimento o termo seja recente.

No Rio Grande do Norte, onde [o] estudei [...] o nome é relativamente moderno. Durante o século XIX a notícia oral do feiticeiro vinha através do medo da ciência do indígena, do nativo inadaptado e guardador de segredos miraculosos. Dizia-se "feitiço", como em Lisboa, ou "beber jurema", "adjunto da jurema" (p. 19).

Há um capítulo quase inteiro dedicado à origem da palavra, que afinal parece relacionar-se com cachimbo, tanto mais que o cachimbo constitui um dos materiais mais importantes dessa magia.

Cascudo gosta de enfatizar as raízes européias do Catimbó. Mas esse europeísmo não exclui uma *trirracialidade* que, por assim dizer, lhe é igual e oposta. Logo no princípio, encontramos o enunciado segundo o qual "O Catimbó reúne, reconhecíveis na sua união como veios num mesmo bloco de mármore, as participações de brancos, negros, ameríndios" (p. 12). Na verdade, nosso autor vai além das raízes nacionais para chegar a uma magia universal e arquetípica, pois "a bruxaria de gregos e de romanos revive processos perpétuos de encantamento disfarçados em rezas católicas usadas pelo português de casa armoriada e pelo preto fiel a Xangô" (p. 12). Mas qualquer que seja essa base supranacional, "o Catimbó é o melhor, é o mais nítido dos exemplos desses processos de convergência afro-branca-ameríndia. As três

---

7. Laura de Mello e Souza, *O Diabo e a Terra de Santa Cruz*, São Paulo, Companhia das Letras, 1986.
8. Yvonne Maggie, *Medo do Feitiço: Relações entre Magia e Poder no Brasil*, Rio de Janeiro, Arquivo Nacional, 1992.
9. Gilberto Velho, *Projeto Metamorfose – Antropologia das Sociedades Complexas*, Rio de Janeiro, Jorge Zahar, 1994.

águas descem para a vertente comum, reconhecíveis mas inseparáveis em sua corrida para o Mar" (p. 13).

E em que, afinal, consiste o catimbó? A denominação, segundo Cascudo, "tem-se alastrado pelo Nordeste sem que afaste o emprego de outros títulos como os Xangôs do Recife e Maceió, muambas, cangerês, feitiços, coisa-feita, despacho, ebó. Catimbó é o feitiço e o processo de prepará-lo" (p. 17). Mesmo se nosso autor cuida logo de acrescentar que "sua área é o Brasil", essa feitiçaria, em sua variedade nordestina, possui alguns rasgos característicos. O primeiro é a invocação dos *mestres* pelos *mestres*. Isto é, dos *mestres do além*, entidades largamente descritas por Cascudo no capítulo XIV (pp. 153-172), pelos *mestres de mesa*, que são os especialistas dessa invocação, que vêm também a chamar-se *médiuns*, em vocabulário influenciado pelo espiritismo kardecista.

Podemos vislumbrar alguma coisa da raiz indígena dessa forma de magia, que representa a continuação do culto do tabaco como existe – ou existiu – em praticamente todo o hemisfério ocidental, o fumo sendo considerado planta curadora por excelência. Ainda hoje, a aspersão com a fumaça, soprada de cachimbos, ou mesmo de charutos ou simples cigarros, é encarada, na medicina mágica, que não dá sinais de querer desaparecer no Nordeste e noutras parte do Brasil, como o mais elementar dos recursos terapêuticos.

O elemento africano parece relativamente secundário. Entretanto "o negro trouxe a parte mais triste e dolorosa. Seus mestres [isto é, *mestres* do além] foram todos catimbozeiros mortos, ex-escravos, vidas sem história, tornados soberanos nos reinos Vajucá e do Juremal" (p. 11). Há, no catimbó, bastantes elementos mitológicos e sociológicos para justificar a reivindicação de africanidade, sem prejuízo das outras "águas" que para ele convergem. O que porém não impede que o catimbó – e isso até o dia de hoje, conforme se constata pela pesquisa mais recente – constitua objeto de desprezo por parte dos adeptos das formas mais ortodoxas de religiosidade afro-brasileira.

Com certeza, baseado na observação, o autor parece igualmente dependente de uma teoria com raízes na sociologia da religião de Émile Durkheim, retomada por Marcel Mauss, explicitamente mencionado por Cascudo. Essa teoria dá muita ênfase à separação entre *religião* propriamente dita, tendendo a representar a coesão da sociedade e sendo portanto manifestação essencialmente coletiva, e *magia*, que constitui negócio particular entre, precisamente, um *mestre*, isto é, um curandeiro ou feiticeiro, e seu cliente. Cascudo, em diversos trechos do ensaio, insiste nesta interpretação. "A feição mais decisiva [do catimbó] é da feitiçaria européia, o *mestre* e seu prestígio, a consulta sem obrigação de adesão – ausência de iniciação, reuniões festivas, aprendizado ostensivo e sistemático" (p. 11), o que vem, mais adiante, a ser reiterado e ampliado.

Podemos então dizer que o catimbó consiste essencialmente na invocação, para fins utilitários – relativos à saúde, amor, disputas, situação econômica etc. –, de uma entidade do além, designada normalmente como *mestre*, por um mago ou feiticeiro, designado igualmente como *mestre*, tanto mais que, para Cascudo, os *mestres do além* representam os espíritos dos feiticeiros falecidos. A magia, como já vimos, enraíza-se nas três raças que formaram nosso povo. Mas recebe também influência kardecista, o que inclusive, segundo nosso autor, leva a uma certa "democratização" do transe: "Outrora o mestre era o único a receber a visita do Além. Só ele conhecia os "mestres" invisíveis, sabendo a divisão dos "reinados" e as tendências de cada um, para o Bem e para o Mal. Hoje, o Espiritismo nivelou as visitas astrais, fazendo-as possíveis a qualquer assistente" (pp. 43-44).

Invocam-se as entidades pelo canto de certas toadas ou "linhas". Os espíritos acorrem e se manifestam através dos catimbozeiros, isto é, dos *mestres de mesa* e de seus assistentes. Assim manifestados, dão conselhos aos necessitados, prescrevendo receitas, orações e "trabalhos" (feitiços). Cascudo, apesar da ênfase que coloca no aspecto puramente técnico, isso é, mágico, do catimbó, não deixa de assinalar a presença de alguns elementos orgiásticos – no caso, tudo indica que de origem indígena –, configurados no fumo e no álcool.

Ao fumo e ao cauim acrescenta-se outro indigenismo decisivo na caracterização do Catimbó, que é a jurema, às vezes misturada ao fumo, porém sobretudo à aguardente.

É, aliás, razoável supor, à base de outros trabalhos, que, em decorrência provavelmente da teoria que quer isolar a magia da religião, Cascudo subestimasse o elemento festivo do catimbó. Nosso autor não chega sequer a mencionar a sobrevivência, mesmo entre gente que se encontra muito longe de reivindicar qualquer identidade indígena, das danças, igualmente associadas ao consumo da aguardente e da jurema, conhecidas como toré e que são na realidade uma extensão do catimbó. O que, entretanto, não o impede, mencionando trabalho do etnólogo nordestino Carlos Estêvão, de falar na

[...] festa secreta do Ajucá, preparação da Jurema entre os descendentes dos indígenas Pancararus, no Brejo dos Padres, em Tacaratu, Pernambuco [...]. Comparando a cerimônia do Ajucá com o Catimbó é nítido que neste há forte sobrevivência indígena na conservação de cerimonial quase idêntico. O "segredo da jurema" é um sinônimo do Catimbó (p. 89).

Cascudo é, em primeiro lugar, etnógrafo, isto é, observador de grande exatidão. Emprega o método da *observação participante*, indo a sessões e tomando parte na circulação da aguardente (pp. 37, 53-58 etc.). Mas esse "saber de experiência feito" vai muito além da presença em algumas cerimônias. Cascudo, apesar de seus privilégios de classe e de família, pertence ao contexto social e cultural no qual se origina e se insere o catimbó. É, ao mesmo tempo, pesquisador e informante. Daí, a força de sua metodologia e de sua capacidade de convencer.

Porém não se limita à observação. Além de etnógrafo, é antropólogo no sentido profundo da palavra, implicando a superação da simples verificação pela construção ou adoção de uma teoria que explique e generalize.

O leitor precisa acompanhar a sutileza de Cascudo, que não é dado a demonstrações inúteis de erudição. Duas teorias dominam o volume da primeira à última página. A primeira é a da mentalidade mágica, que faz de nosso autor o James Frazer brasileiro – guardadas as proporções com os milhares de páginas de *The Golden Bough* em edição completa. Do mesmo modo que na obra do grande autor inglês, a freqüência dos exemplos não deriva simplesmente da erudição ou do gosto pelo pitoresco, mas se entronca o tempo todo com a demonstração da teoria.

A caracterização da mentalidade mágica aparece várias vezes no decorrer do livro. Há dois princípios centrais, resumidos da seguinte maneira:

> Sir James George Frazer simplificou a magia fazendo-a partir de dois princípios: (a) O Efeito é semelhante à Causa que a produziu, e (b) as coisas que estavam reunidas e deixaram de estar, continuam tendo uma sobre a outra a mesma influência como se o contacto ou a união houvesse persistido. Do primeiro desses princípios o homem deduziu poder produzir o que quiser, imitando. Do segundo, compreende ser possível influenciar de longe, à sua vontade, toda pessoa e todo objeto dos quais possua uma parcela (p. 132).

Frazer, efetivamente, parece ser a principal inspiração teórica e literária de Cascudo em *Meleagro*. Mas já se registrou a referência a Mauss, igualmente teórico da magia. E por aí, confina com Freud, cuja obra inteira se sustenta na mesma concepção do pensamento mágico, como se nota especialmente em *Totem e Tabu* e em *A Interpretação dos Sonhos*. Como todo autor de certo porte, Cascudo espelha as preocupações e as grandes correntes de idéias do seu tempo. E o que quer que autores mais recentes – muitas vezes inspirados nos trabalhos de Claude Lévi-Strauss – possam ter dito sobre a racionalidade da mentalidade mágica, não deixa de ser verdade que esta parte das duas grandes irracionalidades, assinaladas por Frazer e retomadas por Cascudo.

A primeira, reiteremos, equivale à magia imitativa e é, como destaca justamente Lévi-Strauss, a magia paradigmática: *o semelhante produz o semelhante*. A segunda constitui a magia sintagmática: *a parte equivale ao todo*, o que se aplica inclusive aos elementos que antes estiveram em contato com o que se quer atingir, tais como peças de roupa, e tudo aquilo que sai do corpo humano.

A segunda teoria de Cascudo já não se refere à magia, mas à interpretação do Brasil. Nosso autor é solidário da tendência geral de sua época. É o que aqui já se designou, com apoio de citações, como a *trirracialidade* da formação sociocultural brasileira, eminentemente representada na obra de Gilberto Freyre. Cascudo se mantém confortavelmente distante de qualquer interpretação racista. Mentalidade *mágica*, sim. Mentalidade *primitiva*, não. Ou pelo menos, a mentalidade mágica não se encontra necessariamente associada a primitivos. Apesar de contribuições incontestavelmente ameríndias e africanas (que *não* são incontestavelmente primitivas), já vimos que, para Cascudo, "os processos de feitiçaria, catimbó, bruxaria, no Brasil, são mais de oitenta por cento de origem européia" (p. 174). E, ainda mais do que europeus, trata-se, como também se salientou, de processos universais e arquetípicos, os mesmos que governam o mundo de nossos sonhos...

Em conclusão, *Meleagro*, dando talvez a aparência de ocupar-se de curiosidades e exotismos, mexe com problemas fundamentais da condição humana, em geral – já vimos que, pelo interesse na magia, confina inclusive com Sigmund Freud –, e, em particular, da condição brasileira – *trirracialidade*, mistura, sincretismo. E é trabalho que exerceu grande influência sobre a pesquisa especializada. Mencionem-se aqui, em primeiro lugar, os trabalhos de Mário de Andrade. O norte-rio-grandense e o paulista trabalharam em estreita associação. É o "fechamento do corpo" de Mário de Andrade que Cascudo (conforme consta de outros informes) descreve no capítulo VII de *Meleagro* (pp. 59-62). O paulista descreve essas pesquisas em *Música de Feitiçaria no Brasil*[10].

Apesar da influência implícita de *Casa-Grande & Senzala*[11] em *Meleagro*, Andrade e Cascudo, dando ênfase aos aspectos de origem mais ameríndia na religião popular, vão, de certo modo, opor-se ao africanismo representado, no Recife, por Gilberto Freyre e, na Bahia, por Edison Carneiro[12]. Ligada a Mário de Andrade, a Missão de Pesquisas Folclóricas do Departamento de Cultura do Município de São Paulo visitou, em 1938, os estados do Nordeste. A essa missão, corresponde o preciosíssimo documento etnográfico, representado pelo relatório dirigido por Oneyda Alvarenga e denominado, simplesmente, *Catimbó*, objeto, aliás, de estudo monográfico de Álvaro Carlini[13].

Já o trabalho igualmente pioneiro de Gonçalves Fernandes, sobre *O Folclore Mágico do Nordeste*, pouca relação parece ter tido com Luís da Câmara Cascudo ou Mário de Andrade, do mesmo modo que não parecem deles derivarem as referências sobre o catimbó e o candomblé de caboclo que se encontram na obra de Roger Bastide[14].

A pesquisa sobre o catimbó-jurema, largamente inspirada em *Meleagro*, é relançada em meados da década de 1970, no contexto dos então recentes programas de pós-graduação em Ciências Sociais, por René Vandezande e Roberto Motta. Dentre trabalhos mais recentes, destaquem-se os de Roberto Motta, Clélia Moreira Pinto – autora da monografia mais abrangente sobre a jurema de Pernambuco – e, como síntese bibliográfica e teórica, porém contendo muitos dados de campo originais, o recém-editado trabalho de Luiz Carvalho de Assunção[15].

Luís da Câmara Cascudo apareceu cedo demais na história do pensamento social brasileiro, isto é, antes da fundação das universidades, com programas pós-gradua-

---

10. Mário de Andrade, *Música de Feitiçaria no Brasil, op. cit.*
11. Gilberto Freyre, *Casa-Grande & Senzala, op. cit.*
12. Edison Carneiro, *Negros Bantus*, Rio de Janeiro, Civilização Brasileira, 1937 e *Religiões Negras*, Rio de Janeiro, Civilização Brasileira, 1938.
13. Oneyda Alvarenga, *Catimbó*, São Paulo, Discoteca Pública Municipal, 1949; Álvaro Carlini, *Cachimbo e Maracá: O Catimbó da Missão*, São Paulo, Centro Cultural São Paulo, 1993.
14. Albino Gonçalves Fernandes, *O Folclore Mágico do Nordeste*, Rio de Janeiro, Civilização Brasileira, 1938; Roger Bastide, *Imagens do Nordeste Místico em Branco e Preto*, Rio de Janeiro, Edições O Cruzeiro, 1945; *Les Amériques noires*, Paris, Petite Bibliothèque Payot, 1967; *As Religiões Africanas no Brasil*, São Paulo, Livraria Pioneira Editora, 1971; "La rencontre des dieux africains et des esprits indiens", *Le sacré sauvage*, Paris, Payot, 1975, pp. 186-200.
15. René Vandezande, *Catimbó: Forma Nordestina de Religião Mediúnica*, dissertação de mestrado em Sociologia, apresentada na UFPE, Recife, datiloscrito, 1975; Roberto Motta, "Jurema", Recife, Centro de Estudos Folclóricos da Fundação Joaquim Nabuco, volante n. 22, 1976; "As Variedades do Espiritismo Popular na Área do Recife: Ensaio de Classificação", *Boletim da Cidade do Recife*, Recife, 2, pp. 97-114, 1977; "Religiões Afro-recifenses: Ensaio de Classificação", em Carlos Cardoso & Jeferson Bacelar (orgs.), *Faces da Tradição Afro-brasileira*, Rio de Janeiro e Salvador, Pallas/CEAQ/CNPQ, 1999, pp. 17-35; Clélia Moreira Pinto, *Saravá Jurema Sagrada*, dissertação de mestrado em antropologia cultural, apresentada na UFPE, Recife, digitado, 1995; Luiz Carvalho de Assunção, *O Reino dos Encantados – Caminhos: Tradição e Religiosidade no Sertão Nordestino*, tese de doutorado em antropologia, apresentada à PUC/SP, São Paulo, digitado, 1999.

dos e de centros de pesquisa segundo modelo norte-americano. Mas o momento parece chegar do reconhecimento de sua obra, não apenas como "folclorista" – do mesmo modo que já é tempo de, superadas as querelas de escolas e de cargos, reconhecer-se o caráter antropológico dos estudos de folclore –, porém como antropólogo no sentido pleno da palavra. Mesmo em Natal, há uma pelo menos relativa marginalização da obra de Cascudo dentro da UFRN, na qual, os pesquisadores se encontram bem melhor informados sobre, por exemplo, os franceses Edgar Morin e Michel Maffesoli. Sua contribuição, decisiva para o entendimento da *mentalidade mágica* e para a compreensão da *trirracialidade* brasileira, não pode continuar a ser ignorada. [R. M.]

OS MELHORES CONTOS POPULARES DE PORTUGAL [53]. Recolha de 54 contos populares portugueses, escolhidos por Câmara Cascudo, nas "searas segadas" por Teófilo Braga, Adolfo Coelho e Consiglieri Pedroso – grandes folcloristas europeus –, esse volume foi originalmente publicado em 1945, na coleção Clássicos Contemporâneos, dirigida pelo erudito português Jaime Cortesão, da Academia das Ciências de Lisboa.

Como todas as demais obras do autor, esse livro faz parte do grande projeto de pesquisa do folclore no Brasil, ao qual ele consagrou toda sua vida, consciente, como sempre esteve, de que, para se compreender a verdadeira natureza de um povo e sua cultura, tal como se apresenta no presente, é preciso mergulhar fundo no húmus oculto que, vindo das origens, o alimenta. Fiel à tarefa que se impôs de trazer à luz esse húmus, Câmara Cascudo dividiu-se sempre entre a observação das formas vivas do folclore, tais como subsistem no Brasil, e o estudo dos labirínticos registros bibliográficos com que os folcloristas de todo o mundo procuraram detectar o percurso no tempo dessas formas orais populares.

Lúcido quanto à essencialidade e aos limites dessa tarefa, Câmara Cascudo diz no Prefácio:

> Tudo quanto um mestre folclorista, perto de bibliotecas e longe de barulhos, consegue realizar, é uma brilhante investigação livresca, esplendor bibliográfico, aproximações, sugestões, fios que tecem as hipóteses. As maiores tarefas na espécie, essas que honram o folclore, elevando-o ao nível de uma cultura real, diferenciada e legítima, alcançaram apenas expor a vastidão do motivo e a lonjura dos seus horizontes de fixação.

Foi essa "vastidão e lonjura" dos "motivos" de nosso rico acervo folclórico, cujas raízes se perdem no folclore europeu, que Câmara Cascudo perseguiu incansavelmente. Raízes (hoje mortas nas regiões de origem) que nos chegaram vivas, através de Portugal, trazidas pelos primeiros colonizadores, no século XVI, e que, hoje, permanecem vivas na memória criativa do povo.

Ainda no prefácio ("homenagem a Teófilo Braga que em todos os campos semeou"), Câmara Cascudo enfatiza a importância do "estudo brasileiro sobre o conto tradicional português", na medida em que este testemunha "a repercussão de vozes coloniais na manhã quinhentista do Brasil, persistindo através de século e de influências diversas".

Abrindo caminho para a redescoberta de Portugal como presença fundante do *melting pot* da sociedade compósita brasileira, Câmara Cascudo dedicou-se com afinco à pesquisa da literatura portuguesa arcaica, fazendo dela o principal vértice do triângulo básico da nossa cultura: cultura brasileira/cultura portuguesa/cultura africana (a de certos povos da África ocidental – vertente que foi a última de que ele se ocupou).

Como se sabe, nessa tarefa de descoberta de nossas origens culturais, Câmara Cascudo se voltou inicialmente para a observação e o estudo das peculiaridades dos falares e costumes da vida no sertão (*Viajando o Sertão*, de 1935) e dos temas ou "romances" decorados pelos Cantadores do Nordeste, e cujo resultado publicou em *Vaqueiros e Cantadores* [82], de 1939. Em seguida, seu principal interesse, ao estudar a literatura oral do Nordeste, fixou-se no *conto*, gênero narrativo no qual as peculiaridades de cada povo aparecem com mais evidência.

Como ele próprio diz:

O conto, como a morada, alimentação, indumentária, é uma "constante". A prosa é mais conservadora que a poesia. O folclore, ciência da psicologia coletiva, indica o *conto popular* como um dos mais profundos documentários nacionais. O conto português no Brasil está misturado com o leite das amas pretas, as bá, contadeiras de histórias, Scheherazadas humildes, que nenhum Sultão das Índias desposará na última das mil e uma noites, mas guardando no côncavo das mãos enrugadas todos os tesouros faiscantes do maravilhoso e do sobrenatural.

Bem consciente dessas raízes, Câmara Cascudo procede à seleção dos contos portugueses incluídos no volume verbetado posteriormente à recolha e análise de contos populares brasileiros, que lhe serviram de orientação para sua escolha. Sabe-se que os originais dos *Contos Tradicionais do Brasil* [15], da *Antologia do Folclore Brasileiro* [3] e deste *Os Melhores Contos Populares de Portugal* foram entregues na mesma época às respectivas editoras, embora tenham sido publicados em datas diferentes.

A maior fonte utilizada por Câmara Cascudo para a seleção desses contos portugueses foi a monumental obra realizada por Teófilo Braga, *Contos Tradicionais do Povo Português* (dois volumes), cuja primeira edição é de 1883 e a segunda, ampliada e definitiva, de 1915[16].

Pelas "Notas Informativas", postas ao final de cada conto, com o registro de seu presumível percurso histórico-bibliográfico, verifica-se que todos eles pertencem ao nosso acervo de contos tradicionais.

Para a ordenação dos contos no volume, Câmara Cascudo adotou a classificação do gênero pela natureza de sua matéria, tal como aparece em vários folcloristas, e os distribuiu por onze seções, cujos rótulos já definem de que matéria prima se trata. Enumerando-os:

CONTOS DE ENCANTAMENTO. "Gata Borralheira", "As Três Cidras de Amor", "O Príncipe Palmas Verdes", "O Peixinho Encantado", "A Bela Adormecida no Bosque", "O Velho Querecas", "O Fiel Pedro", "Cara de Pau", "Cravo, Rosa e Jasmin",

---

16. Teófilo Braga, *Contos Tradicionais do Povo Português*, Lisboa, J. A. Rodrigues & Cia. Editores, 1915.

"Mama-na-burra", "O Castelo da Madorna", "Os Corcundas", "A Dama Pé-de-Cabra", "O Lobisomem", "Os Dois Mágicos".

CONTOS DE EXEMPLO. "O Boi Bragado", "O Camareiro do Rei", "O Doutor Grilo", "Mais Vale quem Deus Ajuda", "As Irmãs Invejosas", "A Verba do Testamento", "O Surrão", "As Fiandeiras", "Os Quatro Ribaldos", "Os Três Conselhos", "Os Quatro Ladrões", "Maria Sabida", "João e Maria", "Comida sem Sal", "O Pajem da Rainha", "O Pote de Azeite".

CONTOS DE ANIMAIS. "A Raposa e o Mocho", "A Raposa e o Galo", "A Gratidão do Leopardo", "O Simba e os Pombos".

CONTOS RELIGIOSOS. "A Mirra", "A Mulher Curiosa", "A Mãe de São Pedro", "As Doze Palavras Ditas e Retornadas".

CONTOS ETIOLÓGICOS. "Nossa Senhora e a Solha".

CONTOS DE ADIVINHAÇÃO. "As Três Perguntas do Rei" e "As Três Lebres".

CONTOS ACUMULATIVOS. "A Formiga e a Neve".

FACÉCIAS. "Manuel Feijão", "A Mulher Teimosa", "Segredo em Boca de Mulher", "A Velha Amorosa", "Pedro Malasartes e o Homem do Visgo", "Sopa de Pedra", "A Mulher Gulosa", "A Moça que Venceu o Rei".

NATUREZA DENUNCIANTE. "A Madrasta Má", "As Três Maçãzinhas de Ouro".

Cada um desses 54 contos é seguido de uma "Nota Informativa", extremamente minuciosa, que registra as fontes mais longínquas de cada um e o encadeamento de livros e autores que, através dos séculos em diferentes terras ou continentes, registram-nos em diferentes versões. Como exemplo da erudição e das minúcias com que tais notas foram elaboradas, leia-se a que acompanha um dos contos mais populares e já hoje integrado no acervo da literatura infantil clássica: "A Gata Borralheira".

Gata Borralheira, Maria Borralheira, uma das histórias populares mais amadas em Portugal e Brasil. Fixaram-na Adolfo Coelho, Consiglieri Pedroso, Teófilo Braga. Sílvio Romero recebeu a versão brasileira de Sergipe (XV), a mais conhecida das crianças do Brasil. Veio-nos esta, para Brasil e Portugal, da fonte francesa, a *Cendrillon*, de Charles Perrault, nas várias edições dos *Contes*, na metade do século XVII, e tradição oral. Nessas versões, a Fada é a madrinha, como em Perrault, ou substituída por uma vaca que tem nos intestinos uma *varinha de condão*. Sobre sua origem, modificações influências, processos de convergência temática, discutem técnicos e amadores do folclore, europeus e americanos. Maria Roalf Cox reuniu 130 variantes (*Cinderella. Three hundred and forty five variants*, Londres, 1893); e P. Sainyves estudou longamente o assunto nos seus *Les contes de Perrault et les récits parallèles*, Paris, 1923, pp. 113-164. Não há povo que não possua variante aproximada, desde o Egito, com Rodopis que teve sua sandália levada por uma águia, de Neucratis a Menfis, onde a deixou cair em cima do faraó que a procurou, pelo sapatinho, e se casou; até a Índia, onde Emanuel Cosquin encontrara o mesmo processo. *Cendrillon, Cinderella, Cenicienta*, de franceses, ingleses, espanhóis, é *Staéputa* grega, a *Askunken* sueca, a *Gata Cennetenrola* no *Il Pentamerone*, de Giambatista Basile, a *Cuzza-Tzenere* dos dálmatas, a *Popeljuga* da Bósnia-Herzegovina, a *Popilusa* da Hungria, a *Popelusce* da Checoslováquia, a *Popeljavica* da Croácia, *Popeluga* na Sérvia, *Popelezka* da Bulgária etc. (Mt. 510 de Aarne-Thompson).

[N. N. C.]

EM MEMÓRIA DE STRADELLI [54]. Ele era conde. Nasceu num castelo, em Piacenza, na Itália. Viajou para o Brasil, onde "chegou moço, robusto, alegre, rico". Ficou mais de 43 anos e adquiriu a nacionalidade brasileira. Com recursos próprios, percorreu florestas, rios e igarapés da Amazônia, conviveu com índios e aprendeu a falar o nheengatu, ouvindo as histórias que narravam. Coletou e registrou mitos, apaixonando-se pelas manifestações literárias indígenas. No final, contraiu lepra. Com o corpo deformado pelas chagas, foi enxotado de hotéis, de pensões e até mesmo de hospitais. Morreu solitário e pobre, na periferia de Manaus, num casebre improvisado em leprosário, três anos antes da publicação dos *Vocabulários Nhengatú-Portuguez e Portuguez-Nhengatú*, de sua autoria. Foi enterrado no cemitério de Paricatuba, distante trinta quilômetros do centro da cidade.

A história do conde Ermanno Stradelli (1852-1926) tem todos os ingredientes da narrativa medieval, daquelas que a memória dos portugueses transportou para a América e que Luís da Câmara Cascudo registrou em sua *Literatura Oral no Brasil* [46], com princesas encantadas, cavaleiros enamorados, bruxas e dragões.

Câmara Cascudo interessou-se pelo tema, provavelmente, em 1930, quando seguia um curso intensivo ministrado em Recife pelo tupinólogo Theodoro Sampaio, que tinha sob sua guarda o original dos *Vocabulários Nhengatú-Portuguez e Portuguez-Nhengatú*, constituído por três cadernos volumosos, com milhares de verbetes em nheengatu, escritos a mão pelo próprio Stradelli. A obra original e a vida trágica comoveram Cascudo, que decidiu então escrever *Em Memória de Stradelli*. Convenceu o governo do Estado do Amazonas a editá-la em 1936. Até hoje, é a única biografia conhecida do conde italiano.

No prefácio, o historiador Arthur Reis lembra que o autor já havia biografado José Bonifácio, o Moço, López do Paraguai, o Conde d'Eu, o Marquês de Olinda e, portanto, acumulara experiências no gênero[17]. A biografia de Stradelli, porém, foi a mais difícil de todas porque esbarrou com a inexistência de documentos, conforme reconhece o próprio Cascudo, em carta ao então governador do Amazonas, Álvaro Maia. Ele encontrou sobre seu biografado apenas dois artigos publicados, um no *Diário Oficial* do Amazonas e outro em *O Jornal*, de Manaus, além de breves notas em quatro livros. "Quase nada se sabia dele. Morrera em 1926 e seu nome se diluíra na sombra, como uma inutilidade. Raras citações. Raríssimos informadores. Percentagem altíssima em erros, enganos, omissões." (p. 13)

Durante ano e meio, Cascudo dedicou-se a pesquisar a vida do conde. Não encontrando documentos fidedignos suficientes, resolveu criá-los. Com entusiasmo epistolar, escreveu um total de oitenta cartas e remeteu-as a familiares e amigos de Stradelli, ao bispo de Piacenza, a embaixadores, cônsules, jornalistas, viajantes, padres, professores, indagando sobre tudo. Muitos não responderam, mas mesmo assim Cascudo ainda recolheu cerca de trinta depoimentos – que não existiriam sem sua intervenção, entre os quais, o do padre jesuíta Alfonso Stradelli, o caçula, que lembra bem das

---

17. Câmara Cascudo, "José Bonifácio, O Moço", *Diário da Manhã*, sem local, sem numeração, 1, 14 nov. 1927; *López do Paraguay* [49]; *Conde d'Eu* [14]; *O Marquês de Olinda e Seu Tempo* [51].

cartas mensais enviadas pelo irmão mais velho à sua mãe, com notícias detalhadas das viagens. Cascudo não conseguiu, porém consultar o arquivo particular da família e lamentou que essa correspondência permanecesse inédita e desconhecida, deixando uma pista para os futuros pesquisadores.

No entanto, foi possível, a partir dos depoimentos coletados, rastrear dados sobre a infância de Ermano Stradelli no castelo de Borgotaro – residência senhorial da família –, bem como sobre os estudos, o curso jurídico na Universidade de Pisa, os primeiros versos, a atração pelos índios, a viagem ao Brasil, o breve retorno à Itália, a fixação definitiva de residência em Manaus e a nomeação para o cargo de promotor público, exercido em várias comarcas do Amazonas. O perfil do personagem começava a ganhar contornos bem nítidos. Cascudo levantou pacientemente as rotas e a cronologia das viagens pelo rio Orenoco, em busca de suas nascentes, e pelo Amazonas e seus afluentes: o Negro, o Uaupés (três vezes percorrido), o Tiquiê, o branco, o Padeuiri, o Jauaperi, o Madeira, o Juruá, o Ituxi, o Purus, o Mamoriá e tantos outros.

Na biografia, houve uma preocupação em revelar os procedimentos usados pelo Conde Stradelli para conhecer a Amazônia. Quando, em 1880, ele quis saber como se organizava a produção da borracha, foi conviver com os seringueiros do rio Purus, onde naufragou, e do Juruá, onde contraiu febre palúdica. No ano seguinte, começou a aprender o nheengatu. Explorou o rio Uaupés, viveu com os índios tukanos e tarianas e observou e registrou suas tradições. Realizou, em 1882, viagens com a Comissão Brasileira de Limites com a Venezuela. Auxiliou Barbosa Rodrigues na organização do Museu Botânico de Manaus, em 1883, e acompanhou-o no primeiro contato pacífico, realizado em 1884, com os waimiri-atroaris, na época, conhecidos como crichanás ou jauaperis. Com eles, "comeu o moquém de aguti, mastigou o beiju, molhou os lábios no molho estonteante das pimentas" (p. 24).

Décadas antes de Malinowski sistematizar suas reflexões sobre a observação participante, Stradelli intuiu que o pesquisador decidido a conhecer uma sociedade que lhe é estranha devia partir do interior dela, impregnando-se da mentalidade de seus integrantes e esforçando-se para pensar em sua língua. Cascudo observa que "para assistir e tomar parte num cachiry, na maloca do Mirity-Cachoeira, Stradelli deixouse pintar com o vermelho do carairu [...] e dançou convictamente no meio da indiada, bebendo repetidas cuias de capy entontecedor". Essa adaptação, "completa e absorvente", à vida dos índios armou-o de conhecimentos detalhados (p. 55).

Segundo o biógrafo, Stradelli tinha uma forma própria de se relacionar com os indígenas e coletar material de pesquisa. Entrava nas aldeias com sua farmácia portátil, equipamentos topográficos, caixas para recolher material ornitológico e entomológico, máquinas fotográficas, microscópios e outros aparelhos que, inicialmente, assustavam os moradores. Levava, então, cada um deles para ver os instrumentos, tocar neles e verificar como funcionavam. Foi dessa forma que o tuxaua Mandu descobriu que "a máquina fotográfica servia para matar formigas" porque os ácidos fixadores que caíram acidentalmente nos formigueiros agiam como poderoso formicida.

O resultado desse contato intenso e sistemático com os índios foi a publicação de um sem-número de textos dispersos por jornais e revistas especializadas da Itália e do

Brasil. Cascudo procurou inventariar essa produção, considerando-a como "a mais rara bibliografia que me foi dado sonhar a existência". Mais uma vez, o autor deixa outra pista aberta aos pesquisadores. No levantamento minucioso, identificou um total de 28 títulos, ficando de fora os artigos publicados nos jornais de Manaus, que esperam até hoje uma exumação. O material inventariado pode ser ordenado desta forma:

- Dez separatas do *Bolletino della Reale Societá Geografica Italiana*, de Roma, datadas de 1887 a 1900, com relatos de diferentes viagens pelos rios Orenoco, Branco, Negro e Uaupés e ainda a *Legenda dell'Jurupary* (1890) e as *Leggende del Taria* (1896).
- Dois poemas, um deles sobre o índio Ajuricaba e sua luta contra os portugueses, publicado em *O Correio de Purus* (1896).
- Quatro dicionários, dos quais, dois permanecem inéditos: o *Pequeno Vocabulário em Língua Tukano* e o *Dicionário Nheengatu-Italiano* e *Italiano-Nheengatu*, manuscrito que teve uma cópia enviada para a Itália.
- Três mapas geográficos do Amazonas, editados na Itália e na Alemanha.
- Quatro artigos de interesse jurídico, publicados na *Revista de Direito* do Rio de Janeiro.

De todas essas publicações, três merecem um destaque especial do biógrafo: a *Legenda dell'Jurupary*, as *Leggende del Taria*, recolhidas por Stradelli no rio Uaupés, e os Vocabulários em nheengatu. Cada uma delas é tratada em capítulo próprio na biografia e todas seriam retomadas depois em outros trabalhos de Cascudo, como *Literatura Oral* [46] (1952; a partir da 2ª ed., *Literatura Oral no Brasil*) e *Dicionário do Folclore Brasileiro* [18] (1954).

Segundo Cascudo, o mito de Jurupari é, geograficamente, o mais disseminado de todos, presente em qualquer tribo e com vestígios vivos em cada uma delas. Nos séculos XVI e XVII, Jurupari foi representado pelos cronistas como um diabo ameríndio, comandante supremo de todos os demônios. Essa imagem continuou dominante nos séculos seguintes. Stradelli decidiu conferir e estudou o mito, ouvindo os índios e participando dos rituais e cultos realizados em afluentes do rio Negro. Descobriu que a imagem satanizada era uma construção da catequese católica do século XVI e que Jurupari era, na verdade, um "deus legislador e reformador, puro, sóbrio, discursador, exigente no ritual sagrado", criador dos usos, leis e preceitos conservados e transmitidos pela tradição, enfim, o tipo do herói lendário e do legislador divinizado, presente em todas as religiões e mitos de origem. Dessa forma, na época em que Jurupari era quase unanimemente considerado como um demônio, Stradelli – o primeiro que publicou sua "saga" – contribuiu para retirar sua feição satânica, colocando-o em lugar de respeito.

Câmara Cascudo acredita que isso só foi possível porque quem recolheu o mito traduzido e organizado por Stradelli foi um índio – Maximiniano José Roberto –, filho de pai manau e mãe tariana, que falava o nheengatu e várias línguas indígenas e passou longo tempo viajando entre as malocas, "registrando com fidelidade absoluta as odisséias que nenhum Homero ritmará" (p. 63). Seu papel não foi de simples informante nativo, mas de compilador e redator, autor de fato do texto em nheengatu, conforme reconhece o próprio Stradelli. Sem Maximiniano, não existiria a versão italiana. Por essa razão, Cascudo dedica a biografia de Stradelli a Maximiniano José Roberto, "príncipe amazônico, recolhedor apaixonado de centenas de lendas, maravilhosas e seguras como documentação etnológica" (p. 7).

Quando Stradelli, que "possuía um coração tariana", esteve com esses índios no rio Uaupés e recolheu seus mitos, ao lado dele, estava Maximiniano, seu companheiro de viagens, ajudando-o a compreender Buopé – o herói dos tarias ou tarianas, chefe imbatível, generoso com os vencidos, de que Maximiniano era descendente direto. De acordo com Cascudo, "as lendas dos tárias são denunciadoras de uma tradição guerreira, militar, social e política, acima de outra qualquer" (p. 70), com um enorme valor etno-histórico e muitas pistas sobre a ocupação, no passado, do rio Uaupés e seus afluentes.

O último capítulo da biografia, "Enciclopédia Ameraba", descreve a batalha desesperada de Stradelli, já inchado pela lepra, para publicar os *Vocabulários da Língua Geral*, que ele havia concluído em janeiro de 1920, o encaminhamento dos originais para o Instituto Histórico e Geográfico do Brasil (IHGB) e a avaliação de seu conteúdo por membros da entidade.

Os *Vocabulários*, impressos só em 1929 pela *Revista do IHGB*, contam com 769 páginas, tendo na abertura um esboço de Gramática Nheengatu e, no final, uma coleção de textos, também em nheengatu, reproduzidos de narrativas coletadas e publicadas por outros autores, além de dois mitos inéditos – um *baré* e outro *cubéua*. Do ponto de vista de Cascudo, não se tratava exclusivamente de um dicionário, surpreendente pela vastidão do léxico apresentado, e sim de uma enciclopédia amazônica, onde Stradelli registrou aspectos técnicos como a nidificação, a disposição dos fios na tecelagem das redes de dormir, minúcias de olaria e cerâmica, armadilhas para peixes, hábitos de animais, perfumes, conselhos, anedotas...

Câmara Cascudo, aqui, como em qualquer outra obra de sua autoria, dá uma demonstração acabada de indiscutível erudição e domínio exaustivo das fontes, revisando os relatos clássicos dos cronistas e viajantes e a literatura etnográfica da época, o que lhe permite afirmar que Stradelli corrige alguns naturalistas e repõe viajantes e etnógrafos em seus justos lugares.

No balanço feito sobre os relatos de viagens, Cascudo admite que Stradelli, apesar de seu estilo delicioso, pode ser "profundamente desinteressante" para os leitores que gostam de aventuras. A narrativa do conde italiano é desconcertante, não explora o exótico, o pitoresco, o espetacular e é destituída de qualquer sentimento sensacionalista ou mania de tragédia. "Ele não salvou ninguém, nem lutou corpo-a-corpo com um tigre." E não se sente desmoralizado por narrar uma jornada em que ninguém morreu, nenhum índio atacou, nenhuma taba foi incendiada. "Não há romance nem invenção. É uma narrativa leve, tranqüila, natural, sem sobressaltos, arremessos, alvoroços. [...] Stradelli, em todos os seus rápidos trabalhos de viagem, é de um estilo fotográfico" (pp. 33-34, 37 e 48).

Como apêndice, Cascudo publica integralmente dois depoimentos contraditórios de estudiosos que conviveram com Stradelli: o professor amazonense Júlio Nogueira e o pesquisador francês padre Constantin Tastevin. O primeiro é alguém que admira o conde. O segundo, não. Tastevin, que falava também nheengatu, critica Stradelli, julgando-o possuidor apenas de algumas noções imprecisas da língua geral; desqualifica os mapas elaborados pelo autor italiano, por considerá-los compilações grosseiras, cheias de erros; reconhece, no entanto, que suas relações com Stradelli sempre foram "mais de rivalidade e de suspeição, que de colaboração e de confiança" (p. 103).

O discurso biográfico de Cascudo revela um autor capaz de conciliar seu olhar objetivo com a solidariedade e a cumplicidade em relação ao seu objeto de estudo. Sua identificação é tão forte – afinal, ambos são coletores de tradição oral! – que o que ele diz sobre Stradelli pode ser aplicado, em parte, a ele próprio. Na perspectiva do biógrafo, Stradelli não é um geógrafo, um naturalista, um botânico, um classificador paciente e minucioso: ele é um artista enamorado da Amazônia, que registrou com extrema fidelidade a literatura oral produzida pelos índios, mas, ao fazê-lo, cultivou sempre um sentimento de beleza; em seu trabalho, "[...] há imaginação, sinônimo de poesia e de força criadora. [...] Ele é o cronista da mata" (p. 85).

Dessa forma, Stradelli, no dizer de seu biógrafo, contribuiu para humanizar uma região que vivia mergulhada em lendas de pavor e mistério. Desencantando a Amazônia, o conde italiano a tornou mais sensivelmente nossa, "mais próxima do esforço, da tenacidade e do trabalho irremediável dos homens" (p. 48). [J. R. B. F.]

MITOS BRASILEIROS [55]. Em sua incansável disputa pela cadeira da Academia Brasileira de Letras ora ocupada por José Sarney, Millôr Fernandes tem por costume atacar os dotes literários do ex-presidente. Na recensão a *Brejal dos Guarás*, afirma que se trata de um livro apenas porque tem cinqüenta páginas e, de acordo com a Unesco, livro é material impresso, não periódico com, ao menos, 49 páginas[18].

Se seguirmos o humorista e nos ativermos a essa exigência, *Mitos Brasileiros* é um não-livro: possui somente 24 páginas e faz parte de uma coleção, Cadernos de Folclore, provavelmente publicada no ritmo de um fascículo por trimestre[19].

Os Cadernos de Folclore são parte da Campanha de Defesa do Folclore Brasileiro, cujos objetivos (listados na contracapa de *Mitos Brasileiros*) eram, dentre outros,

---

18. A discussão de Fernandes com Sarney perpassa vários artigos e remonta à década de 1980. A referência a *Brejal dos Guarás* foi republicada recentemente em: Millôr Fernandes, "O Cérebro e Suas Cerebrações", *O Estado de S. Paulo*, 12.3.2000, p. D-24.
19. De acordo com informação publicada em página não numerada de *Mitos Brasileiros*, em 1975 foram publicados os dois primeiros títulos e em 1976, quatro volumes, o que indica ao menos uma tentativa de periodicidade.

"promover registros, pesquisas e levantamentos", "proteger o patrimônio folclórico" e "divulgar o folclore do Brasil". Obviamente, tal campanha não é independente de outras propostas governamentais de então e está articulada a diferentes projetos de integração nacional fomentados pela ditadura militar – Transamazônica, Projeto Minerva, Mobral, Projeto Rondon etc. Nesse sentido, os Cadernos são parte de uma estratégia de legitimação, operada a partir do apelo a especialistas renomados – mesmo que não identificados diretamente com o regime –, discorrendo sobre diferentes temas articulados ao folclore[20].

Inserida na coleção, essa obra de Cascudo não é um estudo inédito, mas versão condensada da *Geografia dos Mitos Brasileiros*, com algumas variações vocabulares ("pastoreio" por "pastorícia", por exemplo) e três páginas inéditas (8, 9 e 10)[21]. Sendo parte de outro livro, o texto ressente-se de, ou agrava, os problemas de sua fonte.

Comecemos pela elástica definição de mito, a qual seguirei para facilitar a exposição: na *Geografia*, o autor equivale mito a "bicharia fantástica" (p. 7). Tal passagem não é reproduzida no opúsculo que, entretanto, exemplifica com uma série de seres fantásticos (todos retirados daquela obra), e, na p. 8, trata lenda, fabulário, conto e superstição como equivalentes a mito, e estórias populares, contos infantis e tradições locais como sua retomada.

Mitos Brasileiros é composto de quatro pequenos capítulos e um final, mais longo. Os três primeiros capítulos são basicamente cópia do capítulo "A Relação Étnica nos Mitos Brasileiros" da *Geografia*, com a pequena inclusão já citada.

O capítulo inicial tem o mesmo título de sua fonte. De acordo com o autor, os mitos brasileiros têm sua origem principal no português, que, além dos que trouxe da Europa, incorporou e difundiu os de origem indígena, principalmente tupis. Apesar do grande destaque dado à língua tupi, essa etnia é tratada como anexa aos portugueses:

> Acompanhando o bandeirante, cavando a terra nas granjearias, seguindo o dono nos "currais", o indígena foi dando nomes aos rios, às matas, às montanhas, cidades, caminhos, árvores e pedras. Ao despedir-se de sua função histórica, sacudia seu idioma como uma imensa bandeira incorruptível, cobrindo o esplendor da terra, marcando-a com as sílabas melódicas da língua, como um sinal heráldico de passagem, de posse e de domínio. A toponímia brasileira deve ao tupi sua percentagem esmagadora. Companheiro do conquistador, condenado ao desaparecimento, o tupi ia deixando, nas regiões onde não havia tribos de sua raça, os nomes que celebrariam para o futuro a caminhada intérmina, seguindo seu enterro, festejando-o porque sabia a perpetuidade do seu esforço. (*MB*, p. 5; *GM*, p. 59)

---

20. Além de Cascudo, publicaram na coleção, dentre outros, Edison Carneiro (*Capoeira*), Carlos Rodrigues Brandão (*A Folia de Reis de Mossâmedes*) e Joaquim Ribeiro (*Folclore do Açúcar*).
21. Para as indicações, sigo o texto de *Mitos Brasileiros* sob a sigla *MB*, seguido do número da página, da sigla *GM* e da página da primeira edição de *Geografia dos Mitos Brasileiros* [28]. Apesar de a segunda edição desta obra ter sido lançada pela José Olympio também em 1976, não incorpora as páginas escritas para *Mitos Brasileiros*, limitando-se a atualizar a grafia e incluir pequeno estudo bio-bibliográfico. Edição não numerada, lançada em conjunto pela Edusp e pela Itatiaia em 1983, basicamente repete (sem explicitá-lo) a segunda.

Se o índio merece tal tratamento romantizado e secundário, ao negro são dedicadas umas poucas linhas em cuja base está a idéia de que o mito, na acepção de Cascudo, não existe nas culturas africanas (o plural é meu) por não comportar seres cuja existência se dê através de ritos. Assim sendo, a única das narrativas por ele recolhidas cuja origem é negra é a do Quibungo, que, entretanto, como se verá adiante, não chega a configurar um mito. Ao negro, nessa questão, resta como duvidoso prêmio de consolação ter transformado e intensificado vários mitos de origem indígena e européia:

> A mão do negro, mão do escravo que tudo fazia, passou por inúmeros desses mitos brancos e amerabas. Rara será a aparição assombrosa que inda mais terrível não ficasse através dos lábios africanos, balbuciadores de estórias maravilhosas. O papel das 'tias' e dos 'tios' portugueses aqui lhes coube, por um direito de servidão e devotamento. A nossa Scheherazada foi a Mãe-Preta [...]" (*MB*, p. 7; *GM*, pp. 61-62).

O segundo capítulo, "Característica", repete as colocações da *Geografia* a propósito da ausência de localização geográfica nas narrativas dos mitos brasileiros e da constância de aparições que atormentam os passantes, caráter herdado do quase nomadismo, visto pelo autor como marca da colonização. Após essa republicação do texto anterior, entra o trecho inédito, com a já citada equiparação de mito a diferentes formas narrativas e a proposição de uma interessante reflexão para a leitura dos mitos quase que em chave histórica.

De acordo com o autor, seria possível entrever, por detrás da mobilidade e da variedade dos mitos existentes, uma espécie de "pai" dos seres fabulosos. "Um ponto de partida comum, com diversificações e transformações regionais", cuja base seria a confluência de tradições orais indígenas e portuguesas (e, nesse ponto, paradoxalmente, também africanas), com as características de crueldade do invasor português. Entretanto, tal vertente não é desenvolvida e ao longo dos exemplos que fecham o livro, o que se tem são referências isoladas a tradições européias, indígenas, africanas, orientais e de outras regiões da América, estando ausente a perspectiva de se encontrar qualquer relação histórica demonstrável.

Não se trata de cobrar de Cascudo que seja historiador (embora o seja); enquanto etnólogo é legítimo assumir postura comparativista, buscando em outras culturas elementos formais capazes de servir como matrizes explicativas para o folclore brasileiro. Mas tal perspectiva desaparece, sendo substituída por um rol de tradições paralelas e independentes, tomadas como origem histórica, sem qualquer esforço demonstrativo de tais origens[22]. Tomemos, por exemplo, o caso da bruxa, retirado de "Alguns Mitos", capítulo final de *Mitos Brasileiros*.

---

22. Nesse sentido, um folclorista vinculado a uma filiação teórica problemática, como Propp consegue ser mais feliz: se não é possível levar a sério seu comparativismo baseado na teoria estalinista dos estágios econômicos, ainda assim esta só entra em ação quando os vínculos históricos comprováveis (contatos efetivos entre populações, persistências e transformações de motivos em uma mesma região) são insuficientes para embasar a explicação. Cf. Wladimir Propp, *Las Raices Históricas del Cuento*, 2ª ed., Madrid, Editorial Fundamentos, 1979.

A versão brasileira da bruxa afasta-se da européia pela ausência de "reunião nas noites de sexta-feira, presididas pelo diabo" (*sic*, *MB*, p. 16; *GM*, p. 243), isto é, pela inexistência do sabá. Entretanto, as maneiras de afastar as bruxas seguem tradições européias, que incluem a colocação, em seu caminho, de paina ou fios de gravatá, pois assim ela é obrigada a parar e só prosseguir depois de contar todos os fios, costume cuja existência é apontada pelo autor em Portugal (com fios indeterminados) e na Itália (com pêlos de cães mortos). O item termina com a seguinte afirmação a respeito da condição para uma mulher tornar-se bruxa: "É a sétima filha. Sempre reaparece o número sete, que é o fatídico e suspeito desde os magos caldeus." (*MB*, p. 17; *GM*, p. 243).

Não se trata de um excesso de condensação de minha parte: os caldeus aparecem e somem repentinamente, assim como outros possíveis vínculos de diferentes personagens. Quanto ao motivo da contagem dos fios, proponho uma comparação entre sua aparição nas descrições da bruxa e do Saci, como forma de sugerir algumas questões sobre a construção do texto.

Cascudo nos apresenta o Saci-Pererê como personagem cujos atributos básicos são de origem indígena, indicando que sua penetração no território brasileiro tenha seguido a trajetória dos tupis. Nesse caminho, o Saci "foi assimilando os elementos que pertenciam ao Curupira, ao Caipora, confundindo-se com a Mati-taperê", transformando-se na versão conhecida no Brasil. Prossegue o autor:

> Do Curupira fica com o sestro de interromper a carreira para desmanchar nós e tecidos atirados pelo perseguido. Alguns demônios europeus, os de Portugal, por exemplo, que têm obrigação de contar os grãos de painço atirados sob as pontes. Também herdou o Saci o direito de desnortear o viajante, fazendo-o perder-se na floresta, antigo privilégio do Curupira (*MB*, pp. 14-15; *GM*, pp. 151-152).

O mesmo motivo – a obrigação de deter-se diante dos fios – é europeu para a bruxa e indígena para o Saci, personagens que pertencem a universos culturais distintos, cujos contatos, porém, são tão vastos que Câmara Cascudo pode apreendê-los como unidade. Para a segunda personagem, a possível relação com a tradição portuguesa é apontada, mas não é incorporada à explicação ou ao texto, como se tivesse sido incluída ao acaso, como vaga lembrança. Aqui temos uma conjunção entre dois problemas: a inexistência de articulação entre as diferentes partes da obra – que retomarei adiante – e uma forma de construção do texto que direciona a leitura de maneira a assegurar o modelo explicativo.

As frases soltas ou desarticuladas, os lapsos de coesão e coerência são tantos que não parecem ser tropeços estilísticos, mas estratégias de construção do texto. Tomando-se o exemplo da referência aos demônios portugueses, enveredar por essa trilha em relação ao Saci, significaria mexer com um de seus atributos básicos, substituindo a bem-amarrada e segura origem indígena (e a tese do papel do português como difusor que respeitou a estrutura dos mitos indígenas) pelos caminhos mais tortuosos do problema do contato entre culturas; entretanto, o autor não pode ser acusado de ter ignorado a semelhança.

De outras vezes, quando o modelo exige, a mesma desarticulação do texto acaba por colocar em relevo o papel do português. Voltemos ao Saci:

E a perna única? Não o dizem aleijado várias tradições sul-americanas. Havia, entretanto, a presença de entes unípedes e poderosos no continente. Os maias da Guatemala (Quiches) tinham o deus Hunrakan e os antigos mexicanos veneravam a Tezcatlipoca, ambos com uma só perna. Os dois seriam, para o saudoso Lehman-Nitsche, representados pela constelação da Ursa Maior, origem astral do nosso mito. Crêem que os negros hajam contribuído para a formação atual do Saci, enrolando-o com as semelhanças do Gunocô, fantasma protetor das matas. [Mas Gunucô lembra, e muito vagamente, o Curupira. É o responsável, em percentagem séria pelas aparições noturnas que crescem e minguam o tamanho, surgindo como crianças e como gigantes. Demais, Gunucô é um negro com ambas as pernas, sólidas e velozes.]
A perna única do Saci Pererê [...] é recordação clássica do fabulário europeu, dos seres estranhos como os Ciapodos, Monocoles, Trolls. A carapuça vermelha... (*loc. cit.*, o trecho entre colchetes foi suprimido em *MB*).

O problemático contato dos tupis com maias eastecas aparece em posição de destaque, seguido por uma semelhança inexistente com Gunocô ou Gunucô (ambas as formas aparecem no mesmo parágrafo da *Geografia*[23]), logo abandonada em favor da origem européia da perna única, hipótese não desenvolvida, pois vai-se, na seqüência, para o motivo do gorro vermelho.

Se nos ativermos apenas à probabilidade de contato entre culturas, Lehman-Nitsche é menos confiável que os defensores de uma semelhança entre o Saci e o Gunucô. Mas, em ambos os textos, a informação dada por um sujeito indeterminado, o verbo escolhido (crer) e, na *Geografia*, o desvio do tema, esvaziam a posição dos defensores de uma influência negra no Saci, tendência amenizada pelo corte feito em *Mitos Brasileiros*, mas ainda bastante forte. O autor cria um oponente fraco para, em seguida, enfrentá-lo, enriquecendo, assim, seus poucos argumentos em favor da origem européia da perna única para, no próximo passo, discorrer sobre a carapuça vermelha, também um atributo secundário de sua versão do Saci[24]. Os lapsos de coesão e coerência terminam por prestar um tributo à tradição européia de leitura do folclore e reforçar a tese da incipiente presença negra na cultura brasileira.

Assim como Câmara Cascudo, que salta de um assunto a outro, comentei questões do capítulo final antes de discorrer sobre o terceiro e o quarto. "Miscigenação" retoma da *Geografia* a idéia de que o mito tem seu grande difusor no mestiço, mas especifica: não um mestiço qualquer, mas o mameluco. E, mais uma vez, o negro é expulso do livro, pois faltam-lhe – num evidente diálogo com Gilberto Freyre – a suficiente plasticidade e "mobilidade espiritual" (*MB*, p. 10; *GM*, p. 63).

"Mitos Primitivos e Gerais" limita-se a apresentar uma classificação dos mitos: "Primitivos" (em *GM*, "Mitos Primitivos e Gerais"), "Ciclo da Angústia Infantil",

---

23. Câmara Cascudo, na terceira edição do *Dicionário do Folclore Brasileiro* (Brasília, INL, 1972) registra a variante Gunocô, mas dá preferência à forma Gunucô. *Mitos Brasileiros* herdou da *Geografia*... uma série de problemas gráficos. Podem-se encontrar formas como alôs e "alôs" (*MB*, p. 19; *GM*, p. 272) ou "o velho Mboitatá" (*MB*, p. 20; *GM*, p. 291) e "a velha mboitatá" (*MB*, p. 20; *GM*, p. 370). Entretanto, existem problemas editoriais nos *Mitos Brasileiros* que independem da fonte: das seis notas do livro, apenas duas têm a chamada no corpo do texto.
24. Não sou especialista nas origens do Saci e, portanto, Cascudo pode até estar correto em todas as suas conjecturas sobre o personagem. O que está em questão aqui não é a origem do Saci, mas a argumentação e a construção do texto. Em função dos cortes, o motivo do gorro vermelho, sem ter sido escrita sequer uma única linha nova, é europeu na *Geografia*, mas indígena em *Mitos Brasileiros*.

"Ciclo dos Monstros", "Secundários e Locais". Tal tipologia nomeia grandes capítulos da obra de 1947, formados por apresentação e comentário de exemplos recolhidos pelo autor, que fornecem o material para o capítulo final do livro de 1976.

A reprodução dos mitos deixa patente a ausência de um diálogo entre as diferentes partes da *Geografia*, o que não parece ser um descuido de um autor com o fôlego de Cascudo, mas soa proposital. Em momento algum de *Mitos Brasileiros* são explicitadas as razões da classificação e, na *Geografia*, o autor abre um parágrafo apenas para afirmar: "A classificação que elegi, com modificações pessoais, é a mais velha e clássica, a mais simples, primitiva e lógica das classificações" (p. 7).

Seguindo uma lógica geral da *Geografia*, segundo a qual as coisas explicam-se por si próprias[25], as razões das modificações pessoais não são explicitadas e cabe aos mitos articularem-se a essa classificação ao mesmo tempo tradicional e pessoal, produzindo resultados assombrosos. A já citada incongruência do motivo da contagem de fios na bruxa (pertencente ao "Ciclo da Angústia Infantil") e do Saci ("Mito Primitivo") não é a única. Mais gritante é o caso do Pé-de-Garrafa, personagem pertencente ao "Ciclo dos Monstros", que faz os caçadores se perderem e, de acordo com depoimento reproduzido pelo autor "só possui uma *única perna*" (*MB*, p. 19; *GB*, p. 265, grifado em ambos). Apesar dessa afirmação e do destaque dado a ela por Câmara Cascudo, o Pé-de-Garrafa não é aproximado ao Saci, mas ao Mapinguari e ao Capelobo, "monstros" como ele.

Se publicar trechos de um livro problemático como obra inédita não fosse suficientemente comprometedor, restam duas questões bastante sérias em *Mitos Brasileiros*, sobretudo se pensarmos que existem modificações em relação à *Geografia*. A primeira é a manutenção do racismo – implícita, como na questão da quase ausência do negro no livro, ou explícita, como na descrição do Quibungo. Tal personagem não chega a pertencer à categoria do mito, pois não existem pessoas que o aleguem ter visto, mas sua presença manifesta-se apenas em "narrativas infantis", como uma espécie de "papão negro". Até aqui, a descrição segue o modelo de mito com o qual ambos os livros trabalham. Entretanto, adiante, quando da descrição do personagem, o autor afirma que ele é capaz de "proezas tão idiotas como indispensáveis aos recursos episodiais das pequeninas estórias só percebidas pela *retentiva infantil e clara dos negros*". (*MB*, p. 19; *GM*, p. 272, grifo meu).

O outro problema reside na manutenção, como resultados de pesquisas recentes, de frases que, após 29 anos, tornaram-se insustentáveis. Ao ler o trecho referente à Alamoa, aparição fantástica de Fernando de Noronha, deparamo-nos com a seguinte fantasmagoria: "Os presidiários e mesmo a população livre, conhecem a Alamoa, fantasma quase familiar pela assiduidade *nos bailados ao som das ondas e dos ventos*" (*MB*, p. 20; *GM*, p. 291, grifo meu).

---

25. Na mesma página da *Geografia*, o autor afirma que "a melhor e mais alta valia deste livro é a perfeita ausência de 'explicação' quando recolhi o fabulário [...] Batia Kodak fiel e naturalmente. Sem retoque trouxe meus 'instantâneos' ".

O presídio foi desativado em 1942, cinco anos antes da publicação de *Geografia dos Mitos*, ainda assim, é possível que o capítulo tivesse sido escrito antes e não revisado. Cascudo pode ter ouvido algum depoimento à época, mesmo não o publicando e tendo baseado o capítulo sobretudo em informações publicadas por Mário Melo em 1916, sessenta anos antes de *Mitos Brasileiros*. Se a Campanha de Defesa do Folclore Brasileiro chegou a "promover registros, pesquisas e levantamentos", certamente não foi para esse texto. [S. A. S.]

MOSSORÓ, REGIÃO E CIDADE [56]. Vazada em preto e branco, *Mossoró, Região e Cidade*, é um recorte, uma miniatura, um pequeno retrato de densa composição da imponente obra daquele que foi, em vida, e continua a ser, o maior erudito e historiador das terras potiguares.

Esse volume, como sugere o próprio título dado por Câmara Cascudo, é um passeio inquisidor e provocador pelo passado, como uma testemunha do presente, da cidade do Mossoró e de toda a região ao derredor. Esta última fora tomada como uma área que influenciou a cidade e foi contagiada pela colonização mossoroense, pelo processo de conquista e estabelecimento inicial do sesmeiro fazendeiro, posteriormente, pela fundação de paróquias, depois, vilas e, por último, cidades[26].

Independentemente de a obra ser a publicação reunida de crônicas de Câmara Cascudo, publicadas, de 1921 a 1960, pelo jornal *A República*, a obra, em seu conjunto, revela o autor como um verdadeiro cronista do passado e do presente, uma cópia fiel, por que não dizer?, um produtor fiel do estilo *tableau*[27]. Dos canteiros do passado e do presente, as escavações do autor retiram camadas e mais camadas de terra e poeira na busca da origem dos topônimos que hoje definem e demarcam os limites territoriais da região e de suas cidades. Neste empreendimento, ora segue os passos do colonizador branco, ora os rastros do tupi adesista colonizado; no ato seguinte recolhe fragmentos deixados pelas tribos arredias, como é o exemplo dos índios monxorôs.

Com o seu olhar focado em diversas direções, Câmara Cascudo vai aos poucos revelando, com luz cristalina, a origem de cidades como Mossoró, Açu, Upanema, Pau dos Ferros, Patu, Macau, Portalegre, Caraúbas, Augusto Severo, Cidade do Martins etc. Ao falar da região, passa a impressão de que olha do alto da cidade do Mossoró. Ao dizer desta, convence o leitor de que está focalizando a região e alhures.

Mossoró e cidades circunvizinhas vão se revelando em nomes, datas, topônimos de origem indígena ou portuguesa, nas proezas de personagens sertanejos, que em-

---

26. Vale salientar que o surgimento das cidades não segue necessariamente essa mesma ordem. Não há no autor nenhum evolucionismo social linear.
27. "Com efeito, Delvau, um dos autores que Benjamim cita como precursores da fisiognomia, se vangloriava de 'identificar', enquanto flanava, as diferentes camadas da sociedade parisiense com a mesma perícia como um geólogo reconhecia as camadas da terra". Willi Bolle, "Gêneros Literários Urbanos: Berlim, Paris São Paulo", *Revista Tempo Brasileiro*, Rio de Janeiro, Tempo Brasileiro, 132, jan.-mar. 1998.

preenderam suas ações com o desejo e a vontade de retirar da terra tudo o que favorecia o sentido de viver a vida, à época dos primeiros passos conquistadores do sertão. Dessa senda, partilhavam, ombro a ombro, numa junção quase carnal, o sonho e a força da fé cristã católica, recheada, desde o começo, de um modo genuinamente brasileiro, com os elementos da tradição dos negros e dos índios. Eles, como o ferro e o fogo, participaram da grande empreitada colonizadora.

Na sua narrativa de *Mossoró, Região e Cidade*, o grande mestre historiador mostra como a construção da história do oeste potiguar foi feita por homens imbuídos de suas crenças, convicções e lendas, além das oportunidades que o meio ofereceu. Reinventaram aqui velhas tradições das três raças. Dessa forma, desfila na sua teia discursiva, sem destaque hierárquico, o homem, seja branco, negro ou índio, e o meio geográfico, com suas serras, grutas, altiplanos, rios, clima, fauna e flora.

Quando traz alguns nomes à superfície da história, não procede assim para fazer uma história das elites, mas para destacar uma singularidade desse ou daquele personagem, para abrir uma porta que coloque o leitor dentro dos acontecimentos históricos da região e de suas cidades, como que querendo partilhar na leitura o cotidiano vivido no sertão mossoroense e alhures.

No momento em que narra o personagem, o autor cruza, com a velocidade da luz, as diversas fronteiras do espaço potiguar em geral e, em especial, o solo da Zona Oeste, tendo num instante Mossoró como epicentro, em outro, a cidade do Açu. Sua narrativa navega no campo do clássico conto popular.

A principal característica do conto popular é a economia de expressão: as peripécias mais extraordinárias são relatadas levando em conta apenas o essencial; é sempre uma luta contra o tempo, contra os obstáculos que impedem ou retardam a realização de um desejo ou a restauração de um bem perdido[28].

Dessa forma, Câmara Cascudo recupera o feito magnânimo ou pitoresco dos indivíduos na história, os coetâneos acontecimentos sociopolíticos e o sentido histórico da época que inspirou suas ações. Entre outros, há dois exemplos que ilustram a genialidade do autor ao produzir verdadeiros instantâneos da história cotidiana colonial e contemporânea, no sertão do oeste potiguar e desenvolver um *look* multifocado e voltado para as diferentes dimensões do social. São eles: João Onofre Pinheiro de Andrade ("O professor Onofre", como o chama o autor) e Jesuíno Alves de Melo Calado (o cangaceiro popular Jesuíno Brilhante).

No primeiro caso, trata-se de um legítimo representante da elite. Mas não é por esse motivo que em *Mossoró, Região e Cidade* essa *persona* ganha notoriedade. Seu papel de destaque é outro. Na teia discursiva de Câmara Cascudo, o João Onofre, professor público e promotor interino, age como indivíduo de uma dada situação da "micro-história provincial" e como arquivo vivo dessa mesma história regional.

---

28. Italo Calvino, *Seis Propostas para o Próximo Milênio: Lições Americanas,* trad. de Ivo Barroso, São Paulo, Companhia das Letras, 1990, p 50.

Fui, durante meses, um ouvinte fiel e deslumbrado. Abria os olhos espantados, entreabria a boca, no assombro das lutas, dos sucessos políticos, anedotas, fisionomias que passaram a constituir como um alicerce dos meus estudos. Falava-me dos grandes políticos do passado, os chefes em Natal (p. 102).

O "Professor Onofre" é muito mais um exemplo de arquivo vivo de história da província do que um personagem ilustre.

No segundo exemplo de história de indivíduos da província norte-rio-grandense, o autor trata das façanhas e artes de um legítimo integrante da vida social do sertão antigo. Um sertanejo, típico representante das classes sociais menos favorecidas do mundo rural da região. Um morador do "sítio 'Tuiuiú', sete quilômetros da cidade do Patu, no Rio Grande do Norte" (p. 74), que, por desavença e se sentindo injustiçado, com sua família desrespeitada no episódio envolvendo os descendentes dos Limões e seus amigos políticos influentes de Brejo do Cruz e de Catolé do Rocha, na Paraíba, caiu no cangaço, fazendo justiça com as próprias mãos.

Nesse caso, Câmara Cascudo resgata não apenas o personagem da época, mas também os símbolos e signos que povoavam o imaginário coletivo do seu tempo, seus conflitos e tensões sociais. Sem dúvida, o nobre historiador do Rio Grande do Norte olha, sem distinção de raça, religião ou cores de qualquer ordem, para os diversos andares que compõem o edifício social da sociedade do Oeste potiguar.

Para Câmara Cascudo, a história é, como as cidades para Italo Calvino[29], um palco de muitas possibilidades, vários sonhos e múltiplos desejos. Para "capturá-la" no contrapé ou no "contrapelo", necessário se faz observá-la sob várias perspectivas. Com a humildade de um grande gênio, o autor diz, em *Mossoró, Região e Cidade*, que essa foi uma lição que aprendeu de Laurentino Duodécimo Rosado Maia. Não importa se seu aprendizado não teve origem num compêndio de Teoria da História, para qualquer leitor e historiador contemporâneo esse é um grande ensinamento deixado pelo mestre.

Mossoró, Região e Cidade é um mapa cartográfico para qualquer navegador principiante no ofício da pesquisa histórica. Revela um Câmara Cascudo criterioso com as fontes e com os documentos. Modificando sua posição anterior acerca da existência do Forte de Manuel Gonçalves, diz "o Fortim existiu" e completa: "em história, o fundamento absoluto é a documentária. Nenhum ser racional tem o direito de obstinar-se diante de um documento de autenticidade irrecusável" (p. 45).

Sua obra é, não apenas, o testemunho autêntico do respeito com as fontes documentais e históricas. Trabalhou com fontes diversas e sabia como ninguém confrontar os seus dados. Só depois de minuciosa perscrutação, seguia em frente, mas deixando sempre, na descrição discursiva, pistas para novos reexames do assunto.

Como historiador, Câmara Cascudo foi ousado e precursor para o seu tempo no uso das fontes orais como arquivo histórico. Ao longo da narrativa de *Mossoró, Região e Cidade*, aparece explícita a utilização de categorias teóricas do estudo da memória.

---

29. Ver Italo Calvino, *Cidades Invisíveis*, trad. de Diogo Mainardi, São Paulo, Companhia das Letras, 1990.

Parecem familiares ao autor instrumentais como memória e reconstrução do passado, memória individual, memória coletiva, memória herdada, memória dos velhos, etc. São indícios flagrantes do seu conhecimento de *Les cadres sociaux de la mémoire*, de Maurice Halbwachs, e *Matière et mémoire*, de Henri Bergson[30].

O seu pioneirismo não pára nesse ponto. Hoje, quando é *cult* falar de inconsciente coletivo, Câmara Cascudo, referindo-se aos aspectos etnográficos do livro de Manuel Rodrigues de Melo, um varzeano do Açu, já ressaltava a importância da etnografia para o estudo da psicologia coletiva.

Eis um pouco das muitas qualidades que contêm *Mossoró, Região e Cidade* e seu autor. O escopo de um verbete é estreito para contemplá-las na sua totalidade. Essa gota d'água retirada do oceano tenta representar um indício da dimensão do historiador Luís da Câmara Cascudo nesse seu trabalho, ínfima parte de uma obra mais ampla. Com a devida autorização de Peter Burke, o nome de Luís da Câmara Cascudo pode ser esculpido em letras garrafais, ao lado de Gilberto Freyre, como historiador que antecipou um pouco a nova história dos anos de 1970 e 1980[31]. [D. A.]

MOUROS, FRANCESES E JUDEUS [57]. Esse livro pode ser considerado como uma das obras-primas de Câmara Cascudo que, além de etnógrafo, projeta-se como o historiador dos fatos triviais do cotidiano brasileiro. Essa produção é definida pelo próprio autor como uma reedição de cinco ensaios de indagação na cultura popular brasileira e pesquisa bibliográfica confirmadora, publicados entre 1954 e 1966. São eles: "A Presença Moura no Brasil", "Roland no Brasil", "Temas do Mireio", "Motivos do Heptaméron" e "Motivos Israelitas". Esses estudos expressam a constante busca de um "fundo comum" entre as múltiplas culturas que, direta ou indiretamente, colaboraram para configuração da cultura popular brasileira. É a busca das sobrevivências (*survivals*) ou seja, dos resíduos do passado que, segundo a teoria da funcionalidade de Malinowski, simbolizam a "incorporação de um dado cultural que adquiriu nova função, integrando o complexo social e vinculando-se aos demais do conjunto."

A coletânea extrapola a intenção do autor de "facilitar leitura curiosa ou amável consulta". Os textos – desdobrados no plano da informação e conclusão sociológicas – propõem uma metodologia de análise que percorre etapas determinadas: constatação imediata do "fenômeno", indagação com base em informações "fidedígnas e não fidedignas, como dizia Capistrano de Abreu" (p. 9), arrolamento das "sobrevivências", contextualização do fato complexo e não isolado e, finalmente, a interpretação das evidências constatadas.

---

30. Maurice Halbwachs, *Les cadres sociaux de la mémoire*, Paris, Félix Alcan, 1925; Henri Bergson, *Matière et mémoire*, Paris, Félix Alcan, 1934 (1ª ed., 1896). A respeito dessas obras, ver Luiz Alfredo Garcia-Roza, *Introdução à Metapsicologia Freudiana*, Campinas, Papirus, 1991.
31. Ver a esse respeito Peter Burke, *Revolução Francesa da Historiografia – A Escola dos Annales: 1929/1989*, trad. de Nilo Odália, São Paulo, Unesp, 1997.

Valendo-se de artifícios temáticos e de fontes históricas eruditas e não convencionais, Cascudo sai em busca dos resíduos do passado (sobrevivências) reconstituindo fragmentos do imaginário popular brasileiro. Uma simbiose temática é percebida em diferentes tempos e múltiplos espaços geográficos, num permanente "rejuvenescimento" dos fatos folclóricos. Expressivo desse processo de adaptação é o auto "Mouros e Cristãos", representado durante todo o ano no Brasil com vários nomes e formas, inclusive na de cavalhada dramática[32].

Foi a partir de sua vivência de homem sensível aos usos e costumes do povo brasileiro e de leitor assíduo de obras raras dos séculos passados que Câmara Cascudo voltou o seu olhar para os mouros, os judeus e os franceses. Personagens estes que – como ele mesmo fez questão de frisar no seu texto preliminar – sempre se fizeram presentes em sua vida, mesmo nos sertões do oeste norte-rio-grandense, onde viveu, menino pondo-se rapaz. E como ele, não existe brasileiro que, um dia, não tenha sido testemunha (ou ator) de algum drama moldado por valores judaicos ou mouriscos, provençais ou ibéricos. Todos nós fomos criados temendo as sombras, as águas paradas, os maus presságios, as epidemias, os homens de barba longa, as carnes dos animais encontrados mortos. O tabu do sangue persiste, ainda hoje, nos sertões longínquos do Brasil, da mesma forma como uma série de ritos de vida e de morte atestam a presença dos judeus e dos mouros na memória coletiva.

Através de uma análise comparativa – caraterística daqueles que se dedicam à etnografia –, Câmara Cascudo desenvolve uma metodologia muito particular: de fazer um constante contraponto entre as culturas ibérica, francesa, mourisca, judaica e brasileira. Sua sensibilidade de pesquisador nato o levou a perceber sobrevivências constatadas no emprego de certas palavras, de sons, invocações, sabores, perfumes, técnicas, posturas, ritmos e gestos.

Trabalhando com a contemporaneidade dos fatos, Cascudo busca os indícios culturais permanentes (detectados pela "insistência de citação") que, herdados dos mouros, judeus e franceses, expressam transculturação e resistência (detectados pela "constante tradicional"). A cultura mourisca, por exemplo, é declarada uma permanente na etnografia brasileira: "viajou na memória do colonizador. E ficou". O mesmo aconteceu com a cultura judaica que aqui chegou através do cristão-novo que, perseguido pela Inquisição ibérica, fez do Brasil o seu refúgio. Nossas raízes ibéricas – garimpadas nas confissões registradas pela Inquisição portuguesa, nas edições portuguesas do século XVIII e brasileiras do século XIX, nas superstições e nos ditos populares, nas narrativas dos viajantes europeus – respondem às indagações de Câmara Cascudo.

Para comprovar a persistência do "mourismo" no Brasil, Câmara Cascudo recorre a expressões presentes no linguajar do povo ("força, cara e terra de mouro"), às peças vulgares da indumentária popular brasileira ("torço, turbante ou pano, barrete vermelho") e aos elementos mágicos equivalentes entre si (mães-d'água brasileiras e mouras-encantadas). Resquícios desse "mouro real" são identificados em certos

---

32. Renato Almeida, *A Inteligência do Folclore*, Rio de Janeiro, Americana, 1974, p. 41.

usos e costumes característicos de uma etiqueta milenar e simbólica: servir refeição no chão limpo ("comida de mouro"), beber depois de comer ("lembrança moura"), sentar-se de perna dobrada ("jeito de mouro"), promessas de obediência e fervor ("ler e pôr na cabeça"), as reminescências do harém (o recato das donzelas) e os requintes da doçaria portuguesa (herdados do modelo mourisco). O aboiado – modulação usada pelo nordestino para instigar a boiada – seria uma persistência do canto oriental, marcado em vogais, possivelmente herdado dos escravos mouros da Ilha da Madeira e trazido pelos portugueses emigrantes.

Com o objetivo de identificar os motivos israelitas que circulam na cultura popular brasileira, Câmara Cascudo retrocede aos tempos coloniais, quando o Tribunal do Santo Ofício vigiava e controlava a vida dos cristãos-novos na Colônia. É a partir das Denunciações e Confissões da Bahia e de Pernambuco, das Ordenações do Reino de Portugal (Manuelinas, Filipinas e as Afonsinas), do Monitório do Inquisidor Geral, D. Diogo da Silva (Évora, 1536) e da literatura portuguesa dos séculos XVI e XVII que a tradição judaica é avaliada enquanto "herança lógica do mecanismo intelectual do passado".

A imagem mental do judeu projeta-se, ao seu ver, segundo o olhar quinhentista: abstrata, individualizada, estigmatizada. Os homens-da-nação eram atacados como gente misteriosa e tenaz, acusada de sacrilégios e heresias, elementos recuperados pelo moderno anti-semitismo, dito de fundamentação científica. Segundo o autor, o judeu de sinal se confundia, muitas vezes, com o homem da raça mourisca, determinando uma identidade irmanada: a do judeu-mouro. Heranças da velha metrópole portuguesa e que ainda hoje se manifestam no cotidiano do povo brasileiro. As "falas" recuperadas dos documentos inquisitoriais expressam a persistência de uma mentalidade preconceituosa a serviço dos homens da Igreja e do moderno Estado portugues. Valendo-se das advertências citadas no Monitório, Câmara Cascudo enumera os usos e costumes comuns aos cristãos-novos radicados na Bahia, em Pernambuco, Itamaracá e Paraíba, além das Capitanias de baixo: o respeito sabático, as restrições alimentares, o recitar das orações e os movimentos monótonos do corpo, o preparo das iguarias e das carnes, as tradicionais cerimônias lutosas, a benção patriarcal etc.

As Denunciações da Bahia e de Pernambuco se prestaram para o autor rastrear a irradiação supersticiosa judaica entre os homens do Nordeste: o não-aproveitamento da carne de animal morto e da água em que o "Anjo da Morte lavara a espada", o vinho entornado como sinal de mau agouro, dentre outras. O único exemplo em que a influência da cultura judaica falhou foi ao obstar o uso da carne de porco que, pela força da tradição portuguesa, instalou-se na culinária brasileira.

Da mesma forma como o autor avalia os remanescentes mouriscos e judaicos no imaginário e no cotidiano brasileiros, ele recupera a figura heróica de Roland (o Roldão brasileiro e português), personagem-símbolo no Nordeste e no Brasil do centro e do sul. A influência provençal, herdada indiretamente através da influência galaico-portuguesa, é captada nos dizeres dos cantadores e poetas populares nordestinos que, através da tradição oral, rendem glórias à figura de Roland, Par de França. Roldão continua vivo no folclore brasileiro enquanto figura obrigatória dos folguedos de mouros e cristãos, nos quais Carlos Magno é o Rei dos cristãos.

É na cantoria, nos versos de desafio, na batalha poética dos repentistas nordestinos que Roldão é reeditado enquanto personagem corajoso, justo e único, vencedor da morte e do tempo (p. 42). Ora Roldão é nome de bote em Natal, no Rio Grande do Norte, ora é o chefe das cavalhadas em Maceió, em Alagoas, enquanto que no Ceará é nome de um distrito no Município de Morada Nova. A trajetória histórica da imagem de Roldão é recuperada dos impressos portugueses, espanhóis e provençais, de procedência letrada e culta. A transposição para o Brasil se altera ao ser consumida pelo povo que a recebe, amolda e a transforma, emprestando-lhe traços de sua fé e suas superstições.

Em questão está o ritmo circulatório das diferentes versões acerca desse personagem que, apesar das supressões e digressões, ainda sobrevive no Brasil. Câmara Cascudo adota como referência as várias edições portuguesas da *História do Imperador Carlos Magno e dos Doze Pares de França*, publicadas em Lisboa no século XVIII. Variações com acréscimos, resumos e modificações foram identificadas em uma tradução do francês por Nicolas de Piemonte, que baseou-se numa edição popular de Fierabrás, de 1478. Conhecida desde o século XIII, a versão provençal tem suas raízes numa canção de gesta nos finais do século XII (p. 44) que, enquanto poesia heróica, transfigura a história, faz-se mito e lenda, criando uma consciência coletiva.

No Brasil, Carlos Magno teria inspirado uma série de episódios narrados em versos e folhetos populares como a *Batalha de Ferrabrás*, *A Prisão de Oliveiros*, *A Morte dos Doze Pares*. O velho romance de Carlos Magno e dos doze pares da França é constatado nos registros dos viajantes do século XIX, dentre os quais, Saint-Hilaire, Henry Koster e o naturalista João Emanuel Pohl.

É na escola literária dos escritores provençais que Câmara Cascudo se aprofunda em busca de elementos legitimadores da cultura popular brasileira. A partir de expressões pesquisadas no clássico *Mireio* – poema provençal de Frederico Mistral (1830-1914), publicado em 1910 –, o autor recupera a trajetória de certas crendices, de usos e costumes provençais que, via literatura, teriam sido transplantados para Itália, Espanha, Portugal e Brasil.

Como etnógrafo, insiste na idéia de simultaneidade temática, nesse caso, recuperada através de uma detalhada análise dos doze cantos do *Mireio* ou dos Motivos de *Heptaméron*[33] e suas variantes brasileiras. Através desse estudo acerca de *Heptamé-*

---

33. *Heptaméron*: contos escritos por Margarida de Valois-Angoulême (1492-1549), Duquesa d'Alençon e do Berry, depois Rainha de Navarra, irmã de Francisco I de França, avó materna do Rei Henrique IV. Em 1542, Margarida começou a escrever uma série de contos imitando a técnica de Boccaccio no *Decameron* (1348-1353). Sua idéia era de escrever cem estórias. Faltavam apenas vinte e oito contos quando faleceu. Pesquisadores concluíram que elas foram escritas encontrando-se espalhadas pelas Bibliotecas da França e Itália. A primeira edição, com 67 novelas, denominou-se *Histoire des amants fortunez* (Paris, 1558), organizada por Pierre Boiastuau. Em 1559, as novelas foram publicadas por Claude Gruget com o título de *Heptaméron des nouvelles de trés ilustre et trés excelente princesse Marguerite de Valois, royne de Navarra*.

ron, Cascudo penetra nos caminhos cruzados do erudito-folclórico, dedicando-se à ficção novelística da Idade Média. Cabe ressaltar que uma das maiores obras desse gênero é *Decameron* (1471), de Boccaccio, que conseguiu dar ao conto popular uma forma literária. Segundo Câmara Cascudo, estes *fabliaux* – contos em versos para rir – foram trazidos pela voz do colonizador e teriam sobrevivido no Brasil através da tradição oral. Adaptados à realidade brasileira, os motivos folclóricos registrados por Margarida de Navarra assumiram cores locais, inspirados nas vozes populares.

Na sua essência, esses cinco ensaios recuperam dinâmicas culturais distintas que, herdadas através dos tempos, expressam a aceitação lógica ou afetiva do povo brasileiro. [M. L. T. C.]

MOVIMENTO DA INDEPENDÊNCIA NO RIO GRANDE DO NORTE [58].

Inscrita nas comemorações do sesquicentenário da Independência do Brasil e publicada sob o patrocínio do governo do Estado do Rio Grande do Norte, a obra de Luís da Câmara Cascudo singulariza-se no âmbito da produção historiográfica sobre o tema. E isso se deve tanto ao fato de privilegiar episódios e protagonistas, dos quais se conhecem apenas referências pontuais, quanto ao modo pelo qual apresenta ao leitor as circunstâncias históricas da província potiguar no início do século XIX.

Inicia sua exposição com a frase, extraída de Picon, "chaque fois la realité est un nouveau visage qui requiert un nouveau regard", comparando-se a uma "Penélope sombria", que recompõe os fios da história numa trama intencional, urdidura que responde ao presente e a quem a delineia. Coloca-se na posição de contador de histórias e de tradições, procurando recuperar e articular vestígios da memória popular e fragmentos recolhidos em arquivos, em relatos de viajantes estrangeiros, a exemplo de Henry Koster, do qual foi o tradutor, e em textos de historiadores como Varnhagen, Oliveira Lima e especialmente Capistrano de Abreu. Recorreu, além disso, a outras obras de sua autoria, particularmente à *História da Cidade do Natal* [32] e a *História do Rio Grande do Norte* [36].

Não há numeração formal dos capítulos e, à primeira vista, o livro parece reunir anotações, reflexões e estudos formulados em momentos diferentes da trajetória do autor, como indica a parte final da obra, dedicada à reconstituição da genealogia da família do Padre Miguelinho, datada de 1960. No entanto, à medida que se processa a leitura, evidenciam-se os liames com os quais o historiador vai entrelaçando acontecimentos e personagens para recompor as peculiaridades da movimentação política naquela província. Nesse sentido, as epígrafes que abrem cada capítulo revelam-se tão significativas quanto o próprio conteúdo, ora indicando o percurso metodológico seguido, ora sinalizando o sentido conferido ao desempenho de personagens, como André de Albuquerque e José Inácio Borges. Por intermédio delas, Cascudo esclarece, desde logo, relembrando Beraud, "je raconte une histoire pour les gens d'ici", o que reforça seu empenho em explicitar eventos de caráter local, valorizando-os no interior de uma história nacional que muito tangencialmente agasalhou as particularidades, ainda mais, quando provinham, como enfatiza o próprio autor, de região acanhada e subsidiária de Pernambuco, "córrego que a declividade do terreno levou à confluência nacional" (p. 16). Por outro lado, a opção pelo verso de Castro Alves "no chão da história o passo teu verás!" para referenciar a biografia de André de Albuquerque não deixa dúvida sobre a ressonância da memória e das tradições orais que cercam a figura do mártir de 1817. Concomitantemente, porém, inspirando-se em Balfour, para quem "biography should be written by an acute enemy", recuperou e valorizou o perfil de José Inácio Borges, governador deposto e preso em 1817 que, ao reassumir o poder quando da repressão aos "republicanos", revelou-se o "organizador obstinado do pensamento da Independência" (p. 67).

Ao longo da narrativa, esses e outros protagonistas biografados adquirem decisiva dimensão, especialmente clérigos e os que detiveram posição de comando no âmbito da província, da Câmara de Natal ou ainda frente às tropas de linha e milícias. E isso pode ser interpretado como um desdobramento da constatação de que os mesmos homens que haviam propalado a república, em 1817, envolveram-se diretamente nos acontecimentos de 1821 e 1822, pactuando a princípio com as cortes em Lisboa, e depois optando pela adesão a D. Pedro, à monarquia e à legitimidade dinástica.

Assim, a despeito dos condicionamentos diferentes, as clivagens entre um momento e outro não seriam tão abruptas. Cascudo sugere que, enquanto a revolução de 1817 se revela "patrimônio instintivo" da memória, dada sua repercussão popular, o movimento de Independência foi recebido com indiferença por ter sido encaminhado "do governo para o povo" (p. 11). A revolução que ensejou a organização do Império "partiu do poder" e a maioria da população assistiu aos acontecimentos sem "participação voluntária". Poder-se-ia, a seu ver, aplicar para 1822 a frase com a qual, em 1864, o Marquês de Olinda rebateu Zacarias de Góes – "a reação estava nos espíritos" (p. 91). Diante da "retórica ameaçadora" das Cortes e da possibilidade da perda da autonomia administrativa, promovida pela presença do Rei de Portugal na América, o Príncipe se tornou a "extremidade do aríete" na "rebeldia conservadora" que pleiteava a Independência das cortes e a manutenção do Rio de Janeiro como capital da "nação americana".

Ao interpretar que a Independência "era o *status quo* contra a restituição do rei ao trono em Lisboa" (p. 111), Cascudo procura também justificar observações de Capistrano de Abreu que, conforme relata, recusava-se a escrever sobre a Independência alegando não a entender, em virtude das marchas e contramarchas que cercaram os episódios e das ambigüidades e contradições que marcaram palavras e atos do Príncipe. Se o grito do Ipiranga assinalou a Independência, por que, um dia antes de sua aclamação como Imperador, D. Pedro assinou documentos como se fora ainda Regente? Se o 7 de setembro foi ato de improvisação e arrebatamento, como entender que, desde agosto de 1822, o Príncipe procurasse obter do governo inglês o reconhecimento da Independência do Reino do Brasil?

No Rio Grande do Norte, o tão consagrado grito não teve repercussão e os homens potiguares de 1817-1822 não foram buscar lições e experiências em São Paulo ou no Rio de Janeiro, pois as encontraram em Pernambuco. Mesmo reconhecendo que a definição da autonomia política ocorreu a 12 de outubro de 1822 com a aclamação do Imperador – acontecimento celebrado em Natal em janeiro de 1823 –, Cascudo procurou demonstrar que as motivações desse desfecho remontavam ao século XVIII e às tradições literárias que, em prosa e versos, registraram a "vocação brasileira" para o autogoverno. O período joanino igualmente contribuiu para sedimentar essa vocação, mas preparou uma Independência sem impulso revolucionário e sem mudança de regime. Foi a revolução de 1817 a "espora excitadora", a introdução para o grande acontecimento, desencadeando agitações partidárias e trazendo à evidência os emergentes chefes políticos, assim como movimentações em torno do delineamento de uma figura desconhecida até então: o eleitor.

Mas, o encaminhamento da "floração" revolucionária e a implementação conseqüente de direitos civis e políticos foram se desdobrando à medida que as cortes em Lisboa revelaram-se "velas sem âncora". Com a reação portuguesa à proeminência da ex-colônia, os impulsos decisivos na direção da Independência vieram do retorno de D. João VI a Portugal, em abril de 1822, do movimento pelo Fico – que recebeu o apoio da Junta de Governo provincial em julho de 1822 – e da convocação da Assembléia Legislativa e Constituinte, para a qual foram eleitos representantes em novembro de 1822.

A despeito de frisar a indiferença do povo em relação à Independência, Cascudo ponderou que, na província potiguar, foi a ressonância do episódio do Fico que ensejou propriamente o início do movimento. E isso se deveu em grande parte à "vibração popular" motivada pelo apego à pessoa de D. Pedro e pela "lembrança sentimental" de 1817, mobilizada pela atuante presença de antigos revolucionários e especialmente de Inácio Borges. O governador, que recebera do rei a incumbência de reprimir a revolução e seus promotores, tornara-se, na avaliação de Cascudo, eficiente administrador e político perspicaz que evitara a todo o custo punições ou perseguições violentas aos republicanos, muitos dos quais o ajudaram, em 1822, a alinhavar o apoio ao Príncipe. O povo, segundo Cascudo, estava habituado a conviver com o poder pessoal e encarava com desconfiança juntas de governo ou comando de muitas vozes. Por isso, mantinha vínculos tão fortes com o monarca e com chefes políticos locais. E foram estes que acabaram conduzindo o "córrego à confluência nacional".

Durante a narrativa, as ações dessas lideranças aparecem referidas às situações provocadas pelas "recolonizadoras" cortes em Lisboa e pelas ambigüidades de D. Pedro, que tergiversava entre a Independência e a união com Portugal. Mas seu desempenho no sentido da separação e do apoio ao Bragança foi caracterizado, sobretudo, em função do interesse pelo mando e da teia de relações pessoais e familiares que as articulavam entre si e com a propriedade da terra.

Formavam uma aristocracia, com fortes vínculos de parentesco na Paraíba e em Pernambuco, que ocupou, junto com os clérigos – a classe letrada – o espaço do poder decisório, tendo a seu favor dependentes e agregados. Esse espaço de poder, porém, não se confundia apenas com o perfil senhorial de engenhos e latifúndios, a exemplo da "idílica" propriedade de André de Albuquerque, o Engenho de Cunhaú, descrito em detalhe por intermédio do registro feito por Koster. Pelo contrário, Cascudo vai apontando injunções entre campo e cidade, entre público e privado, entre esfera civil e Igreja e, especialmente, entre posição política, ambições pessoais e relações de compadrio que pareciam atrelar aos grandes chefes patriarcais os contingentes de futuros eleitores. É por essa trilha que procura refazer as feições da Cidade do Natal, pontuando os locais que foram palcos privilegiados das contendas de 1817, das eleições para representantes junto às cortes, da criação das Juntas de Governo, da anuência ao Fico e do reconhecimento da autoridade imperial de Pedro I.

A obra de Cascudo suscita inúmeras interrogações, particularmente no tocante à aliança de políticos locais com a Corte do Rio de Janeiro, ao delineamento dos setores proprietários que disputavam o poder provincial, e aos possíveis significados da atuação de D. Pedro e da memória em torno dele consubstanciada quando da transferência, em 1972, de seus restos mortais para as margens do Ipiranga. Evidencia também a relevância de estudos que se debrucem sobre as especificidades locais àquela época, problematizando-se, por essa via, meandros e dimensões pouco explorados do movimento de conformação do Império. [C. H. S. O.]

NOMES DA TERRA [59]. Esse é um trabalho em que Luís da Câmara Cascudo aliou diversas dimensões da sua formação intelectual: a de historiador, efetuando intensa pesquisa nos Livros de Sesmaria e outros documentos do acervo do Instituto Histórico e Geográfico do Rio Grande do Norte para compor a história da formação dos municípios do Rio Grande do Norte (150 naquele momento); a de geógrafo, que procura encontrar na distribuição da população e na forma de ocupação do espaço norte-rio-grandense o auxílio para o entendimento da formação do seu povo; a de pesquisador das línguas nativas (tupi, principalmente), que as estuda não por mera curiosidade, mas como elemento de persistência cultural indígena; a de sociólogo, que observa e analisa as informações culturais, geográficas e históricas contidas nos topônimos, em busca de uma definição da identidade regional.

O livro está dividido em duas partes distintas, que conseguem, em conjunto, informar sobre o movimento povoador no Rio Grande do Norte desde os finais do século XVII até a década de 1960.

A primeira parte, que contém a "Toponímia Norte-Rio-Grandense", foi iniciada ainda no final dos anos de 1920, sob a influência da leitura de *Tupi na Geographia Nacional*, do tupinólogo Teodoro Sampaio[1], e teve a sua versão inicial finalizada apenas em 1952. Somente após 14 anos, quando foi incentivado por Vingt-Un Rosado para escrever a história de Mossoró[2], retomou seu trabalho, ampliando as pesquisas sobre a história dos municípios do Rio Grande do Norte, que já vinha publicando ao longo dos anos em forma de artigos na *Revista Potyguar* e no jornal *A República*[3]. O resultado foi a elaboração da segunda parte do livro, que contém o "Resumo do Movimento Povoador nos Cento e Cinqüenta Municípios", e a publicação do conjunto em 1968.

---

1. Teodoro Sampaio, *Tupi na Geographia Nacional*, Rio de Janeiro, Companhia Editora Nacional, 1928.
2. Vânia Gicco, *Luís da Câmara Cascudo: Itinerário de um Pensador*, tese de doutoramento em Ciências Sociais, defendida na PUC/SP, São Paulo, digitado, 1998, p. 75.
3. Recentemente, esses artigos foram reunidos em plaquetas da Coleção Mossoroense: Luís da Câmara Cascudo, *Acari, Caicó e Currais Novos*, Mossoró, Esam, 1991; *Caraúbas, Assú e Santa Cruz*, Mossoró, Esam, 1991.

Na primeira parte, Cascudo elaborou uma relação de 588 topônimos (nomes de municípios, cidades, rios, serras, praias, lagoas, povoações etc.) com os seus respectivos significados na língua de origem – indígena, africana ou portuguesa – e suas explicações históricas e geográficas. Ressaltou, principalmente, o batismo pragmático dos índios, que indicavam os benefícios dos lugares e preveniam das dificuldades que a terra poderia ter, e resgatou também a participação de outras nacionalidades na história do Rio Grande do Norte, através de termos relacionados aos franceses, holandeses e ingleses, principalmente nomes de figuras históricas e referências a suas atividades e presença.

Além da "Toponímia", Cascudo também apresentou uma pequena análise sobre a formação histórica do Rio Grande do Norte e penetração colonial portuguesa nas suas terras. Nessa sua análise, é o posseiro o grande elemento povoador e responsável pela efetiva utilização do espaço sertão adentro. Para ele, a ocupação das regiões sertanejas do Seridó, Açu e Apodi é "[...] a odisséia dos posseiros, homens sem títulos legitimadores da estabilidade" (p. 25), que, provenientes do Ceará, da Paraíba e do litoral do Rio Grande do Norte, tomaram posse de terras e as defenderam contra os prepostos dos donos legítimos, os sesmeiros, que mantinham-se a distância em Pernambuco e Bahia. Lutaram e, às vezes, conseguiram manter-se nas ribeiras, implantando fazendas que, crescidas, justificaram o pedido de concessão de data, legitimando sua posse. Além desses, relembra que muitos dos soldados e oficiais dos terços, que lutaram nas guerras de conquista contra os índios do sertão, também permaneceram e tomaram posse de terras, criando o gado e plantando as roças.

Para Cascudo, é desta gente – colonos empobrecidos, mas persistentes, índios conquistados, mas renitentes, negros escravizados, mas presentes – que se formou a população do Rio Grande do Norte. É da história das relações entre esses homens que se constituiu a sua fala, os nomes da terra.

Na segunda parte do trabalho, o foco está centrado na história da formação de cada município. Cascudo retorna ao início do início, quando havia apenas um município, o de Natal, e por motivos econômicos, geográficos e históricos, os novos municípios lentamente foram se formando, atingindo o número de oito até 1822. No restante do século XIX, Cascudo lembra que outros municípios foram sendo criados ainda pela ocupação efetiva de novas terras, terminando com o total de 37 unidades. Já no século XX, até 1968, esses municípios iniciais foram desmembrados em 150 e criados por legislação estadual. De forma crítica, Cascudo ressaltou que as unidades criadas entre 1953 e 1963 (85 novos municípios) foram-no mais "em função político-eleitoral que de lógica econômica [...]", diferentemente das anteriores, que tinham sua divisão feita com base na "[...] História da fixação econômica no território de cada comunidade" (p. 142).

Na sua relação dos 150 municípios, Cascudo traz a história do nome e da criação de cada um, suas primeiras sesmarias e fazendas, seus primeiros povoadores e as disputas com os índios, seu desenvolvimento político-econômico e seu desmembramento, quando houve.

Quanto à sua metodologia de trabalho, Vânia Gicco, que estudou Cascudo e sua obra, lembra-nos a precocidade no uso e respeito à oralidade, quando a mesma não era regra entre os historiadores, ao contrário, era vista com reticências[4]. De fato, como o próprio Cascudo afirma (pp. 60 e 145), foi auxiliado por pessoas "idôneas", seus informantes, colaboradores e amigos, que lhe relatavam as histórias que haviam ouvido dos parentes antigos sobre a origem dos nomes das fazendas e dos aspectos geográficos. No entanto, é ele também quem adverte sobre as "interpretações populares" que modificam a grafia ou o sentido primitivo dos termos, que traduzem jocosamente as expressões das línguas originais, mas que valem, mesmo por tudo isso, pois demonstram a capacidade criativa e adaptativa do povo.

Mesmo mantendo o seu respeito às tradições orais, Cascudo procurou confirmação, ou negação, de alguns topônimos ou fatos históricos controversos nos documentos e até na configuração geográfica dos lugares. Os 1020 registros de sesmarias consultados, datados entre 1600 e 1730, não negam o seu apreço aos documentos históricos, mesmo que, na maioria das vezes, as fontes não sejam devidamente anunciadas. Da mesma forma, cita vasta legislação, documentos variados, mas, infelizmente, não indica a sua localização precisa, não faz notas de referência, não apresenta bibliografia, nem guia de fontes.

Tal qual seus contemporâneos da primeira metade do século XX, Cascudo buscava entender, e transcrever para o papel, a formação da nacionalidade brasileira e, mais particularmente, a formação das regionalidades. A construção da história de cada uma das unidades da Federação foi uma das grandes metas nessas décadas iniciais e inserida nela está a história dos municípios. Cascudo não foi o primeiro a se ater a essa preocupação no Rio Grande do Norte. A título de exemplo, houve trabalhos anteriores sobre municípios isolados ou sobre grupos deles, como o de Nestor Lima, que chegou a escrever sobre 22 dos 42 municípios existentes a seu tempo (entre 1928 e 1942), ou o de Anfilóquio Câmara (1943), que escreveu sobre 32 dos 42 existentes[5]. Somente Cascudo, como resultado de quase trinta anos de estudos, conseguiu escrever sobre o conjunto dos municípios, ligando-os entre si até o início da colonização.

Na sua busca pela especificidade da região Nordeste, e especificamente do Rio Grande do Norte, tal qual Capistrano de Abreu, Cascudo vai encontrar na figura do sertanejo, muito mais do que no homem do litoral, o elemento formador da popula-

---

4. Vânia Gicco, *Luís da Câmara Cascudo: Itinerário de um Pensador*, op. cit., p. 93.
5. Nestor Lima, "Municípios do Rio Grande do Norte: Acari, Angicos, Apodi, Areia Branca, Arez, Assu e Augusto Severo", *Revista do Instituto Histórico e Geográfico do Rio Grande do Norte*, Natal, IHGRN, 25-26, 1929; "Municípios do Rio Grande do Norte: Baixa Verde, Caicó, Cnaguaretama, Caraúbas, Ceará-Mirim e Currais Novos", *Revista do Instituto Histórico e Geográfico do Rio Grande do Norte*, Natal, IHGRN, 27-28, 1937; "Municípios do Rio Grande do Norte: Flores, Goianinha, Jardim do Seridó, Lajes e Luís Gomes", *Revista do Instituto Histórico e Geográfico do Rio Grande do Norte*, Natal, IHGRN, 29-31, 1938; "Municípios do Rio Grande do Norte: Macaíba, Macau, Martins e Mossoró", *Revista do Instituto Histórico e Geográfico do Rio Grande do Norte*, Natal, IHGRN, 35-37, 1941; Anfilóquio Câmara, *Cenários Municipais*, Natal, Oficinas do Deip, 1940.

ção e da sua cultura. É através da pecuária, atividade econômica principal do sertão, demonstrada e verbalizada nos topônimos, que Cascudo explica a construção do Rio Grande do Norte e sua sustentação econômica e cultural. É esse sertanejo que guarda os "causos" e que batiza as coisas que Cascudo procura resgatar: "Nesse nome sobrevivente, a morte respeita o trabalho do homem desaparecido [...]" (p. 34).

O grande ausente em seu livro, no entanto, é aquele que mais contribuiu para a designação dos topônimos norte-rio-grandenses: o índio. Mesmo dando crédito aos indígenas pelos inúmeros nomes da terra que criaram, Cascudo faz com que eles apareçam minimizados na história do Rio Grande do Norte: nem mesmo a guerra de resistência de quase cinqüenta anos, citada aqui e acolá, desfaz a impressão de uma ocupação pacífica da terra pelos portugueses, enquanto os índios eram "vilados".

Os municípios atuais (criados posteriormente a 1968) são resultado de novos desmembramentos, de modo que a história da formação dos municípios do Rio Grande do Norte pode ser completada sem grandes dificuldades, tendo o trabalho de Cascudo dado bases sólidas para sua continuação. Hoje, porém, não há a preocupação com a história dos municípios da mesma forma que na metade do século XX. Não resta dúvida de que a história local e a história regional são possibilidades atuais, metodologicamente definidas, que muito poderão utilizar de *Nomes da Terra* como obra de consulta, abrindo possibilidades ao aprofundamento de pesquisas mais específicas.

Sem dúvida, *Nomes da Terra* traz em si um toque de orgulho de Cascudo em relação ao seu lugar de nascimento, que lhe deu bases e apoio para contar o que é a sua terra e como é o seu povo. [F. M. L.]

NOSSO AMIGO CASTRICIANO (1874-1947) [60]. 1ª VERSÃO. Nesse livro, Câmara Cascudo traça o retrato em corpo inteiro de um grande escritor potiguar: Henrique Castriciano, nascido em Macaíba, RN, a 15 de março de 1874 e falecido em Natal a 26 de julho de 1947.

Começando com "Viagem na Vida" – uma visão geral –, Cascudo revela em seguida os aspectos mais interessantes da personalidade. (Foi um animador literário? O viajante silencioso. Dignidade letrada. Henrique *filósofo*. A vocação. Henrique político. O poeta e o prosador. O *inpert* suficiente. Henrique político. Etc.). Pena que tenha deixado de explorar um rico filão: a vida sentimental e mais íntima do solteirão Henrique. Apenas de passagem, faz referência a dois fatos: o romance platônico de Henrique com a cabocla dona da casa onde esteve hospedado, em certa temporada, na praia de Tibau, e a seguinte anedota:

O poeta Jaime dos G. Wanderley perguntou um dia a Henrique Castriciano:
– Mestre Henrique, o senhor amou alguma vez?
Castriciano coça o queixo e confidencia:
– Eu já tenho passado meus seis meses bem aborrecidos... (p. 151).

Somente isso dessa faceta do lado humano. No mais, silêncio parece que motivado pelo escrúpulo do amigo biógrafo em ser indiscreto. Mas o fato é que, por isso, Henrique fica menos gente. Mas só um pouco. Não devemos subestimar a parte do anedotário, onze páginas cheias de flagrantes humaníssimos.

Câmara Cascudo privou da intimidade do biografado na fase mais significativa da vida deste. Sentiu a influência de "mestre Henrique". Com ele, batia papos demorados, geralmente sobre assuntos de cultura. Diz que ele punha mais talento na conversa do que nos livros. Assim, somente os contemporâneos tiveram oportunidade de avaliar a sua dimensão intelectual. E como aqueles vão desaparecendo, Henrique Castriciano vai ficando cada vez mais desconhecido. Mas Cascudo parece não atentar para o fato de que, ao escrever e publicar a referida biografia, contribuiu bastante para acabar com esse olvido injusto.

Sobre aspectos da obra literária, de que, aliás, nos proporciona uma pequena antologia, afirma Cascudo:

> Sempre preferi a prosa ao verso de H. Castriciano. Ninguém discute que admiro muitos poemas mas o número de produções em prosa que fica nessa classificação é superior. Ainda é preciso explicar que a prosa referida é a das crônicas, artigos, ensaios, e não dos capítulos dos romances inacabados, ou apenas começados. Dois d'*Os Mortos* e um do *Phtysico*, estado mórbido bem pior que o simples "tísico", a deduzir-se pela grafia (p. 98).

E reconhece a inexistência de extraordinárias originalidades: "Henrique escreveu como todos escreveram entre o ano em que se proclamou a República e a primeira Conflagração Européia, de 1889 a 1918-1920. Voou mais alto ou mais baixo conforme permitiam as asas mas sob o impulso dos mesmos ventos, aragens, alísios" (p. 92).

Amolentado pelas constantes doenças, H. Castriciano (como gostava de assinar-se) não produziu muito. Era sobretudo leitor – leitor voraz e de gosto eclético. Como já ficou expresso, deixou obra muito aquém de suas possibilidades intelectuais. Nunca chegou a iniciar o planejado e anunciado livro sobre Nísia Floresta, a quem muito admirava. Aliás, foi ele quem a redescobriu.

Em que pese a preferência de Cascudo pelo prosador, parece-nos que Castriciano foi, principalmente, poeta. E não só em termos de qualidade; também de quantidade. Veja-se a esse respeito a sua bibliografia: quatro livros de poesia e nenhum de prosa. Publicou discursos e conferências em plaquetes. Dos seus estudos divulgados em jornal e revistas especializadas, o mais extenso – "Lourival e seu Tempo", excelente esboço biográfico do poeta Lourival Açucena –, se enfeixado em livro, daria pequeno volume.

É possível que a obra poética de Castriciano seja irregular, com altos e baixos. Mas, não raro, atinge culminâncias, de que são exemplos: *A Alma das Cousas, A Estátua, O Aboio* e *Monólogo de um Bisturi*, constantes, respectivamente, das antologias *Panorama do Movimento Simbolista Brasileiro*, de Andrade Muricy (Rio de Janeiro, INL, 1952); *Poetas do Rio Grande do Norte*, de Ezequiel Wanderley (edição fac-similar – Sebo Vermelho, Cata Livros, Editora Clima, Natal, 1993); *Panorama da Poesia Norte-Rio-Grandense*, de Rômulo Wanderley (Rio de Janeiro, Edições do Val Ltda.,

1965) e *14 Versus 14 – Itinerário do Soneto Norte-Rio-Grandense*, de Jarbas Martins (Natal, Boágua Editora, 1994).

O Aboio é por muitos considerado sua obra-prima. Nele, encontramos pérolas como estas:

> Por isso, quando a voz do sertanejo entoa
> O lamentoso aboio, a gente queda e cisma;
> O nosso coração silencia e se abisma
> No pego da saudade e, lá do fundo, arranca
> Não sei que doce flor emurchecida e branca.
> A letra da canção ninguém, ninguém conhece,
> Mas sabemos que ali chora e geme uma prece
> Desolada e sutil, cuja modulação
> Se coubesse n'um ritmo, era o do coração.

Trata-se de um poema, além do mais, emblemático, para nós, nordestinos.

Nos capítulos "O Poeta e o Prosador" e "Ramalhete", Cascudo detém-se no estudo da obra castriciana, analisando, sucintamente, os títulos mais significativos (Poesia: *Iriações*, Natal, Tipografia d'A República, 1892; *Ruínas*, Fortaleza, Tip. Cunha Ferro, 1897; *Mãe*, Natal, Tip. d'A República, 1899, 2ª ed., Natal, Fundação José Augusto, 1989; *Vibrações*, Natal, Tip.d'A Gazeta do Comércio, 1903. Prosa: "O Último Enforcado", ensaio, *Revista do Instituto Histórico e Geográfico do Rio Grande do Norte*, vol. V, n. 2, jul. 1907, reeditado pela Tipografia Santa Terezinha, Natal, 1954; "Educação da Mulher", conferência, Natal, Atelier Tipográfico M. Victorino, 1911; "Cartas Holandesas", *A República*, n. de 16, 23, 30 de dez. 1916, 9 e 17 de jan. 1917, Natal; "Teoria Orgânica das Sociedades", ensaio, *Revista do Centro Polimático*, n. 1, Natal, janeiro de 1920 e o já mencionado "Lourival e seu Tempo", *A República*, n. de 3, 4, 5, 9, 12, 16, 20, 24 jul. e 1 de ago. 1907).

Na opinião de alguns autores, a obra maior de Henrique Castriciano é a *Escola Doméstica de Natal*. Cascudo salienta o papel do educador (capítulo "Educação Feminina e Escola Doméstica"). Castriciano interessou-se, pioneiramente, pela educação da mulher. Fez pesquisas, viajou pela Europa e de lá trouxe o modelo para fundação daquele estabelecimento de ensino, sem par no Brasil. Quando ele assim agia, ainda era o tempo de uma mentalidade retrógrada em relação à educação da mulher. "Muié aprendida fica é atirada" (p. 136).

Outro ideal, outra paixão de Castriciano, foi o escotismo em Natal.

O homem público está no capítulo sétimo, cuja frase inicial diz tudo: "Henrique Castriciano foi político por contágio. Contágio do irmão Eloy de Souza (1873-1959), vocação legitíssima na espécie [...]"

Mesmo sem apetite para a política partidária, Castriciano foi Deputado Estadual e Vice-Governador do Estado, graças ao irmão Eloy. Exerceu também o cargo de Procurador Geral do Estado junto ao Tribunal de Justiça. Alheio às pompas do mundo, terminou os seus dias como simples funcionário público aposentado.

Nessa existência tranqüila, Cascudo encontrou motivação para um dos seus melhores trabalhos biográficos. [M. O. Jr.]

NOSSO AMIGO CASTRICIANO (1874-1947) [60]. 2ª VERSÃO. Na extensa bibliografia de Luís da Câmara Cascudo, o livro dedicado ao intelectual Henrique Castriciano ocupa lugar especial. Biógrafo de outras personalidades importantes da cultura potiguar (dos irmãos Castriciano, só lhe faltou biografar Eloy de Souza, porque também contou a vida da poetisa Auta, em *Vida Breve de Auta de Souza* [85]) e sempre movido pela paixão, jamais mostrou-se tão emocionado e reverente. Explica-se: embora não lhe servisse propriamente de modelo, o poeta de *Vibrações* revelou-se, já aos seus olhos de menino curioso, como o protótipo do homem importante na República Velha. Um erudito, cuja destacada atuação ia, dos bastidores da política oligárquica (a que serviu como vice-governador, secretário ou interlocutor privilegiado), ao jornalismo, à criação poética e à educação. A tal figura, não faltava, sequer, a inevitável hipocondria, que o levou a tornar-se, para os padrões da época, uma espécie de *globe-trotter*, buscando a saúde pelo sertão, pelo litoral, pelo Brasil, pela Europa. Para contar a sua vida, Câmara Cascudo tratou carinhosamente um variado e rico material, empreendendo, ele próprio, uma viagem em busca de um tempo que repousava, em parte, na sua memória. Disso, resultou o livro, publicado em Recife, sob o patrocínio do Governo do Estado do Rio Grande do Norte.

O volume não contém sumário ou um índice – detalhes editoriais que não costumavam tirar o sono do autor – mas, nem por isso, *Nosso Amigo Castriciano* é menos interessante. Advertindo, na folha de rosto, que o trabalho compreende suas reminiscências e notas a respeito do biografado, ele o dedica "Aos que não o conheceram" e inicia com duas epígrafes (recurso, aliás, a que tornará exaustivamente). A primeira, de João, o evangelista: "Assim é todo aquele que nasceu do espírito". A segunda, de um escritor que influenciou gerações distintas, como as do biógrafo e do biografado: H. Taine. Epígrafe em francês, *comme il faut* – "Mais quand une vie a été noble, un fidéle ami peut se croire Autorisé à la raconter, même en dépit de celui Qui n'est plus". E logo cuida de "traduzir" visualmente a figura que lhe nasce do espírito admirado: um medalhão, espécie de foto oficial, em que Henrique Castriciano aparece em pose que não esconde, no alto do rosto redondo, guarnecido por imponente bigode, (espécie de marca do período e da oligarquia Albuquerque Maranhão), um olhar indagativo e triste por trás dos óculos de aros redondos. Seguem-se as reproduções de um documento epistolográfico, no qual promete ao escritor Jaime Adour da Câmara escrever um dia sobre a escritora romântica Nísia Floresta e as fotos mais importantes, nas quais ele surge em situações diversas na sua vida civil: solenidades e dois momentos de lazer no campo, ambos em companhia do jovem Cascudo. Precedendo as anotações propriamente biográficas, dois textos. Um de Nilo Pereira, intitulado "Retrato que Só Falta Falar", e um capítulo das memórias daquele irmão não biografado, um inédito de Eloy de Souza, "Meu Irmão Henrique", em que ficamos sabendo entre outra coisas, que o poeta, cuja figura algo bizarra ensejou inúmeras anedotas, chegou a experimentar o vexame de uma prisão em Lausanne, confundido com ladrões que o seguiam... para, obviamente, roubá-lo. (Notório desligado, ele não conduzia o passaporte e teve de se valer, justamente, do médico suíço que o atendera, para sair da prisão).

Em sua função preambular, tais textos são como que homenagens ao biógrafo, pelo esforço justificado; e ao biografado, pela vida que não foi uma vida comum. A tempo, Luís da Câmara Cascudo apercebeu-se da importância daquela personalidade. E o certo é que logrou ultrapassar o título da apresentação de Nilo Pereira, fazendo falar aquele retrato. Literalmente.

O admirado olhar da criança levada pelo pai a visitar o mais importante intelectual do período, recém-chegado da Europa, capta – sem, é claro, dar-se conta disto – a importância daquele momento. Recuperando a visão infantil, diz ele, no "Depoimento", com que abre a biografia: "Minha impressão aos doze anos é ter visto um homem moreno-sapoti, [aqui, uma observação no mínimo insólita: toda a família Castriciano de Souza foi "branqueada" pela sociedade potiguar. E não apenas o biógrafo vai se utilizar de expressões tendentes a minimizarem o que, aos olhos de uma sociedade até bem pouco escravocrata, era uma condição étnica inferior] baixo, gordo, vagaroso, de bigodes grossos, óculos, vestindo folgado paletó de flanela cinzenta". E logo situa o leitor num aspecto que será determinante para a biografia em si e sua indiscutível fidelidade: os estreitos laços de amizade que uniam a sua à família dos Castricianos de Souza. Quem as reuniu foi, aliás, o chefe incontestável da oligarquia Albuquerque Maranhão. E o biógrafo não poderia ser mais explícito: "Pedro Velho fora o Lord Protetor dos Castricianos e também de meu pai. Datava a amizade da mesma bênção do padrinho comum". E, valendo-se da sua condição de competente narrador, vai nos transformando em, digamos assim, ouvintes de uma gostosa conversa, que contém todos os ingredientes de uma boa história de vida.

Às páginas 55, Cascudo surpreende, buscando ordenar melhor as idéias e, valendo-se de um título retirado de uma frase de Horácio – *De Te Fabula Narratur* –, adverte os que têm o riso fácil. Afinal, o homem a quem se refere tinha lá suas esquisitices, mas nem por isso deixou de se revelar um marco na vida intelectual do Rio Grande do Norte. São quinze, então, os pontos alinhados, como desdobramentos do "Depoimento": I – Foi um animador literário?; II – O outro Castriciano, realmente desaparecido; III – O viajante silencioso; IV – Dignidade letrada; V – Henrique filósofo; VI – A vocação; VII – Henrique político; VIII – O poeta e o prosador; IX – O *inpert* suficiente; X – Henrique religioso; XI – Artesanato e Tradição; XII – A Mulher na valorização rural; XIII – Educação feminina e escola doméstica; XIV – H. Castriciano e Nísia Floresta; XV – A influência de H. Castriciano. Mas, para ilustrar melhor tal conversa, o biógrafo cuida de incluir importantes anexos.

E seguem-se: um pequeno núcleo com uma amostra do anedotário que cercou Henrique Castriciano e uma expressiva antologia de poemas e textos em prosa do autor. Também competente como antologista, Cascudo reúne sob o título de "Ramalhete", digamos assim, o essencial da obra poética e da rica prosa jornalística desse autor, ao qual se ligam indelevelmente as figuras de Nísia Floresta, Lourival Açucena, Auta de Souza, Ferreira Itajubá, Antonio Marinho e o próprio biógrafo, além de muitos outros intelectuais iniciantes. Um homem que teve o mérito de inspirar o jovem governador Alberto Maranhão para a edição de uma lei – rigorosamente pioneira – visando a estimular a atividade intelectual, com a publicação de livros, pelo poder público, em 1900. Que teve a idéia e fez criar uma escola destinada à mulher – ele que não era propriamente um feminista. Que deu um veemente exemplo de como podia um intelectual, residindo num Estado inexpressivo, atualizar-se, incorporando novidades filosóficas, sociológicas, pedagógicas, além das propriamente literárias. Tão importante para o Estado é a sua figura, que Cascudo, ao intitular a biografia, optou pelo possessivo coletivo. Belíssima forma de homenagem. Ainda mais partindo de quem, mais do que qualquer outro intelectual da terra, podia orgulhar-se de tratá-lo como Meu Amigo Castriciano... [T. G.]

NOTAS E DOCUMENTOS PARA A HISTÓRIA DE MOSSORÓ [61]. A 1ª edição desse livro foi publicada em 1955, quando Vingt Rosado era prefeito de Mossoró, e a 2ª edição, em 1974, para comemorar a realização, na cidade, do XXV Congresso Nacional de Botânica. Constitui-se em "Centenas de Fatos e Datas", que lembram os acontecimentos que marcaram o cotidiano da cidade ao longo da sua formação social, econômica e territorial.

Segundo Cascudo, a história dessa publicação tem início em 1953, durante a realização de um curso criado e dirigido por Vingt-Un Rosado, de "Antropologia Cultural". Ele abre o citado evento no dia 30 de setembro do referido ano, com uma conferência sobre "Sociologia da Abolição em Mossoró".

Cascudo relata que na noite anterior à sua conferência, "antes do jantar Vingt-Un mostrou-me o convite oficial para escrever uma história de Mossoró [...] Quando fui fumar e olhar as estrelas na praça Souza Machado já estava nomeado historiador de Mossoró" (p. 5).

Para os Rosados, interessava o resgate da alma da cidade, formada nas quatro últimas décadas do século XIX, no momento em que a cidade cumpriu a função de empório comercial, um pólo sertanejo, cuja influência comercial abrangia uma região que extrapolava as fronteiras do Estado e chegava ao médio e baixo Jaguaribe, no Ceará, e à região do rio do Peixe, na Paraíba.

Essa atividade comercial é fortalecida pela extração do sal na "várzea afogada" do rio Apodi-Mossoró e pela produção, em "oficinas" rudimentares, da carne seca. A geografia da cidade passa a ser marcada pela sua localização espacial, pela sua transição entre a economia do litoral e a economia do sertão, condições privilegiadas, naquele contexto histórico, que viabilizavam a cidade a participar da divisão internacional do trabalho, como centro sertanejo de exportação e importação de mercadorias.

O "lugar de troca" era também o lugar promissor, do lucro e da perspectiva de bons negócios. Os "estrangeiros" que se aventuravam nos trópicos perceberam essas potencialidades e, juntamente com os comerciantes de outras praças comerciais em declínio (Aracati, Sobral e Pombal), transferiram e montaram firmas em Mossoró. Esses comerciantes, a partir da segunda metade do século XIX, foram os grandes animadores do desenvolvimento das relações comerciais de Mossoró e de sua região. Isso é peculiar em uma região até então dominada pela pecuária e pelos fazendeiros.

Tal elite acreditava nos ideais maçônicos e mesclava estes com as luzes de um humanismo que se funde na qualidade dos homens e combina direito e exercício da liberdade, que anunciavam para a sociedade e seu território um grande destino.

No caso de Mossoró, o outro "espelho iluminado", que faz par com os ideais de liberdade, é a igualdade. Essas idéias vão circular entre as elites e o destino novo e ousado é o de libertar os negros escravos existentes na cidade.

Por isso, os atos dessa elite são grandiosos, a estrada de ferro e as atividades de produção e trocas de mercadorias, que a mesma viabilizaria, fazem parte do "espírito" que norteia os valores burgueses: trabalho, progresso e produtivismo. Esses seriam os "hábitos capitalistas" dos comerciantes que constróem o "empório comercial".

Mas é preciso que essa "comunidade cívica" tenha alma, daí a recorrência aos "hábitos do coração" e aos "espelhos iluminados" da liberdade e da igualdade, que se institucionalizam através das associações cívicas. É o caso da Sociedade Libertadora Mossoroense, criada pela maçonaria em 6 de janeiro de 1883, que vai montar todo o teatro da libertação dos escravos.

Uma elite norteada pelos preceitos maçônicos ou pelo racionalismo cristão, que recorria a seus heróis, todos eles construídos pelas luzes de um "espírito estóico" de grande capacidade de renúncia, homens de cultura, talhados para as grandes ações. Todos imbuídos de espírito público, cidadãos atuantes que formavam uma comunidade cívica, cuja estrutura social era firmada na colaboração e na confiança entre os seus membros. Por isso, na história contada pelos diversos intelectuais da cidade e do Estado e publicada na Coleção Mossoroense, todos aparecem com dignidade e são portadores de uma vontade estóica na viabilização dos seus ideais. Alguns são excepcionais nessas tarefas, elevados a heróis, formam a galeria dos mitos, seus atos entram para a história e são faróis a iluminar o presente e o futuro.

Essas elites compreendiam que a sua posição de domínio na sociedade, quer por riqueza quer por prestígio social, acarretava "obrigações civis". Uma generosidade cívica, que se concretizava na criação de bibliotecas, museus, bandas de música, universidades, hospitais, açudes, confortos urbanos que realçavam a cidade, ajudava a trazer para ela novos investimentos e criava um confronto com outras cidades do mesmo porte – no caso de Mossoró, com Natal –, um bairrismo que é alimentado e se dilui no tempo ou sobrevive apenas pelo lado jocoso, pois as razões da sua existência são reduzidas pelo declínio dessas elites e de sua ética, que encampavam uma responsabilidade fidedigna ao lugar.

Cascudo dedica os primeiros capítulos do livro à origem da cidade, a começar pelo nome que ele acha "mais crível é porvir o topônimo da tribo Cariri dos Mouxorós ou Monxorós que habitavam a região até quase metade do século XVIII, justamente o século do povoamento mossoroense" (p. 10).

Relaciona o aparecimento do topônimo Mossoró na cartografia do século XVI e XVII, comenta fatos acerca da presença holandesa na região. Cita depoimentos de viajantes como Henry Koster, que chega ao arruado chamado de Santa Luzia de Mossoró em 1810.

Relaciona as leis e resoluções que criaram a Freguesia – "Resolução nº 27 de outubro de 1842, desmembrando da Freguesia do Apudi, e elevando à categoria de Matriz a Capela de Santa Luzia de Mossoró, e incorporando-a ao Termo e Comarca do Assu"; a resolução n. 246, de 15 de março de 1852, eleva à categoria de vila a povoação de Santa Luzia de Mossoró; e a lei de n. 620 de 9 de novembro de 1870, que eleva Mossoró a cidade.

A Capela fora construída entre 1772 e 1773, pelo fazendeiro Antônio de Souza Machado, e a imagem da Santa veio de Portugal. A capela consagra a pequena povoação, onde o curral cede lugar à primeira quadra de casas, que surge em torno desse elemento nucleador das povoações sertanejas.

No volume, Cascudo registra os membros da Câmara Municipal a partir de 1853, seus presidentes, fatos e resoluções importantes ocorridos nessas câmaras de representação do povo da cidade. Indica os intendentes e prefeitos da cidade até 1955, ano da primeira edição.

Em seguida, trabalha com os fatos e datas que fazem da história da cidade uma narrativa, uma "saga mossoroense": o Motim das Mulheres, a Abolição dos Escravos e as festas que comemoram esses fatos e seus heróis, principalmente, o da abolição dos escravos mossoroenses, ocorrida em 30 de setembro de 1883.

E conclui essa história de Mossoró com os mitos do passado (os negociantes) e com os mitos recentes para aquele momento da publicação (os mitos dos Rosados) – Jerônimo Rosado e Dix-Sept Rosado –, e firma a herança política do grupo familiar na pessoa do Prefeito Vingt Rosado. Este, segundo Cascudo, "decidido ao cumprimento de um programa que seu pai e seu irmão criaram como condição moral de conduta em Mossoró" (p. 219).

Para os Rosados, o conhecimento e divulgação da história de Mossoró, da sua memória coletiva, fornece os elementos para a invenção de uma cultura política particular, que, ao interpretar essa história, imprime à mesma outros significados, outras intrigas, um enredo novo produzido com os fragmentos do passado, pois o que interessa ao grupo familiar que domina politicamente a cidade e que patrocina os intelectuais e a construção da história mossoroense é fazer parte dessa narrativa. [J. L. A. F.]

NOTAS PARA A HISTÓRIA DA PARÓQUIA DE NOVA CRUZ [62]. Atendendo solicitação de Monsenhor Pedro Moura, pároco do município norte-rio-grandense de Nova Cruz, por ocasião da comemoração do centenário da paróquia daquela cidade, em 1955, Luís da Câmara Cascudo produziu esse pequeno livro.

No desencadeamento dos trabalhos, ao buscar explicações para a fundação e desenvolvimento da Paróquia de Nova Cruz, o autor procurou destacar também alguns aspectos da história do próprio município onde a referida igreja está inserida. Nesse caso, os dados levantados por Câmara Cascudo estendem-se até o início do século XIX, quando a região, até então conhecida como Urtigal, ainda era constituída basicamente por propriedades rurais destinadas à pecuária e ao plantio de cereais.

Para explicar as posteriores mudanças de nomes por que passou aquele município, o autor recorre às tradições da população local, recolhidas por Manoel Dantas no livro *Denominação dos Municípios*. Primeiro, em lugar de Urtigal, surgiu a denominação Anta Esfolada, alusão a uma crença dos moradores locais acerca da existência ali de um animal da família dos tapirídeos, supostamente possuidor de espírito maligno. Depois, o autor informa que a substituição de Anta Esfolada por Nova Cruz deu-se por volta de 1845, quando um missionário capuchinho, procurando espantar o demônio que andava a fazer mal pela região, metido no corpo daquele animal, fincou uma cruz feita com galhos de madeira no caminho por onde a tal anta costumava passar. Com isso, "daí em diante não se fala mais em ANTA ESFOLADA e sim na NOVA CRUZ". Na seqüência, Câmara Cascudo faz uso da legislação oficial para mostrar a elevação de Nova Cruz a Distrito de Paz, em 1849; e, finalmente, a município, em 1868.

No que diz respeito à história da paróquia local, as argumentações desenvolvidas pelo autor confluem para uma justificativa da sua fundação em 1855, cujo centenário se pretendia comemorar na época da produção de *Notas para a História da Paróquia de Nova Cruz*. Embora reconhecendo que, oficialmente, a exemplo do que ocorrera com o próprio município local, a transferência da sede da freguesia de São Bento para Nova Cruz deu-se somente em 1868, o autor faz questão de frisar que, desde 1855, "o padre Camilo de Mendonça Furtado transfere-se para Nova Cruz e aí casa, batiza e dá extrema-unção", o que torna Nova Cruz "quase sede paroquial", indicando que, desde então, se a mesma "não era Igreja Matriz de direito mas o era de fato".

Apesar de ser apresentado como "ilustre historiador" pelos religiosos que lhe solicitaram o referido trabalho, as insuficiências do seu texto, em relação àquilo que se pode esperar de uma produção de cunho realmente historiográfico, são notórias. E isso pode até ter relação com a ausência de uma escolaridade formal do autor no campo da história, apesar da sua rica e eclética formação acadêmica. Por outro lado, tendo em vista que conviveu e dialogou com diferentes áreas do conhecimento, o problema maior pode estar na forma como Câmara Cascudo se aproximou de uma certa visão historiográfica, ainda bastante difundida naquela época.

Ao apresentar o livro e externar os seus agradecimentos, o pároco local, Monsenhor Moura, além de reconhecer a "valiosa ajuda" do executivo municipal da época, por ter arcado com as despesas da sua publicação, fez questão de tornar público que "a palavra autorizada do ilustre historiador riograndense, Luís da Câmara Cascudo", ou "Dr. Cascudinho", como por vezes o autor também é chamado, "ofereceu-nos os dados indiscutíveis da evolução da Paróquia de Nova Cruz", utilizando-se, para isso, de "testemunho eloqüente dos livros paroquiais", bem como de "documentos autênticos do tempo do império".

A tomar como referência essas argumentações, é possível concluir que tanto o autor quanto as fontes utilizadas pelo mesmo foram elementos imprescindíveis para dar credibilidade à história daquela instituição, ali consubstanciada na forma de um texto, instrumentos indispensáveis para legitimar a comemoração do seu centenário sem questionamentos.

Obviamente, não podemos confundir as argumentações apresentadas pelo religioso, eivadas de pragmatismo, com os resultados alcançados pelo trabalho de Luís da Câmara Cascudo. Da mesma forma, nada autoriza deduzir que este teria feito um simples trabalho de encomenda, a gosto do freguês. Mas cabe reconhecer também que não há da parte do autor nenhum esforço para interrogar os tais "documentos autênticos do tempo do império" nem para problematizar os chamados "dados indiscutíveis da evolução da Paróquia de Nova Cruz".

Pelo contrário, a simples narração seqüenciada dos acontecimentos por ele considerados significativos para explicar o seu objeto, a transcrição de várias leis relativas aos desmembramentos regionais que culminaram com a elevação de Nova Cruz a município autônomo, a descrição detalhada dos responsáveis pela assinatura dessas leis e até mesmo a sua ressalva relativa aos documentos utilizados, alegando tratarem-se de uma "cópia tão fiel que conservei o engano da data", tudo isso são indicadores de que o autor transpôs para os próprios documentos a veracidade dos fatos.

Cabe lembrar que, em meados do século XX, período em que Câmara Cascudo produziu o seu texto, a proposta de um diálogo crítico com as fontes e a desconstrução de uma dada leitura dos registros documentais como fundamentação da verdade histórica não se apresentavam como algo inusitado, principalmente entre aqueles que vivenciavam o debate acadêmico. Na verdade, só para citar dois exemplos, isso vinha sendo praticado tanto por historiadores da tradição marxista, quanto por aqueles que se inspiravam nas propostas difundidas pelos criadores dos *Annales* franceses, Marc Bloch e Lucien Febvre.

No primeiro caso, é bom lembrar que, desde meados do século XIX, em sua crítica à filosofia alemã, Marx e Engels fundamentaram suas proposições sobre o processo de conhecimento da realidade discordando tanto das construções abstratas descoladas da realidade, como do empirismo supostamente desprovido de pressupostos, uma vez que, para eles, a história não poderia estar limitada a uma simples "coleção de fatos mortos"[6].

Quanto aos referidos autores franceses, desde o começo da década de 1920, vinham denunciando e combatendo a chamada "história historizante" exatamente pela sua opção de estar demasiadamente presa aos fatos. Por isso, alertava Bloch em sua *Introdução à História*, "os textos, ou os documentos arqueológicos, mesmo os mais claros na aparência e os mais condescendentes, só falam quando se sabe interrogá-los"[7].

Obviamente, é forçoso reconhecer que se grande parte dos próprios historiadores brasileiros do período ainda não havia assimilado e incorporado essas contribuições, seria menos provável que isso tivesse ocorrido com um profissional advindo de outras áreas. Mas, também aí, é preciso lembrar que autores brasileiros contemporâneos de Câmara Cascudo, como Caio Prado Jr., vinham há pelo menos duas déca-

---

6. Karl Marx e Friedrich Engels, *A Ideologia Alemã*, 7ª ed., trad. de José Carlos Bruni e Marco Aurélio Nogueira, São Paulo, Hucitec, 1989, p. 38.
7. Marc Bloch, *Introdução à História*, trad. de Maria Manuel Miguel e Rui Grácio, Lisboa, Europa/América, 1965, p. 60.

das alertando sobre os equívocos de historiadores que "preocupados unicamente com a superfície dos acontecimentos [...] esqueceram quase que por completo o que se passa no íntimo da nossa história [...]"[8].

Assim, seja porque Câmara Cascudo não sentiu necessidade de dialogar criticamente com a produção historiográfica com a qual tomou contato mais de perto, seja até mesmo por concordar com ela, o fato é que as influências dessa outra historiografia que estava sendo praticada dentro e fora do país não aparecem nesse seu trabalho. Noutros de seus livros, todavia, a relação com tradições populares foi aprofundada, aproximando-se indiretamente daquela historiografia renovada. [A. A.]

NOTÍCIA SOBRE DEZ MUNICÍPIOS POTIGUARES [63].

Trata-se de uma coletânea de dez textos, publicados originalmente na *Revista Potyguar* em fins dos anos de 1930, sobre os municípios de Acari, Areia Branca, Assu, Caicó, Campo Grande, Caraúba, Currais Novos, Mossoró, Natal e Santa Cruz. Nele, Câmara Cascudo nos informa sobre as origens dos primeiros povoamentos que resultaram nas cidades de hoje, os colonizadores pioneiros, como e quando foram se formando as instituições no âmbito de cada município, de tal modo que os textos se configuram não exclusivamente como artigos, mas também como reportagem e, sobretudo, crônica histórica.

Destaca a construção da capela, a instituição da freguesia, a promoção à matriz, o primeiro vigário, conferindo relevo à instituição da Igreja Católica na gênese da maioria dos municípios. Explica a origem e o significado dos nomes dos lugares, dos rios, dos acidentes naturais e, nesse ponto, aproveita para desmontar versões equivocadas ou infundadas, com argumentos seguros e fundamentados, para exposições sobre o verdadeiro significado de nomes como Caicó, Currais Novos, Mossoró. E o faz com absoluta propriedade, contrapondo-se a explicações e autores com uma elegância que impressiona. Veja-se o caso do nome Caicó:

> A interpretação do topônimo Caicó tem sido variada e curiosa. O erro inicial é tentarem a tradução pelo idioma tupi, quando Caicó não pertence a esta língua. Todas as traduções abaixo citadas são do tupi. Para mim figurarão como meras curiosidades folclóricas. Nenhum crédito podem merecer. Caicó que dizer (1) macaco esfolado, de caa-ico, (2) monte escalvado, pelos serrotes que circundam a cidade; de caa-icó, (3) roça de capoeira de caá-icó, (4) mata dos macacos, caá-icó, (5) folha de Icó, o Icó é uma árvore conhecida, a Capparis icó.
> Sabe-se exatamente que a região seridoense era habitada pelos índios chamados confusamente "tapuios". Pertenciam a raça cariri, de fala travada, àspera e sonora. Os índios Caicós existiram e residiam espalhadamente pelos boqueirões e araxás, vindo da Paraíba e levando suas correrias ao Ceará, pelo Jaguaribe e chapadões do Apodi. Eram aliados dos Curemas, denominadores do boqueirão que lhes guarda a passagem guerreira. Foram os índios Caicós os povoadores da região. Possivelmente já não estariam na terra quando o fazendeiro veio de Piranhas. As bandeiras paraibanas contra os Panatis, amigos dos Curemas e Caicós e seus confederados contra a invasão dos fazendeiros, haviam amedrontado a tribo que fugira ou rareara. E estaria dispersa entre outras famílias da mesma tribo. Caicó, como Mossoró, são denominções de grupos sociais indígenas. Em toponímia o caso é comuníssimo. Não há razão lógica para traduções tupis em região cariri.

---

8. Caio Prado Jr., *Evolução Política do Brasil e Outros Ensaios*, São Paulo, Brasiliense, 1987, pp. 7-8.

Outro argumento é o nome oficial da vila e da comarca. Não vila nem comarca DE Caicó mas DO Caicó, do velho morador, do antigo indígena, do venerando pre-avô bravio que possuía aquelas terras como teatro de suas andanças assaltadoras.

Por fim, trata de aspectos daquela época – os anos de 1930 – das dez cidades pesquisadas, ao noticiar a área, o número de habitantes, a arrecadação da Prefeitura, os estabelecimentos comerciais, as indústrias, as fazendas, as intituições de instrução e de saúde públicas, as ligações de transporte, a vida social e cultural dos cidadãos, além de singularidades, como o fato de o primeiro norte-rio-grandense doutorado em Medicina ser natural de Assu, ou que Mossoró foi o primeiro município do estado a abolir seus escravos. E muitas vezes, revela a mentalidade e os costumes das gentes de cada município. É assim que lembra o bairrismo dos natalenses, ao citar o caso de um forasteiro que fora surrado para aprender a gostar de Natal.

O presidente Dom Manuel d'Assis Mascarenhas trouxe um criado ilustre de nome Paraíso e esse aristocrático rebento de Mascarillo achou Natal uma cidade demasiado minguada para os seus vôos. Deu para falar de Natal. Sucedeu que seu amo ofereceu festa. Aproveitaram a festa e deram uma surra de pau no mestre Paraíso para ensiná-lo a gostar da cidade.
Queixando-se ao amo, Paraíso obteve essa máxima:– diante do Pai todo filho é lindo. E Paraíso ficou achando Natal uma lindeza.

Ou a paixão política que acomete o natalense, desde tempos remotos.

O natalense, por convicção e ausência de coisa melhor, tem a doença política. Vive deduzindo, das notícias de aniversário ou viagens, asperezas ou carícias incabidas. Sempre foi assim. Antigamente, quando viviam os Conservadores e Liberais, o gosto ia a tal ponto que na própria Matriz se separavam e guardavam posições de restrito partidarismo. Os Conservadores ficavam no corredor do norte e os liberais no do sul. A razão era histórica. Antes das denominações Conservador e Liberal, os dois possuíram as alcunhas de Nortistas e Sulistas. Na presença de quem os unira para a eternidade, os natalenses respeitavam a divergência. Alguns morreram convencidos da existência de um paraíso conservador ou dum inferno liberal.

Inteligentemente, não trata de todos esses aspectos, rigorosamente, nos diversos municípios. Assim é que discorre sobre uma ou outra peculiaridade de cada localidade, livremente, conforme seja o caso. Desse modo, registra a existência da fonte quente d'água sulforosa, o Olho D´água do Milho, em Caraúbas, ou como a crônica deliciosa, que inclui no capítulo dedicado a Caicó sob o título "Uma Indústria Morta", em que lamenta a decadência da indústria caseira de queijos do Seridó, ou ainda o tiroteio em 27 de janeiro de 1879, em Areia Branca, um episódio envolvendo retirantes da seca. Referindo-se a Natal, revela peocupação ecológica, notando a devastação das árvores: "Infelizmente, reponta no natalense o ódio às árvores: Ama ele o limpo, os espraiados escampados [...]".

Ainda que em textos breves, o historiador mostra o gosto e o rigor pela pesquisa. Aponta os documentos pesquisados, muitas vezes com detalhes enriquecedores. À falta de documentos, Câmara Cascudo vale-se de sua argúcia, de erudição e vasta cultura geral para explicar a etimologia de um topônimo, determinada ocorrência histórica ou mesmo demográfica. Merece registro a menção que faz sobre sua dúvida a respeito da população de Currais Novos:

Pelos dados que me foram enviados pelo cônego Paulo Herôncio, [...] Currais Novos conta vinte mil habitantes e a cidade cerca de três mil moradores. Creio, entretanto, ser um cálculo abaixo da realidade pelo que tenho visto e observado ao atravessar o município e demorar na sede. Não querendo discutir com o reverendíssimo pároco, aceito, subscrevo e dou fé.

A edição, uma brochura, apresenta problemas de acabamento gráfico e de revisão mas isto não tira o mérito da Fundação Vingt-Un Rosado em trazer a público mais este belo trabalho de Câmara Cascudo. [C. O.]

NOTÍCIA HISTÓRICA DO MUNICÍPIO DE SANTANA DO MATOS [64].

Livro escrito para o centenário do Município de Santana do Matos – cidade da região central do Rio Grande do Norte. É um trabalho representativo de um traço da atividade de historiador de Luís da Câmara Cascudo. Reconhecido como uma espécie de *genius loci* da história norte-rio-grandense, Cascudo comumente era requisitado para perpetuar a memória histórica do Estado, municípios e instituições potiguares. Particularmente nesse trabalho Cascudo foi convidado, pelo Deputado Aristófanes Fernandes, a fixar a história daquela cidade.

Como historiador, Cascudo abria-se, literalmente, ao concurso de todos os sentidos. As fontes utilizadas e sua exploração eram as mais diversificadas possíveis: arquivos públicos e privados, narrativas orais, investigação *in loco* dos costumes, degustação da alimentação regional etc. Ele mesmo escreve, ao melhor estilo da história imediata, no prefácio a esse livro: "Li, consultei e vi o que era provável dar-me informação" (p. 4). Visitou, portanto, durante três dias, o sítio do acontecimento como pesquisador de campo e escutou, à noite, refestelado numa "rede macia, cercado de trabalhadores [...]. Histórias e estórias".

É uma obra célere na intenção do título, no estilo e no tempo consumido para a redação final. Doze dias de escritura: "da noite de 06 à tarde de 17 de julho" (p. 5). O plano do livro segue uma arquitetura já exercitada em trabalhos de maior fôlego, como na obra que editara também no ano de 1955, a *História do Rio Grande do Norte*. E repete em *Notícia...* um plano que seria outra marca registrada da historiografia cascudiana: segue-se à narrativa histórica um "Documentário", em que transcreve *ipsis litteris* as fontes escritas citadas no texto – como a tornar irrecorrível a veracidade e legitimidade do que foi publicado.

O primeiro capítulo se detém no "Povoamento". Narra o advento da localidade no espaço e no tempo. Funda-lhes um indistinto nascimento no vasto território da Serra de Santana, avanço demográfico ainda polvilhado nas fazendas de criar gado, por volta da segunda metade do século XVIII.

A exemplo de outras cidades sertanejas cujos territórios municipais foram delineados pelos limites da freguesia primeva, Santana do Matos tem seu mito de origem na intervenção da avó de Cristo, nos vexames sofridos pelos primeiros vaqueiros. Os historiadores que se ocuparam das histórias municipais não deixam de registrar esses fatos. Cascudo não fugiu à regra de ouro. Explica no segundo capítulo, "Freguesia", essa "história que se enovela em lenda" (p. 15). Manoel José de Matos – daí o sobrenome da cidade –, desesperado pelas tribulações por que passava, prometeu cultuar Santana, com capela e imagem votivas; agraciado, cumpre a promessa, lançando em terra o que seria a semente urbana. Da construção da capela à instituição da freguesia, foi um movimento natural; em 1821, a povoação santanense assim tinha sido reconhecida.

O início da visibilidade administrativa de Santana do Matos é debatido por Cascudo no terceiro capítulo, "Município". Forjada na conturbada disputa pelo reconhecimento como vila, Santana do Matos conseguiu esse *status* político em 1836, a partir de tumultuado litígio com a vila de São José do Angicos. Perde as prerrogativas de vila em 1853 e volta a recuperá-las em 1855. Esse é o ano que o livro de Cascudo foi convidado a comemorar.

A *Vila Constitucional de Santana do Matos* segue sua circunscrita história no penúltimo capítulo, com um nome sugestivamente burocrático: "Fundamentos da Administração". Cascudo esmera-se em decretos, nomes e datas. Parece enfadado com a profusão de dados descarnados, tanto que abre um longo parênteses para comentar o Código de Posturas Municipais, datado de 1837. Historiador dos costumes e gestos, nesse ponto do texto, Cascudo usa de suas afinidades para descontrair o capítulo. Comenta, bem-humorado, a preocupação dos vereadores em determinar regras para a higiene, a exploração econômica, o lazer, a urbanização e a moral públicas. O olhar antropológico do autor é preciso para retirar do documento informações sobre a vida cotidiana dos santanenses no século XIX. Por fim, comentando a vida política do povoado até sua elevação à cidade, no período republicano (1927), julga que os chefes políticos exerciam a "ditadura da honestidade e de cuidado pessoal pelos ditames da honra" (p. 71), conclui daí que o Rio Grande do Norte não vivenciara as malfazejas práticas coronelísticas.

Como conseqüência desse juízo, o último capítulo – "Desenvolvimento" – começa com um longo parágrafo de crítica à Revolução de 30, demolindo-a por interromper o cultivo "lento e tranqüilo" do Brasil. Saudoso, escreve Cascudo: "evaporaram-se muitas virtudes velhas que constituíam tranqüilidade e doçura nos costumes patriarcais" (p. 74). A revolução administrava, "narcose" ao eleitorado. Sonolento também seria o restante do texto, ao encarrilhar eventos das administrações dos prefeitos pós-trinta, além de uma insossa lista de todas as ruas do município. O capítulo, no entanto, é salvo pela verve em sua profissão de fé nos valores tradicionais da República Velha e pelo que o historiador apreende e ensina com relação às vias públicas. Nesse ponto, o documento e a abordagem históricos são altamente sugestivos: "É possível fazer-se a história moral de uma população através de sua nomenclatura urbana" (p. 80).

Mesmo sendo uma *encomenda*, essa obra cascudiana não deixa de nos sugerir caminhos metodológicos. Enfim, um texto leve, ágil e despretensioso para um objeto de estudo de escala reduzida. Cascudo tenta e consegue que ele tenha pulsação própria. [M. K. M.]

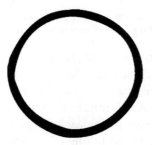

ONTEM – MEMÓRIAS [65]. É o falso fácil – o livro *Ontem, Memórias*, de Luís da Câmara Cascudo. No Nordeste, diz-se *lazarina*[1] a mulher falsa-magra. Ela é longilínea. Mas, vista de perto (ou melhor, tocando-a), percebe-se que ela é carnuda. A magreza é falsa. Assim, esse livro de Cascudo: pela escrita aliciante e coloquial, tem-se a impressão de que é um livro fácil; ao tomar-se conhecimento de seu conteúdo, após uma reflexão, percebe-se, todavia, que é um texto bastante complexo, polêmico e que defende idéias bem pessoais do autor.

Ontem foi organizado entre outubro de 1968 e março de 1972, com escritos e/ou lembranças de datas, também, bem mais anteriores. O texto foi concluído catorze anos antes da morte do autor (1898-1986). Assim, é um livro do tempo do amadurecimento da sabedoria de Cascudo. Também, por essas circunstâncias, é um livro de memória escrito com grande liberdade de opções temáticas num horizonte muito largo: lembra a Cidade do Natal e pessoas com as quais conviveu; discute teses científicas e práticas de magistério; registra finos perfis de professores e de alunos no encantamento da sala de aula; eterno etnólogo, observa, estuda e interpreta o cotidiano e o tempo histórico quando, às vezes, deixa desvelar sua visão conservadora do mundo. No descrever os tipos populares de Natal, revela uma intimidade insuspeita com a vivência cotidiana das ruas da cidade, o reverso da moeda pela qual sempre se compra Cascudo: o homem que vara a noite escrevendo e estudando em sua biblioteca (o que, também, é verdade). Aqui, mais do que em outros relatos, ele abusa da linguagem sedutora, cativante e poética. É isso que lhe dá a dimensão do falso fácil percebido numa primeira leitura.

Nesse livro, Cascudo, o Professor, faz da sala de aula um laboratório de observação do tempo e dos homens. Para demonstrar como é plural, invoca Santa Tereza: "Mire que son diferentes los entendimientos" (p. 42). Adverte ele:

> Aula não é filme [...] mas representação em palco aberto, onde cada exibição é uma atitude responsável, insusceptível de revisão retificadora. [...] Bom professor, bom ator. [...] Não havendo amor, quase carnal,

---

1. Lazarina, segundo o *Aurélio*, é nome de espingardeiro milanês do século XVI. Espingarda de passarinhar, de cano fino e longo; pica-pau. "Outrora utilizada pelos pretos africanos". Aurélio Buarque de Holanda Ferreira, *Novo Dicionário da Língua Portuguesa*, 2ª ed., Rio de Janeiro, Nova Fronteira, 1986, p. 1015.

com sua especialidade, o professor é um carregador de palavras imóveis e não um piloto de memórias vivas (p. 71). Não dê aula de mau humor. Propaga-se como mau cheiro (p. 109).

Para os que estão no exercício do magistério, ele ensina o caminho das pedras: "Os elementos de fixação didática são dois: – curiosidade na espécie ensinada e confiança no professor que ensina" (p. 48). Cascudo saúda, com paixão, a criação da Universidade Federal do Rio Grande do Norte que, para ele, "jamais merece críticos espontâneos, adversários por vocação negativista, recenseadores de falhas, topógrafos de enganos, estatísticos de omissões. Deve ter amigos que a orientem, amparem e prestigiem [...]" (p. 160). Nisso, ele é coerente pois, em 1948 e 1949, tentara viabilizar uma universidade popular ("curso de conferências sem exibição eloqüente e pedantismo técnico"). E em sua Oração de Paraninfo, proclamara: "Saibam ensinar quanto souberam aprender!" (p. 36). É, também, dentro da sala de aula que o etnólogo não perde tempo nem viagem: pesquisa as superstições "através de alunas espertas [...] esses 'agouros' coletados são relativos ao dia de exames finais e aludem ao que é visto nas ruas, indo para a Escola" (p. 62).

De 1920 a 1966, Cascudo esteve em sala de aula, inclusive participando de bancas de exames orais de estudantes. Arguto observador dos perfis humanos – como profissão –, ele sintetiza em três alunos e três alunas os "normotipos estudantis mais expressivos [...] na hora do exame oral" (pp. 29-32). Diz o que vê e o que prevê. Alunos:

> PATINADOR – Loquaz, "cortando volta" no ponto ignorado. Nem se cala e nem responde. Concorda com rumor, desdobrando-se numa argumentação alheia às premissas. Estudará o imediatamente aplicável. Habilidade e Audácia serão suas generosas madrinhas; ALPINISTA – Gago na difícil, lenta, impecável exposição, puxando os vocábulos que se negam ao angustioso apelo [...] meticuloso verificador de fontes, conhecendo o caminho que os pés desajudam. Não será repuxo de jardim mas fonte d'água pura; MALABARISTA – Inquieto. Confiado. Suplicante. Procura sustentar-se nas ambíguas e caridosas indicações atiradas, como salva-vidas. Obstina-se na intermitente ascensão do "Pau-de-Sebo", lutando, para retardar o deslize que não pode evitar.

Os três tipos de alunas, na hora do exame oral, são:

> ADÁGIO SUSTENIDO – Cortês. Seca. Expõe num estilo picolé, breve, doce, frio. Identifica-se o compêndio pela reprodução fiel dos conceitos, inalterados na decoração infalível. Nenhum interesse, vibração, colorido. Será uma Diretora de repartição. Filhos limpos, disciplinados, sadios. O marido, temeroso, chamá-la-á "Amor!"; SMORZANDO – Ar infeliz, assustado, doloroso. Virgem judia num interrogatório do Santo Ofício. Pálida. Trêmula. Receosa. Nas retificações aos erros, assusta-se como empurrada à fogueira inevitável. Será funcionária autárquica, orando pela não transferência e aplicada promoção. Esposa ciumenta e desconfiada. Quase feliz; PRESTO ASSAI – Familiar. Íntima. Risonha. Defende-se, concordando com as vagas frases do professor. Dedicada, mas não retentiva para datas e nomes de pessoas, exceto namorados. Balbucia, gagueja. [...] Afinal, o que foi que ela disse? Profissão: Mulher Casada. Com emprego adjutório. Marido. Filhos. Residência apresentável.

Mais tarde, Cascudo voltará a esse tema (p. 108), sintetizando esses critérios para compreensão dos perfis estudantis em dois: o ALPINISTA, que sobe com lentidão e custo, e o PATINADOR, que desenvolve os movimentos bailarinos do Êxito.

Das páginas 88 a 95 (invocando Mateus, 13, 3: *saiu a semear o que semeia)*, Cascudo desenha os perfis de cinco grandes mestres de Natal: Professor Zuza (José Ildefonso Emerenciano, 1845-1922); Professor João Tibúrcio (da Cunha Pinheiro, 1845-1927);

Professor Luís Antônio (Ferreira Souto dos Santos Lima, 1890-1961); Professor Severino (Bezerra de Melo, 1888-1971) e Professor Celestino Pimentel (1884-1967).

Sob o título de "Na Massa Operária" (pp. 164-166), Cascudo conta suas duas experiências de contatos com a classe operária. Como advogado da estrada de ferro dos ingleses, no trecho Natal-Nova Cruz (1930-34), e como integrante da Comissão do Salário Mínimo – o que o fez "visitar fábricas de todos os tamanhos e pretensões, mastigar registros de pagamento, verificando os astutos alegados entre empregados e empregadores inquietos". Lembrando os idos da chamada Intentona Comunista de 1935, diz: "Vivi os dias mais trovejantes da excitação demagógica no meio da Massa acidulada por todos os tóxicos da convulsão".

No capítulo "Fidelidade na Vocação" (pp. 60-61), Cascudo, numa manifestação de nostalgia, revela seu olhar conservador sobre o mundo. Diz ele:

> No Brasil, o mesmo ofício não alcança a terceira geração dedicada. As pirâmides aspiram apoiar-se no solo pelo vértice. A circulação social tem movimento de aspiral ascendente. Nenhum dos meus alunos continuou o trabalho paterno. As alunas não se resignaram às limitações domésticas de mães de filhos e donas de casa. Voaram para as repartições, autarquias, escritórios. [...] Filho de lavrador será industrial, mandando o herdeiro para a burocracia ministerial. Difícil a sedimentação básica, a colaboração contínua da víscera ao organismo.

Esse conservadorismo agrava-se quando ele assume a defesa da preservação de um mundo não igualitário. É o caso da descoberta do Riquixó, quando de sua visita a Moçambique, em 1963 (p. 146). Descreve Cascudo: "o Riquixó (é) um carrinho leve, duas grandes rodas forradas de borracha, capota desmontável, puxado por um negro forte, sadio, bem-humorado". Mesmo registrando a indignação de um observador da ONU face ao "inominável insulto à dignidade humana", Cascudo corre em defesa daquele mundo colonial lusitano: "não há veículo mais agradável pelo conforto exótico de cinco séculos testemunháveis, na adequada movimentação através da paisagem encantadora".

A última página de Cascudo, nesse livro, é uma eloquente e derramada homenagem ao Cruzador São Paulo, vendido como ferro velho a The British Iron and Steel Corporation Limited (1951), que, ao ser rebocado para a Inglaterra, perde-se no meio do Atlântico face à tempestade (p. 238). Fascinado pelo mundo do brilho das fardas, alamares, continências, clarins e bandeiras, Cascudo registra sua emoção de orador em freqüentes solenidades militares. É o caso de sua fala no dia 25 de agosto de 1963, no Quartel do 16 R.I. (Natal), quando define os símbolos da saudação dos Oficiais – escreve ele:

> a espada ao Sol vai fixando os três planos da vida em servidão jubilosa, os três juramentos da sua dignidade, as definições da Honra Militar! Aponta para o solo, onde dormem os Pais, toda a tradição enobrecedora na história, prometendo atenção e zelo ao Passado! Estende-a na horizontal abrangedora do território confiado ao seu sangue [...] prometendo guardar e defender o Presente! Ergue-a para o alto, rumo ao firmamento cujas estrelas vivem no pavilhão nacional [...], afirmando proteger o Futuro! (p. 130).

No livro *Ontem*, não há nenhuma referência ao Integralismo – o que demonstra que os temas são seletivos, apesar de se tratar de um texto de memórias. É sabido que Cascudo foi personagem importante do movimento liderado por Plínio Salgado – e isso não é revelado. Todavia, o capítulo "Um Assunto para Ibsen" (p. 167) é, no mínimo, misterioso e instigante. Trata de uma reunião em que seis ou oito personagens jantaram juntos, em 1934 ou 1935, e, conta Cascudo, "deram a conversa no elogio da revolução destinada a purificar os Costumes, higienizar a Economia, desprestigiar e substituir a torva Habilidade pela limpa Competência. Os comensais comandariam soldados, dinheiro, popularidade. Todos freqüentavam o Presidente [...]". Cascudo prossegue descrevendo novos encontros dessas lideranças

planejadoras de um movimento decisivo e forte contra a oficialização dos Sete Pecados Capitais como norma administrativa (mas) foram entrando em choque, estranheza e desajuste na proporção que o futuro tomava cor e forma. [...]. Em menos de dois meses confabulados, os breves regeneradores do país estavam intoxicados de surpresa e mágoa pelas preterições inexplicáveis, sofridas na controvérsia [...]. Dispersaram-se, inúteis como um ovo gorado na casca. A Revolução Salvadora não saiu de uma sala.

Esse texto, visto na sua totalidade (o espaço aqui não dá), oferece pistas de que Cascudo está tratando do Integralismo, sem, todavia, nomeá-lo. Nostalgia ou exorcismo? Esse é, realmente, um assunto para Ibsen.

Temeridade seria apontar o ponto alto desse livro – plural e versátil. Mas, não se arriscaria muito quem indicasse para o título os valores do conhecimento e descrição dos tipos populares de Natal. A descoberta do conhecimento da intimidade das ruas e da vivência dos seus homens comuns revela por parte do autor seu amor pela Cidade. Isso também faz de Cascudo um grande escritor. Entre numerosos *causos*, vale a pena citar, a saber, Sinhá Alexandrina, moradora de Ponta Negra, que, com seu cesto de peixe moqueado à cabeça, viu Nossa Senhora em sua estrada (p. 109). O Alvissareiro – João Irineu de Vasconcelos – que, da Torre da Matriz, levantava a bandeira anunciando se chegava navio do norte ou do sul (p. 186). O último Canguleiro, Jonas Cardoso (1875-1952), que jogou a fortuna fora e se apresentava como aquele que a Baleia não quis! Boêmio de plantão, manejava vocabulário com pretensões originais: comungar na taça satânica era beber cachaça; fechar o envelope era ser sepultado. Ao sair de coma, morreu dizendo: "é tempo" (pp. 201-202). João Padeiro (João Bezerra Jácome, 1915-1949), entregador da Padaria Estrela d'Alva, nas Rocas, "dançou (e cantou) como as andorinhas voam e os peixes nadam, na legitimidade espontânea da função instintiva". Nunca viu um balé e dançava bambelô por horas seguidas (pp. 205-206). Zé de Titia (José de Paula Titia), meio sacristão do Padre João Maria. Oposicionista, "teimoso como jumento andaluz", quando Augusto Tavares de Lyra tomou posse como Governador do Estado, em protesto, pendurou-se na corda do sino grande e "dobrou finados" à tarde inteira. Ameaçado de prisão, fugiu para o Amazonas, onde morreu em 1910 (p. 224). Arary, neto de Genésio Brito, venerável maçônico. Magro, ágil, gente da primeira fila tradicional de Natal. Especialidade: mentiras monumentais – na Redinha, tinha um cajueiro azedo, mas tão azedo, que, quando a vaca provou do caju fez uma careta tão grande que os dois chifres se uniram (p. 230). Cascudo considera que a morte de Zé Areias (José Antônio Areias Filho, 1901-1972) "apaga em Natal o derradeiro representante da verve recalcitrante, do espírito de réplica, imediata e feliz". E conta: "Sentindo a aproximação asfixiante do enfarte, (Zé Areias) ergueu-se da rede, abraçando a mulher, vivendo a pilhéria final de sua vida dolorosa: 'Mulher Feia! Quero Morrer em Teus Braços!' " (p. 233).

Cascudo, por ter amado sua terra e sua gente, na história, fica. [M. G.]

O PADRE MIGUELINHO E OUTROS TEMAS CASCUDIANOS [66]. O livro, organizado por Raimundo Soares de Brito, é composto de duas partes. A Parte I é dedicada às crônicas, de autoria de Luís da Câmara Cascudo, sobre "A Família do Padre Miguelinho"; a Parte II contém cartas escritas por Luís da Câmara Cascudo a diversas personalidades, como Vingt-Un Rosado, Raimundo Nonato, Sebastião Vasconcelos dos Santos; de Dahlia Freire Cascudo a Vingt-Un Rosado; e publicações de diversas autorias a respeito de Câmara Cascudo – artigos de Veríssimo de Melo, Nilo Pereira, Dahlia Freire Cascudo, Fernando da Câmara Cascudo e uma apreciação sobre o livro de Vasconcelos, *Câmara Cascudo do Potengi ao Piabanha.*

O exame do resgate histórico-genealógico realizado pelo historiador, etnólogo e folclorista sobre a família do Padre Miguelinho – Miguel Joaquim de Almeida e Castro, Frei Miguel de São Bonifácio, frade da Ordem do Carmo até 1800 e depois padre secular, nascido em Natal, Rio Grande do Norte, em 1768 – aponta um grande desafio: refletir sobre uma pesquisa genealógica relacionada com a tragédia vivida pelo personagem central da investigação e, também, sobre a inserção desse personagem numa catástrofe mais ampla, a repressão desencadeada pela Coroa Portuguesa contra os participantes da Rebelião Pernambucana de 1817.

A investigação genealógica sobre a família do Padre Miguelinho, além do rigor metodológico no que se refere ao tema geracional, que oferece registros de linearidade e de colateridade[1], apresenta elementos importantes para outros estudos históricos, demográficos, sociológicos e antropológicos.

Jurandy Barroso, na apresentação que faz do livro, ressalta que a série de crônicas consagradas à família de Padre Miguelinho por Câmara Cascudo foi publicada, originalmente, no jornal *A República*, na seção "Acta Diurna", e ficou desaparecida "por mais ou menos onze longos anos". Afirma, ainda, Barroso que essas crônicas eram o resultado de pesquisa desenvolvida, aproximadamente, durante vinte anos. O próprio Câmara Cascudo, em carta dirigida a Raimundo Nonato (Natal, 22.1.1971), faz referência ao trabalho exaustivo que realizou, dizendo: "paciência que jamais repetiria ao redor do padre que [...] entrou para a nossa macro e micro história" (p. 48).

---

1. Jeanne Trotereau, *Retrouver ses racines*, Paris, Dargaud, 1986.

O prazer de retroceder, para se conhecer melhor trajetórias de vida, envolve uma busca que se amplia ou restringe, de acordo com os rumos da identificação do pesquisador com as circunstâncias, com os acontecimentos que cercam os personagens, objeto da pesquisa.

As crônicas sobre a família do Padre Miguelinho, enumeradas por seu autor em itens de I a XVII, não sofrem o risco da contaminação que, por vezes, atinge certos estudos genealógicos que visam demonstrar ascendências ilustres ou feitos heróicos. Elas inserem os personagens, membros da família Pinheiro Teixeira, num dado momento histórico.

Para descrever o personagem central, Câmara Cascudo, vale-se do que denomina "uma testemunha coeva", uma testemunha dos acontecimentos de 1817 em Pernambuco. Segundo ele, um "estrangeiro imparcial e até certo ponto hostil, o francês Tollenare"[2], que escreve em suas "Notas Dominicais" referentes a 23 de março de 1817: "O Padre Miguelinho é um homenzinho cujo espírito mais lento, não é menos vasto nem menos penetrante; os seus juízos são críticos e muito próprios a contrabalançar o ardor dos seus colegas".

Essas crônicas têm início com a notícia da vinda de Portugal (Rifana do Souza – Porto), de "três manos Pinheiro Teixeira", Manoel, José e Francisco, para a CIDADE DO NATAL.

A "viagem no tempo", empreendida por Câmara Cascudo, sobre a família do Padre Miguelinho traça a história desses três irmãos e da descendência numerosa de dois deles, José e Francisco – Manoel era sacerdote e não teve descendência registrada.

O autor introduz o leitor numa história familiar do Nordeste do Brasil, impregnada de referências paralelas às seqüências de parentesco. Referências sobre o espaço nordestino, sobre aspectos administrativos regionais, sobre costumes, tudo por via de uma linguagem fluente e agradável.

A descrição genealógica é permeada de informações sobre os sistemas de propriedade e produtivo vigentes no Nordeste durante um longo período, desde antes da expulsão dos Jesuítas pela Coroa Portuguesa (1759) até a primeira metade do século XX. A primeira notícia datada por Câmara Cascudo (crônica I) é a da concessão de uma "data de terra" a Manoel Pinheiro Teixeira, no rio Maxaranguape, em 30 de novembro de 1739 (p. 10). A referência mais atual é sobre um personagem da descendência dos Pinheiro Teixeira que faleceu em Mossoró em 1940 (p. 34).

Perseguindo a saga da família de Padre Miguelinho, Câmara Cascudo informa sobre um modo de viver, no campo, em centros urbanizados e em cidades de maior projeção, situadas em diversas regiões do Nordeste do Brasil. Modo de viver característico de pessoas dotadas de posses mais ou menos consideráveis e que desempenharam funções de destaque na sociedade em que viviam, em épocas diferentes.

---

2. Louis François Tollenare, *Notes dominicales prises pendant un voyage en Portugal et au Brésil en 1816, 1817 et 1818*, 3 vols., Paris, Presses Universitaires de France, s/d.

A descrição de alguns dos acontecimentos sobre a vida dos personagens mostra o ângulo crítico que cerca o estudo genealógico de Câmara Cascudo. É no retrato dos bastidores da sociedade nordestina que esse ângulo aparece nitidamente. Por exemplo, na descrição do casamento de um dos filhos de Francisco Pinheiro Teixeira, aquele que leva o mesmo nome do pai. Baseando-se em documento cartorial, diz Câmara Cascudo: "À meia-noite de 12 de maio de 1748 Francisco e Bonifácia foram marido e mulher, casados pelo Vigário Colado da Freguesia, Padre Manoel Correa Gomes. E [acrescenta o autor] no registro ainda se lê friamente, que o nubente era 'Clérigo tonsurado' " (p. 14).

A seleção desse documento, por Câmara Cascudo, para ser registrado nos entremeios da história genealógica da família do Padre Miguelinho não parece ser aleatória. Estão presentes no episódio várias tramas sociais. É um casamento "especial" para os padrões da época. Cerimônia realizada à meia noite e o noivo, um clérigo.

Também a cerimônia do casamento de uma das filhas desse mesmo casal é narrada por Câmara Cascudo. Essa cerimônia foi realizada em moldes completamente diversos da anterior. A introdução desse documento numa das crônicas genealógicas enfatiza a diversidade de situações que o próprio documento original realça. Esses nubentes serão os pais do Padre Miguelinho. O noivo era o português Manoel Pinto de Castro e exercia a função de Secretário do Governo em Natal. A noiva, Francisca Antonia Teixeira, era filha do tenente Francisco Pinheiro Teixeira. e de Bonifácia Antonia de Melo. Assim é descrita a cerimônia do casamento: "[...] E casaram aos 20 de janeiro de 1764 na Matriz de Nossa Senhora da Apresentação".

O acontecimento notável de 1764 na Cidade do Natal foi justamente esse casamento, diz Câmara Cascudo:

[...] A Matriz ficou cheia de povo. O muito Reverendo Padre Visitador Doutor Manoel Garcia Velho do Amaral assistiu. Foram testemunhas as maiores autoridades da terra, O Capitão-Mor Governador da Capitania, Joaquim Felix de Lima, e o Doutor Provedor da Fazenda Real, Manoel Teixeira de Moraes. O Padre Miguel Pinheiro Teixeira, Pró-Pároco, tio paterno da noiva oficiou.
A noiva estava de branco, com véu e capela de flores de laranjeira, ramo de cravo na mão. O noivo ia de escuro, grave, com o seu ramalhete também.
– Era uso (p. 16).

Esses entremeios que interrompem o ritmo genealógico iluminam lances a respeito da vida social da época, inclusive, com referências a temas diversos. Aparecem, por exemplo, algumas alusões aos "gentios". Essas alusões permitem a percepção de problemas enraizados no sistema de ocupação das terras que abrigavam os ditos "gentios" (p. 14). "Não senhor! Não Senhor! Não são contrafeitas: as minhas firmas nesses papéis são todas autênticas e por sinal que num deles, o 'o' do meu último sobrenome Castro ficou metade por acabar, porque faltou papel" (p. 26).

Essa foi a resposta dada por Padre Miguelinho, quando estava frente ao Tribunal, na Bahia, que o condenou a fuzilamento. A respeito dessa afirmação, Câmara Cascudo faz o seguinte comentário: "valentia dos sonhadores da Revolução Francesa", lembrando a resposta de Legrand d'Alleray, parlamentar condenado na França (p. 26).

Em suas crônicas sobre a família de Padre Miguelinho, Câmara Cascudo dedica os tópicos VIII-IX-X e XI a fatos específicos sobre a vida do Padre.

Assim, informa que, em 1784, o futuro Frei e depois Padre Miguelinho, Miguel Joaquim de Almeida Castro, e mais três de seus irmãos foram para Recife. Miguel entrou, então, para a Ordem do Carmo e tomou o nome de Frei Miguel de São Bonifácio, estudou em Portugal, tornou-se amigo do Bispo de Olinda, Dom José Joaquim da Cunha de Azeredo Coutinho, fundador do Seminário de Olinda. Em 1800, Frei Miguel de São Bonifácio conseguiu a secularização e passou a ser o Padre Miguelinho. Filiou-se à Maçonaria, participou da Insurreição de 1817 em Pernambuco, foi preso em Olinda em 21 de maio desse ano e conduzido para a Fortaleza das Cinco Pontas em Recife. Juntamente com outros 72 implicados no movimento rebelde, foi embarcado no "Brigue Carrasco" para a cidade de Salvador, onde chegou a 9 de junho.

O fuzilamento de Padre Miguelinho e de alguns outros condenados ocorreu no Campo da Pólvora (atual Praça D. Pedro II, Salvador), em 12 de junho de 1817. No Rio Grande do Norte, sua terra natal, Padre Miguelinho tem sido alvo de muitas homenagens. Por Resolução da "Intendência Municipal", datada de 1906, a rua da "Cidade do Natal", onde existiu a casa em que nasceu o Padre Miguelinho, recebeu o nome de Rua Frei Miguelinho. A esse respeito, Câmara Cascudo observa que deveria ser Rua Padre Miguelinho, uma vez que desde 1800 ele deixara de ser Frei.

O resgate histórico-genealógico sobre a família do Padre Miguelinho, empreendido por Câmara Cascudo, abrange a descendência de seus irmãos. Eram dez, os filhos de Manoel Pinto de Castro e de Francisca Antonia Teixeira.

Essa publicação revela faces diversas, perfis inéditos impregnados de admiração por Luís da Câmara Cascudo (os textos de Rosado, Dahlia e Fernando Cascudo, Santos, Melo e Pereira), que nas palavras de Vingt-Un Rosado, foi "O sábio que se projetou da província para o Brasil e para o mundo [...]" (p. 70). [G. L. L.]

PARÓQUIAS DO RIO GRANDE DO NORTE [67]. Polígrafo extraordinário, Câmara Cascudo enveredou muito bem pela historiografia religiosa do Rio Grande do Norte.

A primeira parte do pequeno volume trata, com erudição, de textos relativos ao direito canônico, ao conceito histórico de paróquia, diocese etc. E vai datando, criteriosamente, nossa cronologia religiosa – dependência da Bahia, de Pernambuco, Paraíba até a criação da nossa diocese-mãe. Em seguida, historia, sumariamente, as demais dioceses do Estado e apresenta, em ordem cronológica, os respectivos bispos.

Referindo-se ao processo de criação das primeiras paróquias, afirma o autor:

As paróquias no período colonial eram criadas por Alvará Real. Assim nasceram a do Natal, já existente em 1601, a do Assu, viva em 1726, a de Vila-Flor, funcionando em 1742, a de Goianinha, mencionada em 1746, a do Caicó, criada a 15 de abril de 1748, a de Estremoz, a 6 de julho de 1755, a de Pau dos Ferros, a 19 de dezembro de 1756, a de Arez, a 8 de maio de 1758, a de Portalegre, a 9 de dezembro de 1761, a de São José, a 22 de fevereiro de 1762, a do Apodi, a 3 de fevereiro de 1766.

E acrescenta: "Todas tinham sido assinadas pela mão do Rei de Portugal".

Mais à frente, após referir-se às modificações surgidas nesse processo, relaciona as 54 paróquias então existentes, no Estado, com os respectivos padroeiros e nomes dos primeiros vigários, bem como as datas de criação e/ou instalação.

É pena não poder fazer uma atualização dessa lista.

O autor, mesmo sendo maçom juramentado, não deixa transparecer nenhum ranço anticlerical – tão comum naqueles tempos tumultuosos da questão religiosa, em que, graças a Deus, a Igreja deixou de ser amancebada com o Estado.

Nesse volume, está por inteiro o Cascudo erudito, sutil e exímio prosador.

O livro, na verdade, só tem um defeito: ser muito abreviado. Não me surpreende a pobreza gráfica dessa edição, dado o eterno descaso no patrocínio de obras culturais. Isso, porém, é compensado pela substancial lição de micro-história, de que tratariam depois os mestres da Nova História.

Como católico, sinto-me honrado em jogar o fino incenso da Arábia nesse homem, que, da modesta província, fez relampejar seu nome na amada terra do Brasil.
[I. M. S.]

PEQUENO MANUAL DO DOENTE APRENDIZ [68]. Nesse livro, Câmara Cascudo se declara um aprendiz de doente e a partir de um local restrito – o quarto do hospital –, observa, descreve, analisa e registra o cotidiano do Hospital das Clínicas de Natal, seu entorno e, através dele, seu tempo. A obra foi escrita durante suas duas internações, a primeira em agosto de 1967 e a segunda em abril de 1968, e o autor se refere a ela como sendo um "ensaio de bom humor terapêutico e meditativo", dedicando-a ao seu médico.

De seu *locus*, constituído pelo que denomina de três estações (cama, poltrona e janela), tece considerações sobre os mais diversos temas, que podemos dividir em "externos" e "internos". O primeiro bloco é constituído pela sociedade que o cercava, seu povo, costumes, religiosidade, medicina popular; neste, transparece com maior força o historiador, o antropólogo, o etnólogo. Os temas "internos" discorrem sobre tópicos variados, tais como: cenas cotidianas do hospital, doenças e doentes, medicação, enfermeiras, médicos, freiras e visitas. Aqui, percebe-se o olhar arguto de quem cursou quatro anos de medicina, que conhece as regras do jogo e domina o linguajar específico; a análise de quem confia o corpo aos cuidados de profissionais conhecidos, porém que, em paralelo, atualiza-se, lê a melhor bibliografia médica disponível sobre seu estado e que, delicadamente, confere procedimentos. A análise que emerge, desse segundo bloco, é a do sistema visto, em especial, através da ótica do paciente: um observador privilegiado.

Ao se analisar o texto, verifica-se que o autor, dentre diversos temas, retrata, de uma forma enxuta e extremamente interessante, as modificações sofridas no âmbito da Saúde no Brasil, do início do século até o final da década de 1960, evidenciando as grandes transformações ocorridas com a implantação do sistema de previdência social, que viriam a transformar o cenário existente, lançando as bases da situação atual. Ele vivencia as transições da época e atesta "É preciso ter setenta anos para comparar os dois mundos em sua normalidade funcional" (p. 22).

Ao fazermos um rápido retrospecto histórico do sistema de atendimento no Brasil, veremos que em 1966, foi criado o Instituto de Previdência Social, que representou uma extensão progressiva dos direitos sociais a todos os assalariados urbanos. Com isso, a assistência médica passou a ser assegurada a todos os beneficiários da Previdência[3]. Rapidamente, foram implantadas as condições que colocariam o estado como elemento principal no mercado de assistência médica e cuja participação no setor, através de prestação direta e indireta, chegou a ser de 90%. Em 1967, ano da primeira internação de Câmara Cascudo, dos 2.800 hospitais existentes no país, 2.300 estavam contratados pelo INPS[4].

Esse processo ocasionou reflexos diretos sobre a categoria dos "médicos". A situação passava a ser bastante heterogênea, emergindo cada vez mais a figura do médico assalariado, tanto pela Previdência Social, como pela rede hospitalar privada, ou ainda pelas instituições filantrópicas que, com a instauração da política do INPS, passaram a ter oportunidades de expansão através do benefício das novas fontes de custeio. Com isso, novas formas de organização foram implementadas. Em paralelo, tem-se o rápido avanço de novas tecnologias da área que, em termos dos serviços médicos, acarretariam o aumento da divisão de trabalho como decorrência da diferenciação das especialidades, dos custos dos equipamentos e dos investimentos requeridos. Esse processo resultou, cada vez mais, no assalariamento do médico e, conseqüentemente, na perda de sua autonomia.

O modelo de médico existente nas primeiras décadas do século XX – o médico de família – era o profissional liberal, dono de seu consultório, cujo prestígio e respeito social advinham do exercício da profissão. Este, aos poucos, vai sendo substituído por outro mais adequado ao novo sistema e o fenômeno é bem descrito por Câmara Cascudo, que vê com apreensão seu desaparecimento. Saudoso, ele o descreve em detalhes, destaca sua importância, descreve sua postura, seu comportamento e tece comparações: "Era um sacerdote, com a melancolia dos raros Iniciados. Possuía o segredo da vida e os processos de prolongá-la. Tinha a lentidão, autoridade, compostura de um cerimonial litúrgico. Nem pressa nem riso. No máximo um sorriso amável e polido [...]" (p. 23).

As transformações ocorridas na época dificultariam o trabalho médico isolado. A primeira grande mudança foi decorrente da especialização e, com ela, a dependência entre os especialistas. Com isso, perde-se a compreensão da totalidade do processo de diagnóstico e terapêutica e, portanto, torna-se necessário o trabalho de forma grupal. A especialização também acarretou modificações nas carreiras, uma vez que os especialistas passam a ter melhores oportunidades de trabalho, salários e posição

---

3. Sobre o assunto ver: E. V. Mendes (org.), *Distrito Sanitário: O Processo Social de Mudança das Práticas Sanitárias do Sistema Único de Saúde*, Rio de Janeiro, Hucitec/Abrasco, 1993.
4. INPS, *Relatório Síntese, Exercício de 1968*. Sem notas tipográficas.

de destaque na hierarquia hospitalar[5]. As novas técnicas científicas também acarretam mudanças em razão da necessidade de compra de máquinas e equipamentos cujos altos custos só se tornavam viáveis em hospitais ou organizações mais amplas. Esse processo contribui para a modificação da relação médico-paciente, o consultório isolado perde seu sentido tradicional, uma vez que utiliza técnicas simplificadas e, como decorrência, o paciente acaba por se vincular mais à instituição do que ao médico.

Com as alterações introduzidas, o médico, apesar de ser visto como desempenhando importante função social, transforma-se num assalariado com deveres como qualquer outro, parte da mística se perde. "O sacerdote imponente tornou-se um colaborador regular, obrigatório na prática da especialidade. Outrora o doutor teria o segredo vital contra a Morte e o Padre o auxílio divino para a estrada do céu [...]. Agora são dois homens em serviço do Homem" (p. 24).

No final dos anos de 1960, as transformações ocorridas na área da saúde impunham e evidenciavam mudanças, Cascudo as percebe e traça um interessante quadro. Nele, os médicos foram aglutinados em três grandes grupos, que ele denomina categorias, associadas às camadas formadoras da terra: basálticos, graníticos e aluviais.

Os primeiros representavam o modelo de médico do início do século, do antigo médico de família, que valorizava o contato com o paciente e o saber acumulado por anos de observação e de clínica: "são inamovíveis, devotos da medicina que outrora estudaram, mantidos em linhas de contorno mas modificados pela experiência, prudente e cauta, nos consultórios, enfermarias, salas de operação, convivência com o mundo, variável e mutável. Lêem o suficiente e não o ornamental" (p. 45).

O segundo grupo, os graníticos, era composto pela geração posterior, já forjada nas modificações havidas nas décadas seguintes e em novas idéias, em especial, da medicina preventiva. Cascudo os define como vizinhos dos basálticos: "Lêem mais, viajam mais, mesma atitude suspicaz às novidades salvadoras. Devotos da deusa Higéia. Medicina preventiva [...]. A clínica é uma investigação do delito. A cirurgia é a captura do criminoso" (p. 46). Ainda preservavam características do médico de família, confiavam mais no diagnóstico realizado a partir da anamnese feita nos antigos moldes. Para eles, a ética profissional se constituía em artigo de fé. "Conservam o matiz, compostura, dignidade cortês dos médicos do passado" (p. 48). Devido ao tipo de clínica exercida, continuavam a manter elos com o paciente e seu grupo familiar, que a ele recorre. Esse segundo grupo representa a ponte que liga a geração médica anterior aos médicos "modernos".

O terceiro é denominado de aluvial, e é constituído pelo que seria o médico do final do século XX, atento para o rápido avanço das pesquisas e das modificações do setor. Este é retratado como sendo um profissional dedicado, voltado para o futuro,

---

5. Sobre o assunto consultar: M. C. F. Donnangelo, *Medicina e Sociedade*, São Paulo, Pioneira, 1975; G. W. de S. Campos, *Os Médicos e a Política de Saúde*, São Paulo, Hucitec, 1998.
6. Sobre a evolução das ciências biológicas e seus reflexos no campo das diferentes ciências, ver: G. Berlinguer, *Questões de Vida*, São Paulo, Hucitec/Cebes, 1993, pp. 19 e ss.

ao mesmo tempo em que se preocupa com empregos bem remunerados e com o conforto, tem sério compromisso com a profissão, com os pacientes e com a medicina social "[...] herdeiro da cotidianidade científica, arauto dos Tempos Felizes, contra a Morte, a Fome, a Injustiça Social. Exerce a medicina com entusiasmo e orgulho, alegria de uma missão superior, enobrecedora, radiosa. Adora o Conforto. [...] Perde bailes para disputar uma vida pobre, agonizante, desconhecida" (p. 49).

O extraordinário desenvolvimento das ciências biológicas, em especial a partir da segunda metade do século XX, leva-os à necessidade da constante atualização; entretanto, nem sempre contam com o necessário tempo entre as novas descobertas e os efeitos delas decorrentes[6]. Daí, desempenharem o difícil papel de vanguarda com todas as conseqüências que esta acarreta: "são os mártires das primeiras críticas, as vítimas iniciais do entusiasmo" (p. 50).

Quanto à necessidade da permanente atualização, é vista como um caminho perigoso que poderia desembocar na superficialidade. "São motores de rotação perpétua, mobilizados para a marcha idealista no plano da ação profissional. As leituras ininterruptas não permitem sedimentações, assentamentos, concentração. Evaporam-se substituídas pela nova carga, deixando resíduos essenciais para o Entendimento" (p. 49).

Dessa forma, são retratados como profissionais que, ao contrário dos dois grupos anteriores, acreditam mais na importância da especialização e da atualização do que em sua própria reflexão.

Os aluviais evidenciam claramente a nova época caracterizada pelo médico assalariado, que luta por seu emprego, que tem que se especializar para destacar-se dos demais, e garantir melhor remuneração, tem que enfrentar a concorrência e teme a opinião de seus pares: "Temem mais os colegas que a Justiça Divina" (p. 49).

Através da construção dos três grupos modelares, o autor conseguiu apresentar de forma sintética o histórico dos diferentes tipos de atuação médica exercida durante o século XX. O primeiro apresentado como a matriz de tudo, o segundo como a continuidade necessária, indispensável para a manutenção do equilíbrio, e o terceiro como o fator dinâmico que propicia o desenvolvimento do conhecimento e sua aplicação.

> O Basáltico é o fundamento, o chão, a raiz. O Granítico, pilar de sustentação [...] que mantém o edifício no plano da elevação [...]. O Aluvial é a terra de plantio [...]. Nem tudo germina mas tudo é semeado na inquietação mental do euforismo [...]. Essa disponibilidade adaptacional possibilita o desenvolvimento renovador das técnicas (p. 50).

Num retrospecto da situação da Saúde no Brasil, a partir dos anos de 1960, verifica-se que os convênios firmados pelo INPS se constituíram num dos importantes fatores que propiciaram o aparecimento de um setor empresarial no interior do sistema de produção privada dos serviços de saúde. Estes também foram objeto de análise por Cascudo, que os define como "fauna sinuosa e rastejante dos industriais da Ganância [...]" (p. 50). Neles, fica evidente a tendência de negação do trabalho médico nos moldes tradicionais e a afirmação do lucro como produto almejado.

Ao se estudar a postura de Câmara Cascudo sobre a Saúde, emerge a visão do paciente saudoso do antigo modelo do médico de família. Entretanto, é interessante destacar a atualidade do seu discurso que, embora escrito há três décadas, diversas das idéias ali contidas continuam a aparecer em importantes fóruns. O fenômeno denominado de "excesso de especialização" tem gerado importantes discussões sobre a necessidade de um novo tipo de profissional, denominado "médico geral". Ou seja, um profissional capaz de integrar, não a totalidade dos conhecimentos, mas a compreensão dos processos que atuam sobre a saúde. Temas como o das características da profissão médica, da ética profissional, da dignidade, da motivação, da qualidade da atividade voltam à pauta, destacando o caráter individualista da profissão, devido à íntima ligação existente entre esta e as qualidades do profissional que a exerce[7].

Outro importante tópico abordado por Câmara Cascudo é o da relação entre as terapêuticas adotadas e a evolução da indústria farmacêutica. Ele aborda as transformações com relação às medicações e prescrições. Compara as medicações antigas às modernas, estas mais bonitas, coloridas e palatáveis. Num misto de encanto, apresenta sua desconfiança quanto à eficácia: "Dá-me vontade derramar os meus remédios na colcha da cama e brincar com eles [...]. Não juro que sejam úteis mas garanto que são bonitos" (p. 58). Aborda o desaparecer das receitas aviadas e debate a importância das relações entre médico e farmacêutico, quando a posologia era "individual e não coletiva, anônima, indistinta", e nos traz até os nossos tempos em que imperam as drogarias e seus atendentes.

Comenta ainda, com fina ironia, como esse processo foi sentido e absorvido pelos diferentes tipos de médicos. Para tanto, discute as doenças iatrogênicas, ou seja, decorrentes de tratamento médico errôneo ou inadvertido. É interessante como, em apenas um parágrafo, ele consegue traçar todo um quadro abrangendo a problemática decorrente do uso abusivo dos antibióticos, do excesso de vitaminas, dos óbitos decorrentes do uso de barbitúricos e sedativos, do emprego abusivo de radiações e a decorrência de câncer e leucemia, das transfusões desnecessárias que figurariam como "demônios surgidos dos anjos terapeutas". Com humor, estabelece comparações com práticas da medicina popular, lembrando um curandeiro do Ceará ao dar explicações à família de um cliente que teria sucumbido às suas garrafadas: "garanto que seu pai morreu muito melhorado" (p. 21).

Em suma, Câmara Cascudo conseguiu, em poucas páginas, retratar um importante momento da Saúde Pública no Brasil, construiu tipologias, estabeleceu conceitos e teceu comentários tais e tantos que mais do que um verbete, essa obra mereceria uma tese. [Y. N. M.]

PRELÚDIO DA CACHAÇA [69]. Nos traços da aguardente, de seus usos e de seus sentidos, Luís da Câmara Cascudo produz essa obra.

Esse advogado, que sempre teve o espírito profundamente enraizado na etnografia, em sintonia com a cultura e a tradição populares, põe-nos em contato, nessa

---

7. Ver M. C. F. Donnangelo, *op. cit.*, pp. 125 e ss.

acurada pesquisa, com instantâneos da cultura e da vida cotidiana brasileiras, entre os séculos XVI e XX.

O cativante estudo sugestivamente inicia-se com a "Abrideira" e encerra-se com a "Saideira", termos que expressam a própria bebida e também subentendem as imagens e os gestos relativos ao seu consumo, individual ou em grupos de sociabilidade.

O autor vasculha fontes as mais diversas: escritos de viajantes; estudos naturalistas e antropológicos, sobre folclore, alimentação e saúde; dicionários específicos; relatórios administrativos; registros de natureza comercial; textos literários em prosa e verso; dizeres; contos; poesias; autos e músicas populares. Nesse rico material explora, e deles incorpora, termos, expressões, usos e significados, transportando-nos para o mundo açucareiro do interior do Brasil; para os engenhos de rapadura e de aguardente; para cidades portuárias que se realimentam nas relações ultramarinas, em meio a disputas colonialistas e mercantilistas.

No enlaço de trajetos e territórios marcados pela produção e pelo consumo da cana de açúcar e de seus derivados, descortina o seu fabrico caseiro, humilde e familiar, ao lado das grandes destilarias, além de profissões que se gestam e se difundem nessa produção. Assinala a forte expansão da cachaça no mercado interno e externo, servindo como moeda na compra de escravos, como troca por trabalhos executados, como bebida vantajosa e desopressora nas grandes travessias, como "elemento aliciante e aproximador na convivência pública na segunda metade do século XVIII".

Nos escritos, faz notar, igualmente, posições e imagens contraditórias em relação à bebida: por um lado, o alerta de alguns para os cuidados que essa aguardente inspira, como "revelação gostosa e catastrófica para os africanos e amerabas brasileiros", como "suprema tentação para o selvícola", embriagando-o até "o brutismo inerme", como perturbadora do bom andamento das tarefas servis e do trabalho; por outro, o brasileiro é visto como devoto da cachaça, sem ser cachaceiro; a bebida aparece como estímulo à coragem, quando misturada com pólvora, sendo tolerada até mesmo nas missões religiosas como "mata-bicho".

Pelos amplos e diversificados caminhos históricos e culturais da cachaça, Câmara Cascudo, pesquisador atento e minucioso, conduz-nos por insondáveis práticas e universos imaginários, preservados e realimentados tanto pela oralidade quanto pela cultura letrada. Explorando a etimologia, a sinonímia e as transformações das palavras e termos a ela referidos e/ou associados, traz para seu texto dizeres e modos de falar, hábitos culinários e terapêuticos, processos e experiências de trabalho, fazendo-se e refazendo-se na rolança do tempo. Distingue atalhos através dos quais prolifera uma literatura oral de grande vitalidade, nutrida pela cultura da cana e da produção da cachaça, no seu espalhar-se por todo o interior do Brasil. Cana e cachaça, em seus sentidos literais ou figurados, povoam poesias anônimas e populares, alimentando denominações humorísticas, líricas, costumes, rituais, crenças e festividades. Apelações da bebida formuladas por fabricantes ou ligadas a zonas de produção, cidade, vila ou usina, generalizam-se e transmutam-se em linguajar das ruas e das feiras, marcando espaços e lugares. Improvisam-se e forjam-se curiosidades verbais batizando diferentemente a cachaça em estados, municípios, distritos, localidades, classes sociais.

Ainda nos rumos da cachaça, "nome comum ao povo e distante do livro", sua obra também se tece entre a oralidade e a escrita. Nesses rumos, cultura popular e cultura de elite se movem e se constróem entre tênues limites. Observando associações que se fazem de algumas bebidas com costumes, tradições e festividades populares, com hábitos e etiquetas cultivadas por elites sociais, o autor escreve: "nascida sem nobreza [...], podendo atender ao apetite dos fregueses humildes, escravos, mestiços, trabalhadores de eito a jornal, todo um povo de reduzida pecúnia", a cachaça vai alcançando o estatuto de bebida nacional, significando, também, "predileção, uso fiel, costume, norma, vício, hábito, mania". De "bastarda e clandestina", legitima-se e algumas variedades são mesmo "promovidas ao posto de *cognac* graças à grandeza irradiante dos consumidores". Destaca, ainda, a força simbólica da cachaça, usada nas lutas pela independência, reforçando a "eloqüência nacionalizante", quando é "patriotismo não beber produtos das vinhas portuguesas".

Costumes e cultura populares chamam particularmente a atenção nessa obra. Podemos dizer que, quando Câmara Cascudo e essa bebida nacional cruzam seus caminhos, torna-se mais visível a circulação obscura do povo por vendas e bodegas, suburbanas e rurais, assim como por becos e ruelas de cidades próximas e longínquas, que devem seu nome à aguardente.

Nesse sentido, *Prelúdio da Cachaça* desperta interesse significativo, sobretudo na atualidade, quando o povo, identificado com trabalhadores urbanos e rurais, gente humilde disputando lugares nas cidade e nos campos, excluídos e marginalizados de toda sorte, tem sido especialmente focalizado nas reflexões sobre processos de mudança social.

Indagar sobre os lugares que ocupam nesses processos, sobre suas carências, direitos e lutas, tem implicado, hoje, em pensá-los como sujeitos sociais que participam da construção dessas experiências, não apenas resistindo à dominação e à exclusão, mas constituindo modos de vida, forjando e reelaborando costumes e cultura numa relação tensa, ambígua e conflituosa entre si e com outros sujeitos sociais. Nessa perspectiva, costumes e cultura, cujas raízes se fincam na realidade social, tomados no sentido de disputas entre interesses, projetos, valores, sentimentos alternativos, têm representado um fértil objeto de estudo.

Câmara Cascudo oferece material rico para essas abordagens. Tem, particularmente, o mérito de coletar e trabalhar obras e registros variados numa época em que as fontes de pesquisa não se encontravam reunidas nem organizadas em bibliotecas públicas ou universidades, ainda inexistentes no Rio Grande do Norte.

Ainda que compartilhando noções de costume e cultura popular predominantes na época desses estudos, que pensam e abordam hábitos, ritos, atitudes, valores, festividades, viveres populares, enfim, como folclore, numa perspectiva consensual de experiências e de formas simbólicas remanescentes do passado, desenraizados de seus contextos históricos específicos, descortina com habilidade e riqueza de detalhes o campo da cultura, oferecendo pistas abundantes e férteis para um diálogo sobre maneiras peculiares de os grupos serem e se constituírem na realidade social. [Y. A.K.]

PRELÚDIO E FUGA DO REAL [70]. Como epígrafe de um dos mais estranhos e complexos livros, não apenas de sua vasta bibliografia, Luís da Câmara Cascudo escolheu Machado de Assis: – "Não abaneis a cabeça", de crônica datada de 22 de novembro de 1896, para este seu *Prelúdio e Fuga do Real*, apenas editado em 1974, por insistência ou resistência de seus amigos ou, digamos, herdeiros espirituais. Para Câmara Cascudo, datas podem até importar à medida ou desproporção que nos transportam, quase mediunicamente, de séculos e milênios revividos para nossa conflituosa contemporaneidade. Além dos aviões da Panair de outrora, há no clima uma atmosfera de mediunidade, de reencarnações e revisitações.

Através de Machado, preludiando ou sendo preludiado, referenciam-se e também reverenciam as cumplicidades entre jornalismo e literatura, paixão e crítica, erudição e coloquialismo, todos e todas, em inumeráveis citações plurilingüistas, envolvidos em ambiência de reflexão filosofante. Este *Prelúdio e Fuga do Real* continuará a nos fazer pensar por muito tempo. Pelo gesto mínimo de "abanar a cabeça", como se estivesse em *rede de dormir*[8], sonhar, namorar e refletir, entre nomes e deuses, Câmara Cascudo constata e desfila as "incredulidades" e relativismos gerados por nossas subjetivas percepções. Para isso, escolheu o gesto concreto, cotidiano e milenar, supomos, de inclinar a cabeça, visualizando o suspense de uma interrogação, assim como poderia ter, da mesma crônica machadiana, retirado outras epígrafes, *tal-qualmente* [sic]: – "As cousas têm o valor do aspecto, e o aspecto depende da retina" ou "Tudo é reflexo da consciência"[9].

Preludiando alguns rituais iniciáticos à sua cosmovisão, Luís da Câmara Cascudo trabalha com uma erudição das mais complexas: entre o cotidiano, o dicionário e o imaginário das enciclopédias. Por uma composição em literatura tropicalmente polifônica. De imitações e contrapontos. Seus personagens invocados, fiel e religiosamente, são *personae* ou "máscaras" dele mesmo. Desdobramentos. Imitações da vida através de milênios. Multiplicações em fuga. Universos em expansão do Egito e Grécia à cidade babilônica de Natal sempre amada: sol a solo de suas mundividências. Ao lado de um Centauro em busca da "educação racional", Epicuro advoga a moral do Prazer, desfazendo equívocos e estereótipos. Caim estreita-se entre Henrique IV e Luís de Camões. Aristófanes faz da comédia sua autoproclamação na melhor sabedoria retórica. E onde foi parar Maria Madalena? (Nenhuma livre associação com Rita Loura ou Maria Boa, deusas de cabarés natalenses.) São 35 fugas ou capítulos, projeções ou reencarnações pelo nosso autor em transe na terra de muito

---

8. *Rede de Dormir* [72].
9. Machado de Assis, *Obras Completas*, Rio de Janeiro/São Paulo/Porto Alegre, W. M. Jackson, 1955, vol. 28.

sol e mar e musicalidade. Com o poeta Diógenes da Cunha Lima pressentindo outras lanternas dos afogados e ressuscitados[10].

Enquanto professor de Direito e, portanto, cultor de uma exemplar oratória, seja em aulas, diálogos ou entrevistas, Câmara Cascudo percorre assombrações da história Universal. Cara a cara, em ritmo de sincopada conversação. Redescobrindo épocas e personalidades de exceção, mas sempre *advogando* sua escrita em nome da Retórica, da persuasão com sabor e saber irônicos, da prosa muito além do moderno prosaísmo. Talvez em busca do tempo redescoberto pela mais rara poeticidade, que não é de ninguém. Para todos os folhetins. Nomes e divinas denominações como emblemas ou alegorias da humanidade sem fronteiras. Figurações que se ampliam, misteriosa e musicalmente, como se estivéssemos num teatro cinematográfico de sombras e fulgurações. Convivendo com seus mais diletos fantasmas e fantasmagorias, Câmara Cascudo (re)converte a caducidade talvez machadiana em plural contemporaneidade. Sem *nabucanagens*, todos os seus personagens se traduzem e interpenetram enquanto lições de *permanência*. Lições de Mestre em Direito, que nunca teve vergonha de ser *professor*. Nem medo. Nem fastio. Nem prepotência. Nem solidão encastelada. *Porém, o mais saudável orgulho*. Folclorista, não: professor, sim.

O que alguns antropólogos preferem denominar de "estruturas", nosso autor – talvez antecipando à deriva Edgar Morin –, de modo subliminar ou mediúnico, avalia e interpreta como tempo-espaço da complexidade de todos os RELIGARES, religiosidades, nessa "assustadora contemporaneidade de milênios". Religares (não importa que ele não use a palavra) sempre no e do cotidiano. No presente e milenar cotidiano. Religare dos deuses, santos, gênios, heróis e homens simples em nossa pagã trivialidade. Religações reunificando religiões: além, acima ou abaixo das seitas, sermões e fanatismos. Além da sobrevivência e até da subserviência das superstições. Em defesa do fervor da mais radical intemporalidade, ou seja, talvez eternidade. Os deuses estão vivos, mesmo aqueles que ignoramos a invocação, diluídos na solidão do tempo, segundo a prosa poética de nosso escritor. Pela fé na Palavra simultaneamente oral-escrita. Estamos, neste *Prelúdio e Fuga do Real*, dentro de narrativas como se fossem seminovelas ou quase romances em capítulos ou folhetins. Por isso, um livro que pode ser lido em qualquer ordem, roteiro ou até "desordem amorosa". Leitura de compactos fragmentos. Tudo é durante, nem antes nem depois. Porque "a eternidade do espírito independe da matéria perecível".

Câmara Cascudo penetrou de corpo e alma – e não apenas surdamente como Drummond – no reino das palavras e dele nunca mais desejou fugir para outras ilhas de documentação ou arquipélagos de vã sabedoria. Suas palavras são de mão dupla: confidências e interlocuções, confissões e divergências, tudo em desejável reciprocidade. Como autor que fosse ao mesmo tempo roteirista-dramaturgo-encenador-cineasta, Cascudo faz, antes de tudo, a locação mais exata e atraente para seus personagens. Inesperados ou nômades personagens. Um Hitchcock no Tirol. Um

---

10. Diógenes da Cunha Lima, *Câmara Cascudo – Um Brasileiro Feliz*, 3ª ed., Rio de Janeiro, Lidador, 1998.

Glauber Kaskudo na Idade da Terra, ainda mais clonado por Gilberto Vasconcellos em transe[11].

Assim, Erasmo de Rotterdam surge em pleno "vôo sobre o Báltico. Entramos numa nuvem espessa e negra, interminável, anoitecendo o dia pardo. Estalam trovões, numa abaladora continuidade teatral" (p. 113). Mas, ao contrário dos salões de hotel internacional ou aeroportos, é em sua própria residência, com toques do mais concreto surrealismo, que o escritor-professor recebe Ramsés II. (Os novíssimos baianos do Axé precisam saber desse Faraó de Cascudo.) Dele, registramos a mais cúmplice, serena e utópica sabedoria ramsés-cascudiana:

> Todo ato é resultado de longo processo de formação, desenvolvimento, fixação de contorno, intensidade, até a efetuação exterior, expressa na ação. É justamente o percurso dessa elaboração que seduz o historiador. Nenhum acontecimento brota de raiz única, política, econômica, geográfica, biológica. A seiva é múltipla e não é crível poder-se identificar a determinante obscura e poderosa sem a qual não haveria o impulso acionador. E as forças que colaboraram, reforçando o ímpeto, precipitando a realização? O Egito foi *duração*, a devoção ao Tempo. Roma foi uma extensão, o culto ao Espaço (p. 96).

Por meio da Palavra geradora, iniciática e até profética, Câmara Cascudo realiza também a mais irreverente caricatura abrangendo desde superespecialistas ou phdeuses universitários até uma usineira anônima:

> A maior sedução, para mim, consiste nos *escholares* [sic] das Universidades da Capadócia e Panflagônia, financiados pela Unesco, destinados à interessantíssima investigação sobre a PREGUIÇA TROPICAL, no plano funcional. Hábito adquirido no convívio coletivo ou enfermidade característica da região? A Semiologia é mais ou menos conhecida mas a origem continua oculta (p. 38).

Salve-nos a FARSA DA BOA PREGUIÇA na República Romançal de todos os brasões? Ou o deus PAN nos absolverá, misericordiosamente, de tudo? "A possante usineira, entronizada no sofá, encaroçada de jóias, cabeleira mais complicada que mastreação de fragata, saúda gravemente os que saem ou tomam o elevador" (p. 51).

Com esses exemplos, a cumplicidade se transtorna e transforma em estranhamento, distanciamento crítico, comédia da epicidade, algo de Brecht fulminando os trópicos entrópicos de todos os "climatérios verbais". O que é mesmo ISTO? Ou ID? A turbulência no meio do caminho de todas as enunciações e enumerações caóticas, sobreviventes da estética dadá-surrealista?

> Como se forma esse *Climatério verbal*? Pelo processo idêntico e na escala dos mesmos valores de ascensão e impulsão como se forma a chuva. As palavras sobem e depois declinam, contrariando ou apoiando um modelo estético ou moral. Reforçam-se, reforçam em volume e não em sentido, advirta-se, e *descendo* em função climática, valorizam, animando ou retardam enfeando, o projetado esforço exterior. Noutra imagem, a Opinião Pública, poder desmedido, manifesta-se pelas palavras, frases, ironias, aplausos, pilhérias, anedotas, sátiras, ovações, e não por outros veículos (p. 110).

Como sempre, a palavra é tudo, totalidade em processo, diferença e repetição, deus e o diabo, tese e antítese, fugas e contrapontos. A PAN-PALAVRA, além e aquém

---

11. Gilberto Vasconcelos, "Kaskudo de Novo na Galera", *Caros Amigos*, São Paulo, 32, nov. 1999.

do mero discurso. Registro, relembrança, retalhos, reconstrução, reconfigurações. Pelo reino das sublimações, apesar das reservas cascudianas à psicanálise?

Apesar dos pesares e pendores, o pensador Luís da Câmara Cascudo talvez pudesse resolver os enigmas do nó lacaniano. Por dentro das impossíveis lacanagens, *nabucanagens* e outras palavrosas *esquisitofrenices*. Vamos à luta. Se o REAL continua cada vez mais impossível, inesgotável, incomensurável, impenetrável, para que locar ou localizar nosso *Prelúdio e Fuga do Real* no cruel contexto sociopolítico de mais uma ditadura militar-civilista? Se Cascudo é sinônimo de conservador, o real o seria menos, sinal de menos desse "climatério verbal"? Por que não apostar, então, em nome e louvor da palavra *permanência*, no IMAGINÁRIO dos deuses? Que, no fundo dos abismos, é o nosso mais concreto imaginário imaginante imaginacionando? Entre o Real temido e travado e o intempestivo imaginário, por que renunciarmos às heranças e errâncias de nosso arsenal SIMBÓLICO reaproximando culturas e civilizações? Questionando em rotação, nossa contemporaneidade nos haveria de ser bem mais PAN, totalidade não totalitária, mas totalizante. Pan-polifonia. Pan-erudição. Pan-escritura. Pan-pedagogia.

Se de modo tão impertinente e impressionista aproximamos o trans-temporal Cascudo do mais que estrutural Lacan, tudo continua nos preludiando pela força estranhável das palavras. Câmara Cascudo descartava a psicanálise, embora nunca abandonasse a vivência conceitual da sublimação. Se dançar é "aliviar-se", a sublimação talvez seja a "consciência de uma solidão povoada de compensações ideais" (p. 36). Assim como destratava a PSI, Cascudo, com mais ênfase, rejeitava uma suposta euforia no PROGRESSO, com e sem ordens e técnicas e manipulações. Seu, digamos, *intuicionismo* não podia tolerar esse tipo de razão instrumental. Preferia as razões forenses... E outras, mais sagradas. Ou sangradas. No Pan-cotidiano. Pan-religare.

Quem sabe, a melhor chave (imaginária/simbólica) para a leitura deste *Prelúdio e Fuga do Real* cascudiano não estivesse óbvio-ocultamente no capítulo "Nomem, Numen" de um outro seu livro, *Rede de Dormir*? Mas ISTO já pode ser tema-problema para outro intérprete ou comentarista. Assim *escrevivendo*, nossas tradições nominalistas continuam reativando as potencialidades de com-sagração, além de um dos períodos mais sombrios de nossa história, como a década de 1970. Tudo é palavra. Tudo é sagrado. Tudo é permanência. Tudo é PAN. Se Câmara Cascudo foi "um brasileiro feliz", assim verbalizado pelo poeta Diógenes de Cunha Lima, teremos o direito divino de também continuar sendo?[12] [J. M. B]

O PRÍNCIPE MAXIMILIANO DE WIED-NEUWIED NO BRASIL [71]. Luís da Câmara Cascudo deixou uma vasta obra em que descreveu e sistematizou a cultura oral e as manifestações populares a partir de uma prática que jamais abandonou em toda a sua vida de estudioso: a de tomar nota dos falares de pessoas que

---

12. V. também: Gildson Oliveira, *Câmara Cascudo – Um Homem Chamado Brasil*, Brasília, Brasília Jurídica, 1999; Zita Bressane, *Luís da Câmara Cascudo* (Vídeo), São Paulo, TV Cultura, sem data.

não tinham acesso aos seus livros. Viajando por várias partes do Brasil e percorrendo cerca de quatro mil quilômetros pelo sertão de Congo, Guiné, Zambésia e Nigéria, vasculhou vestígios e raízes da cozinha, das festas, das danças, dos gestos, dos mitos, das superstições e dos costumes brasileiros, transpondo tudo isso para livros cuja amplidão de assuntos revela uma capacidade invejável de trabalho e organização de temas.

Partindo das pesquisas de Silvio Romero, dos métodos do finlandês Antti Aarne e do norte-americano Stith Thompson, Câmara Cascudo fez incursões as mais diversificadas pelos terrenos da cultura popular. Dentro de seu variado campo de estudos, cabe destacar o interesse manifestado pelo que poderia ser extraído da literatura de viagens para o conhecimento da cultura oral e das manifestações populares no Brasil. E aqui entramos em nosso tema propriamente, que é o de avaliar a contribuição de Luís da Câmara Cascudo ao escrever sobre o Príncipe prussiano Maximiliano de Wied-Neuwied, por ocasião de sua estada no Brasil, de junho de 1815 a maio de 1817.

Desde 1935, já se tinha notícia do ensaio escrito por Luís da Câmara Cascudo, comentando o magnífico *Reise nach Brasilien*, de Maximiliano de Wied-Neuwied, antes mesmo do surgimento da versão brasileira, sob o título de *Viagem ao Brasil*, traduzida por Edgar Sussekind de Mendonça e Flávio Poppe de Figueiredo, refundida e anotada por Olivério Pinto e editada pela Nacional em 1940. Contudo, o ensaio ficou desaparecido durante quarenta anos até que em 1976, seu autor é surpreendido com um telefonema da Livraria Kosmos Editora, informando tê-lo encontrado e manifestado interesse em editá-lo. O pequeno e valioso livro saiu a público naquele mesmo ano.

É sintomático que a partir dos anos de 1970, o eminente sono do ensaio de Câmara Cascudo não pudesse mais se prolongar. Com efeito, abriam-se naquele momento novas possibilidades de estudo e compreensão das classes trabalhadoras no Brasil. Em vez de julgá-las a partir de critérios e categorias para os quais elas não encontravam termos e não possuíam recursos, como via de regra se fazia até então, os novos estudos demonstravam cada vez mais que o seu conhecimento requeria um amplo levantamento do universo etnográfico e cultural do qual provinham. Assim, o trabalho de Câmara Cascudo sobre as anotações de viagem de Maximiliano de Wied vinha à tona num momento bastante oportuno, uma vez que revelava informações e análises preciosas sobre o conjunto de práticas, ritos, relações de parentesco, costumes, crenças e sociabilidades referentes às populações pobres de certas regiões do interior do Brasil e, sobretudo, dos índios Botocudos. Esse universo cultural e etnográfico do índio e do homem comum, encontrado não só nas anotações do príncipe de Wied, mas também em toda a obra de Câmara Cascudo, é hoje indispensável para entendermos aspectos fundamentais do caráter nacional brasileiro e da formação das classes trabalhadoras no Brasil.

O livro de Câmara Cascudo comentando o trabalho do Príncipe Maximiliano no Brasil contém dez ilustrações. A capa traz o Príncipe de Wied de sobrecasaca, chapéu alto, ornado de penas de arara, ao lado do índio botocudo Quêck. A ilustração de Quêck foi enviada a Câmara Cascudo pelo Príncipe Frederico, atual Chefe da Casa dos Wied, e constitui-se em uma cópia do retrato do índio, existente no Palácio de Neuwied. Trata-se de uma história instigante. Por ocasião de sua estada no Brasil e passando por Porto Seguro, o Príncipe Maximiliano comprou o índio Quêck de um professor de latim chamado Morreisa de Pinka. Voltando para sua terra natal, Maximiliano levou consigo o índio, juntamente com um negro da Bahia. O negro morreu três anos depois, mas o índio conseguiu suportar por doze anos o clima europeu, vindo a falecer de alcoolismo e pneumonia. Transformou-se em curiosidade viva da cidadezinha renana, sendo visitado freqüentemente por professores e etnógrafos. Graças a Quêck, o professor Gottling, diretor do Ginásio de Neuwied, escreveu um vocabulário comentando o idioma botocudo.

As demais ilustrações vieram de coleção de Robert Bosch GmbH-Stuttgart, e revelam diversas fases da vida dos índios no Brasil, apresentando-os dançando, guerreando, caçando, migrando, em família, subindo em árvores e descansando em seus abrigos.

Trata-se de um material iconográfico de inestimável valor cultural e científico. Câmara Cascudo, escudando-se nos comentários de Ratzel sobre Maximiliano de Wied, lembra que ele foi o valorizador dos desenhos cuidados e das estampas bem gravadas, nítidas, de traços puros em papel forte, deixando às gerações posteriores uma idéia aproximada e visível do que fora observado e do processo de sua fixação artística. Tais comentários revelam que os desenhos feitos por integrantes de expedições científicas da primeira metade do século XIX estavam vinculados ao movimento de expansão das ciências naturais, cujo objetivo era fazer avançar o conhecimento a partir do método da observação que por sua natureza era extremamente classificatório e colecionista.

Todavia, tal fascinação pelo "registro natural", bem como a excessiva valorização de seu caráter testemunhal e de ilustração, tem levado à sua reprodução exaustiva nos livros didáticos e nos trabalhos científicos, sem muitos questionamentos. Hoje, contudo, a metodologia histórica fornece elementos para desvendarmos os códigos e significantes da linguagem do desenho, apontando para questões referentes às condições de percepção, memória, subjetividade do observador e relação que este estabelece com a imagem, e chegarmos, a partir do exame da iconografia indígena, a uma outra compreensão de sua identidade e cultura.

Câmara Cascudo ressalta ainda o quanto o Príncipe Maximiliano diferencia-se de muitos viajantes em relação às análises e apreciações que fazia sobre os indígenas, especialmente sobre os botocudos. Estes índios fizeram-se conhecer, pela boca dos viajantes estrangeiros, como extremamente bestiais. Por serem caracterizados como selvagens e violentos, empreendiam-se contra eles caçadas impiedosas em que eram dizimados como feras ou escravizados com toda a sua família. É possível que essa representação decorresse de um certo deslizamento e transferência das concepções sobre as "classes perigosas" vigentes na Europa, para o selvagem americano. Ao estudar os botocudos, o Príncipe estrangeiro repôs o selvagem em seu pedestal humano, despindo-o dos atributos de animalidade indômita e de fereza incurável.

Isso não deve, contudo, obscurecer o fato de que o olhar do branco sobre o índio naquele momento resultava em relatos representando lugares de confronto de sentidos, articuladores da prática de uma violência simbólica definidora da história, com a qual ainda hoje nos identificamos enquanto brasileiros. Muitas vezes, a verdadeira identidade do índio acabava por acobertar-se pelo olhar colecionador do viajante, que queria ressaltar sobretudo o exotismo e a diversidade do universo tropical, bem como coletar espécimes destinados a compor as imensas coleções armazenadas nos recém-criados Museus de História Natural. Nesse sentido, o Príncipe Maximiliano não fugiu aos ditames dos estudiosos da história Natural. É o que revela o episódio da retirada do índio Quêck de seu habitat natural, apresentando-o na Europa como um exótico espécime à disposição da curiosidade e dos procedimentos de pesquisas das ciências físico-naturais de então.

O livro de Câmara Cascudo é também de grande valor por ser o resumo do trabalho etnográfico de um autor cujas obras hoje são raras e encontram-se em sua maioria apenas no idioma alemão. À época em que Câmara Cascudo escreveu o livro, era possível encontrar somente a versão francesa do *Reise nach Brasilien* e o *Voyage dans l'interieur de l'Amérique du Nord*, versão do livro *Reise in das Innere Nord America in den Jahren 1832 bis 1834*, estando as demais obras disponíveis apenas no idioma original. Este último foi editado em dois volumes com um atlas e resume a viagem de Maximiliano aos Estados Unidos. Dessa viagem, Câmara Cascudo obteve informações importantes através de Percy Alvin Martin, professor de História da Universidade de Stanford, Califórnia, incorporadas ao livro que Câmara escreveu sobre Maximiliano.

Para escrever seu livro, Câmara Cascudo consultou ainda, de Maximiliano de Wied-Neuwied, os seguintes livros: *Kupfer and Karten*, atlas com gravuras representando indígenas, utensílios domésticos e guerreiros, cenas da vida primitiva e aspectos de viagem; *Abbildungen zar Naturgeschichte Brasiliens*, editado em Weimar, constituído por dezesseis cadernos, com estampas representando animais.

Cabe ressaltar, por fim, a importância de trabalhos como os de Câmara Cascudo fazendo apreciações individuais sobre as obras dos viajantes estrangeiros que passaram pelo Brasil ao longo do desenvolvimento da história de nosso país. As apreciações de conjunto sobre o trabalho dos viajantes carecem desses estudos individuais mostrando a riqueza dos relatos e as influências filosóficas presentes na visão de mundo de cada um deles, o que foi bastante bem feito por Câmara Cascudo em relação a Maximiliano de Wied-Neuwied. [J. C. B.]

REDE DE DORMIR [72]. O livro é composto por um prefácio, dez capítulos, uma antologia, incluindo a dicionarização das variações da palavra rede em várias línguas, e a reprodução de textos em prosa e verso de vários autores sobre a rede de dormir, um vocabulário e uma nota final. Inclui ainda dezesseis ilustrações fora do texto.

Capitão de longo curso nos mares do folclore e da antropologia, Cascudo mergulha fundo nas águas da etnografia para pesquisar nossa prosaica rede de dormir. Poderia parecer uma perda de tempo a ela dedicar-se tanto esforço. A citação de Cícero, colocada como epígrafe do prefácio (p. 11), porém, nos responde: "Familiarizados com os objetos vistos todos os dias não os admiramos mais e nem sonhamos pesquisar-lhes as origens" (*De Nat. Deorum*, II). Ou seja, Cascudo vai transformar um traço cultural familiar em exótico para investigar-lhe as origens, difusão e mudanças de significado ao longo do tempo. Também, o evolver da leitura deixa claro que não estamos apenas diante de um exercício de erudição. Como já havia feito no seu estudo sobre a jangada, o autor desenvolve uma etnografia, no sentido clássico do termo, classificando, descrevendo e analisando um complexo cultural particular, considerando seus condicionamentos ecológico, social e histórico.

Nesse livro, como de resto na obra cascudiana, duas características se sobressaem: a erudição e a falta de sisudez do texto. Leitor famélico e arguto, Cascudo extrai com o máximo proveito as informações desejadas das suas vastas fontes bibliográficas. Também, utiliza como ferramenta de trabalho a epistolografia, a vivência diária e informações pessoais. É comum no texto derivar para suas próprias reminiscências, no objetivo de reforçar uma afirmação. Discorrendo sobre a origem e função da rede, Cascudo nos fala dos dados recebidos de um tio sobre o medo dos escravos negros de dormirem em rede (p. 16), ou da recordação da viagem de sua mãe em uma liteira pelo interior do Rio Grande do Norte (p. 80). Ainda como metodologia de trabalho, freqüentemente, usa a literatura como fonte de referência e apoio.

Por todo o livro, seu estilo se mantém humorado, escapando da aridez com que muitos estudiosos querem chancelar o texto acadêmico. O estilo apurado, leve, elegante, não significa desvirtuamento da verdade histórica, como afirma o historiador Peter Gay[1],

---

1. Peter Gay, *O Estilo na História*, trad. de Denise Bottmann, São Paulo, Companhia das Letras, 1990.

e por analogia, da verdade etnográfica. Assim, na sua prosa gostosa e gozosa, Cascudo desfia como e por quem a rede foi batizada em português e nesse ponto ele é peremptório: "Quem primeiro denominou a hamaca sul-americana de rede foi Pero Vaz de Caminha e temos a data exata da nominação: segunda-feira, 27 de abril de 1500, É o padrinho da rede-de-dormir" (p. 19).

Continuando, discute o nome nativo para rede, sua difusão, sua evolução e seu declínio no tempo e no espaço, sua origem, aspectos tais como superstições, usos e costumes, técnicas de fabricação, tradições, advinhações, sua contextualização social, economia da rede, além da rica antologia de textos subscritos por A. da Silva Mello, Carlos Drummond de Andrade, Sérgio Buarque de Hollanda e outros, abordando o tema central.

Nos capítulos três e quatro, o autor desenvolve instigante análise sobre o fogo e o ato de dormir; o primeiro revestido da dupla significação de garantia de sobrevivência física e "elemento defensivo de alto poder mágico contra inimigos invisíveis e perigosos" (p. 66). O sono, envolvendo sérias precauções por não ser apenas o ato de dormir, repousar, mas "uma fase de imperativo mágico, de ação perigosa e difícil" (pp. 76-78), requerendo procedimentos também mágicos para defesa do ser humano nesse momento de vulnerabilidade.

Na sua etnografia, Cascudo nos ensina não apenas o percurso temporal, geográfico e cultural da rede de dormir, mas tece produtivos e levemente jocosos comentários sobre a necessidade de uma linguagem mais literária no texto etnológico. No capítulo IV, diz ele:

> Uma condição essencial para antropologistas e etnográfos é ser um bom poeta. Mesmo que não faça versos. Sem a poesia seus trabalhos perdem no plano da comunicação fiel e positiva, a graça verídica, a possibilidade justa, a idéia da vida, valendo, pela glacial explanação verídica, relatório de autópsia [...] Nem a Cultura e nem a Verdade se afastam do encanto humaníssimo no processo da comunicabilidade (p. 75).

Para mais adiante, arrematar: "A Ciência não existe fora da valorização humana. Inútil esta Ciência lenta e pesada como um dinossauro, cinqüenta toneladas de material coletado e quinhentos gramas de graça intelectual útil".

Esse lembrete vale também para as ciências afins.

Dois capítulos consideramos antológicos, o I e o VIII. No I, o autor desenvolve a etnografia da rede, considerando desde sua nominação em português aos nomes nativos, divulgação, as técnicas de fabrico e sua metamorfose em rede de viagem, quando tornou-se um meio de locomoção das classes superiores e um símbolo de *status*.

> As liteiras, escreve Cascudo, que a dominação romana havia divulgado por toda a parte, sugeriram aos portugueses e espanhóis quinhentistas adaptar a rede à função de veículo transportador. Suspensa por forte vara apoiada nas extremidades aos ombros de escravos, a rede ficou sendo um dos transportes mais cômodos e deleitosos (p. 26).

Por mais de três séculos, portanto, a rede serviu também como viatura, carregando "a gente de prol nas ruas e mesmo para o interior das igrejas". Na sua saborosa forma de escrever, Cascudo desvenda outra função da rede, como insígnia de poder dos aristocráticos senhores rurais do Nordeste, tal qual o cavalo que só o dono montava: "Armada e branca no orgulho da varanda orgulhosa da Casa Grande [a rede] valia como o trono baixo, o estrado rutilante do Grão-Mogol. Dali supervisionava o mundo povoado de escravos e chaminés fumegantes" (p. 29).

O capítulo VIII, embora iniciando com afirmações e descrições da rede nas superstições, nos seus usos e costumes, tradições etc., explora novamente o veio da história social, quando trata da ligação simbólica da aristocracia rural com a rede de dormir. "A soberania dos fazendeiros compreendia a rede como expressão legítima da própria grandeza. Botar a mão no punho da rede onde estivesse deitado um desses chefes onipotentes era sinal de privança, intimidade, confiança" (p. 122). A rede marcava a distância social. Seus atavios, como as varandas, prenunciavam o *status* do seu dono. Para as pessoas graduadas, vinham as varandas compridas. Como contraponto, no mesmo capítulo, o autor estuda a rede não como condutora de gente viva, mas de defunto. Agora, a rede deixava de ser um emblema de poder para simbolizar os desprovidos de poder. O pesquisador arguto não deixa de observar e registrar a polissemia dos significados.

A licença literária desse texto cascudiano pode esconder uma armadilha. A adjetivação, comum como reforço estilístico, choca-se às vezes com o rigor científico. Por isso, alguns senões podem ser registrados. No capítulo V, em que indaga sobre de qual sociedade indígena seria originária a rede, Cascudo descreve os Caraíbas (Karib) como vivendo "em guerra permanente, violência congênita, crueldade imediata, depredação incontida. Profissionalmente malvados. Eram arrebatados, agressivos, preadores [...]" (p. 105), sendo mais adiante considerados estupradores bestiais. Na mesma página, outras qualidades lhes são imputadas: "industriosos, hábeis, de inteligência pronta e viva, irradiando a fama da coragem teimosa e da valentia brutal".

Tal descrição envolve uma série de estereótipos que, se não chegam a prejudicar o trabalho, deixam clara a fragilidade da bibliografia específica utilizada, o que já fora registrado por Herbert Baldus no primeiro volume da sua *Bibliografia Crítica da Etnologia Brasileira*. Há ainda a registrar que alguns estereótipos pressupõem um certo determinismo biológico, ao considerar características culturais dessa sociedade indígena como traços inatos. Em adição, na página 102, os Karibs são apontados também como autores da famosa cerâmica marajoara, uma afirmação inexata. Embora já existisse literatura arqueológica declarando o contrário, era muito comum a bibliografia da época atribuir aos Karibs a fabricação dessa cerâmica arqueológica.

Nesse trabalho, Cascudo utiliza o paradigma difusionista. Essa abordagem teórico-metodológica permeia toda sua obra etnográfica e folclórica. Seu entusiasmo pelo difusionismo é justificado quando no volume um do seu livro *Civilização e Cultura*, afirma o prestígio e operacionalidade dessa "escola". No mesmo trabalho, Cascudo critica de forma jocosa o funcionalismo organicista inglês, afirmando que nem todos os elementos culturais estão tão funcionalmente ligados aos outros como corda de caranguejos (p. 18). "O difusionismo, afirma Cascudo, poderá identificar a descendência da remotíssima influência, indicando os presentes traços essenciais e característicos denunciadores da longínqua filiação material" (p. 14). Nesse sentido, ele buscou revelar em seus estudos monográficos a origem e difusão de elementos culturais. No entanto, cauteloso, nos ensina que nos "domínios etnográficos [...] não é mais conveniente a indicação peremptória da origem de uma instituição, instrumento, costume ou objeto" (p. 59).

Como escreveu o antropólogo Egon Schaden, na paisagem intelectual brasileira, Luís da Câmara Cascudo tem algo de homérico. Sua produção científica é respeitável e vasta, particularmente, no campo do folclore, do qual é referência obrigatória.

Rede de Dormir é um belo e sério livro, tanto para o estudioso como para o leitor comum. É também um exemplo da tendência de Cascudo para estudar os complexos culturais em suas particularidades, tão a gosto dos difusionistas. E continua ainda a ser um vasto repositório de informações e sugestões para novos estudos sobre o tema pesquisado. [N. N.]

NA RONDA DO TEMPO [73]. Cascudo foi fazendo, quase que dia a dia, um registro de toda uma vida de afeição e beleza, sem uma página de desespero, sem um instante de ressentimento, vivenciada em 1969. Em sua narrativa, observei a importância do mundo dos outros, a vontade de continuar sendo amado e a vontade de viver a diversidade da vida interior e exterior. Pelo seu diário, Cascudo possibilita-nos uma viagem imaginária através de festas populares de Natal, Luanda, na dignificação de seus Santos Pretos, Olinda, Rio de Janeiro e Recife, situando-nos no mundo simbólico da cultura. E, por meio dela, identificamo-nos com o local, o regional, o nacional e com o internacional, o que me leva a situá-lo como um autor que ultrapassa os limites do local, supera o regional e avança pelo internacional, sem, no entanto, perder suas marcas individuais. Por meio do diário, Cascudo transformou sua vida em texto.

Nessa obra, Cascudo registra os acontecimentos ocorridos em sua vida diária durante o ano de 1969, depois de comemorado o seu septuagésimo ano de existência (1968). E, com esses registros, mostra as representações, por ele construídas, sobre diferentes temas. Revela o território de sua casa como espaço reservado aos ex-alunos e pesquisadores, além de familiares e amigos. Muitos ali chegavam para anunciar recentes notícias, como o fez Hélio Dantas, ao compartilhar com o velho mestre as alegrias de ter obtido uma bolsa de seis meses para Portugal (p 32). Registra, também, a visita de um outro ex-aluno, Carlos Ramires, com quem não se avistava há 35 anos sobre o qual tece o comentário "os olhos são os mesmos do tempo de rapazinho, voltamos ambos a ter menos de 35 anos" (p. 45). Em abril, um professor de uma universidade norte-americana interessado na cultura popular brasileira o visita. E, certo dia, ao receber, em sua casa, um professor de Literatura de Cordel da Universidade de Marília, Sol Biderman, rememora com espanto: "quem diria, em 1920, que os folhetos de feira desprezados pelos letrados da época, constituíssem motivos de indagação universitária?" (p. 32).

Outros ali se dirigiam para solicitar ao mestre o prefácio de uma obra ainda não concluída. Ele narra que o fazia "por se sentir solidário com a esperança humana"

(p. 163). Muitos pediam que ele lesse originais de livros, como Walter Wanderley, que estava finalizando a biografia de Paulo Leitão Loureiro de Albuquerque (1844-1902), "o Poeta da Abolição" (p. 36), seu pai. Dentre as visitas, Cascudo narra que uma professora da Universidade de Recife afirmara, ao chegar à sua casa, ter visto "as duas coisas notáveis de Natal: o cajueiro de Pirangi e mestre Cascudo" (p. 42). Os carteiros, também, com freqüência, visitavam aquela casa, ora entregando-lhe relicários, como o *Breviário Estival,* do Padre Cícero Romão Batista (figura de grande devoção popular no Nordeste), datado de 1908, ora levando-lhe livros publicados sobre o velho mestre no Rio de Janeiro, como o de Ana Luísa Galvão. Ou, ainda, a *Antologia da Poesia Crítica e Sátira,* de Natália Correa, editada em Portugal. O mestre, a partir dessa obra, deixa por escrito sua defesa da utilização de nomes "indecentes" quando "o personagem maneja seu peculiar vocabulário, nos textos narrativos" (p. 39), como o fizera Gil Vicente e, nos tempos mais distantes, Hesíodo e Ovídio. Outras vezes, os carteiros traziam mensagens que indicavam a morte de amigos, como Gastão Cruls e Carlos Augusto Caldas da Silva, dentre muitos outros.

Contudo, o lar do escritor, também era espaço de festas – aniversário de Dahlia, sua esposa, dos netos e comemorações de seu aniversário. Telegramas. Visitas. Cartões. *Cocktails,* passarela de abraços e o autor registra que "seus espectadores insaciáveis eram rapazes e moças, a geração irreverente" (p. 203). Sobre o convívio com seus netos, o autor anota que as crianças dão ânimo a rodelas douradas de papelão, panos coloridos, latas vistosas e vazias etc., ou seja, viviam o mundo mágico da infância, enquanto ele já percebia o mundo sob a ótica da Razão. "Troquei aquela visão pela ciência. Agora sei o quanto perdi" (p. 185).

Sobre os colóquios mantidos com estudantes e jovens pesquisadores, o autor sublinha que contavam com escassa leitura literária e "quase nenhuma estrangeira havia conquistado credencial nas recordações daqueles, além de nenhuma alusão à música" (p. 145). E, continuando as observações sobre a juventude, relata a moda Beatles que se instaurou entre os jovens nos anos de 1960, realçando que o espírito só permitiu àqueles jovens a capacidade de "imitação", reafirmando a "massa de repetição concordante" (p. 153). Ainda sobre a juventude, Cascudo relata que o interesse central dos jovens no início dos anos de 1960 era "arrumar um emprego" e das jovens "arrumar um marido", quadro que, em 1969, vinha se modificando, sobre o qual Cascudo expressa-se: "as idéias vão aparecendo como viajantes em um quarto de hotel. Chegam com ar de demora mas ficam pouco tempo" (p. 191).

E, no vaivém de seu diário, o autor realça, com pesar, a sua velhice, comentando sobre "a recusa dos olhos à plenitude da tarefa normal" (p. 33), as dificuldades de manter o equilíbrio e "os objetos já fogem dos meus dedos" e, embora não mais sinta a rebeldia das massas de Ortega y Gasset, ainda sente "a insubmissão dos súditos, numa inquietação revolucionária". Contudo, apesar das mazelas da velhice, ainda se sentia forte, o que o faz rememorar Luís Pinedo – "Ahora veo más, puedo más, mando más!" (p. 132). Sobre o peso dos anos, Cascudo continua que este não mais o permite perceber a música com clareza, condição que o impedia de tocar piano, uma vez que o fazia de ouvido: "já não podendo ouvir a música, penso-a" (p. 141).

A literatura foi outro tema presente no diário, seja apontando autores com os quais se entretinha, como Goethe, Balzac, Neves e Sousa, Agostinho de Ornelles, Barbosa Lima Sobrinho, Afonso Arinos, dentre outros, destacando que os móveis criadores da literatura nacional são "a pobreza e a penúria do povo brasileiro" (p. 95).

As festas populares do Nordeste tiveram espaço no diário de Cascudo. Faz parte de suas recordações a festa de Nossa Senhora d'Apresentação, Padroeira de Natal. Mas o cenário é outro, diferente dos tempos de sua juventude. Não mais via os "doces nos grandes tabuleiros na praça, as lamparinas fumegantes, a cavalaria do Joca do Pará e os rapazes que envelheceram já não mais freqüentam a velha rua Grande" (p. 92). Um encontro entre os tempos, em que o presente se impõe e o passado se configura como lembrança.

Cascudo comenta, também, comemorações centenárias realizadas na cidade de Natal, que se tornaram festas populares, como a festa do centenário de nascimento de Pedro Velho, sobre o qual fez uma antologia, cujo lançamento realizou-se na ocasião[2]. O autor reconhece a importância desse ato porque presentifica o passado, "embora os personagens continuem mudos no silêncio eterno" (p. 180). Outra festa destacada, pelo autor, foi o 1º Encontro dos Trovadores do Brasil, cujo propósito foi homenageá-lo como Presidente Honorário: "as gentilezas são constantes e sensibilizo-me mais porque parte de jovens que não foram e jamais serão meus alunos" (p. 149).

O espírito de cientista do escritor se rejubilava com cada avanço da ciência. Registrou sua alegria pelo primeiro enxerto aórtico realizado no Hospital das Clínicas em São Paulo (p. 101), o pouso da Apolo XI na lua (assinalou que desde então, "estar no mundo da lua" passou a ter outro significado – p. 134), inventos como a Apolo-8 norte-americana e o Soyuz soviético (p. 44). Dentre as conferências proferidas naquele ano, destacou a intitulada "Napoleão em Natal", proferida na UFRN, com "salão cheio e palmas carinhosas" (p. 142). Numa recorrência ao passado, o autor faz referências a algumas atividades intelectuais, outrora vigorosas, que deixaram de ser valorizadas, como a indignação, que perdeu as forças estimulantes da colaboração pessoal, "a sugestão abstrata ou cultural" (p. 18), e foi substituída pela agitação, violência.

O livro de Cascudo está calcado nas lembranças do outrora em confronto com o hoje, numa demonstração de que passado e presente se entrelaçam na tessitura da memória. Contudo, lembrar, como já colocara Ecléa Bosi[3], não é apenas reviver o passado, mas refazê-lo. E o escritor mostra, no livro, que a aposentadoria, a velhice não o eliminaram do mundo do fazer, destacando que mesmo aos setenta anos de idade, seu trabalho intelectual continuava com vida, ora fazendo conferências, pesquisando e escrevendo livros, ora disseminando sua sabedoria, para os mais jovens, como testemunha de um tempo, de muitos acontecimentos por ele vivenciados no passado. Desse modo, a cada minuto, Cascudo ia refazendo sua vida e falando-nos

---

2. Luís da Câmara Cascudo, *Antologia de Pedro Velho* [4].
3. Ecléa Bosi, *Lembranças de Velhos*, São Paulo, Edusp, 1987.

do esforço desenvolvido pelos que trabalham. Simultaneamente, evocava lembranças dos lugares, dos diferentes grupos a que pertenceu, múltiplas em sua natureza. A narrativa de Cascudo, prenhe de lembranças, vai costurando as recordações da infância como a "água de colônia da vovó", as da juventude, em que abundava a sua produção acadêmica, a roda de amigos, seja de Natal ou de outras plagas, com o tempo presente, 1969, tempo da velhice em que os ouvidos desgastados pelo tempo não mais lhe permitiam tocar piano, ouvir música com clareza, em que pernas e mãos trêmulas dificultavam o andar e o escrever. Contudo, o autor marca diferença dos demais velhos para quem o tempo se limita ao presente, pois ele, embora sofrendo as adversidades do corpo e da mente que aos poucos se desagregavam, ainda fazia projetos para o amanhã – escrever, rever ex-alunos – e, assim, a memória ia se tornando cada vez mais viva. O próprio escritor afirmara "vivo mais ou menos no Ontem e no Anteontem" (p. 75), confirmando que as lembranças do passado predominavam em sua memória. O tempo que há de vir, o tempo possível mostra-se em poucos momentos. O escritor o silencia. Certamente, incertezas pululavam em sua mente. O silêncio fala sem, no entanto, dizer-nos o que está escondendo. Penso que o silêncio, as lacunas podem ser interpretadas como a insegurança do amanhã, pois as coisas que ele realizou e que fizeram o sentido de sua vida são tão ameaçadas quanto ele mesmo. Assim, as árvores que ele plantou, os filhos que criou, os alunos que ensinou já não são mais os mesmos. Se estes ainda lhe conferem reverências, também o questionam, as adversidades das coisas crescem: as escadas ficam duras de subir, as distâncias mais longas de percorrer, as ruas perigosas de atravessar, os pacotes mais pesados de carregar, fortalecendo suas incertezas e inseguranças sobre o porvir.

Os reencontros com Luís Fernando e Marli (filho e nora), as irmãs de Dahlia, velhos amigos, como Dom Pedro Henrique e Dirceu Martins, consultores do Banco Central da República, Nilo Coelho, governador de Pernambuco, dentre muitos outros, tornavam presente o seu outrora. Contudo, os fatos lembrados por Cascudo não retornaram intactos ao seu presente, mas adquiriram novos significados que alteraram o seu conteúdo. E esse é alterado pela prática atual do rememorador e pelos fatos constitutivos da conjuntura em que o escritor vivia. Isso mostra que a memória é constituída por marcos, lugares nos quais se concentram a significação da vida, seja no passado, seja no presente. Assim, Cascudo, ao escrever um diário, é o memorizador. Das camadas do passado a que teve acesso, reteve apenas aquelas que foram, para ele, significativas e, certamente, só para ele significativas dentro do quadro social da memória. A sua memória individual representa um olhar sobre a memória coletiva. No entanto, o escritor silenciou o contexto histórico no qual foram presentificadas suas evocações: Brasil, ano de 1969, em que as Forças Armadas fizeram emudecer a voz dos sindicatos, dos professores universitários, dos estudantes, dos camponeses, dos operários. Tempo do AI-5, do governo Médici, em que eram perseguidos, exilados, os brasileiros que lutavam pela liberdade de organização e expressão. Em todo o diário, notei que a única referência que ele fez à sociedade brasileira daquele momento foi quando esboçou uma crítica à propagação da moda Beatles (p. 153). Em suma, houve um silêncio de Cascudo sobre o Brasil, limitando-se a narrar o mundo restrito que o cercava – familiares, amigos, acadêmicos –, esquecendo o homem comum que construía, no cotidiano, a história deste país.

Cascudo, para compor sua memória cotidiana, selecionou marcos como: familiares, amigos, alunos, professores, acadêmicos, dentre outros. E, na seleção desses marcos, foram levados em conta os sentimentos do escritor, burilados pela emoção, para que as lembranças não fossem meras repetições, mas recriações.

Em *Na Ronda do Tempo*, a memória opera no sentido de fazer emergirem impressões associativas, em que o tempo é trabalhado de acordo com as intenções e sensações que o narrador experimenta ao reviver determinado momento de sua história. O tempo da narrativa, o enredo e toda a urdidura do enredo buscam "recompor" os sentidos vividos no outrora. Obedecendo ao estado de alma do presente, o memorialista habilita o passado enquanto passado/presente. Certamente, personagens como "tia Idila" e Fernando Luís, dentre outros, não se reconheceriam em suas memórias, pois vidas são textos revisados, reinterpretados, reconstituídos a cada momento[4]. Então, essa dificuldade de reconhecimento dos personagens no texto se dá tanto pela capacidade de reinterpretação do escritor quanto pela reinterpretação de si próprios pelos personagens.

A construção da interpretação dos acontecimentos não obedece a uma ordem de causa e efeito, mas, de acordo com o mundo subjetivo de seu autor, segundo uma seqüência cronológica, a partir de uma lógica interna. Ela possibilita que, entre um dia e outro, Cascudo interrompa o fluxo de um tema, escrevendo logo em seguida sobre algo diferente. Assim, foi narrando sobre amigos, mortos, familiares, África, literatura, brinquedos, jantares, conferências, autógrafos, jornais parisienses, chegada do homem à Lua, dentre muitos outros assuntos do seu cotidiano, nas palavras do escritor, "cotidiano que os historiadores desdenham" (p. 87).

Posso sentir sua sensibilidade pulsando no relato quando afirma que, ao recordar "seus mortos", buscava neles "as fisionomias, vestígios que a memória guardou em mim" (p. 95). E ainda quando fala de "tia Idila, [...] que sem ser minha parente a chamei, trinta anos, de tia. Todos os meus foram ver seu pequenino cadáver. Entre as flores do caixão estariam meus anos de rapaz, minhas serenatas e saraus, uma saudade esparsa e doce de mim mesmo" (p. 98). Essa afirmativa de Cascudo me faz lembrar Machado de Assis, em Dom Casmurro, ao colocar que "a saudade é isto mesmo, é o passar e repassar das memórias antigas". Assim, percebo que as evocações das imagens, reconstruídas por Cascudo, são realizadas pelo efeito que elas tiveram sobre suas emoções. Talvez, o que objetivasse com isso fosse tornar a viver, a experimentar as emoções passadas transformando-as em "agoras"[5].

Esse diário mostra a memória de Cascudo povoada de nomes. Fala de Fernando Luís, Maria do Socorro Carlos, Julio Cesar da Câmara, Valdemar Delgado, dentre

---

4. Brunner e Weisser, "A Invenção do Ser", em D. R. Olson e N. Torrance (orgs.), *Cultura Escrita e Oralidade*, Global, 1997.
5. Walter Benjamin, "Sobre o Conceito de História", *Magia e Técnica, Arte e Política*, trad. de Sérgio Paulo Rouanet, São Paulo, Brasiliense, 1985, pp. 232-292.

muitos e muitos outros – pessoas que, por diferentes motivos, cruzaram sua vida. Eram jornalistas, estudantes, professores, advogados, para mencionar apenas alguns. Sua narrativa se sustenta no mundo oral, surpresa para aqueles que reduzem a oralidade apenas ao que não está escrito.

Noto ainda que o único recurso utilizado para estruturar a narrativa é o discurso do narrador. Isso resultou numa estrutura narrativa marcada pela fragmentação e descontinuidade. O tempo que organiza o texto é o psicológico, interior e não cronológico, externo. Nada nos mostra sobre o Cascudo-criança, sobre seu casamento com Dhalia, sobre a educação de seus filhos. No entanto, dizer que o processo de recordar não é marcado pela linearidade nem por uma visão totalista, que busque esgotar o Cascudo-menino, o Cascudo-jovem e o Cascudo-velho, não significa que não o aceite como um relato coerente e ajustado internamente. Ele revive seu passado na instância do discurso, através do qual tenta personificar um ser criado a partir da memória, regida por um tempo descontínuo, tempo da "recordação", momento único de uma nova interpretação. É o tempo benjaminiano, segundo o qual o verdadeiro alvo da história é o desaparecimento dos "processos naturais", pois a natureza é messiânica em razão de sua transitoriedade. Assim, a história é o massacre e a memória a sua redenção, é a luta contra a morte[6]. Nesse quadro de entendimento, as lembranças de Cascudo do ontem e do anteontem, presentificadas em 1969, são hoje reconstituídas, tornando-as vivas na memória de todos que o lêem. É um exercício da memória...
[C. B. C.]

---

6. Olgaria Matos, *Os Arcanos do Inteiramente Outro*, São Paulo, Brasiliense, 1995.

SELETA DE LUÍS DA CÂMARA CASCUDO [74]. Esse livro integra uma coleção dirigida por Paulo Rónai, cujo objetivo era tornar acessível obras de vários autores brasileiros, por via de uma literatura comentada.

Uma coletânea sobre algumas obras de Câmara Cascudo matiza pelo menos duas esferas interligadas: uma, na qual a mão do organizador opera e acaba por imprimir um ritmo à obra; outra, composta pelos recortes, cuja intenção é montar um prospecto da produção cascudiana. É desse somatório que resulta *Seleta*. Mas a análise do pequeno volume deve deslindar o joio do trigo, ou seja, entender, num primeiro momento, o texto como reunião de trechos de obras e também perceber o autor que está por detrás dos trechos, tentar identificar os aspectos literários mais marcantes em seus escritos.

Os semiólogos geralmente costumam definir texto como um objeto *translingüístico*, isto é, uma mistura de diferentes códigos de linguagem, decorrentes da apreensão do autor, derivada de um processo de escolha/seleção de vários discursos, de modo a constituir sempre um discurso novo. Aplicando essa idéia à *Seleta*, percebe-se que seu organizador, Américo de Oliveira Costa (1910-1996), e outros aspectos que circundam esse volume da coleção (divisão de capítulos, seleção dos temas, ilustrações etc.) constituem parte importante, pois criam um novo texto a partir da reunião de trechos de outros livros (textos cascudianos). Assim, a leitura não é isenta de um filtro prévio: o olhar e a escolha do organizador orientam, intervêm e advêm. Nesse sentido, Cascudo não é só autor, apesar de a maioria dos escritos levar sua assinatura, mas torna-se também uma espécie de personagem romanesca em apresentação. Quais seriam, então, as propriedades desse novo texto? Como ele se encontra?

Analisando a capa (de Gian Calvi), percebe-se que a ilustração está composta por uma imagem de Santo Antônio, ladeada por um caboclo e um cangaceiro. Trata-se de elementos integrantes e representativos no cadinho onde se forma a cultura popular brasileira. A ilustração anuncia que o conteúdo será dirigido ao Brasil e sobretudo a etnias, a expressões de religiosadades, a personagens que marcaram a história tupiniquim e ao sincretismo cultural brasileiro (além da ilustração, lê-se na capa o nome do autor, o título e os responsáveis pela edição). A capa cria, então, um campo magnético, responsável por atrair o leitor para uma discussão sobre a cultura brasileira. Mas não é só disso que o conteúdo de *Seleta* vai tratar.

Dividida em 28 capítulos, seu organizador procurou enfocar várias nuanças da escrita cascudiana. Assim, estão presentes nos recortes: o Câmara Cascudo autobiógrafo e biógrafo, o historiador, o etnólogo, o literato, o mitólogo, o colecionador, entre outros. É um apanhado que contempla tanto a história sobre o mais popular folclorista do século XX, como a própria escrita dele. Logo, as análises sobre cultura brasileira não são homogêneas, embora predominantes. Se Cascudo era um autor copioso e, sobretudo, pluritemático, *Seleta* só pode ser um convite ao universo dos livros dele e não o desvelar desse universo em sua totalidade. Como afirma Paulo Rónai, na "Advertência", o intuito dos livros dessa coleção era "inspirar [no leitor] o desejo de conhecer em sua totalidade a obra dos escritores apresentados".

Os capítulos são precedidos de um pequeno comentário do organizador, situando o tema principal da obra, ou seja, procurando no geral dar uma categoria ao livro (história, antropologia, mitologia etc.). Essas introduções pecam pela falta de informações mais técnicas, tais como ano da edição do livro, paginação e, na maioria das vezes, pela ausência de indicação do capítulo que está transcrito. Embora haja no final uma bibliografia com as principais obras de Cascudo de onde o leitor poderia tirar estas informações, muitos livros importantes, já na época, publicados – inclusive *Folclore do Brasil* [25], que faz parte da *Seleta* –, ficam de fora.

Se a coleção possui um sentido, pode-se dizer, pedagógico, as notas de pé de página devem cumprir função vital para o bom entendimento do "leitor iniciante". Com algumas traduções de frases e de citações em língua estrangeira e comentários às vezes pouco esclarecedores, elas praticamente não conduzem o leitor ao efeito desejado. Por outro lado, os apontamentos introdutórios são por vezes muito felizes, principalmente ao tratar de pormenores da criação cascudiana: onde compôs, de que forma extraiu suas fontes, enfim, informações que Américo de Oliveira Costa, ao se intitular "discípulo" do "mestre" Câmara Cascudo, soube explorar de maneira perspicaz. O organizador ainda é responsável por um perfil, em que figuram vários dados biográficos e notas sobre Câmara Cascudo, uma espécie de bibliografia comentada, incluindo aí alguns livros que não tiveram trechos selecionados.

As obras que aparecem em *Seleta* são: *O Tempo e Eu* [78] (1968), *Folclore do Brasil* [25] (1967), *Cinco Livros do Povo* [11] (1953), *Trinta Estórias Brasileiras* [81] (1955), *Superstições e Costumes* [77] (1958), *Literatura Oral* [46] (1952), *Dante Alighieri e a Tradição Popular no Brasil* [17] (1963), *Vaqueiros e Cantadores* [82] (1939), *Anúbis e Outros Ensaios* (1951), *Histórias que o Tempo Leva...* [37] (1924), *Meleagro* [52] (1951), *Em Memória de Stradelli* [54] (1936), *Jangada* [41] (1957), *Jangadeiros* [42] (1957), *Flor de Romances Trágicos* [23] (1966), *Coisas que o Povo Diz* (1968), *Made in África* [52] (1965), *Conde d'Eu* [14] (1933) e *Canto de Muro* [8] (1959), além do artigo "O Tonel das Danaides" (publicado em *A República*, em 1943). A ênfase é dada aos livros *Folclore do Brasil*, *Superstições e Costumes*, cada um com três capítulos, e *Canto de Muro*, com cinco capítulos. Até o ano da primeira edição de *Seleta* (janeiro de 1972), Cascudo havia publicado 61 livros. Entre eles, ficaram de fora obras relevantes, como *Geografia dos Mitos Brasileiros* [28] (1947), *Dicionário de Folclore Brasileiro* [15] (1952), *Geografia do Brasil Holandês* [27] (1956), *Contos Tradicionais do Brasil* [15] (1946),

Prelúdio da Cachaça [69] (1968), *História da Alimentação no Brasil* [30] (1967), *Tradição, Ciência do Povo* [79] (1971) e muitas outras, que poderiam figurar no lugar dos longos trechos extraídos de *Canto de Muro* ou até somar com eles. Nesse sentido, o prospecto da obra cascudiana ficaria mais abrangente e menos verticalizado. Não à parte, como foi tocada a produção de Cascudo em periódicos, seria interessante que se fizesse uma menção ao seu talento de poeta, cuja produção atingiu revistas e jornais no Brasil e no exterior.

Torna-se possível também perceber nos trechos de Câmara Cascudo o fluir de um estilo, uma forma de compor, uma escrita capaz de fornecer elementos consistes e definidores. Entretanto, é claro que essa análise só pode ser panorâmica e limitada. Panorâmica, pois precede de apontamentos gerais, tirados a partir de trechos selecionados (e não de textos inteiros); limitada, porque chega até o início da década de 1970, apesar de o último livro de Cascudo ter sido publicado em 1985.

O primeiro aspecto que se ressalta a respeito de um "estilo cascudiano" é o caráter autobiográfico. As lembranças de infância de parentes e de sertanejos e a testemunha que viu e se faz ouvir tornam-se elementos presentes em diversas narrativas de Cascudo. A experiência de vida do próprio autor, quando enaltecida em sua escrita, age como um ácido corroendo a barreira responsável pela distância entre o acadêmico/pesquisador e sua fonte. Isso pode ser notado não somente em livros autobiográficos, mas em trechos de *Folclore do Brasil*; de *Trinta "Estórias" Brasileiras*, no qual reconta histórias de Luísa Freire, "ama" da casa da família Cascudo; de *Literatura Oral;* de *Meleagro;* de *Jangada* e de *Flor de Romances Trágicos*, em que o depoimento de seus pais se faz valer, ou em *Canto de Muro*, em que se torna cobaia da própria experiência: "Tentei transformar-me em campo experimental, dormindo despido da cintura para cima em recantos sabidamente favoritos de Quiró [o morcego] da espécie hematófaga" (p. 173).

Esse registro *in locu*, que muitas vezes é enaltecido por Cascudo em seus textos, leva-o a se desviar de uma pesquisa mais metódica. Ele não perfaz um estudo aprofundado das manifestações culturais de uma certa comunidade, mas de pessoas, indivíduos responsáveis pela transmissão e perpetuação das tradições populares brasileiras. Sendo assim, as correntes de interpretação mitológica, seja a de James Frazer sobre a teoria ritualística, ou a do mito como conhecimento pré-lógico, de Lévy-Bruhl, muito em voga na primeira metade do século XX, parecem não ter entusiasmado muito Cascudo. Ele não objetivava uma interpretação de caráter teórico. O "fazer teórico" restringia-se muito mais a uma conciliação entre a manifestação que investigava com apontamentos de outros pesquisadores, ou seja, confrontar, via registro escrito, certas manifestações num dado tempo e espaço. Daí, uma interpretação mais sistemática era deixada de lado em prol do confronto de dados. Ao citar Frazer, por exemplo, limita-se apenas a um dado curioso: "Frazer alinha dezenas de povos que guardam ciumentamente o segredo do próprio nome, indígenas da Columbia Britânica, Apaches norte-americanos [...]" (p. 74). Cultiva, dessa maneira, como bem observou Américo de Oliveira Costa, uma aversão a "escolas folclóricas", em que buscava criar sua própria maneira de "fazer folclore".

O folclorista potiguar acaba, por conseguinte, por dilatar e generalizar o conceito de cultura popular brasileira, pois ao divagar pelo tempo/espaço, confrontando os escritos de sua biblioteca com as fontes orais por ele coletadas, unifica diferentes manifestações num só ramo, não se deitando sobre as diferenças de identidades e de representações de uma dada comunidade. Seu discurso tenta convencer o leitor de que há *uma* cultura brasileira, singular e unívoca, mas em seus escritos pululam resquícios de muitas manifestações, pertencentes a diferentes culturas brasileiras, das quais, muitas têm o Nordeste como espaço privilegiado.

Vista de outro ângulo, essa forma de mesclar o vivido com o relato escrito vai gerar um discurso quase oral, presente nos escritos de Câmara Cascudo. "É o mais *oral* dos autores", afirmou Américo Costa (p. 191), porém melhor se enquadraria a terminologia "auditiva", criada por Luiz Costa Lima[1]. Não se pode falar que Cascudo representa exclusivamente uma cultura oral, pois a presença do universo escrito, mediado pelo contraste de fontes orais com livros, é também latente nele. Traços da fala, como o desenvolver de idéias sem parágrafos com elos aparentes, regidos pela intuição, mensagens rápidas, frases com efeito pragmático e uma profunda intenção de persuadir o receptor são peculiares em seus escritos. Vale a pena *auscultar* um parágrafo de *Superstições e Costumes*:

> A soleira era sagrada. Os romanos confiavam-na a um casal de deuses, Limentino e Limentina, de *limen-liminis*, limiar. Ali começava o domínio familiar. Ainda era consagrada a Vesta. Para os hindus do Kurmi, é a morada de Lakshmi, deusa da Riqueza. No culto dos gêmeos, no Daomé e no Haiti, os *marassas,* a soleira é quase um altar. Os negros Uatavetas do Leste africano sepultam seus mortos no limiar, assim como os natimortos no Bilaspur, no Hisar, entre os Kangra na Índia do Norte, África Central. No Beluchistão, em Meherdeh (Síria), Coptas egípcios, negros Babaras do Alto Nilo oferecem sacrifícios de aves à soleira, banhando a pedra com o sangue dos valáteis e ovelhas. Na *casa-nova* dos Papuas da Guiné Portuguesa, a primeira refeição é comida na soleira, antes da ocupação" (pp. 55-56).

Podem ser notadas a flutuação espaço-temporal, bem como a forma como o autor perpassa culturas tão diferentes e distantes. O trecho acima, no entanto, evidencia a fixação do autor num único ponto (no caso, a "soleira"), por meio do qual ele vai constituindo uma espécie de narração pendular, em que todos os movimentos (rápidos, por sinal) dão nuanças, semelhanças, imprimem significados ao ponto que o sustenta e o prende. Câmara Cascudo torna-se, portanto, um turbilhão, responsável por envolver diversas representações culturais, seja dos rincões brasileiros, ou de partes pouco conhecidas do planeta.

Enfim, *Seleta* não pode ser considerada obra de autoria única. Embora o destaque recaia sobre Luís da Câmara Cascudo, sente-se nela a mão do leitor organizador. Por outro lado, transmite uma preocupação com as tradições, os costumes, os gestos e as representações das camadas mais populares do Brasil, centrada na pessoa do folclorista potiguar. Aí, talvez resida a principal qualidade desse texto: a de desvelar para um "leitor iniciante" algumas formas de manifestação de culturas populares. [F. A. G. F.]

---

1. Luiz Costa Lima, *Dispersa Demanda*, Rio de Janeiro, Francisco Alves, 1981.

EM SERGIPE DEL REY [75]. Sergipe celebrou, em 21 de abril de 1951, o centenário de nascimento do crítico, historiador, filósofo e folclorista Sílvio Romero, nascido em Lagarto. Além de reunir seus principais intelectuais, em palestras e solenidades, as autoridades sergipanas convidaram para a festa o folclorista Luís da Câmara Cascudo, que chegou a Aracaju no dia 16 de abril de 1951. Sua presença provocou um ânimo especial entre os sergipanos, gerando uma nova produção bibliográfica tendo como tema a cultura popular. José Calasans, com *Cantigas de Cacumbis* e *Taeiras de Sergipe* e Mário Cabral, com *Folclore Infantil na Cidade do Aracaju*, são os mais significativos exemplos e estão repletos de citação do mestre potiguar.

Na sua visita a Sergipe, Cascudo conheceu a intimidade da gente sergipana, teve notícia das festas, conviveu com políticos, freqüentou entidades, almoçou e jantou em lugares especiais, com pessoas destacadas e levou uma impressão rica, exposta nas dezessete crônicas publicadas no jornal *Diário de Natal*, na capital do Rio Grande do Norte, de 30 de maio a 26 de junho do mesmo ano. São impressões das cidades – Aracaju, Itaporanga da Ajuda, São Cristóvão, Laranjeiras, Lagarto – das pessoas e dos fatos que presenciou, ou que ouviu contar, com seu ouvido de pesquisador das coisas do povo.

São crônicas soltas, leves, desprovidas do caráter metodológico dos ensaios. Aqui e ali uma observação mais erudita, uma citação abonadora, uma frase de efeito, bem-humorada, como característica da prosa pessoal do autor de vários clássicos de exegese da cultura popular brasileira. A sua impressão sobre a capital sergipana resultou na afirmação de que "Aracaju nasceu cidade como filho de rei nasce príncipe", sem dúvida um galanteio que teve repercussão entre os seus amigos acaramujados.

Nos contatos que manteve com intelectuais de Sergipe, Luís da Câmara Cascudo refletiu sobre o aspecto especial da história cultural sergipana: o da projeção, fora do Estado, de diversas figuras, como Tobias Barreto, Laudelino Freire, João Ribeiro, Manoel Bonfim, e o próprio Sílvio Romero, defendendo, contrariamente ao dito popular, que os "Santos de casa não fazem milagre", ou não existiram, em Sergipe, figuras tão ilustres como as que conhecera, na ocasião das homenagens a Sílvio Romero. Para ele "o papel desses homens incríveis é o mesmo dos canários belgas: passam fome para cantar melhor".

A prevalência dos centros maiores sobre os menores conduz à hegemonia cultural, que abafa a produção local, tornando-a restrita, sem difusão, e sem repercussão. Os que escapam aos apelos da geografia e se lançam nos centros produtores e difusores de cultura têm todas as chances da notoriedade, enquanto os que ficam, afundados nos compromissos com a sobrevivência, pouco se destacam. Cascudo, que foi um vencedor sem sair de Natal, no Rio Grande do Norte, soube, de experiência própria, o que é romper com o atraso provinciano e projetar-se fora de casa.

Daí seu apreço por homens como Feltre Bezerra, geógrafo e antropólogo, Freire Ribeiro, Garcia Rosa, Clodoaldo Alencar, poetas, Florentino Menezes, sociólogo, com quem manteve estreitos contatos, durante a visita a Aracaju. Por fim, Cascudo colheu com Nelson Romero, filho de Sílvio e também presente nas comemorações do centenário, uma revelação surpreendente, a de que o autor da *História da Literatura Brasileira* conciliou-se com Deus, indicando-o como origem e finalidade humana.

Sílvio Romero surpreendeu professores e colegas ao afirmar, em 1874, perante a banca examinadora do seu concurso, na Faculdade de Direito do Recife, que a metafísica estava morta. Até mesmo Tobias Barreto espantou-se com a afirmação do conterrâneo e amigo. Os tobiáticos da Escola do Recife aderiram ao monismo, ou na versão mecanicista de Ernest Haeckel, como Fausto Cardoso, ou na linha, também alemã, de Ludwig Noiré, como o próprio Tobias. Antes, todos eles percorreram o ecletismo, o positivismo, o evolucionismo, num suceder frenético de idéias novas, nutrindo a evolução mental do Brasil.

Surpreende mais saber, como se soube pelo testemunho de Nelson Romero, revelado por Luís da Câmara Cascudo, que Sílvio Romero, pai e avô, guardava em casa, no seio da família, um respeito devocional, uma espécie de pedagogia católica, contrastante com a imagem construída em sua biografia de polemista, em toda a sua obra de crítica, em toda a sua carreira de professor. Cascudo ressalva, com a responsabilidade de quem não quer fazer afirmações definitivas, que o processo íntimo, de modificação filosófica de Sílvio Romero "não chegou a fixar-se, mas a família sentia o seu desenvolvimento e compreendia a amplitude incessante".

Coube a José Augusto Garcez, diretor do Movimento Cultural de Sergipe, reunir e publicar, sob o título de *Em Sergipe del Rey*, as crônicas sergipanas de Luís da Câmara Cascudo. Um livro sentimental, repleto de elogios, fidalgo nas referências, mas que ainda assim carrega a marca do mestre, servindo de referência tanto a Sílvio Romero, quanto e principalmente à terra berço do autor dos *Cantos Populares do Brasil*. [L. A. B.]

SOCIOLOGIA DO AÇÚCAR [76]. O açúcar tem sido, ao longo de nossa história, uma permanência. Cinco séculos de canaviais, de produção, forjando uma sociedade e uma cultura que marcam, ainda hoje, nosso cotidiano: formas de vida e relacionamento, alimentação e linguagem.

Em cinco séculos, produziu muita escrita, muita reflexão. Cardim e Gabriel Soares de Sousa louvaram-lhe as virtudes povoadoras da terra, pois por ele e em torno de seus engenhos aglutinava-se a população[2]. Vieira espantou-se perante sua "máquina e fábrica incrível" e frente à sua visão de Etnas e Vesúvios diuturnos, com suas bocas tragadoras de lenhas, em fogo constante[3]. Antonil apontou, já no início do XVIII, o esquema social a ligar senhores de engenho, lavradores, trabalhadores diversos e escravos, dando ao primeiro, na colônia, uma supremacia quase fidalga[4]. Azeredo Coutinho, ao final do mesmo século, assistiu ao revivescimento mundial de

---

2. Fernão Cardim, *Tratado da Terra e Gentes do Brasil (Século XVI)*, São Paulo, Nacional, 1978; Gabriel Soares de Souza, *Tratado Descritivo do Brasil (1587)*, São Paulo, Nacional, 1971.
3. (Padre) Antonio Vieira, *Sermões*, Porto, Chardron, 1908.
4. João Antonio Andreoni, *Cultura e Opulência do Brasil por suas Drogas e Minas* (1711), trad. fr. e comentários críticos por Andrée Mansuy, Paris, IHEAL, 1968.

seu comércio e apontava-lhe diretrizes[5]. As preocupações renovadoras levaram Vilhena a refletir sobre a necessidade de se introduzirem melhorias no cultivo e no processamento e, no XIX, muitos debruçaram-se sobre o tema, escrevendo manuais normatizadores de seu fabrico[6]. Sua história e sua importância foram o substrato da literatura de José Américo de Almeida e José Lins do Rego[7]. E foi do mundo do açúcar que Gilberto Freyre revelou-nos as estruturas da sociedade patriarcal brasileira, em *Casa Grande & Senzala*[8]. Na historiografia e nas ciências sociais, o açúcar e sua sociedade produziram vasta bibliografia[9].

O açúcar é, também, o tema de Luís da Câmara Cascudo, nessa obra editada em 1971, pelo Instituto do Açúcar e do Álcool, dentro da Coleção Canavieira. Nele, busca compor uma visão sociológica do mundo do engenho nordestino, mesclando informações de cronistas e da bibliografia especializada, com elementos do dia-a-dia, recuperados, da sua história, nos idos da memória pessoal e na recontada por muitos.

O tom do livro é o da permanência, da resistência ao progresso. E não podia ser de outra maneira, pois mais uma vez, aqui, é o viés do folclorista, do amante das tradições que se revela, mais que o de historiador ou sociólogo. Ao contrário do historiador, que disseca as permanências, mas não se escandaliza das rupturas, que se mesclam nas temporalidades, Cascudo nos conta de um mundo do açúcar estruturado, hierarquizado e harmônico, uma verdadeira civilização, centrada na figura heráldica dos senhores de engenho e que o progresso da usina e dos negócios financeiros veio a destruir. Num capítulo, sintomaticamente nomeado "As Mortas Dimensões da Casa-Grande", ele nota que seria "impossível convencer um *economist made* 1970 que a Casa-Grande tivera projeção mais social que financeira" (p. 413).

---

5. Azeredo Coutinho, "Memória sobre o Preço do Açúcar", *Obras Econômicas*, São Paulo, Nacional, s./d.; Luís dos Santos Vilhena, *Recopilação de Notícias Soteropolitanas e Brasílicas* (1802), Bahia, Imprensa Oficial, 1921; João Rodrigues de Brito, *Cartas Econômico-Políticas sobre a Agricultura e Comércio da Bahia* (1821), 2ª ed., Salvador, Governo do Estado, s./d.
6. Frei José Mariano Velloso, *Extrato sobre os Engenhos de Assucar do Brasil e sobre o Methodo já então Praticado na Factura deste Sal Essencial, Tirado da Obra* Riqueza e Opulência do Brasil*; para se Combinar com os Novos Methodos, que agora se Propoem...* Lisboa, Typ. e Litteraria do Arco do Cego, 1800; Manoel Jacinto de Sampaio Mello, *Novo Methodo de Fazer o Açúcar*, Bahia, Typ. de Manuel A. da Silva Serva, 1816.
7. José Américo de Almeida, *A Bagaceira*, Rio de Janeiro, Castilho, 1928; José Lins do Rego, *Menino de Engenho*, 6ª ed., Rio de Janeiro, José Olympio, 1956.
8. Gilberto Freyre, *Casa-Grande & Senzala, op. cit.*
9. Veja-se, dentre outros: Fernando de Azevedo, *Canaviais e Engenhos na Vida Política do Brasil – Ensaio Sociológico sobre o Elemento Político na Civilização do Açúcar*, São Paulo, Melhoramentos, 1958; Gileno De Carli, *O Açúcar na Formação Econômica do Brasil*, Rio de Janeiro, IAA, 1937; Manuel Diegues Jr., *O Engenho de Açúcar no Nordeste*, Rio de Janeiro, Ministério da Agricultura, 1952; Maria Tereza Schorer Petrone, *A Lavoura Canavieira em São Paulo*, São Paulo, Difusão Européia do Livro, 1968; Wanderley Araújo Pinho, *História de um Engenho do Recôncavo*, 2ª ed., São Paulo/Brasília, Nacional/INL, 1982; Manuel Correia de Andrade, *A Terra e o Homem no Nordeste*, São Paulo, Brasiliense, 1972; Stuart Schwartz, *Segredos Internos*, trad. de Laura Teixeira Motta, São Paulo, Companhia das Letras, 1988; Vera Lucia do Amaral Ferlini, *Terra, Trabalho e Poder*, São Paulo, Brasiliense, 1988.

E é essa mesma figura do senhor de engenho, aristocrata e civilizador, que está no centro de sua sociologia. Diferentemente de Freyre, em que o complexo da Casa Grande e da Senzala constitui o núcleo social, a relação senhor-escravo, cristalizada no Nordeste açucareiro, configura padrão da sociedade brasileira, ou seja, uma relação de constituição de identidades sociais dadas pelo escravismo, com a inevitável (e, no caso de Freyre, positiva) interpenetração cultural, para Cascudo, a escravidão foi apenas uma forma histórica de obtenção de mão-de-obra, que não constitui, nem altera, quando de sua abolição. O escravo, personagem central de Freyre, é personagem secundário para Cascudo, nessa sociedade articulada pelos senhores. Nesse sentido, sua análise, conservadora, radicaria em Varnhagen e Oliveira Vianna e no papel civilizador do branco[10].

Se o papel do escravo foi apenas de mão-de-obra, a própria escravidão, para ele revivescência de uma forma milenar de obtenção de trabalho para as grandes culturas agrícolas, teve como conseqüência mais criminosa e persistente, não o genocídio de séculos, não o desenraizamento de populações, não a desestruturação política da África, mas a desvalorização do trabalho manual (p. 187). Ora, exatamente a desvalorização do trabalho está na origem do uso de escravos, não necessariamente negros. Para que essa sociedade de ordens, de caráter aristocrático, quase feudal, pudesse aqui se implantar, para que seus valores de nobreza, de magnanimidade, de proteção se firmassem, era preciso que o trabalho fosse provido por escravos. Estes sim, a garantia da fidalguia dos senhores, elemento central de sua identidade.

O tráfico africano, por outro lado, foi impulsionado pelo capital mercantil e não, principalmente, pelos potentados africanos, como aponta Cascudo, ao afirmar que as grandes massas africanas empurradas para o Brasil, da Zambezia ao Senegal, foram vendidas, em maioria, pelas autoridades de sua raça (p. 191). A vinda dos africanos teria, como aspecto positivo, permitido um caldeamento de culturas negras, impossível, pelas lutas internas na África, responsável pela criação do negro brasileiro.

Vitimados pela própria África, segundo Cascudo, os escravos acomodaram-se ao seu destino de trabalho, mais brando que o que lhe caberia se lá houvesse ficado, como cativo: aqui, pôde até ostentar o nome de famílias fidalgas, prova da benignidade das relações no Brasil.

O conflito social é elidido e, sob a idéia de civilização, abriga-se a nostalgia mítica de uma sociedade sem confrontos nem lutas, harmonizada pela figura do senhor. Um mundo de nobreza, que o progresso e sua ambição desmedida teriam destruído. Uma sociedade perfeitamente integrada, dissolvida pelo mundo da usina, que transformou as relações tradicionais de convivência e solidariedade em relações puramente econômicas, mediadas pelos salários e pelas normas trabalhistas.

No mundo dos engenhos, afirma Cascudo, havia o conforto e a

---

10. Sobre esses autores, nessa questão, veja-se: Nilo Odália, *As Formas do Mesmo (Ensaios sobre o Pensamento Historiográfico de Varnhagen e Oliveira Vianna)*, São Paulo, Edunesp, 1997.

proteção de padrinhos e madrinhas, compadres e comadres, primos e primas, reais ou nas gostosas *joking relationship* do S. João, S. Antônio e S. Pedro irmãos de criação ou de-leite, amigos do pai e do avô, resultando uma parentela de gens no mesmo clã rural, interligados pelos liames de relações contínuas e familiares, como cognatos, esperava encontrar recursos alheios aos limites dos próprios rendimentos pessoais, recursos que não deveriam ser recusados pela imposição da lei secular do costume. A Usina deu a cada operário o isolamento das finanças individuais, incomunicáveis e ciosamente defendidas e aplicadas porque *valiam mais do que o sangue*. [...] Esses trabalhadores de Usina seriam a massa apetecível às catequeses sociais. Possível a compreensão solidarista porque já não existia o mundo tradicional onde o dinheiro não era tudo. A balança dos preços assustava-os e qualquer promessa de equilíbrio, valia o anúncio salvador da Boa-Nova. O dinheiro trouxe-lhes a angústia pela continuidade em multiplicação. Morreu o tempo em que ninguém sabia quanto era feliz (p. 270).

Ao longo de quatro séculos de escravidão, o título de senhor de engenho espalhava aura de nobreza, riqueza e poder. Mais que empresários, os senhores eram potentados rurais, cujo domínio ultrapassava, e muito, a esfera econômica. Dominando a sociedade, é certo que as mudanças não lhe interessavam e a adoção de maquinismos, no século XIX, foi lenta. Primeiramente, o uso de vapor na cozinha, depois na moenda, configurando o bangüê[11]. Dispondo de mão-de-obra, submetida pela escravidão e cada vez mais pelo monopólio da terra, os poderosos bangüezeiros do século XIX não tinham muitos motivos para aumentar a produção e resistiram.

Os senhores de engenho, os poderosos bangüezeiros do século XIX, resistiram à modernização da produção, na forma proposta pelo governo imperial, de engenhos centrais, pois estes poderiam apenas processar as canas. Tal arranjo, se dominante, romperia o grande domínio político e social do senhor, submetendo-os aos fornecedores. Fornecedores aliás, vistos como inferiores, pois como atesta poema de João Cabral de Mello Neto, entre a gente que a "usina depois de mastigar largou", estava "esse bangüezeiro reduzido a fornecedor". Quando, além de economizadoras de tempo e aceleradoras de produção, as máquinas inovações apontaram para melhoria do produto, sem o quê a disputa dos mercados ficava prejudicada, sua necessidade se impôs. A resistência dos senhores de engenho, dos bangüezeiros, levou, no Nordeste, à configuração usineira, que, com a República, passou a contar com o apoio financeiro do Governo (empréstimos com garantia de juros etc.), sem o impedimento de propriedade de terras e de plantio das próprias canas, mecanismo essencial do domínio dos senhores[12].

Com a modernização, sem dúvida, o novo padrão financeiro levou muitos dos antigos senhores à ruína, alçando às usinas uma nova elite, com perfil empresarial diferente e de diferente inserção social. Mas as relações sociais, com os trabalhadores e fornecedores, continuariam tensas e de dominação. Estes, sucessores dos antigos lavradores de cana, continuariam vivendo na incerteza de seus plantios serem moídos ou não, sem segurança de preços, dependendo do aval dos usineiros para

---

11. Veja-se: Ruy Gama, *Engenho & Tecnologia*, São Paulo, Duas Cidades, 1982.
12. Veja-se: Peter Eisenberg, *Modernização sem Mudança*, Rio de Janeiro, Paz e Terra, 1985. Zoia Vilar Campos, *O Doce Amargo*, tese de doutoramento em História Econômica, defendida na FFLCH-USP, São Paulo, digitado, 1996.

suas compras e no limite, perdendo suas terras. Com a ascensão de Vargas, em 1930, e a criação do Instituto do Açúcar e do Álcool, buscou-se normatizar essas relações, resultando, a duras penas, no Estatuto da Lavoura Canavieira de 1941, que viria a ser regulamentado e implementado apenas nos anos de 1950.

Embora a visão de um passado idílico impeça a percepção dos conflitos existentes no engenho colonial e no bangüê do XIX, é exata a constatação do caráter *ancien régime* das relações sociais e econômicas na sociedade escravista, exatamente sua especificidade contraditória, a mesclar sociedade estamental, escravismo e capital mercantil. Suas descrições do cotidiano no mundo do açúcar são preciosas, tanto na compilação erudita dos cronistas, como no relato memorialista, o que lhe permite afirmar que o senhor de engenho

nascera no Brasil com funções militares e administrativas incluídas na profissão industrial. Era uma ORDEM, com obrigações e prerrogativas desde o Regimento de Tomé de Souza [...] Com o passar dos tempos o conteúdo renovava-se nas inevitáveis modificações econômicas e sociais mas o Espírito de trezentos anos mantinha as normas sensíveis ao temperamento dos participantes, impondo-lhes as características de comportamento e o critério nas manifestações decisórias. [De tal forma que] Pertencer ao Engenho era aceitar o dever solidário aos imperativos da sagrada Tradição. Cumprir fielmente os estatutos orais da Grey. Calçar as esporas de prata do coronelato agrário. Lei da Nobreza. "Nobesse oblige". O fausto, relativo ou de estrondo, equivalia ao uso da farda aos militares. O pau se conhece pela casca. Promoção automática ao tratamento de Major ou Coronel. Herdava os postos velha Ordenança quinhentista. Contemporaneidade emocional do Vice-Reinado. Samurai na linha equinocial da América (pp. 100-101).

Mas não decorre daí uma fundamentação histórica, que demonstrasse a inexorabilidade do fim desse universo aristocrático ou uma base para a análise do caráter opressivo dessa dominação. Ao contrário, a usurpação desse espaço pela modernidade da usina, do salário, das relações impessoais destruiu as solidariedades primitivas, lançando os trabalhadores no desamparo, numa sociedade individualista.

Elogio da tradição e nostalgia do domínio senhorial dos bangüês, a obra de Cascudo, sob a fala macia e cativante da varanda senhorial, entremeada pelo pitoresco e folclórico, expõe a sociologia da saudade de um mundo de dominação que, apesar do açúcar, não era tão doce. [V. F.]

SUPERSTIÇÕES NO BRASIL [77]. O livro *Superstições no Brasil* abarca quase tudo o que foi escrito sobre o assunto por Luís da Câmara Cascudo. Reúne *Anúbis e Outros Ensaios*, publicado em 1951, *Superstições e Costumes*, publicado em 1958, e *Religião no Povo*, publicado em 1974[13]. Trabalho etnográfico se entendermos a etnografia como o estudo de estabelecimento, modificações e vitalidade das culturas humanas, como a memória no tempo. Na realidade, são três livros elucidativos da cultura e mentalidade do povo brasileiro, apreendidas nos costumes que afloram no cotidiano.

Anúbis e Outros Ensaios tem os seguintes trabalhos: "Anúbis ou Culto dos Mortos", "Hermes em Acaia e a Consulta às Vozes", "Perséfona e os 7 Bagos de Romã",

---

13. Luís da Câmara Cascudo, *Anúbis e Outros Ensaios; Superstições e Costumes; Religião no Povo*.

"O Barrete do Saci", "A Pedra na Cruz", "Ad Petendam Pluviam", "Experiências de Santa Luzia", "O Macaco Foi Gente", "Não Olhe Para Trás!", "Ferônia, Prometeu", "Limentinus", "Em Louvor de Janus", "Narcisus ou o Tabu do Reflexo", "Nomem, Numen", "Orai", "Jardim de Adônis", "A Carne da Coruja Adivinha", "Histórias de uma Estória", "The Dancing Gang do Brasil", "O Voto de Idomeneu", "Superstições da Saliva", "Pé Direito!", "Velório de Anjinho", "Sete Vezes Fui Casada", "Adivinhas de São João", "Amansando a Fera", "Aí Vai o Laurindo!", "Os Grous de Íbicus Voam em Português", "Descalça-te! A Terra é Sagrada" e "Presença de Muta". *Superstições e Costumes* contém os estudos: "As Sereias na Casa de Deus", "A Bruxa e a Tesoura Aberta", "A Noite do Furto Tradicional", "O Vínculo Obrigacional pela Alimentação em Comum", "Comer Sal", "A Defesa Mágica do Espelho", "Bodoque", "Influência Africana na Lúdica Infantil Brasileira", "Vestígios Contemporâneos do Casamento por Captura", "O Cheiro, Carícia Nordestina", "Vassoura", "O Guarda-Sol", "O Indígena no Brinquedo do Menino Brasileiro", "Doces de Tabuleiro", "Mijar na Cova", "Caretas", "Aperto de Mão", "Andar de Roda", "Rasto", "Castanhola", "Alguns Jogos Infantis no Brasil", "Promessa de Jantar aos Cachorros", "Barco de São Benedito", "O Símbolo Respeitoso de Não Olhar", "Cabelo Solto", "Ferradura", "Deixar o Copo Vazio", "13 à Mesa", "Linguagem do Pigarro e da Tosse", "Passar Debaixo da Escada", "Tropeçar na Soleira da Porta", "O Cocorote", "Um Rito Fúnebre Judaico", "A Luz Trêmula", "Virgindade", "Carregar a Sela", "Apontar e Mostrar o Dedo", "Posições para Orar", "Saia na Cabeça e Sabor d'Água" e "Cheiro de Terra". *Religião no Povo* contém: "Introito", "Religião no Povo", "Tomar Benção", "Santas Almas Benditas, Refeição aos Cachorros e Outras Promessas", "Minha Nossa Senhora", "Com Deus me Deito, Com Deus me Levanto", "O Povo Faz seu Santo", "Dormir na Igreja", "O Padre-Nosso da Velha Cosma", "Orações que Não Devem Ser Interrompidas", "Deus em 1960", "O Morto é Juiz", "Santos Tradicionais no Brasil", "Horas Abertas", "Recado ao Morto", "Profecias", "De Pé no Chão", "A Oração Circular", "A Hora do Meio Dia", "Posição Para Orar", "Com o Diabo no Corpo", "Rogar Pragas", "Da Teologia Popular", "A Pedra na Cruz", "Castigo dos Santos" e "Aos Santos Inocentes".

A linguagem do livro é precisa e cuidada como a expressa na titulatura dos ensaios, como "Influência Africana na Lúdica Infantil Brasileira", "O Vínculo Obrigacional pela Alimentação em Comum" ou "Vestígios Contemporâneos no Casamento por Captura" (*Superstições e Costumes*). Há referências bibliográficas e citações de obras francesas, inglesas, espanholas, alemãs e latinas, não só teóricas, mas, também, literárias, deixando entrever, na sua pertinência, a sólida erudição de Câmara Cascudo.

O TEMA. Superstições. Abrigam-nas aqueles que criam uma relação de causalidade entre um ato ou fato julgado significativo e um acontecimento que se produzirá no futuro. Induzem as superstições a atitudes mentais e produzem determinados comportamentos. Coabitam no indivíduo e na sociedade com posições tecno-científicas, misturando o emocional com o lógico, a cultura burilada com a popular, as crendices e as crenças religiosas ou não. O peso das superstições na cultura brasileira é significativo na medida em que é campo comum da grande tradição – a cultivada em escolas e templos – e o da pequena tradição transmitida informalmente. Podem por isso as superstições serem vistas como um caminho de unidade cultural básica, não elidindo as nuanças regionais.

O Tratamento do Tema dado pelo autor é o da elucidação das raízes tradicionais da cultura brasileira, analisadas através de seus costumes, mitos, lendas, conhecimentos, idéias coletivas e religiosidade do povo "admitindo uma indeterminação teórica para o motivo pesquisado, mas tentando conhecê-lo na plenitude da extensão". Reúne documentos, desce à pluralidade das fontes, principalmente greco-romanas e bíblicas, buscando identificações, fugindo às coerções doutrinárias e às submissões exclusivistas de Escolas e dogmatismos. Recorre a fontes distantes e originárias. As citações bíblicas repontam com significativa freqüência, por serem informativas de usos e costumes, indiferente ao preconceito vigente de que "a independência imparcial é a incredulidade religiosa". No mesmo sentido, reporta-se às referências greco-romanas de Terêncio, Virgílio, Horácio, Hesíodo, Cícero, Aristófanes ou Homero. Em alguns casos, optou pela pesquisa direta, buscando testemunhos orais. No trabalho sobre a *Religião no Povo*, por exemplo, seu objetivo foi captar a espiritualidade do brasileiro dentro e fora da Igreja. Por mais de quatro décadas, visitou as fontes orais, ouvindo sua avó materna, suas tias avós, sua ama, rezadeiras, "mulheres de virtude", do Rio, Salvador e Recife. Trabalhou consciente da imprescindibilidade da argúcia para conquistar a confiança de seus anônimos entrevistados e pela captura da verdade atrás de respostas disfarçadas e astuciosas, provenientes do temor de represálias do sobrenatural que acreditavam alguns depoentes poder advir de uma delação sacrílega.

O autor parte da premissa de que o homem é universal fisiologicamente, mas regional psicologicamente, daí, o relevo dado aos traços ocidentais das superstições e a preocupação detalhista ao ambientá-las no mundo pesquisado – o Brasil, principalmente na sua região nordestina. Mostra o caráter universal das superstições, ligadas ao temor dos presságios, perceptível, por exemplo, em "A Defesa Mágica do Espelho", mas foge dos juízos de valor que o levariam a antepô-las a um sistema de referências religiosas ou da racionalidade científica. Trata o tema sem partir dos pressupostos da autoridade, da ordem e dos constrangimentos. Ressalta as características da continuidade e das permanências da tradição e dos costumes. O passado não desapareceu: "e tudo vive em nós, herdeiros de gerações incontáveis e de culturas sucessivas". Continuidades da cultura ocidental possíveis pela mediação ibérica, escoada para o Brasil através de Portugal. Elucidativa "A Noite do Furto Tradicional", em que descreve pequenos furtos de animais na Sexta-Feira Santa, quando a morte da Autoridade Suprema anula o direito da propriedade privada, tornando-a comum.

Em termos doutrinários, aproxima-se Cascudo do paralelismo ou convergência ao enfocar a cultura brasileira como resultado de uma necessidade local, resolvida com a capacidade realizadora da sociedade, sem no entanto elidir formas múltiplas de adoção cultural. Valoriza os conjuntos culturais do Funcionismo, mostrando a inter-relação dos elementos formadores de uma cultura. *Pars ex toto*.

O trabalho capta a cultura popular que o brasileiro recebeu dos antepassados através da apreensão de atos práticos e audição de regras de conduta religiosa e social, saldo da sabedoria oral na memória coletiva, fundindo pelas superstições nas mesmas bases universais o popular e o letrado. Mais: dá relevo às criações locais, distinguindo entre o criado e o recebido. Nos "Vestígios Contemporâneos do Casamento por Captura", fala do costume existente na África e em Portugal, em tempos recuados, e mostra a sua transposição para os estados do Nordeste, na corrida do chapéu, no Ceará, na corrida do lenço, na Paraíba, e na corrida do anel, no Rio Grande do Norte, todas realizadas após o casamento religioso, simbolizando furto e captura da noiva. "O Cheiro, Carícia Nordestina" fala de costume local que equivale ao beijo, realizando uma aspiração da pele.

A ANÁLISE DO CONTEÚDO evidencia três linhas fundamentais: a primeira diz respeito à cultura do povo, a segunda à religiosidade e a terceira às crenças e crendices. Cada uma delas abrange específicos aspectos.

A cultura do povo, divulgada oralmente, traduz o entendimento comum, pulveriza a sabedoria sagrada, explica fenômenos meteorológicos, conta peculiaridades dos animais, o ritual das festas, cores, armas, enfeites, instrumentos musicais, cantos e danças privativas ou oblacionais, gestos propiciatórios, orientações, razão de ser das coisas e dos seres. Emerge nas superstições.

A cultura informal permeia os comportamentos cotidianos, definindo estereótipos que se conservam com algumas modificações ou sem elas através do tempo. Um exemplo: o costume de abençoar os filhos, mantendo com o gesto o liame de solidariedade entre o familiar e o sagrado: "Tomar a bênção". Nos gestos diários e nos mecanismos do raciocínio persiste a tradição.

Os tabus em relação ao fogo aparecem em "Prometeu". Em "Ferônia", é lembrado o costume da véspera de São João, de atravessar as brasas de pé descalço: cerimônia propiciatória para a conservação e retenção da energia vitalizadora. As previsões meteorológicas tornam-se visíveis em "Ad Petendam Pluviam", ligando a chuva à vontade de Deus, e na "Experiência de Santa Luzia". A força mítica dos alimentos aflora em "Pérsefona e os 7 Bagos de Romã" e no "Comer Sal".

A aproximação das três etnias formadoras do país é olhada sob a perspectiva do contato das crianças em "Influência Africana na Lúdica Infantil Brasileira", no "Indígena nos Brinquedos do Menino Brasileiro" e no "Bodoque".

A suprema ameaça popular é a de urinar na sepultura do inimigo, hábito que ainda persiste no sertão. "Mijar na Cova".

Entre as crenças e crendices, podem ser citados "O Macaco Foi Gente", mostrando o castigo divino, "Não Olhe para Trás!", sobre a transferência de males para as pedras, ramos, frutos. Parte da tradição popular universal, de raízes no episódio bíblico da mulher de Lot, e chega à transferência da fadiga para uma pedrinha, no sertão do Nordeste, atirada *trans caput*. "O Voto de Idomeneu", que trata de promessas indefinidas para a obtenção de vantagens pessoais. Na "Vassoura", fala-se de muitas crendices ligadas a esse utensílio de uso universal, desde o espantar visitas demoradas até o seu uso simbólico ao se mudar de residência. A defesa contra entidades malignas é encontrada na soleira das portas, lugar de forças e encantamentos: "Limentinus", "Em Louvor de Janus", "Tropeçar na Soleira da Porta". "O Barrete do Saci" evoca a figura popular do duende arteiro. Os tabus vão da água ao espelho em que a alma se reflete: "Narcisus ou o Tabu do Reflexo". O futuro se desvenda nas "Adivinhas de São João", através de uma série de procedimentos investigativos, como o nome no papel, o anel no copo ou a clara de ovo. O encontro das coisas perdidas é possível após a reza da Salve-Rainha, interrompida no "os mostrai".

A religiosidade deixa transparecer o sentido do sagrado. "A religião é uma realidade psíquica. Sua tradução é relativa ao ambiente cultural que envolve na espécie ritualística." O rito integra no sagrado. ("O Padre-Nosso da Velha Cosma", "Posição para Orar".) O povo é marcado por uma densa religiosidade que deita raízes no sentimento e se distancia das práticas. Há um plurirritualismo que emerge, por exemplo, no comportamento das mães e pais-de-santo a exigirem sepulturas e exéquias católicas, como outrora os indígenas epidermicamente catequizados recriavam sincreticamente suas Santidades.

A magia envolveu a religiosidade. Magia imitativa ou magia de contigüidade expressa a vontade humana de dominar forças misteriosas. ("A Bruxa e a Tesoura Aberta", "Vassoura"). "Ôrai" elenca as horas abertas (seis, meio-dia, dezoito, meia-noite), quando se está sem defesa contra as forças do mal. "As Superstições da Saliva" falam de feiticeiras e curandeiros usando a saliva, parte essencial do espírito. O poder do nome – "Nomen, Numen" – atua na magia, pois conhecer o nome de alguém é usa-lo, é dispor de sua pessoa. O nome, usado nos feitiços, é também caminho de proteção quando é de um santo protetor das várias atribuições da vida, como os raios, as tempestades, as doenças, os olhos.

Crenças e culto das almas abrigam devoções e a aceitação de fantasmas e assombrações, além de expressar o temor do Diabo, a devoção aos cemitérios, os rituais do velório e do enterramento, e também a representação do destino pós-morte, com julgamento e interferências angelicais. "Santas Almas Benditas", "Anúbis ou o Culto do Morto", "Velório de Anjinho".

Nas superstições, há um caráter pragmático, individual, derivação do sentido do fenômeno religioso na mentalidade do povo, para o qual a importância reside no *porquê* e não no *para quê*.

As devoções variam. Vão da Virgem ("Minha Nossa Senhora") aos anjos e santos ("Santos Tradicionais do Brasil", "O Barco de São Benedito"). Criam-se santos. Expressam-se muitas vezes de maneira curiosa com saltos, gritos e assobios oferecidos a Dom Dino, São Longuinho e São Vítor.

Esse livro de Câmara Cascudo tem o mérito de elencar as superstições, desvendar-lhes as origens, ocidentais ou não, mostrar suas mudanças através da variação de suas representações. As superstições estão ligadas às necessidades básicas de subsistir, comer, beber, dormir, procriar. São respostas às necessidades de defesa do homem diante do oculto e do misterioso, muitas vezes do incompreensível para as limitações do conhecimento pessoal. Mostra permanências, continuidades e criações locais que também têm sua própria dinâmica. Há um fundo de humanismo e de universalidade ao destacar os elementos de que o homem dispôs e dispõe para dominar o tempo e subsistir, derramando em todas as coisas um sentido de magia.

O autor preocupa-se com as raízes sem no entanto se afastar da idéia de que "civilização não se exporta, arrenda, importa, compra ou imita". Recria-se. Cria-se. Por isso, é antes de tudo uma contribuição inigualável para o aprofundamento compreensivo da realidade cultural brasileira. [S. A. S.]

O TEMPO E EU – MEMÓRIAS [78]. Uma das obras autobiográficas de Câmara Cascudo, estruturada em quatro partes, o livro é composto por mais de duzentas crônicas curtas com a narração de fatos do cotidiano, pensamentos, ditados, memórias afetivas, retratos biográficos e recordações de personagens que conviveram com o autor. Com exceção das primeiras crônicas, o livro não segue uma ordem cronológica linear.

No prefácio, ao apresentar a lógica que norteia a obra, Cascudo cita o escritor e médico sueco Axel Munthe: "O método mais prático para escrever uma obra sobre si próprio, consiste em pensar nos outros" (p. 32). Esse é o principal caminho escolhido pelo autor para narrar partes de sua vida.

A primeira seção, "No Rastro de Velhas Imagens", corresponde quase à metade do livro. Nessa parte, descreve suas origens, fala dos familiares e de suas características físicas e de personalidade, narra os primeiros momentos de sua vida, refere-se à sua formação intelectual, conta episódios relacionados às pessoas que conheceu ou admirava.

Ao entrelaçar os retratos dos personagens com quem conviveu, Cascudo constrói parte de sua biografia, tecendo um panorama das influências intelectuais que deixaram marcas em sua formação e obra. As descrições de seus professores são afetuosas, expressando reconhecimento e gratidão. Pedro Alexandrino dos Anjos, um de seus primeiros mestres, introduz a literatura portuguesa e brasileira. Com Francisco Ivo Cavalcanti, aprendeu sobre música, pintura, literatura, teatro e cinema. Referindo-se aos dois professores afirma: "Aos dois fiquei devendo a minha pequenina festa de iniciação em livros, imagens, sonhos e pesadelos intelectuais. Orientaram o meu rito de passagem" (p. 60). Outro momento de sua educação deu-se quando foi aluno num curso particular ministrado pelo professor Luís Antônio Ferreira Souto dos Santos Lima. Refere-se a ele como "um exemplo de fidelidade vocacional, interesse pelo discípulo, dedicação pelo consulente [...] por sua causa éramos, de fora para dentro, evolucionistas, spencerianos, monistas, darwinianos". (p. 112)

Por todo o texto, são encontrados comentários que demonstram admiração pela capacidade intelectual e pelo conhecimento dos professores e amigos. O fascínio pela cultura erudita permeia a obra, o que é demonstrado nos diversos elogios feitos aos personagens que conheciam música e literatura, através do uso freqüente de expressões em inglês e de diversas citações em francês.

Muitos dos fatos narrados demonstram a proximidade entre Câmara Cascudo, a classe dominante e a elite intelectual potiguar. Em uma das primeiras crônicas, enumera os governantes do Rio Grande do Norte que o ajudaram "sem que lhes pedisse". Aqui, temos uma outra característica da obra, um empenho em demonstrar gratidão àqueles que, de alguma forma, auxiliaram-no em momentos de sua vida. As relações sociais com governadores, senadores, deputados e ministros de Estado são descritas em várias das crônicas, demonstrando que da mesma forma que o autor escrevia com desenvoltura e familiaridade sobre a cultura popular, transitava entre aqueles que detinham o poder. Na crônica final da primeira parte do livro, Cascudo recupera suas lembranças mais antigas, compreendidas entre os quatro e seis anos de idade. Recorda do pânico que sentiu, juntamente com sua mãe e as empregadas, provocado pelas luzes projetadas nas casas de Natal por holofotes de três navios. Assim finaliza a narração do fato: "Meu pai jogava poker com o governador Tavares de Lyra. Regressando, rindo, explicou o fenômeno, para os meus trêmulos seis anos [...]" (p. 151).

Apesar da atividade política de Cascudo nos anos de 1930 como líder da Ação Integralista Brasileira, são raras as passagens em que o autor refere-se à política. Do seu passado integralista, aparece apenas uma referência indireta, anedótica. Quando de um discurso pronunciado em 1933, homenagem a Plínio Salgado na sua passagem por Natal, o autor, "arrebatado em louvação" ao líder integralista, comete um ato falho e troca o sobrenome de Salgado por Saraiva.

A partir dos poucos comentários que tece no decorrer do livro, é possível identificar seus pontos de vista políticos. Em algumas vezes, sua opinião manifesta-se pelas palavras de algum conhecido. Por exemplo, quando refere-se à Revolução de 1930, cita o depoimento de um amigo da família, o ex-senador e ex-deputado Sampaio Correia, que afirma:

> Essa revolução de outubro foi única e totalmente política. [...] Uma mera substituição de nomes. [...] Na República Velha, com todos os seus defeitos, havia uma seleção pelo tempo, nomes que se haviam imposto, valores reais. Essa revolução revolveu água, trazendo coisas do fundo e detritos que boiavam. Não dá certo. Não pode dar certo (pp. 77-78).

Em outra passagem, ao descrever a vida do político João da Mata Paiva, o Monsenhor Matha, antigo companheiro de colégio, fala da atitude do então Vice-Governador frente ao levante comunista de 1935, de recusa do asilo político no Consulado do Chile. Quando procurado pelas "patrulhas vermelhas", o político veste a indumentária religiosa e sai à rua "disposto ao sacrifício". Cascudo assim refere-se ao episódio: "Não negara Jesus Cristo em hora suprema e cruel. Essa atitude define o Homem e consagra o Sacerdote". (p. 126).

Além da já conhecida atividade política do autor junto ao movimento integralista, ele conta que chegou a ser deputado estadual em 1930, assumindo em 1º de outubro e perdendo o mandato dois dias depois por conta da revolução de 3 de outubro. Afirma que a vocação pela cátedra impediu que seguisse a política

> Tive a felicidade de encontrar e ser fiel à minha [vocação], durante toda a existência. Quiseram-me "fazer" Deputado Federal e depois Senador. Pedi três dias para responder e apresentei uma recusa que pareceu a todos inexplicável. [...] Toda a minha alegria era o meu professorado provinciano (p. 176).

A segunda parte do livro, "A Lição do Cotidiano", contém considerações de fundo moral, originárias de algumas das experiências vividas por Cascudo. Nessas crônicas, o autor tece comentários sobre diversos assuntos: o pessimismo, o amor, a maternidade, a relação entre trabalho e satisfação, temas que contribuem para traçar um perfil moral do autor. Em algumas das passagens desse capítulo, é possível identificar um certo saudosismo. Alguns exemplos de lembranças de uma época mais simples: "Pagamos o Progresso com a moeda da Tranqüilidade" (p. 162); ou ainda a diferença entre fazer móveis e fabricá-los em série: "Perdemos o contato sentimental com a nossa mobília. Vale pelo uso natural sem nenhuma sugestão lírica" (p. 180).

Na terceira parte, "Compensações e Mistérios", aparece com freqüência a situação do personagem bem-sucedido materialmente, mas que não é feliz na vida que leva. A segunda crônica da seção fala de dois rapazes que estudaram juntos. Um torna-se um bem-sucedido homem de negócios, aquele que "presidiu consórcios, organizou companhias, congressos econômicos, viagens pelo mundo, cara nas revistas, voz na televisão, familiaridades bancárias e ministeriais, residência soberba, presença noticiária". Ao outro, coube uma vida de "professor obscuro" da província, com "viagens fortuitas e raras". Ao final, esse é "vitorioso" ao afirmar "Mas tenho tempo de ler, à noite, nossos velhos poetas gregos e nossos antigos volumes franceses, e você, há trinta anos só lê relatórios e pareceres! [...]" (p. 204).

Outras partes com enredo diferente apresentam a mesma conclusão: não vale a pena ser rico, se a felicidade não é conquistada. Ser feliz é não ter preocupações e ter tempo para "olhar o luar".

A generosidade, a justiça, a vocação, a oposição entre riqueza material e capacidade intelectual são temas presentes em várias das crônicas. Essas considerações morais sobre riqueza e pobreza parecem ser uma resposta inconsciente à grande transformação material por que passou sua família. Vale notar que um personagem de grande importância nas memórias de Câmara Cascudo não é humano, é a "Vila Cascudo", casa em que viveu dos quinze aos 34 anos. A forma com que se refere aos bons dias passados na "Vila Cascudo" ou "Principado do Tirol" é significativa, revelando uma estreita ligação afetiva com o espaço. Além da descrição que faz do conforto material, dos jardins, criados e carros, chama atenção a ênfase que dá às festas:

> Tenores, barítonos, sopranos, pianistas, declamadoras, artistas em excursão exibiam-se na Vila Cascudo. Sob as árvores de sombra, piqueniques, serenatas, violões famosos, tertúlias, improvisações. Dessa Vila Cascudo planejou-se muita festa vitoriosa e não mais repetida, bailes elegantes e mesureiros, Tea-Tango, Five ó clock, Noite Japonesa, fantasias, assaltos familiares, pesquisas culinárias, planos de renovação literária, apoio à "Semana d'Arte Moderna", leitura de originais de poemas e poetas de Estados vizinhos, euforia, magnificência (p. 62).

Quando narra a saída da casa, chega a referir-se ao local como "Paraíso Perdido", demonstrando que a perda representou a separação de muitas de suas lembranças ali representadas. As diversas considerações de cunho moral que constituem o pano de fundo da obra podem estar associadas a esse momento de sua vida.

A leitura de *O Tempo e Eu* permite conhecer alguns momentos da vida de Câmara Cascudo, muitas das pessoas com quem conviveu e, principalmente, aspectos de sua personalidade, seus princípios e valores morais. [L. A. P.]

TRADIÇÃO, CIÊNCIA DO POVO [79]. Quando publicou esse livro, Luís da Câmara Cascudo havia completado 72 anos. Já era, então, o etnógrafo respeitado e reconhecido internacionalmente, o grande folclorista brasileiro, glória intelectual norte-rio-grandense. Em Natal, porto seguro que nunca quis abandonar, era já o monumento-vivo que do casarão em que vivia na Ladeira que hoje leva seu nome, como um viajante peculiar, dedicava-se incessantemente a redescobrir o Brasil pelos roteiros da etnografia e do folclore.

Tradição, Ciência do Povo é um livro de maturidade, e não apenas pela idade e renome de seu autor ao publicá-lo, em 1971. É obra de escritor experiente sobretudo porque o livro reúne e sintetiza algumas das facetas mais significativas de seu autor, tanto pelos temas que aborda quanto pelo método de trabalho que nele explicita e põe em prática; tanto pela erudição impressionante que evidencia, quanto pelos conceitos com que opera; tanto pelo estilo todo seu da escrita quanto pelo caráter enciclopédico da maioria dos artigos reunidos no livro.

Livro composto a modo de uma sinfonia, os oito ensaios que o conformam são, como nas composições sinfônicas, precedidos por uma *abertura*, breve mas significativa. Nela, o tema principal, retomado com variações em cada um de seus oito movimentos, aparece com clareza, e é assim explicitado pelo autor:

> A Memória é a Imaginação do Povo, mantida comunicável pela Tradição, movimentando as Culturas, convergidas para o Uso, através do Tempo. Essas Culturas constituem quase a Civilização nos grupos humanos. Mas existe um patrimônio de observações que se tornam Normas. Normas fixadas no Costume, interpretando a Mentalidade popular. [...] Não lhe sentimos a poderosa e onímoda influência como não percebemos a pressão atmosférica em função normal. Nem provocam atenção porque vivem no habitualismo quotidiano" (p. 9).

É também nas duas páginas da "Introdução" que Cascudo define o método de trabalho presente em cada um dos capítulos e em tantos de seus outros trabalhos. Seu método parte da centralidade da noção de convivência, entendida como a síntese daquilo que no prólogo de sua obra maior, o monumental *Dicionário do Folclore Brasileiro* [18] publicado em 1954, explicita como o protocolo de seu ofício, pelo cumprimento do que entende serem as três fases do trabalho folclórico e etnográfico, "colheita, confronto e pesquisa de origem", ou seja, a escuta atenta dos informantes, o registro rigoroso das diferentes versões e a busca das origens entendidas como linhagem e constância cultural.

Para Cascudo, é a experiência vivida no sertão que legitima e sustenta seu trabalho. O sertão nordestino, "cenário de infância e juventude" (p. 30), é considerado o lugar de seu verdadeiro aprendizado, uma vez que "a dura escola do Sertão ensina aos seus filhos num curso universitário vitalício" (p. 53). Por atribuir tal importância ao aprendizado pela experiência sertaneja e à coleta das vozes populares, Cascudo pode afirmar que no livro "falará o brasileiro dos sertões, cidades-velhas, e praias, sem constrangimento e disfarce" (p.10), pressupondo uma impossível neutralidade na autoria. Dessa premissa decorre um corolário: para ele, não haverá incoerência entre a erudição evidenciada pelas numerosíssimas referências a leituras de clássicos da etnografia e folcloristas contemporâneos nacionais ou estrangeiros; fontes literárias das mais diversas escolas e latitudes; historiadores e cientistas sociais; médicos e cientistas; cronistas, viajantes e memorialistas e a declaração de que o livro é escrito de forma a privilegiar "não bibliotecas, mas convivência" (p. 10).

Método e tese central reaparecerão, com variações determinadas pelos temas tratados, em cada um dos movimentos desse livro sinfônico.

O primeiro ensaio, "Notícias das Chuvas e Ventos do Brasil" (pp. 11-27), recolhe ditos, tradições, superstições, provérbios e costumes brasileiros sobre chuvas e ventos. O segundo, "Meteorologia Tradicional do Sertão" (pp. 28-54), analisa as tradições sertanejas sobre nuvens, tempestades, nevoeiros, arco-íris, remoinhos, fogos-fátuos, estrelas cadentes e previsão de chuvas, deixando transparecer a importância desses fenômenos para aquela terra em que a seca faz da água o bem mais apreciado. A primeira frase desse ensaio merece atenção particular: "O Povo guarda e defende sua Ciência Tradicional, secular patrimônio onde há elementos de todas as idades e paragens do Mundo" (p. 29). Nela Cascudo oferece ao leitor uma pista preciosa para entender uma das coordenadas básicas de seu pensamento sobre a cultura popular no que, para ele, representa a superação das limitações de tempo e espaço. O terceiro capítulo, "Botânica Supersticiosa no Brasil" (pp. 55-83), registra o significado e a simbologia atribuídos pelo povo às plantas.

O quarto texto, intitulado "Respingando a Ceifa" (pp. 85-92), parece simplesmente acrescentar um adendo em que o autor complementa alguns aspectos referentes aos temas tratados nos três ensaios anteriores. Representa algo próximo a um *intermezzo*, na linguagem musical utilizada como metáfora expressiva do livro.

Em "O Morto Brasileiro" (pp. 93-105), quinto ensaio a compor o livro, Cascudo recolhe expressões, práticas e costumes sobre a morte e os mortos no Brasil. Também nesse estudo o autor volta a afirmar o argumento da cultura como *locus* de sedimentação, no presente, de tempos imemoriais ao afirmar que "nós, mentalmente, continuamos. Somos uma seqüência, embora haja quem se julgue inicial. Nada do que existe, culturalmente, é contemporâneo. Flores de raízes milenárias" (p. 103).

O sexto capítulo, "Folclore do Mar Solitário" (pp. 107-115), procura justificar a hipótese de que essa é uma das "zonas brancas" (p. 107) do mapa do conhecimento etnográfico brasileiro, dado o pequeno número de análises sobre as tradições do mar e a cultura dos homens que dele vivem. O sétimo ensaio, "Os Quatro Elementos" (pp. 117-144), estuda as tradições populares relativas à terra, à água, ao ar e ao fogo, sustentando que, para o povo, "todo o elemento que possuir forma definida, limites no espaço, ação percebível [*sic*], características de permanência foi feito por Deus, tendo vontade, consciência e autonomia" (p. 117).

Por fim, o oitavo ensaio, já publicado com o título de *Voz de Nessus* em 1966 e intitulado "Para o Estudo da Superstição" (pp. 145-195), difere dos demais por sua natureza e funciona como o movimento final do livro-sinfonia, capaz de revelar ao leitor a força dos motivos que sustentam cada fragmento da composição[1]. É o mais alentado e revelador dos estudos contidos no livro, e nele Cascudo procura definir as condições de contorno para o estudo da superstição no quadro maior do folclore, trazendo elementos teóricos, metodológicos e material empírico sobre superstições no Brasil.

Nesse oitavo estudo, em primeiro lugar, é possível encontrar pistas sobre a história do livro no conjunto de sua obra, porque data com exatidão o momento em que o interesse pela cultura popular se condensa. Como quem faz memória de sua trajetória intelectual, confidencia: "em 1918 apaixonei-me pela cultura popular, vivendo-a, procurando-a e amando-a" (p. 149). Pouco depois, situa em outra obra sua a origem do estudo publicado em 1966, que se desdobrará no livro de 1971: "para os 'antecedentes', entre 1921 e 1929, há registo [*sic*] nos *Vaqueiros e Cantadores* (Porto Alegre, 1939). Alí vereis, divertido [*sic*], as antiguidades teimosas da minha simpatia supersticiosa, na inicial trôpega " (p. 149).

E, completando a arqueologia dessa sua obra, dá razão da escolha temática que a particulariza: "O Povo, como as crianças e os 'videntes', têm a coexistência com o Impossível, para nós. O incrível é uma fronteira na ignorância assimiladora. A imaginação popular é memória viva das Ciências aposentadas pela Notoriedade" (p. 118).

Em segundo lugar, é nesse ensaio que o autor situa-se no debate, candente desde a década de 1950, que envolve a construção do folclore como campo intelectual no Brasil. Propõe um curso de Cultura Popular no último ano do colegial capaz de, "pelo apelo ao raciocínio", "dar combate ao dragão do tesouro imemorial" (p.183) da superstição, ambígua materialização de nossos medos, e que é, simultaneamente, "tesouro" – porque veículo de tradições imemoriais – e "dragão " – porque, sem as luzes da razão, é apenas crendice estéril. E relativiza a oposição entre cultura letrada e cultura popular, "[...] obstinadas paralelas inflexíveis, Pólux Universitário, Castor folclórico, imortais Dióscorus com lumes na testa: estrela de livro, estrela da conversa do povo, *ad imortalitatem*" (p. 182).

É ainda nesse último ensaio que, com maior precisão. define superstição como "sobrevivência de cultos desaparecidos " (p. 150), "uma técnica de caráter defensivo, no plano mágico " (p. 152) e estabelece a relação entre as práticas supersticiosas, a tradição e a cultura: "a superstição é um fundamento da Cultura Popular, conservadora, defensiva da morfologia, concentrativa, impermeabilizante. Movimenta-se no plano da atualização mobilizadora. De superstitio passa a ser traditionis, entregar, tradere, transmitir. Não teria existência se não possuísse movimentação" (p. 176).

---

1. Câmara Cascudo, *Voz de Nessus – Inicial de um Dicionário Brasileiro de Superstições*, João Pessoa, Imprensa Universitária, 1966.

Como acorde final do livro-sinfonia, Cascudo retoma uma de suas teses mais caras, a da interpretação do Brasil e dos brasileiros como uma química que hierarquiza e qualifica a influência das três raças conformadoras do que somos,

> nós brasileiros, somos representantes, biologicamente resignados, de povos de alto patrimônio supersticioso. [...] O nosso alicerce consta de amerabas, portugueses e africanos. [...] (p. 156).
> Todas essas memórias ficaram vivas nas reminiscências brasileiras, nos giros e volteios da ebulição mental, presenças ativas na química de todos os pavores coletivos (p. 157).
> A influência mais penetrante e profunda é a européia, via portugueses. Fornece o ácido para a prévia dissolução assimiladora e o conduto plástico para a incessante movimentação. [...] Na ordem quantitativa segue-se a sussurrada pelas vozes escravas, numa interminável contaminação do medo hereditário. [...] A menor percentagem é a do indígena, dono da casa que não tinha mobília para acomodar, suficientemente, um sistema de superstições circulantes (pp. 157-158).
> Com essas três fontes, não unitárias e homogêneas, mas vértices de ângulos com bases de extensão imprevisível, criou-se a superstição brasileira (p. 158).

Ao terminar a leitura do livro-sinfonia, se voltarmos ao início de sua abertura, encontraremos a clave que permite a sintonia de todo o livro e fornece o diapasão do conjunto da obra folclórica de Câmara Cascudo, a tradição, entendida como ciência do povo, é caracterizada pela permanência, por ser quase intangível pela história e por remeter, através de cada manifestação particular, ao universal e ao atemporal sempre buscados na cultura do povo que, para ele, "repercute, inalterável, a sonoridade das vozes avoengas" (p. 119).

> Essas observações fixam imagens sem idade, resultados de longos e obscuros processos de raciocínio, critérios-soluções, herdadas, inderfomáveis, e reproduzidas íntegras, ante o automóvel e o avião. Comunicações sobre os fenômenos meteorológicos e a visão do Mundo natural numa recepção fiel a si mesmo. E gestos, frases, que perderam explicações e resistem na velocidade anterior, quase sem os atritos do Tempo (p. 10).

[M. S. N.]

TRADIÇÕES POPULARES DA PECUÁRIA NORDESTINA [80].

A obra de Cascudo é vasta e sua autoridade no campo do estudo da cultura nordestina é incontestável. Nesse opúsculo, que data de 1956, em publicação não comercial do Ministério da Agricultura, Cascudo se debruça sobre o Nordeste rural, que tanto fascínio lhe causava, detendo-se na descrição de costumes e tradições relacionadas à pecuária.

Não há um capítulo dedicado a conclusões, mas encontramo-las dispersas ao longo da obra. Propondo-se a mostrar a grande diferença entre a cultura gerada em função do engenho e a que gravitou em torno da fazenda sertaneja, Cascudo conclui que a criação do gado e a forma como se deu a relação entre o fazendeiro e o vaqueiro determinaram o surgimento de um sem-número de tipos humanos, práticas e crenças inimagináveis no âmbito do engenho. À comprovação disso é dedicada a maior parte do trabalho.

Com uma apresentação dos editores e uma relativamente longa introdução do autor, em que rememora costumes e práticas sertanejas, envolvendo pecuária, agricultura, habitação, culinária e o dia-a-dia da vida do homem do campo, o livro compreende onze capítulos nos quais, após a delimitação da "geografia dos currais", ele estabelece, de forma nítida, a diferença entre a cultura representada pelo senhor de engenho litorâneo e aquela do fazendeiro do sertão. A primeira, caracterizada pela distância na relação senhor/trabalhador e pela tendência à coletivização dos comportamentos; a segunda, marcada por uma relação mais próxima entre o fazendeiro e o vaqueiro e pela tendência ao individualismo e à livre criação, que favorece o surgimento de tipos humanos e práticas culturais bastante diversificados, como o cangaceiro, o cantador repentista e o vaqueiro.

Na seqüência, efetua a descrição de tradições populares que, de uma forma ou de outra, estão ligadas à criação do gado. Destaque especial merece a vaquejada, esporte cuja origem o autor faz remontar às festas de apartação, ocasião em que os vaqueiros, terminado o inverno, reuniam-se para separar o gado de cada fazenda, que permanecera no campo, em pasto comum, durante o período chuvoso. A essência da vaquejada é a derrubada do boi pela cauda, costume que reproduz simbolicamente o heroísmo do vaqueiro que se embrenha na mata para capturar e trazer de volta a rês brava e recalcitrante. Derrubar o boi pela cauda é característica nordestina que concorreu e terminou por substituir definitivamente a derrubada com o ferrão.

No trato com o gado solto, não pode faltar o aboio, solo vocálico improvisado, finalizado sempre por palavras de incitamento à boiada e que produz um efeito maravilhoso, tranqüilizador sobre o rebanho. Popular em todas as regiões pastoris, o aboio nordestino apresenta contudo características próprias que revelam a presença do canto oriental no Brasil.

Fruto da identificação entre o homem sertanejo e o gado é o romance de animais, elemento mais antigo da poética sertaneja, verdadeira gesta de animais, muito apreciada pelo povo. Há dezenas desses romances em que o cantador se identifica com o "herói". Cascudo enumera os 28 títulos da resenha feita por Théo Brandão em 1953.

Ainda que gratificante, lidar com o gado é tarefa difícil que exige, além da alimentação adequada, o cuidado terapêutico. O vaqueiro habitua-se a tratar das doenças do gado empregando terapêutica primitiva e simples. Bastante comum é a bicheira, ferida que cria vermes, em cuja cura se usa convencionalmente a creolina ou o sarro de cachimbo. No caso de animal de difícil captura, no entanto, apela-se para o "curador de rasto", que, a distância, faz cair os vermes da bicheira com fórmulas oracionais. É tradição européia muito antiga de cujas fórmulas há inúmeros exemplos no sertão.

Mas o gado pode ser também vítima do veneno de cobra. Entra em cena então o "curador de cobra", indivíduo imune ao veneno ofídico e detentor do segredo para tornar pessoas e animais invulneráveis à mordida de cobra, poder que emprega para proteger o gado. A prática é antiga e suscita dúvida quanto a sua origem européia ou africana.

Outra crença sertaneja ligada à pecuária é a da "cacimba roubada", segundo a qual a água de um poço ou bebedouro que serve ao gado pode ser "roubada". A ação mágica envolve procedimentos e cuidados especiais: noite alta, máximo de silêncio, emprego de cabaço nunca usado, sob pena de insucesso. A água é "transportada" e reaparece em outro lugar. Para evitar o roubo, atira-se uma moeda de prata na cacimba.

Indispensável à lida com o gado é o cavalo, companheiro inseparável do vaqueiro. Seu treinamento para a sela exige um profissional especializado: o mestre de cavalo. É ele quem escolhe o animal adequado, pelo exame dos "bons sinais", e o submete a prolongado e paciente exercício, até aprender a pisada certa e a resposta pronta aos comandos do cavaleiro.

Como se pode observar pelo resumo acima, trata-se de obra de caráter monográfico em que predomina a descrição, fruto da convivência e da observação continuada dos costumes do sertão. Fundam-se aí o antropogeógrafo, o etnógrafo e o folclorista.

O propósito central – mostrar a diferença entre a cultura do engenho e a da fazenda sertaneja – é fartamente ilustrado com exemplos das práticas e das tradições ligadas à pecuária. A obra registra, como nenhuma outra, os costumes da vida sertaneja, constituindo assim uma contribuição inestimável ao estudo da cultura nordestina, em especial da cultura rural sertaneja. As descrições de Cascudo são vivas, diretas, parecem conversas de um hábil contador de histórias a deleitar o seu público.

Por sua linguagem simples e direta, pela importância das informações e dos registros histórico-culturais que fornece, a leitura dessa obra atende tanto ao especialista, quanto ao estudante e ao leitor comum interessado em conhecer melhor a realidade nordestina. É fonte preciosa de informação para o estudo da história, da poesia, do folclore, enfim, da cultura sertaneja rural nordestina. [A. O.]

TRINTA "ESTÓRIAS" BRASILEIRAS [81]. Os estudos de Câmara Cascudo sobre o conto popular iniciaram-se em 1944, com a publicação da antologia *Os Melhores Contos Populares de Portugal* [53], coletânea de narrativas recolhidas nos livros de grandes autores lusitanos.

Dois anos depois, com outra antologia – *Contos Tradicionais do Brasil* [15] –, ele daria continuidade a esses estudos, dessa vez, participando como pesquisador de campo, através de "estórias" coletadas entre seus familiares, amigos e a criadagem de sua residência, com destaque para Bibi (Luísa Freire) e Utinha (Benvenuta de Araújo), complementadas com outras, selecionadas entre autores consagrados do folclore brasileiro.

No ano de 1954, foram publicados outros três volumes de contos, desentranhados da segunda antologia: *Contos de Encantamento, Contos Exemplares* e *No Tempo em que os Bichos Falavam*[2].

Trinta "Estórias" Brasileiras, de 1955, foi seu "canto de cisne" no universo do conto popular. Nessa antologia, Cascudo recolheu e estudou, num plano universal, trinta contos narrados por Bibi.

---

2. *Contos de Encantamento, op.cit.; Contos Exemplares, op.cit.; No Tempo em que os Bichos Falavam, op.cit.*

Conforme já referido, Bibi era antiga serviçal da família Cascudo, para a qual trabalhou praticamente a vida inteira, primeiro, para os pais do folclorista, depois, para ele próprio, depois que Cascudo se casou. Aliás, essa última antologia, segundo alguns livros, estava programada inicialmente para se chamar *Trinta "Estórias" de Bibi*.

Em alguns de seus livros mais importantes, em que trata dos mais diversos temas folclóricos, o conto popular está presente. Podemos citar *Dicionário do Folclore Brasileiro* [18], *Literatura Oral* [46] e *Folclore do Brasil* [25].

Para estudar o conto popular, como o fez em relação a diversos outros aspectos do folclore, Cascudo criou classificações próprias, que facilitassem o entendimento das manifestações da cultura popular.

No caso específico do conto, ele explica que a sua classificação implica numa "divisão do conto popular no ângulo do assunto e não dos motivos formadores reunidos (Antti Aarne, Stith Thompson)", enumerando e definindo os assuntos que nomeiam os diversos tipos de narrativas populares:

> 1 – *Contos de Encantamento*, quando intervém o maravilhoso, sobrenatural, mágico; 2 – *Contos de Exemplo*, com intenção moral; 3 – *Contos de Animais*, fábulas ou simplesmente ações de astúcia, hilariantes; 4 – *Facécias, anedotas*; 5 – *Contos Religiosos*, com intervenção divina, Deus, Santos, Anjos, Nossa Senhora; 6 – *Contos Etiológicos*, explicando a forma curiosa de um animal, vegetal, mineral; 7 – *Contos de Adivinhação*, onde a vitória do herói depende de decifrar um enigma; 8 – *Contos Acumulativos*, onde o assunto é uma série encadeada de motivos; 9 – *Natureza Denunciante*, onde o crime oculto é tornado público e punido pela denúncia de animais, plantas, pedras, estrela etc.; 10 – *Demônio Logrado*, temas em que o Diabo é vencido pela astúcia do homem; 11 – *Ciclo da Morte*, contos em que a Morte, personalizada, participa e sempre vence e 12 – *Contos sem Fim*, em que o herói deverá contar uma estória interminável".

Em *Trinta "Estórias" Brasileiras*, os contos se resumem a apenas sete classes diferentes: encantamento, exemplo, facécias, contos religiosos, de adivinhação, de animais e contos sem fim. Explica-se: todos eles se originaram de uma única fonte, a narradora Bibi.

Nesse livro, como nas demais antologias do conto popular que Cascudo publicou, ele estudou cada história em face da literatura universal que trata do assunto, resgatando sua origem, algumas vezes, nas mais remotas civilizações, invocando para isso o testemunho de consagrados autores internacionais e as mais famosas coleções tradicionais.

A certa altura do prefácio que escreveu para *Trinta "Estórias" Brasileiras*, Cascudo comenta sobre sua informante Bibi: "A idade enfraqueceu-lhe a memória e mesmo apagou a alegria da grande narradora que foi. Mesmo assim, anos e anos, aproveitandos os momentos de expansão, fui obtendo as notas que constituem este volume". E mais adiante:

> As melhores "estórias" surgiram no curso da conversação, citadas como reforço exemplificador. Sobre algum ambicioso, dizia: – era a ganância dos ladrões que encontraram a botija de ouro... Como foi isto, Bibi? Eu lhe conto... E a "estória" começava. Parece que estamos lendo o *Panchatranta*, o *Hitopadexa*, o *Calila e Dimna*, o *Tuti Namé*, *Livro de Lucanor*.

Tais observações valem para todas as viagens que Cascudo empreendeu no vasto território do conto popular. [D. G.]

VAQUEIROS E CANTADORES [82]. Esse livro é apresentado por Câmara Cascudo como resultante do trabalho de observação e registro, durante quinze anos, que lhe teria rendido um extenso documentário de "fatos, versos, causos", compondo, com o "material colhido diretamente na memória de uma infância sertaneja, despreocupada e feliz" (p. 15), primeira parte – a poética – de uma obra mais ampla, que incluiria uma parte religiosa e outra sobre os autos populares. A consulta a outros materiais (livros, opúsculos, manuscritos, confidências...) teria apenas reforçado ou retocado o que "fielmente se continha em minh'alma", preocupando-se o autor em atestar a fidedignidade do escrito e a ausência do recurso à imaginação como alternativa para o preenchimento de possíveis esquecimentos ou lacunas da memória.

Essa preocupação de Câmara Cascudo em afirmar os seus escritos como registro fiel da realidade é própria dos folcloristas e dos métodos de investigação e produção de registros estabelecidos para os estudos nessa área, desde meados do século XIX, no Brasil. Herdeiro do espírito investigativo que se generalizou entre os letrados brasileiros em busca das nossas raízes culturais, Câmara Cascudo participa de uma linhagem de intelectuais dedicados aos estudos folclóricos – Silvio Romero, Gustavo Barroso, Leonardo Mota, Juvenal Galeno e outros – e, por conta disso, situa, na mesma linha daqueles, os fundamentos da nossa brasilidade como sendo originários de um "sertão típico", segundo ele "feudal" e já desaparecido, pois que em franco processo de mudanças, cujos significados maiores são a perda da tradição e da cultura e, por conseguinte, da memória. Dessa forma, os cantadores, poetas populares, em sua grande maioria iletrados, seriam os guardiões da cultura sertaneja. Aos folcloristas, caberia a tarefa de realizar a transição de uma cultura essencialmente oral para os registros escritos.

"O folclore situa-se a partir do que separa uma sociedade que se estratifica em elite instruída e cosmopolita de um lado, e um setor tradicional, de humilde cepa, do outro", diz-nos Alves de Andrade[1]. Nesse sentido, o folclore aparece como condição de preservação da memória social dos grupos subalternos, no dizer de Câmara Cas-

---

1. F. Alves de Andrade, "Introdução", em Juvenal Galeno, *Lendas e Canções Populares*, Fortaleza, Casa de Juvenal Galeno, 1978.

cudo, santificando os humildes, os bons, os injustiçados e os insultados e, por outro lado, castigando o orgulho e a soberbia, desvendando a calúnia e a mentira e tendo como finalidade a construção de uma ética, pela preservação e defesa de determinados valores sociais. O suposto é de que traz embutido um saber de classe, na medida em que se constituiria como produção de saberes pelos homens comuns.

Pela forma como expõe os resultados da sua pesquisa, é possível perceber os pressupostos gerais utilizados por Câmara Cascudo na classificação do material coletado. Fica evidente, já a partir do título, a articulação que estabelece entre as categorias sociais vaqueiros e cantadores, quando supõe a referencialidade da experiência histórica da exploração pecuária no Nordeste como o "motivo" por excelência da produção poética dos sertanejos cantadores. Considera que os motivos da poesia tradicional sertaneja estão situados no ciclo do gado, no ciclo social e na memória velha da tradição européia. Em decorrência, os materiais são apresentados a partir de dois referenciais básicos, que permeiam também a análise e os argumentos.

O primeiro, de caráter histórico, leva-o a classificar poemas e autores a partir das temáticas que remetem ao que ele chama ciclo do gado – centrado nas figuras do vaqueiro, do boi e dos outros animais do sertão e na cotidianidade da vida nas fazendas; e o chamado ciclo social, trazendo a poesia que trata dos valores e costumes, das crenças e religiosidades populares, da condição feminina e negra na sociedade nordestina, cuja poética é produzida em torno de figuras como o Padre Cícero, os cangaceiros, a louvação às damas e os negros.

O segundo referencial leva-o a desenvolver e apresentar uma classificação de natureza lingüística – fruto das pesquisas filológicas por ele encetadas –, que permite identificar e situar historicamente a produção desses poetas sertanejos, reclamando uma linha de continuidade entre as tradições européias – principalmente medieval, mas também a antiga – e a cultura brasileira.

Aliando uma refinada erudição com uma atitude de pesquisador rigoroso, familiarizado com os métodos de aferição documental, Câmara Cascudo coteja os materiais colhidos com os de outros folcloristas brasileiros e com os estudiosos do folclore europeu, de forma a construir os liames que permitem pensar numa ancestralidade legitimadora da poesia sertaneja pelos vínculos que esta mantém com a tradição medieval. Para tanto, desenvolveu pesquisa lingüística e histórica, produzindo continuidades temáticas, de forma e de conteúdo entre o folclore brasileiro e o europeu, este último tomado como referencial da sua reflexão. A partir da análise dos modelos de produção poética, Câmara Cascudo identifica a influência da cultura medieval, principalmente, de Portugal, da Espanha e da França, no sertão nordestino, apontando as variações entre as diferentes versões de cantigas, romances, gestas etc., atribuindo essas diferenças à dinâmica da oralidade e à necessidade de adaptação dos poemas às contingências da realidade e da tradição sertaneja do Brasil.

Esse forte apelo ao "feudal", explicação do nosso passado colonial como reprodução e/ou extensão do medievo europeu, constituiu-se numa vertente do pensamento social brasileiro até período bem recente. Câmara Cascudo não discute as formas de apropriação da terra nem os mecanismos de exploração do trabalho e de submissão do trabalhador, tidos como características constituidoras desse feudalismo brasileiro. O feudalismo de que fala remete à idéia de uma sociedade quase imóvel, que sucumbiu às mudanças geradas pela modernidade técnico-científica. Com expressões como "vivi num sertão típico, agora desaparecido", pois "a transformação é sensível e diária. As estradas de rodagem aproximaram o sertão do agreste. Anulando a distância, misturam os ambientes. Hoje a luz elétrica, o auto, o rádio, as bebidas geladas, o cinema, os jornais, estão em toda a parte [...]. O sertão se modifica rapidamente. Uniformiza-se, banaliza-se", constrói uma oposição com o sertão num outro tempo, de um passado inarredável, no qual tinha vivido e conhecido, em que "a culinária se mantinha fiel ao século XVIII. A indumentária lembrava um museu retrospectivo. Orações fortes, os hábitos sociais, as festas da tradição, as conversas, as superstições [...]" (p. 16) e em que roupas, casamentos, hábitos, eram para toda a existência, transmitidas de pais para filhos numa longa cadeia familiar.

A descrição do sertão "feudal" e pastoril constitui-se, na verdade, no grande argumento para explicação da existência de vaqueiros e cantadores. Quando afirma ter o algodão "matado" os roçados, remete às transformações que se operaram no sertão nordestino, em decorrência das grandes secas dizimadoras do gado, e ao crescente desenvolvimento da atividade agrícola e comercial algodoeira que se registrou na segunda metade do século XIX. Com essas mudanças, a figura dos heróicos vaqueiros tornou-se legenda e signo de um passado "heróico", porque substituídos pelo personagem, que depois também se tornaria uma espécie de legenda dos novos tempos, do caboclo pobre, miserável e submisso da propriedade algodoeira.

Se hoje consideramos conservadora e equivocada a pecha de "feudal" atribuída à experiência histórica brasileira, não podemos esquecer que essa perspectiva de interpretação prevaleceu por um longo período no pensamento social brasileiro, só sendo plenamente criticada pelo debate mais recente sobre as perspectivas políticas de transformação da sociedade brasileira e pela releitura que a pesquisa em história e ciências sociais vem realizando. Faço este registro, entretanto, não para "perdoar" Câmara Cascudo, mas para situar o seu pensamento nos marcos do seu tempo.

Ainda sobre o chamado "ciclo social", além dos versos que remetem às temáticas sociais, como as romarias e crenças, as louvações às damas e às gestas dos cangaceiros, neste último caso, o que está em jogo é um senso de justiça, sendo a ação criminosa lida como gesto de valentia e de defesa de injustiçados.

Câmara Cascudo, rebate com veemência àqueles que falam de racismo no Brasil. Diz que desde o primeiro momento da colonização, iniciou-se o processo de clareamento da população e que o negro foi sendo absorvido pela cultura brasileira. Demonstra a sua adesão à tese da democracia racial, atribuindo a razões de caráter pessoal as sátiras populares que têm o negro como objeto de poesias ferinas, uma vez que, no Brasil,

> Ninguém se lembrou de vetar ao negro galões do Exército e a promoção na vida burocrática. Negros, fulos, crioulos, foram Ministros de Estado e governaram o Brasil ao lado de D. Pedro II, neto dos reis de Portugal, Espanha, França, Áustria. Nenhum instituto de educação excluiu negros, nem uma criança brasileira se recusou a brincar com um negrinho [...] (p. 154).

E acrescenta que os melhores cantadores do Nordeste – Inácio da Catingueira, Pedro Limão, Manuel Caetano e outros – eram de origem negra e que Inácio da Catingueira, por exemplo, contava com a aquiescência complacente de seu senhor, que lhe "dava a liberdade" de se dedicar ao ofício. Escravos-cantadores tinham liberdade de ausentar-se do trabalho, por dias e até meses seguidos, sem que fossem cobrados pelos seus patrões.

Esse viés conservador é que o faz atribuir o "vírus do cientificismo" aos bolchevismos, que só os faz ver luta de classes e, aos abolicionistas, que vêm racismo na sociedade brasileira. Câmara Cascudo rebate, afirmando que "socialmente, [...] o negro é um brasileiro como outro qualquer" (p. 154). Diante de evidências fortes de racismo, expressas nas várias poesias por ele publicadas, como nos versos

> Negro, és monturo
> mulambo rasgado,
> cachimbo apagado
> Recanto de muro...
> Negro sem futuro,
> Perna de tição,
> Boca de purão,
> Beiço de gamela,
> Venta de moela,
> Moleque ladrão!
> [...] (p. 154).

não podendo fugir às evidências poéticas carregadas de motejos, sátiras e chistes denunciadores do preconceito para com os negros que permeia nossa cultura, justifica-os, afirmando que, apesar de muitas vezes recorrer até ao desaforo, nenhum cantador recusou um antagonista sob a alegação da "epiderme escura" e, mesmo que pareça estranho, as contendas nas cantorias sempre terminaram com trocas de amabilidades.

Aqui, caberia pensar que essa "sociabilidade amável" não pode obscurecer as tensões e os conflitos que permeiam as relações sociais e considerar que, enquanto linguagem, "o texto se tece na trama das relações humanas múltiplas, que, sem dúvida, na experiência vivida foram tão discordantes quanto contraditórias"[2].

Apoiadas nos aportes dados pela vasta obra de Zumthor, destacamos um outro aspecto importante da obra de Câmara Cascudo: o cuidado que demonstrou na recolha e no registro dos materiais da cultura sertaneja, de forma que, preservando os critérios de oralidade e de subordinação da escrita à "vocalidade", supõe a dimensão da apresentação – "o olhar e o gesto" – como parte da produção do texto poético. A poesia seria mais que um conjunto de textos, pois incluiria as atividades que a produziram: o corpo, o gesto, os meios. Essa perspectiva aparece em Câmara Cascudo em várias passagens e por diversas maneiras, desde a publicação das partituras mu-

---

2. Paul Zumthor, *A Letra e a Voz*, trad. de Amálio Pinheiro e Jerusa Pires Ferreira, São Paulo, Companhia das Letras, 1993.

sicais das cantorias, até ao registro detalhado de suas observações, narrando as circunstâncias em que foram realizadas, como nessa passagem: "Em um cantador que ouvi no mercado público de Fortaleza havia uma linha melódica, pura, impressionante de simplicidade e de nitidez, lamento tão melancólico, duma melancolia torva e concentrada que lembrava a saeta andaluza." (p. 17).

Cada vez mais, o rico material coligido pelos folcloristas vem interessando aos historiadores, na medida em que, ao ser submetido à crítica historiográfica, constitui uma fecunda fonte para os estudos de história social. Confrontados com os processos de produção dos saberes científicos, as crenças, os costumes, as práticas e representações vivenciados e produzidos como tradição que se transmite via expressão oral, por muito tempo, a cultura dos iletrados foi pensada como "resíduos", "restos", "conservadorismo" de pessoas ignorantes e resistentes às mudanças na sociedade. Mesmo fazendo sérias restrições aos processos de registro e aos materiais deles decorrentes, realizados pelos folcloristas ingleses, Edward Thompson lembra que, cada vez mais, coloca-se a necessidade de o historiador utilizar-se deles como fontes na produção de uma história dos "costumes" – pensados como cultura. Apesar de esses registros realizados pelos folcloristas terem sido feitos a partir de uma ótica que os pensava como "resíduos", "algo perdido" e superado pelo processo "civilizatório", descontextualizando-os dos seus usos dinâmicos pela sociedade, cabe ao historiador fazer-lhes perguntas novas e neles buscar "os costumes perdidos e as crenças que os inspiraram", tentando recuperar "estados passados de consciência e a reconstrução da textura das relações domésticas e sociais"[3].

Nesse sentido, estabelecer tais documentos como fontes para a história social é abandonar a idéia de pensá-los como relíquias, coisas de antiquário, e recolocá-los no seu contexto social de produção e apropriações.

Vaqueiros e Cantadores expressa, no seu conjunto – apresentação e comentários, estrutura da obra e recortes de análise –, o rigoroso pesquisador e erudito estudioso da cultura popular, que faz Câmara Cascudo e a sua produção permanecerem como obras de referência para os pesquisadores da cultura brasileira. [I. C. B]

A VAQUEJADA NORDESTINA E SUA ORIGEM [83]. O livro é composto por um ensaio e um glossário de termos regionais. Foi escrito a partir de artigo redigido para a revista portuguesa *Douro-Litoral*, n. III-IV, Porto, 1953. O artigo foi ampliado após novos dados de pesquisa e publicado pela Imprensa Universitária da Universidade Federal de Pernambuco em 1966. No mesmo ano, foi elaborada uma terceira versão do texto, publicado com o "Glossário da Vaquejada" pela Fundação Joaquim Nabuco de Pesquisas Sociais, PE. Em 1971 e 1976, o livro foi reeditado pela Fundação José Augusto, RN. Nessas duas últimas edições, foram incluídas anotações de Diógenes da Cunha Lima e desenhos de Albano Neves e Souza.

---

3. E. P. Thompson, "Folclore, Antropologia e Historia Social", *Cuadernos Secuência*, México, Instituto Mora, 1994; *Costumes em Comum, op.cit.*

Na introdução do livro, Câmara Cascudo cita o Evangelho de São João – "O que é da terra é da terra e fala da terra" – e expressa seu critério de escolha do tema da vaquejada, que, segundo ele, aproxima esse estudo de *Jangada* [41], *Tradições Populares da Pecuária Nordestina* [80], *Jangadeiros* [42], *Rede de Dormir* [72], *Cozinha Africana no Brasil* [16] e *História da Alimentação no Brasil* [30]. Todos seriam "obstinadas valorizações do humilde-cotidiano". Entretanto, não é unicamente pela perspectiva etnográfica que o assunto é abordado nesse ensaio – assim como em muitos de seus trabalhos. Seu tema desdobra-se pela escrita do polígrafo: etnógrafo, sociólogo, historiador e, por fim, memorialista – "Apenas ninguém queria contar a história da Vaquejada [...]. Este ensaio tem essa finalidade. Começa [...]" (p. 14).

O autor reconstitui, num passado genérico, a data festiva "mais tradicional do ciclo do gado nordestino" (p. 17) em seu *sentido original*, relacionando-a à sua funcionalidade primitiva. A festa da vaquejada era, segundo Câmara Cascudo, uma exibição "de força ágil, provocadora de aplausos e criadora de fama" (p. 17) dos vaqueiros, diretamente vinculada ao trabalho de divisão (Apartação) entre os fazendeiros, do gado criado solto nos campos sertanejos. Repetiam em público, nos pátios das fazendas, a técnica utilizada nas várzeas para recolher os animais ariscos que escapavam da manada e disparavam pela caatinga. São testemunhos do sentido original dessa tradição, o registro literário de Euclides da Cunha (*Os Sertões*[4] e o relato, verídico ou ficcional, de um vaqueiro em J. M. Cardoso de Oliveira (*Dois Metros e Cinco*). Como parte da reconstituição narrativa com que Câmara Cascudo inicia o ensaio, são utilizados termos regionais das atividades pastoris, traduzidos no glossário.

Retirada desse passado histórico transformado em Memória pelos caminhos da oralidade, a técnica tradicional nordestina da derrubada do boi pela cauda é trazida para o presente e pode, portanto, tornar-se objeto de estudo sistemático no viés de sua peculiaridade em relação a outras tradições próximas e influentes. O autor percorre distintos universos de referências documentais (cf. a diversificada lista de *Interlocuções*) na busca do mais antigo registro da técnica sertaneja da derrubada do boi, para encontrá-lo no *Novo Cancioneiro*, de José de Alencar, publicado no jornal *O Globo*, de 1874 (p. 22).

Não encontra, entretanto, registro da técnica na tradição pastoril de Portugal, cuja "jurisdição cultural" (p. 30) no Brasil é dominante – "os usos e costumes vulgarizados no Brasil vieram de Portugal. As técnicas dos nativos não alcançariam jamais a espantosa disseminação funcional" (p. 30). Assinala, em seguida, a provável origem da vaquejada pela semelhança entre esta e a também tradicional "coleada", prática esportiva popular em alguns países da América espanhola, rastreando e comparando a documentação sobre as técnicas pastoris da Espanha e dos países vizinhos ao Brasil com a técnica tal como praticada no Nordeste.

Sua conclusão relaciona os critérios de antigüidade e permanência dos "usos e costumes" disseminados pela dominante "ação influenciadora" (p. 30) dos coloniza-

---

4. Euclides da Cunha, *Os Sertões*, op. cit.

dores, conjugados ao critério de adaptabilidade às condições naturais da região, para deduzir a origem, a singularidade e a conservação da tradição:

> A menção de José de Alencar para o Ceará, permite deduzir de uso bem anterior verificando-se o emprego no âmago dos sertões, refratário às modificações rurais. E se existia no Ceará, vivia no Rio Grande do Norte, Paraíba e Piauí, regiões vizinhas. Mesma raça, hábitos, mentalidade, ambiente físico, organização social e atividade econômica. A vaquejada, acredito ser de origem espanhola. Desapareceu na Espanha mas resiste nas terras d'América, entre as populações pastoris do antigo domínio colonial (p. 31) [E] a derribada pela cauda popularizou-se pelo interior do Nordeste atendendo à natureza da vegetação nas caatingas, [...] impossibilitando o espaço livre para o lançamento do laço [...] No meu sertão, derrubada no fechado era a solução comum, usual, costumeira (p. 27).

Convoca nesse trecho conclusivo, o depoimento de um de seus informantes mais consultados em suas pesquisas etnográficas: Fabião das Queimadas, "velho poeta das vaquejadas no agreste do Rio Grande do Norte, negro, analfabeto, ex-escravo" (p. 27).

O autor conclui o texto assinalando aquilo que é a tese do ensaio e expressa a marca memorialista de seus estudos, a saber, a prática da vaquejada no presente ganha sentido como uma tradição *resistente, sobrevivente* e *desvirtuada* pela perda de sua funcionalidade em contraste com uma tradição *viva, natural* e *original*, localizada num passado heróico e anônimo, o qual deixou raros fragmentos na história, cuidadosamente recolhidos e apresentados. Contar sua história é restituir sua memória porque

> já não há mais o gado brabo, criado solto, largado nas pastagens sem dono. Toda a gadaria vive dentro de coordenadas geográficas intransponíveis. Sertão retalhado pelas rodovias, fedendo a gasolina, com manchas de óleo nas touceiras de macambirras [...] Muitas figuras espantosas morreram pela ausência do clima de ação. Já não se fala da tradição valorosa dos topadores invencíveis. [...] Esta paisagem hostil, sedutora, virilizante, era o ambiente das derrubadas heróicas, anônimas e definitivas (p. 28). Hoje é festa pública, nas cidades com publicidade e alto-falante, fotografias e aplausos citadinos. Outrora as bromélias, xique-xiques e cardeiros eram as únicas testemunhas das façanhas. [...] Concorrem os jovens vaqueiros e em maioria absoluta fazendeiros moços, homens titulados pelas Universidades. [...] A Vaquejada tornou-se esporte da aristocracia rural (p. 29).

INTERLOCUÇÕES:
– Literatos: Euclides da Cunha (p. 18), José de Alencar (p. 22), J. M. Cardoso de Oliveira (p. 18).
– Textos de Literatura: *Cartas Chilenas* (p. 20).
– Etnógrafos e folcloristas: Teodoro Sampaio (p. 18), Silvio Romero (p. 20), Tom Driberg (p. 22), Ramon Paez (p. 23), Dom Eugênio Pereira Salas (p. 23), Angel Maria Gonzalez (p. 24), Luis de Hoyos Sáinz (p. 24), José Maria Cossio (p. 31), José Daza (p. 31), Julian Caceres Freyre (p. 31), Ildefonso Pereda Valdés (p. 32).
– Viajantes e cronistas: Saint-Hilaire (p. 20), La Barbinais (p. 20), Wied-Neuwied (p. 20), Luis Gonçalves dos Santos – "o padre Perereca" (p. 20), Henry Koster (p. 21).
– Historiadores: Irineu Joffely (p. 20).
– Pintores e desenhistas: Debret (p. 21), Rugendas (p. 21), Francisco Narvaez (p. 23).
– Romanceiro popular: *Rabicho da Geralda* (p. 26), *Boi Espácio* (p. 27), *Vaca do Burel* (p. 27).

- Informantes: Fabião das Queimadas (p. 27).
- Periódicos: *Diário de Notícias* – Lisboa (p. 29).

Ver ainda: Luís da Câmara Cascudo, verbete "Vaquejada", *Dicionário do Folclore Brasileiro* [8], pp. 783-785 e *Vaqueiros e Cantadores* [82]. [S. I. B.]

VIAJANDO O SERTÃO [84]. Os poetas sertanejos não descrevem paisagens, não se interessam pela natureza em si, mas na sua literatura oral – uma das mais expressivas do mundo – voltam-se para as lutas, as "gestas", o movimento e as "sagas" nórdicas. Por isso, pensar uma literatura sertaneja como semelhante a outra qualquer é um erro, pois ela reflete uma sintaxe própria e uma mentalidade diferente da urbana. Sua fala se assemelha ao português antigo, à gramática do século XVI. Essa e outras interpretações sobre a realidade sertaneja, apresenta-as Cascudo no seu livro *Viajando o Sertão*.

Publicado quase todo em artigos no jornal *A República*, do mês de maio a julho de 1934, a obra, que mistura crônica e ensaio, inscreve-se como uma reportagem etnográfica sobre o interior do Rio Grande do Norte. Cada pequeno artigo privilegia um tema particular do universo rural. Guardando aquela forma na sua composição, não faltam, entretanto, em alguns momentos, toques de humor. O sertão, descrito de maneira apaixonada, revela-se por inteiro, ainda que não de forma sistematizada. Relembra, de início, que povoado desde os séculos XVII a XVIII por uma gente forte e destemida, suas fronteiras se estenderam para além do Rio São Francisco, por meio da criação do gado e constituição das grandes fazendas de domínio patriarcal. Na expulsão dos selvagens da vasta região que ocupavam, cada vez mais se afirmava o estabelecimento de novas roças e núcleos populacionais. Desse modo, com a casa grande e os currais de criação de gado, surgiram as cidades de Currais Novos, Angicos, Caicó, Luís Gomes, Lages e Acari, segundo Cascudo.

Aqui e ali, através de seu olhar de observador arguto das coisas e pessoas, descreve a riqueza da Cultura Popular, captando, como poucos, a mentalidade do homem sertanejo e seu espaço geográfico. Talvez, ninguém melhor do que ele para mostrar a realidade das velhas igrejas, já várias vezes degradadas devido às diversas pinturas de suas paredes centenárias, com seus estilos rococó e barroco dos séculos XVIII e XIX quase invisíveis, perdendo ao longo do tempo sua fisionomia e sua história. Os santos de madeira, poucos que ainda restam nas igrejas, são substituídos pelos de gesso ou massa, coisa que o sertanejo muitas vezes não aceita. Apesar de se apresentarem mais bonitos nas suas formas, estes não são trabalhados pela mão do artista. Entre os testemunhos que anota sobre a arte religiosa, a figura do fazedor de santos em Açu é das mais expressivas. Num vôo poético e reflexivo sobre o mundo de José Leão, descobre o artista primitivo que, mesmo enfrentando dificuldades como a fome e sem instrumentos adequados, produz maravilhosas imagens e objetos religiosos.

A viagem é longa. Ainda mais que para percorrer os 1.307 quilômetros do trajeto, enfrenta as mais diversas dificuldades: ora de trem, de canoa, a galope, carregando maletas e livrando-se dos xique-xiques; ora tem de empurrar o Ford para subir as ladeiras nas estradas escorregadiças e barrentas... "Andamos a pé, de cadeirinha, de macaquinho, dentro d'água, na lama, nos massapés, pulando cerca, saltando de pau em pau, os roçados que a enchente circundara, correndo nos panascos, empurrando o auto, trabalhando de pá [...]" (p. 11).E, desse modo, desloca-se de um lugar para outro: de Santa Cruz a Cerro Corá, de Angicos para São Romão, atravessando Açu, Paraú, Caraúbas, Patu, Almino Afonso, Lucrécia até a distante Apodi e depois Mossoró, para retornar de hidroavião para Natal.

Cascudo, na época, era professor catedrático de história e diretor do Ateneu Norte Rio-Grandense. Ao lado do interventor Mário Câmara e de outros membros da comitiva (técnicos em agricultura, açudagem e educação), visita escolas e autoridades municipais, faz discursos em várias localidades, acompanha a autorização de construção de novos prédios escolares. Pouco comenta, entretanto, sobre o lado político da viagem. Quando toca no assunto, a sua admiração é para a figura de Plínio Salgado, o líder político que, na sua visão, alterou os rumos do País. Há uma clara identificação, nesse sentido, com a linha cultural e política adotada pelos integralistas. A revolução "espiritualista" inspirada por Salgado como solução nacional propunha o retorno aos valores imutáveis, o regresso à terra onde as virtudes "caboclas" permanecem inalteráveis. Compreende-se, daí, a força que a cultura sertaneja – vista como algo sobrevivente ao tempo, com suas tradições intocadas – exerce sobre grande parte dos integralistas, entre os quais Cascudo. Aos 36 anos, militante e chefe provincial integralista – ainda que desdenhe a política partidária –, o autor procura partilhar das belezas que encontra nos pequenos povoados, enfatizando os aspectos mais importantes da vida no sertão.

O registro, quase sempre ao longo da jornada, está voltado para o resgate do conjunto de tradições e saberes do sertanejo. E, nesse caso, vários temas são matérias de memória e afeto. Um dos aspectos que chamam atenção do viajante é a crença do sertanejo de que a sua culinária é de pouco valor. Na intenção de servir bem ao visitante, o sertanejo deixa de lado a sua culinária – coalhada com carne de sol, costelas de carneiro com pirão de leite, paçoca com bananas, milho cozido, feijão verde, mungunzá, carne moqueada –, base de sua energia e de sua resistência física, para adotar o costume do litoral servindo macarronada.

Tudo no sertão tem o seu valor: da alimentação à religiosidade, da linguagem à cozinha sertaneja, da arte primitiva do fazedor de santos à música e às cantorias. É uma cultura que se manifesta diferente da do agreste e do litoral. Como entendê-la? Existe ainda originalidade na sua forma de ser? É possível ainda encontrar nas igrejas e portões dos cemitérios os traços do barroco e do rococó dos séculos XVIII e XIX? É possível ter uma idéia do que é o sertão com uma cultura própria como afirma na sua reportagem?

Se nos ativermos aos dois significados que desde o período colonial se cruzam na origem do termo sertão – um, empregado pelos portugueses, que designa espaços desabitados, desconhecidos ou longínquos e outro, de origem angolana significando "floresta" ou "hinterlândia" –, verificaremos que Cascudo, ao escrever sobre o homem e a região, identifica traços culturais e sociais cujos costumes e tradições são distintos dos do litoral. E, nesse sentido, lamenta que o progresso esteja avançando para o interior e os cantadores desaparecendo, assim como tudo que marca essa cultura.

Em que pese o avanço do moderno – da luz elétrica, do comércio, das usinas e mesmo dos programas e festividades com que são recebidos os viajantes –, Cascudo traça um painel do espaço sociocultural e suas particularidades, tornando o livro uma síntese da alma sertaneja. O ambiente estimula-o a trabalhar com exemplos locais, impressionado pela resistência e adaptação do sertanejo.

O assunto que povoa a imaginação sertaneja e toma conta das cidades e vilas é a figura de Virgolino Lampeão, visto no livro como um "hediondo bandido", "malvado", "estuprador", "incendiário", homem capaz de qualquer malvadeza e que, como cangaceiro, modificou a imagem dos antigos Robin Hoods da região. Estes, como Jesuíno Brilhante, morador da Serra do Patu, Adolfo Meia-Noite e Antônio Silvino eram bem-vistos pela população por suas ações de valentia contra o mandonismo e a arrogância dos ricos: "poupavam as crianças, respeitavam os lares, veneravam os velhos, faziam casamentos, cobravam dívidas que os ricos recusavam pagamento, rasgavam processos forjados pelo mandonismo político" (p. 40). Com Lampião, afirma, acabara-se essa tradição no sertão.

Historiador da cultura popular, Cascudo, com o livro, insere-se na corrente que privilegiou o sertão, com autores como Euclides da Cunha, Gustavo Barroso, Bernardo Guimarães e Guimarães Rosa, entre outros, e, sobretudo, pelo seu conteúdo muito próximo de Mário de Andrade enquanto pesquisador do folclore brasileiro. Essa série de registros *in loco* sobre o modo de vida do sertanejo é ponto de partida para vários estudos posteriores, nos quais amplia os horizontes sobre a cultura popular no Brasil, entre os quais, *Vaqueiros e Cantadores* [82], (1939), discutindo a poesia tradicional sertaneja, *Literatura Oral no Brasil* [46], (1952), estudando seus diversos gêneros (poesia, contos, mitos, lendas), como também *Civilização e Cultura* [12] (1972), para ficarmos nos mais conhecidos.

Nessa edição, os capítulos foram acrescidos de um artigo do escritor Otávio Pinto sobre "uma aldeia de negros no Seridó", contribuição que questiona a interpretação histórica de Cascudo sobre a inexistência ou "quase desaparecimento" do negro no interior do Rio Grande do Norte devido à ocupação pelas fazendas de gado. [J. M. O. S.]

VIDA BREVE DE AUTA DE SOUZA, 1876-1901 [85]. Foi desarmado de pretensões a exegeta ou a psicólogo naturalista que o escritor Câmara Cascudo debruçou-se sobre a vida curta e sofrida da poetisa norte-rio-grandense Auta de Souza. Desse esforço, resultou, em novembro de 1958, 57 anos após o falecimento da poetisa, essa obra.

O principal propósito do livro (mas não o único) foi retirar a aura de poeta mística, que se colou à imagem da poetisa desde o lançamento de seu único livro,

Horto, em 1901. Ao prefaciá-lo, Olavo Bilac destacava:"a nota mais encantadora do livro é a do misticismo, que dá a algumas de suas poesias o amplo e solene recolhimento de uma nave de templo ressoante da grave harmonia dos órgãos, com balbucios de preces entre suaves espirais de incenso".

Jackson de Figueiredo, em estudo datado de 1924, disse ser Auta de Souza "a mais alta expressão do nosso misticismo, pelo menos, do sentimento cristão, puramente cristão, da poesia brasileira".

Sintomaticamente, a partir de 1931, a poetisa passou a freqüentar as páginas de antologias espíritas, a começar por *Parnaso de Além-Túmulo*, reunindo "poemas psicografados" por Francisco Cândido Xavier.

Para combater essa "corrente mística" ou, como prefere Cascudo, "para a configuração realística da Poetisa", era indispensável que o pesquisador reunisse o material esparso e o ajustasse às linhas da normalidade espiritual de Auta, acompanhando sua vida, "as transferências sentimentais, as modificações posteriores ao seu romance de amor, doloroso e breve para o coração". Essa foi a tarefa a que Cascudo se propôs em *Vida Breve de Auta de Souza*.

Antes de tudo, um mea-culpa: Cascudo reconheceu que recebeu – juntamente com a sua geração – a poesia de Auta de Souza como mística –

o título era sonoro e orgulhador para o nosso provincianismo sedento de notoriedade [e contra-argumenta] Auta de Souza não é uma poetisa mística. É um espírito profundamente religioso, alma crente, devota, fielmente ligada ao Corpo de Cristo em sua Igreja, ligada pela doutrina do Catecismo e da "Imitação". [Mais adiante, arremata] Em todo Horto não há uma só página que denuncie tendência mística em sua autora. A música que se evola é dos órgãos e serafinas e não a harmonia dos anjos, percebida nos arroubos. Não há sentimento de êxtase e sim reminiscências amoráveis do convívio de Cristo-Hóstia, a comunhão reparadora e santificadora dos pecados veniais, os únicos que Auta de Souza conheceu neste mundo. E vida, vida humana com seus interesses, diária e normal. Justamente o inverno do Místico.

Cascudo buscou no ambiente que cercou a poetisa em sua infância elementos para a defesa de sua tese:

O mundo infantil para Auta foi o imenso quintal da chácara. Quintal com árvores e arbustos, bosques com trepadeiras, roseiras defendidas pelos vasos rasos de barro, cheios d'água, afastando o assalto das formigas, lagartixas no muro, concordando, verdes calangos rápidos visitando moitas, aranhas pacientes em teias intermináveis no canto do muro, no alpendre da cozinha a voz rascante do papagaio falante, o assobio agudo da graúna e o palreio teimoso do xexéu imitador.

Em meio a esse ambiente, criou-se uma menina "alegre, curiosa, traquina, buliçosa, desarrumadeira das coisas quietas, amiga de carreiras imprevistas como gastando o saldo inevitável de sua concentrada energia".

Esse viver risonho e franco ficaria profundamente marcado na noite de 17 de fevereiro de 1887. Nessa noite, o irmão de Auta, irmão Irineu, que em junho completaria doze anos, morreu num incêndio provocado pela explosão de um candeeiro.

A partir de 1888, Auta estuda no Colégio São Vicente de Paula, onde obtém quase todos os prêmios escolares e conquista amizades, afeições espontâneas, popularidade.

Já por essa época, "tímida e teimosa uma leve febrícola" visita-a todas as tardes, pressagiando o mal (tuberculose) que, a exemplo do que fizera com seus pais, findaria por abreviar tão cedo os seus dias.

A produção poética de Auta de Souza, que ela denominara inicialmente *Dálias* e que, posteriormente, ganharia o nome definitivo de *Horto*, cobre o período de 1893 a 1897. Muitos poemas apareceram primeiro nas revistas dos grêmios literários natalenses, como *Oásis* (Grêmio Literário *Le Monde Marche*), *Revista do Rio Grande do Norte*, do Grêmio Polimático, e *A Tribuna*, do Congresso Literário. Em 1896, começou a colaborar em *A República*, jornal do governo do Estado do Rio Grande do Norte, e "consagrador", segundo Cascudo.

Nas páginas de *Vida breve de Auta de Souza*, Cascudo publica um conjunto de poemas amorosos que Auta teria extirpado do *corpus* do seu livro, sob o argumento de que nele não haveria lugar para quem a fizera sofrer na terra. E Cascudo faz uma inconfidência: revela o nome desse "algoz" da poetisa. Trata-se do bacharel João Leopoldo da Silva Loureiro, "paraibano, formado em 1892, alto, esbelto, dizendo versos e dançando valsas". Auta o teria conhecido em Macaíba e lhe dedicado "versos proibidos". Por ironia da sorte, João Leopoldo teve vida ainda mais breve: faleceu na Paraíba, a 12 de junho de 1897. Informa Cascudo que, nessa data, Auta fechou a primeira coleção de versos.

Cascudo resgata do olvido alguns desses poemas constantes de *Dálias*, mas excluídos de *Horto*. E destaca serem eles "veementes de paixão e de rebeldia amorosa".

Outros poemas amorosos receberam da autora uma roupagem nova, discreta, e assim puderam compor ao lado dos demais poemas do livro.

Assim, a publicação de *Horto* foi precedida de ampla divulgação por esses órgãos de Imprensa, o que evidencia em alto grau a popularidade de que gozava a poetisa em Natal.

A história do prefácio de Olavo Bilac vem explicada em poucas linhas do livro:

> Neste 1899 H. Castriciano publicou o poema "Mãe", prefácio de Olavo Bilac, impresso na tipografia de "A República". Auta fez a escolha definitiva dos poemas e remeteu o original do "HORTO" às mãos do irmão Eloy, agora residente no Rio de Janeiro, desde 1897 Deputado Federal. Olavo Bilac faria também o prefácio do "HORTO", *a indicação mais desnorteante entre os dois temperamentos* (o grifo é nosso). Auta apenas aceitou a sugestão insistente do irmão Henrique. Eloy de Souza foi o portador cuidadoso para Bilac de quem era amigo pessoal.

Outro amigo de Eloy de Souza na Capital Federal, Artur Pinto da Rocha, Deputado pelo Rio Grande do Sul e que estudara em Coimbra, era poeta, ensaísta, homem de jornal. Pinto da Rocha deparou os originais de *Horto* e levou-os para ler. "Ao entregá-los a Eloy, anotara, carinhosamente, a maior parte do volume. Recuperando seu livro, Auta atendeu, em proporção, aos reparos de Pinto da Rocha que, desta maneira, foi o primeiro e único censor de um livro de versos nordestino".

"Auta de Souza viveu em pleno domínio do Culturalismo". Com este último substantivo, Câmara Cascudo resumiu as preocupações da época com os aspectos "técnicos" do poema: rima, métrica, aliterações etc., enfim, a vestimenta da poesia. E pontua: "Muito depois é que a essência-poética seria essencial e não a apresentação." Daí, a atenção que Auta dispensou às anotações de Pinto da Rocha.

No primeiro terço do século XX, porém, essa era uma questão central: a filiação do poeta a alguma escola literária. Por isso, Cascudo pergunta:

> Auta foi uma simbolista? Usou, pelo menos, da técnica inconfundível, maiúscula, nos substantivos, personalizando os apelativos, dando-lhes verticalidade, conteúdo sugestivo. Sonho, Noite, Desejo, Luar, Treva. Seria uma visível intenção de fixar elemento ideal emotivo e transmiti-lo ao leitor na simples ideografia. [E prossegue] O Dr. Otto Maria Carpeaux observa: – Do caráter simbolista da poesia de Auta de Souza pode-se duvidar; está, no entanto, ligada ao simbolismo, mais que a qualquer outro movimento literário, pelo espiritualismo religioso. Daí o fato de que Auta de Souza foi descoberta pelos críticos católicos.

Opinião, no entanto, que Cascudo rebate, lembrando que "Jackson de Figueiredo, Tristão de Ataíde e Perilo Gomes foram precedidos por Olavo Bilac, Nestor Victor, H. Castriciano, [...] não católicos e devotos da Poetisa". E aproveita para retomar sua preocupação principal no livro:

> A permanente na poesia de Auta não é a religiosidade, mas o lirismo, espontâneo, perene, legítimo pelas profundas fontes emocionais. [...] A transparência, limpidez, diafaneidade dos poemas do HORTO hospedam do Simbolismo apenas os traços de permitida e discreta originalidade, suficientes para distanciá-la do nível comum do Parnasianismo, ainda onipotente.

Valetudinária, devido à longa convivência com a tuberculose, que terminou por abreviar seus dias, Auta de Souza não escamoteava o seu mal. Cascudo exemplifica esse comportamento atípico da poetisa com o poema "Doloras", revelador de sua extrema consciência da doença que contraíra. Uma de suas estrofes diz:

> Porque me lembro que muito breve.
> Leva-me a ele tanto dor física.
> E dentro em pouco, branco de neve,
> Verão o esquife da pobre tísica.
> Escreveu para si esse epitáfio:
> Longe da mágoa enfim no céu repousa
> quem sofreu muito e quem amou demais!

Cascudo encerra a biografia com reflexões sobre a dor, a morte e a esperança daqueles que crêem, entre os quais inclui Auta de Souza: "Auta era com a Fé a mesma entidade. Libertar-se da materialidade da vida era o vôo seguro e reto para o Céu: 'Jesus, este vôo infindo/Há de amparar-me nos braços/Enquanto eu direi sorrindo/Quebrei meus laços!' ('Fio Partido')". [N. P.]

VIDA DE PEDRO VELHO [86]. Decorridos 143 anos de seu nascimento e 92 de sua morte, Pedro Velho continua sendo uma legenda política para o Rio Grande do Norte.

Como pensador, foi praticamente uma nulidade (escreveu algumas crônicas em *A República* entre 1897 e 1899, com o pseudônimo de Nemo). Como político, porém, ocupou uma posição de destaque no cenário potiguar, com alguma influência no cenário nacional. Fundou partidos e animou campanhas, promoveu comícios e reu niões decisivas para os destinos do Estado, participou de articulações de grande importância, como a que proclamou a República e, depois, desaguou na Política dos Governadores, implantada durante a gestão do Presidente Campos Sales. Esse é o retrato feito por Luís da Câmara Cascudo em *Vida de Pedro Velho*, obra escrita em 1956, no centenário do nascimento do velho líder político.

Pode-se chamar o livro de Cascudo de biografia ou não. É uma biografia porque o autor conseguiu reunir todo o material disponível acerca do personagem, incluindo aí reminiscências suas. O gênero também pode ser rejeitado porque o material, apesar de excessivo, algumas vezes, é insuficiente para dirimir dúvidas fundamentais. Junte-se a isso o fato de o autor, por ter sido criado no seio de uma família "pedrovelhista", como ele mesmo afirma no prefácio da obra, mitologizar, em alguns momentos, a figura do biografado, sendo excessivamente reverente com seu personagem. Embora remeta à infância e chegue até aos últimos anos de vida de Pedro Velho, parece estar longe de ser uma biografia crítica. Assemelha-se mais a um perfil ou, quando muito, a um gênero hoje conhecido como biografia romanceada. Esquecendo-se da admiração incontida que Cascudo demonstra, todavia, a obra traz um bom elenco de informações.

Nascido em 27 de novembro de 1856, na Rua do Comércio (atual Rua Chile), na Ribeira, numa província (assim eram chamados os atuais Estados) periférica de um País que tinha poucas décadas de vida independente, Pedro Velho foi um dos arquitetos, ainda que em papel secundário, do Brasil da Primeira República.

Na sua infância e juventude, seguia os passos do pai nas jornadas comerciais entre Macaíba, Guarapes, Ceará-Mirim e Canguaretama. Estudou as primeiras letras em Natal, onde aprendeu noções de Português, geografia e Aritmética. Posteriormente, foi transferido para Recife e depois, para Salvador. Ao terminar o curso ginasial, matriculou-se na Faculdade de Medicina, em Salvador. Com problemas de saúde, fechou a matrícula na Faculdade e, com recursos paternos, foi passear na Europa, regressando para terminar o curso na Faculdade do Rio de Janeiro.

Após concluir o curso superior, com uma tese sobre o coração ("Condições Patogênicas das Palpitações do Coração e dos Meios de Combatê-la"), Pedro Velho casouse no Rio de Janeiro e mudou-se para a cidade de São José de Mipibu, RN, em 1881, passando a clinicar e a atender em sua farmácia. No ano seguinte, transferiu-se para Natal, onde, junto com os irmãos Amaro Barreto e Augusto Severo, militou na área educacional, fundando o Ginásio Rio-Grandense, sem, contudo, afastar-se da clínica médica. Pouco mais de dois anos depois, o colégio cerrava as portas e, buscando um emprego estável, Pedro Velho submeteu-se a um concurso no Ateneu Norte-Rio-Grandense, sendo aprovado para lecionar história.

Quando de sua atuação como Inspetor de Saúde Pública, cargo do qual seria exonerado pouco depois da queda do Gabinete Liberal, partido ao qual estava ligado o seu irmão Fabrício, atingiu o ponto alto de sua popularidade, até aquele momento. Mesmo sem ter atuação política, aproximava-se de todos, "tornando-se uma figura popular e querida na cidade", em virtude de seus hábitos simples e de sua simpatia contagiante. Essa experiência foi de grande importância para sua posterior militância política.

E foi nessa área de atuação que Pedro Velho destacou-se. A começar pelo movimento abolicionista na província. Mesmo não tendo criado o movimento, o "velho" líder político conseguiu imprimir-lhe feição e consistência, através da organização da Sociedade Libertadora Norte-Rio-Grandense, "instalada a 1º de janeiro de 1888 e que funcionou até 14 de maio quando encerrou a campanha vitoriosa". A campanha seguinte foi a republicana, com a fundação do Partido Republicano do Rio Grande do Norte, em 27 de janeiro de 1889, da qual "Pedro Velho foi alma e movimento da sessão e alegria criadora." A atuação de Pedro Velho no núcleo republicano potiguar trouxe-lhe notoriedade entre os principais líderes republicanos no Rio de Janeiro e em São Paulo, sem, contudo, garantir-lhe a supremacia política no Estado, logo após a proclamação da República que ele vira nascer e sobre a qual falava com propriedade.

Contatos posteriores na capital da República garantiram a Pedro Velho conchavos que lhe permitiram organizar uma das mais influentes e longevas oligarquias estaduais durante a República Velha. Tudo isso é citado na obra de Cascudo: as demissões coletivas e as nomeações de aliados políticos, que garantiriam a unanimidade no Legislativo estadual. Nem mesmo a neutralidade era permitida. Segundo Pedro Velho, o eleitor neutro era um oposicionista em potencial. Eleitor independente nem pensar, pois "votam contra o governo" e o governo era ele, como Luís XIV ("O Estado sou eu"). De acordo com Cascudo, a conquista do eleitorado de Pedro Velho era feita de forma pacífica, sedutora, demonstrando que não era possível e viável uma forma de resistência social fora de sua bandeira, longe de sua proteção. Era a prática coronelista, consubstanciada posteriormente na Política dos Governadores, que reforçava o poder das oligarquias agrárias estaduais. E quando a sedução e a persuasão falhavam, como era tratado o eleitorado? Na obra de Cascudo, a resposta é dada de forma sutil, quase que para esconder o que está à mostra. O sistema coronelista, entretanto, traduzia uma hegemonia econômica, social e política, que trazia em seu âmago o filhotismo e o fisiologismo, expressos num regime de favores aos amigos e de perseguição aos adversários. Além dessa base de sustentação, a posse da administração municipal pelos coronéis ou seus aliados permitia, por intermédio da nomeação de autoridades escolhidas entre correligionários, ampliar e reforçar seu prestígio local. As fraudes, as eleições a bico de pena, reafirmavam a "verdade das urnas", qualquer que fosse, e legitimavam a prática coronelista.

O sistema político republicano (República Velha), para permitir a livre participação das forças locais, baseou-se em regras eleitorais – controladas pelas oligarquias estaduais, aliadas dos coronéis, e vice-versa. Durante o Império, a participação da população no processo político dava-se pelo critério censitário (censo de renda). A Constituição de 1891 alterou a base do sistema, incluindo todo cidadão alfabetizado. O novo critério esvaziou eleitoralmente os estados nordestinos. Concomitantemente, houve um aumento do eleitorado no Centro-Sul do país. Dessa forma, a questão primordial para as oligarquias nordestinas era como manter sua influência política adaptando-se ao novo sistema eleitoral. A solução encontrada foi reforçar os esquemas de dominação estruturados em relações de dominação de caráter pessoal, que geravam a dependência dos camponeses – dependência econômica e política. As eleições constituíam um prolongamento dessas relações de dependência e, para o eleitor do campo, era natural obedecer às recomendações dos chefes políticos (coronéis), que lhes prestavam relevantes favores.

Essas regras permitiram a emergência e a consolidação, durante toda a Primeira República, de um sistema oligárquico extremamente forte, dominado por, no máximo, duas ou três famílias poderosas em cada Estado: no Ceará, a oligarquia Accioly e os adeptos do Padre Cícero; em Pernambuco, os seguidores de Rosa e Silva e de Dantas Barreto; em Alagoas, as oligarquias Malta e Costa Rego; entre outras. No Rio Grande do Norte, em mais da metade da República Velha predominou a oligarquia Albuquerque Maranhão, comandada até 1907 por Pedro Velho.

Ao se elaborar um projeto de cunho biográfico, muitas vezes, pode-se cair na tentação de privilegiar fatos capazes de conferir ao personagem qualidades que parecem transcendentes aos seres humanos. A infância parece gerar fatos que contêm a centelha do futuro esplendor, exibindo-se assim um culto à personalidade. O biógrafo pode, dessa forma, envolvido pela admiração que nutre pelo biografado, atropelar fatos que ferem a suscetibilidade de um leitor mais atento. Ao analisar a infância e a juventude de Pedro Velho, o início de sua vida profissional e política e sua ascensão como principal liderança política do Rio Grande do Norte, Cascudo torna-se vítima de seu processo de análise, incorrendo em erros primários. Por exemplo, entre as páginas 18 e 20, aborda a situação financeira da família de Amaro Barrreto, relacionando-a à esmerada educação que os seus filhos tiveram. Como podia um filho de uma família sem posses (não era rico o pai de Pedro Velho, segundo Cascudo) passar uma temporada na Europa às custas do pai? Como o pai, que não era rico, conseguiu educar alguns dos filhos nos melhores colégios de Recife? E como foi possível custear os estudos de Pedro Velho numa Faculdade de Medicina? E Augusto Severo, como pôde cursar Engenharia no Rio de Janeiro? E Amarinho, que foi estudar em Paris? Como o pai, sem ser rico, pagou-lhes os estudos, as passagens...? Essas indagações não têm resposta no livro de Cascudo. Ao traçar o perfil de Pedro Velho, o autor elabora um trabalho entremeado por alguns momentos de sentimentalismo. O amor pela terra natal, que aflorava em Pedro Velho como água de fonte, lembra a paixão provinciana que Câmara Cascudo, um provinciano incurável, como se definia, nutria pelo Rio Grande do Norte.

Ao escrever esse livro sobre Pedro Velho, Cascudo esmera-se na ginástica do estilo. A frase direta e objetiva, entrecortada por tiradas irônicas e metafóricas, vem a ser uma segunda natureza do biógrafo. Parece escrever mentalmente; o texto seria o final do raciocínio.

Esse perfil de Pedro Velho, ainda que contendo alguns problemas metodológicos e de análise, tem tudo para resistir ao tempo. Traz alguns flagrantes e avaliações diárias de uma exatidão exemplar. As circunstâncias foram alteradas, mas os personagens têm existência autônoma nos traços ágeis com que são mostrados aos que não os conheceram em ação. [S. L. B. T.]

VOZ DE NESSUS [87]. Esse livro traz explicitados no título as intenções da obra e o fio condutor com que Câmara Cascudo o desenvolve. Ao desdobrarmos título e subtítulo, deparamo-nos com elementos orientadores do projeto ao qual se lança o autor.

A evocação a Nessus[5] antecipa a idéia de ancestralidade que Câmara Cascudo associa à superstição. Constrói um círculo de interinfluências que vagueia pelas sociedades antigas, do mundo clássico greco-romano ao Oriente. Isso feito de maneira tal que compara o gesto de cruzar as pernas durante um parto no Rio Grande do Norte ao significado de semelhante gesto na mitologia clássica[6]. O teor mágico do gesto, em sua perspectiva, é conservado, independentemente, dos muitos séculos passados.

O subtítulo evidencia o foco de abrangência das superstições tratadas no texto. A ele, associa-se diretamente a distinção que faz entre divulgação/conservação e criação/origem das práticas e crenças supersticiosas. Estabelece como objeto de seu estudo a análise das superstições "possuídas" pelo povo[7] brasileiro – sendo elas "ocultas ou reveladas" –, quer tenham algum elemento de sua origem associado ao território brasileiro, quer tenham migrado de geografias e épocas distantes, atribuindo à segunda proposição a quase totalidade.

Percebe o legado supersticioso, em plena atividade na sociedade brasileira contemporânea, enquanto originário da Europa, remontando sua transmissão ao período da colonização portuguesa. Ao ameríndio e ao africano, destina a função de divulgadores e conservadores, ainda que conceda ao último uma restrita participação, associada ao processo de ajuste e adaptação, necessários à conservação:

> O poder de penetração supersticiosa européia foi decisivo [...]. Os escravos africanos, os mestiços, mamelucos, curibocas, cafusos, tornaram-se os infatigáveis divulgadores.
> Não esquecera a África, mas a trazia para os encantos da aplicação, como canela em mingau. Bastante para dar sabor e coloração disitintivos mas não característicos (pp. 40-41).

Portanto, são as superstições que aqui chegaram com os portugueses, em suas adaptações locais, conservadas na memória individual e coletiva[8], o centro de interesse do livro.

---

5. Nessus é um personagem mitológico do mundo greco-romano. Sófocles, em *As Traquínias*, por meio da personagem Dejanira, apresenta-o transportando as pessoas no rio Eveno na Etólia sem auxílio de navio ou velas. Quando da travessia de Hércules e Dejanira, recém-casados, Nessus a teria "tocado" com suas mãos e Hércules lhe trespassara o peito com uma flecha alada. Ainda agonizando, ele aconselhara Dejanira a recolher o sangue de sua chaga, afirmando ser este possuidor de poderes mágicos. O líquido deveria ser usado com a finalidade de manter o herói afastado de outras mulheres. Sangue que, depois, será o causador da morte de Hércules. Sófocles, *As Traquínias*, trad. de Maria do Céu Zambujo Fialho, Brasília, Editora da UNB, 1996, pp. 48-49.
6. Rememora o nascimento de Hércules, atrasado por um período de sete dias em virtude de Hera permanecer de pernas cruzadas, prolongando o sofrimento de Alcmena. Sobre a narrativa clássica, vide capítulo II, no qual remete à narrativa de Ovídio em *Metamorfoses*.
7. A expressão "povo" é utilizada pelo autor como sinônimo de nação, não fazendo distinção de classe ou instrução.

Apesar da apresentação do livro como prenunciador de um dicionário sobre o assunto – o qual não chegou a realizar –, nele, estão colocados elementos matizadores das concepções e da relação do autor para com o assunto.

A relação que estabelece com as superstições, visualizadas por meio de gestos, palavras e atitudes, é a de testemunha visual ou a de quem foi informado por testemunhas incontestes, bem como a de assíduo leitor da literatura clássica e da literatura contemporânea nacional e estrangeira. O livro é resultado do imbricamento desses três aspectos, vislumbrados através de comentários sobre suas experiências, das referências a pessoas de seu convívio e de citações, em língua original, das obras consultadas.

É através das idéias de *tradição*, *cultura*, *civilização*, *região*, *etnia* e *instrução* que aglutina o material supersticioso arrolado em seu estudo.

A *tradição* é entendida, por Cascudo, em termos de reminiscências ou resíduos de antigos cultos que, ao perderem sua legitimidade, conservaram-se formando uma espécie de crosta que circunda os novos cultos. Na conservação dos resíduos ou reminiscências desses cultos, repousa a formação e a consagração da superstição. Cultos que no passado eram legítimos, com espaço no contexto das práticas religiosas, mas que ao longo do tempo foram substituídos por outros, não se extinguindo em sua totalidade, formando camadas sobrepostas. Sombras que se mantêm em volta das novas práticas religiosas, teimando por espaço em tempos que não mais lhes reconhecem a funcionalidade (capítulo XI).

Schmitt[9] nos dá pistas que podem esclarecer o ponto de vista de Câmara Cascudo, ao visualizar as permanências pagãs dentro do cristianismo: "Sob as aparências do culto cristão, as práticas ancestrais persistiam em segundo plano, ou chegavam mesmo a coexistir"[10].

A idéia acima tem relação com a de Câmara Cascudo, mas é por ele bem mais recuada no tempo: "Inicia-se desde que o primeiro culto religioso, derramando-se na multidão devocional, concedeu as modificações ou sugeriu as variantes nascidas à sombra ortodoxa, quando o manejo dos metais criou os primeiros impérios avassaladores" (p. 107).

Para um e outro autor, as reminiscências estão na base da criação supersticiosa, mas o que as afasta é o tratamento dado a esses resíduos.

Schmitt retorna ao mundo romano, nas quais percebe já a existência supersticiosa, mas enfatiza na obra a relação do cristianismo para com as reminiscências

---

8. Considera a existência de uma memória básica que responde positiva e negativamente aos ensinamentos. Ela é responsável pelo ajustamento do novo com a base mental. Sua formação data de épocas distantes, repousando em inteligências iniciais. Existe nos indivíduos por si, mas também, na coletividade. Vide capítulo IV.
9. Vide Jean-Claude Schmitt, *História das Superstições*, Portugal, Europa-América, 1997.
10. *Idem*, *ibidem*, p. 39. Sobre as adaptações de práticas pagãs feitas pelo Cristianismo, o autor de *Voz de Nessus* escreveu: Luís da Câmara Cascudo, *Anúbis e Outros Ensaios*, *op. cit*. Vide, nesta obra, o verbete sobre esse livro, reeditado em: *Superstições no Brasil* [77].

pagãs, onde, para ele, a idéia de superstição foi elaborada em sentido negativo, sendo perseguida. Em Cascudo, a conservação dessas reminiscências remontam ao "primeiro culto religioso" e constituem a *tradição* que é indatável, imemorial e de transmissão misteriosa.

As características de universalidade e atemporalidade com que Cascudo percebe a superstição, colocando-a como reinante sobre londrinos, franceses, italianos, espanhóis, portugueses, cariocas, rio-grandenses, têm sua base na *tradição*, definida como a "grande voz coletiva" que forma a base do indivíduo, independentemente do espaço sociocultural ocupado por ele.

O Sertão, pensado como espaço de imutabilidade alimentar e de costumes, cultivador de lendas e mitos, imóvel e severo, com terrores do apocalipse, disciplina feudal, guiado pelo relógio do Sol, distinto do Brasil central – área de proximidade com o litoral, sujeita a freqüentes inovações –, é o lugar ideal para a conservação do aparato supersticioso (p. 44). Geograficamente, a superstição atua em níveis distintos, ainda que uniformize homens letrados e iletrados, como bem ilustra nas referências que faz a personagens da literatura, do cinema, da televisão, entre tantas outras especialidades, para apontar a profundidade da atuação supersticiosa (capítulo IX).

As idéias de *cultura, civilização* e *instrução* dão suporte à proposta de método para o combate às superstições (capítulos XI e XII), que tem como fundamento o cultivo do raciocínio, elemento efetivador da *civilização*, a qual é caracterizada pelos fatores permanentes e de base racional da sociedade, contraposta à *cultura* que diz respeito ao mutável, inconstante, seguida pela população de acordo com suas necessidades, instintiva e irrefletidamente. Forças antagônicas: civilização/racionalidade x cultura/irracionalidade, donde a superstição estaria associada ao campo da *cultura*.

Entende que atitudes de proibição, perseguição e discriminação exercidas no passado mostraram-se ineficazes, camuflando e, por vezes mesmo, conquistando novos praticantes para o lado combatido.

O combate à superstição, proposto por Cascudo, tem como centro de efetivação a instrução. Saída visualizada pelas elites do século XIX quando de suas preocupações para com as camadas ignorantes, revoltosas ou simplesmente populares, como referiam-se ao homem livre comum[11]. A saída é coincidente, mas o ângulo é outro.

Cascudo acredita que a instrução por si só não elimina os resíduos do passado (capítulo IX). Na sobreposição de conhecimentos feita pela instrução, repousa a acumulação de resíduos danosos ao desenvolvimento do raciocínio. A eficácia de seu uso depende de uma reformulação interna, começando por incluir um curso de cultura popular no último ano do "colegial", em que o estudante seria esclarecido sobre a superstição e sua inutilidade funcional, conforme argumenta em tom dialógico:

Não ocultar a legitimidade das fontes criadoras mas demonstrar a dispensabilidade manifesta da colaboração.

---

11. Vide José Ernesto Pimentel Filho, "A Luta Contra as Tradições", *Urbanidade e Cultura Política*, Fortaleza, UFC, 1997, pp. 131-157.

Sua influência é inútil, humilhante, prejudicial a quem pretende socorrer. Resigne-se, a ocupar uma poltrona na etnografia, no folclore, na história das regiões dispensada do divino serviço pelo limite da idade (p. 79).

Espécie de terapia do supersticioso que, colocado diante de um espelho, reflete a aura de anacronismos com que se revestiu e atinge a cura, passando a agir racionalmente.

Nessus pode ser entendido como uma experiência do método proposto. Primeiramente, Cascudo fala sobre as mais variadas superstições, suas filiações e filiados e, depois, propõe a fórmula para aplacá-las. Se assim o entendêssemos, diríamos que o método não teve eficiência, nem mesmo sobre o proponente, pois, apesar das palavras de ataque às superstições nos capítulos XI e XII, todo o restante da obra destina-se ao desfile de práticas, crenças, personagens e grupos supersticiosos. Além disso, os capítulos que sucedem aos citados parecem ignorar o conteúdo destes, retornando ao universo supersticioso.

Portanto, objetivando, talvez, demonstrar a eficácia de seu método, é Cascudo conduzido pelas mãos da *tradição* para a fileira da causa combatida. Exemplar disso é a evocação final a Nessus, único adversário de Hércules a vencê-lo, não pela força, mas pela crença supersticiosa da mulher do herói[12]. [M. V. L.]

---

12. Foram consultados para a elaboração deste verbete, além dos textos já citados: Mircea Eliade, *Mefistófeles e o Andrógino: Comportamentos Religiosos e Valores Espirituais Não-Europeus*, trad. de Ivone Castilho Benedetti, São Paulo, Martins Fontes, 1991; *Mito e Realidade*, 4ª ed., trad. de Pola Civelli, São Paulo, Perspectiva, 1994; *O Sagrado e o Profano: A Essência das Religiões*, trad. de Rogério Fernandes, São Paulo, Martins Fontes, 1996; Carlo Ginzburg, *História Noturna: Decifrando o Sabá*, trad. de Nilson Moulin Lousada, São Paulo, Companhia das Letras, 1991; Victor Hell, *A Idéia de Cultura*, trad. de Halumi Tateyama Nakahashi, São Paulo, Martins Fontes, 1989; Marinalva Lima, *Narradores do Padre Cícero: Do Auditório à Bancada*, Fortaleza, UFC, 2000; Marcos Antônio da Silva, "Câmara Cascudo e a Erudição Popular", *Projeto História*, São Paulo, pós-graduação em História da PUC, 1998, pp. 317-334.

BIBLIOGRAFIA

I. LIVROS DE CÂMARA CASCUDO[1]

1. *Alma Patrícia. Crítica Literária.* 2ª ed. Natal, Fundação José Augusto, 1998, 173 pp. (1ª ed., 1921) – MC.
2. *Antologia da Alimentação no Brasil.* São Paulo, Livros Técnicos e Científicos, 1977, 254 pp. – NAM.
3. *Antologia do Folclore Brasileiro.* 3ª ed. São Paulo, Martins Fontes, 1965, 356/355 pp., 2 vols. (1ª ed., 1944) – MOA.
4. *Antologia de Pedro Velho.* Natal, Departamento de Imprensa, 1954, 250 pp. – ACB.
5. *Ateneu Norte-Rio-Grandense – Pesquisas e Notas para sua História.* Natal, 1961, 66 pp. – OB.
6. *Breve História do Palácio Potengi.* 2ª ed. Natal, Fundação José Augusto, 1978, 48 pp. (1ª ed., 1961) – ALAF.
7. *No Caminho do Avião... Notas de Reportagem Aérea, 1922-1933.* Natal, Datiloscrito, 1933, 40 fls. – MAMD.
8. *Canto de Muro. Romance de Costumes.* 2ª ed. Rio de Janeiro, Livraria José Olympio, 1977, 266 pp. (1ª ed., 1959) – TAPL.
9. *A Carnaúba.* Edição fac-símile. Mossoró, Esam, 1997, 61 pp. (Mossoroense/C/651) (1ª ed., 1964) – GC.
10. *A Casa de Cunhaú. História e Genealogia.* Natal, datiloscrito, 1933, 45 fls. – MR.
11. *Cinco Livros do Povo. Introdução ao Estudo da Novelística no Brasil.* Rio de Janeiro, José Olympio, 1953, 449 pp. (Documentos Brasileiros 72) – CRB.
12. *Civilização e Cultura: Pesquisas e Notas de Etnografia Geral.* 2ª ed. Belo Horizonte, Itatiaia, 1983 (1ª ed., 1973) – VG.
13. *Os Compadres Corcundas e Outros Contos Brasileiros.* Rio de Janeiro, Ediouro, 1997 (Leituras fora de série) – BB.
14. *Conde d'Eu.* São Paulo, Companhia Editora Nacional, 1933, 166 pp. (Biblioteca Pedagógica Brasileira, Série V. Brasiliana – XI) – EBBM.
15. *Contos Tradicionais do Brasil.* São Paulo/Belo Horizonte, Edusp/Itatiaia, 1986, 316 pp. (1ª ed., 1946) – HFJ.
16. *A Cozinha Africana no Brasil.* Luanda, Publicações do Museu de Angola, 1964, 36 pp. – WNB.
17. *Dante Alighieri e a Tradição Popular no Brasil; La Divina Commedia. La Vita Nuova. Il Convivio.* 2ª ed. Prefácio de Franco M. Jasiello. Natal, Fundação José Augusto, 1979, 326 pp. (1ª ed., 1963) – TAPQ e FMJ.
18. *Dicionário do Folclore Brasileiro.* 6ª ed. Belo Horizonte/São Paulo, Itatiaia/Edusp, 1988, 811 pp. (1ª ed., 1956) – MA.
19. *O Doutor Barata. Político, Democrata e Jornalista (Bahia – 1762, Natal – 1838).* Bahia, Imprensa Oficial do Estado, 1938, 68 pp. – IJ.
20. *Ensaios de Etnografia Brasileira. Pesquisas na Cultura Popular do Brasil.* Rio de Janeiro, Ministério da Educação e Cultura/Instituto Nacional do Livro, 1971, 194 pp. – EBF.
21. *Estatutos da Sociedade Brasileira de Folk-Lore.* Natal, Departamento de Imprensa, 1949, 11 pp. – ZLS.

1. As iniciais no final de cada indicação remetem à autoria do respectivo verbete.

22. *Fabulário do Brasil*. Lisboa, Fólio, 1962, 326 pp. – AJC.[2]
23. *Flor de Romances Trágicos*. Rio de Janeiro/Natal, Cátedra/Fundação José Augusto, 1982, 189 pp. (1ª ed., 1966) – DC.
24. *Folclore nos Autos Camonianos*. 2ª ed. Porto, Museu de Etnografia e História/Junta Distrital do Porto, [1972], 13 pp. (1ª ed., 1950). (Separata da *Revista de Etnografia*, 31) – JF.
25. *Folclore do Brasil (Pesquisas e Notas)*. 2ª ed. Natal, Fundação José Augusto, 1980, 258 pp. (1ª ed., 1967) – RT, K.
26. *Gente Viva*. Recife, Editora da UFPE, 1970, 189 pp. – LH.
27. *Geografia do Brasil Holandês*. Rio de Janeiro, José Olympio, 1956, 308 pp. – PP.
28. *Geografia dos Mitos Brasileiros*. 3ª ed. Belo Horizonte/São Paulo, Itatiaia/Edusp, 1983, 345 pp. – RSQ.
29. *Governo do Rio Grande do Norte: Cronologia dos Capitães-mores, Presidentes Provinciais, Governadores Republicanos, Interventores Federais, de 1597 a 1939*. Edição fac-símile. Mossoró, Esam, 1989, 234 pp. (Mossoroense/C/531) (1ª ed., 1939) – MH.
30. *História da Alimentação no Brasil*. Belo Horizonte/São Paulo, Itatiaia/Edusp, 1983, 2 vols., 926 pp. (1ª ed., 1967-1968) – PPS.
31. *Uma História da Assembléia Legislativa do Rio Grande do Norte*. Natal, Fundação José Augusto, 1972, 490 pp. – HOC.
32. *História da Cidade do Natal*. 3ª ed., Natal, Instituto Histórico e Geográfico do Rio Grande do Norte/Prefeitura da Cidade do Natal, 1999 (1ª ed., 1947) – LG.
33. *História de um Homem: João Severiano da Câmara*. Edição fac-símile, Mossoró, Esam, 1991, 138 pp. (Mossoroense/Série C/645) (1ª ed., 1954) – RMP.
34. *História dos Nossos Gestos*. São Paulo/Belo Horizonte, Edusp/Itatiaia, 1987, 252 pp. – DBS.
35. *História da República no Rio Grande do Norte: Da Propaganda à Primeira Eleição Direta para Governador*. Rio de Janeiro, Do Val, 1965, 307 pp. – MSM.
36. *História do Rio Grande do Norte*. 2ª ed, Natal/Rio de Janeiro, Fundação José Augusto/Achiamé, 1984, 529 pp. (1ª ed., 1955) – MAS.
37. *Histórias que o Tempo Leva... Da História do Rio Grande do Norte*. Edição fac-símile. Mossoró, Esam, 1991, 236 pp. (Mossorense/C/757) (1ª ed., 1924) – CER.
38. *Os Holandeses no Rio Grande do Norte*. Edição fac-símile. Mossoró, Esam, 1992, 72 pp. (Mossoroense/C/792) (1ª ed., 1949) – RM.
39. *O Homem Americano e Seus Temas. Tentativa de Síntese*. Edição fac-símile. Mossoró, Fundação Vingt-Un Rosado, 1992, 71 pp. (Mossoroense/Série C/746) (1ª ed., 1933) – MHPTM.
40. *Informação de História e Etnografia*. Recife, Tradição, 1944, 213 pp. (1ª ed., 1940) – JMM e MSPA.
41. *Jangada. Uma Pesquisa Etnográfica*. Rio de Janeiro, MEC, 1957, 181 pp. (Vida Brasileira) – BP.
42. *Jangadeiros*. Rio de Janeiro, Ministério da Agricultura, 1957, 60 pp. (Documentário da Vida Rural 11) – HFC.
43. *Jerônimo Rosado (1861-1930). Uma Ação Brasileira na Província*. Edição fac-símile. Mossoró, Esam, 1991, 100 pp. (Mossoroense/C/689) (1ª ed., 1967) – RA.
44. *Joio. Páginas de Litteratura e Crítica*. Natal, Off. Graph. d'*A Imprensa*, 1924, 176 pp. – HHA.
45. *Lendas Brasileiras. 21 Histórias Criadas pela Imaginação do Nosso Povo*. Rio de Janeiro, Ouro, s/d, 101 pp. (1ª ed., 1945) – RSSB.
46. *Literatura Oral*. Rio de Janeiro, José Olympio, 1952, 461 pp. (História da Literatura Brasileira VI) – JPF.
47. *O Livro das Velhas Figuras*. Natal, Conselho Federal de Cultura (volumes 1 a 5) e Instituto Histórico e Geográfico do Rio Grande do Norte (volumes 1 a 6), 1974-1989, 156/166/149/161/133/149 pp. – CAPG.
48. *Locuções Tradicionais no Brasil. Coisas que o Povo Diz*. Belo Horizonte/São Paulo, Itatiaia/Edusp, 1986, 314 pp. – DLPB.
49. *López do Paraguay*. Natal, Typographia de *A República*, 1927, 114 pp. – AAT.

---

2. Com o volume *Fabulário de Portugal e do Ultramar Português*, escrito por Vieira de Almeida, essa obra compõe o *Grande Fabulário de Portugal e Brasil*.

50. *Made in Africa. Pesquisas e Notas.* Rio de Janeiro, Civilização Brasileira, 1965, 193 pp. (Perspectivas do Homem 3) – TVCP.
51. *O Marquez de Olinda e o Seu Tempo, 1793-1870.* São Paulo, Cia. Ed. Nacional, 1938, 348 pp. (Brasiliana 107) – IAM.
52. *Meleagro. Pesquisas do Catimbó e Notas da Magia Branca no Brasil.* Rio de Janeiro, Agir, 1978, 196 pp. (1ª ed., 1951) – MM e RM.
53. *Os Melhores Contos Populares de Portugal.* Edição fac-símile. Rio de Janeiro, Ouro, 1969, 277 pp. (1ª ed., 1945) – NNC.
54. *Em Memória de Stradelli. Biographia, Jornadas Geographicas, Tradições, Depoimentos, Bibliographia.* Manáos, Livraria Clássica, 1936 (Mandado editar pelo Governo do Estado do Amazonas), 119 pp. – JRBF.
55. *Mitos Brasileiros.* Rio de Janeiro, MEC/DAC/Fundação Nacional de Arte, 1976, 24 pp. (Cadernos de Folclore 6) – SAS.
56. *Mossoró, Região e Cidade.* Natal, EDUFRN, 1980, 163 pp. (Mossoroense/103/C) – DA.
57. *Mouros, Franceses e Judeus. Três Presenças no Brasil.* São Paulo, Perspectiva, 1984, 115 pp. (Debates 185) – MLTC.
58. *Movimento da Independência no Rio Grande do Norte.* Natal, Fundação José Augusto, 1973, 165 pp. – CHSO.
59. *Nomes da Terra. História, Geografia e Toponímia.* Natal, Fundação José Augusto, 1968, 321 pp. – FML.
60. *Nosso Amigo Castriciano, 1874-1947. Reminiscências e Notas.* Recife, Imprensa Universitária/Universidade do Recife/Governo do Estado do Rio Grande do Norte, 1965, 258 pp. – MOJ e TG.
61. *Notas e Documentos para a História de Mossoró.* Edição fac-símile. Natal, Departamento de Imprensa, 1955, 254 pp. (Mossoroense/2/C) – JLAF.
62. *Notas para a História da Paróquia de Nova Cruz.* Natal, Arquidiocese de Natal, 1955, 31 pp. – AA.
63. *Notícia Sobre Dez Municípios Potiguares.* Mossoró, FundaçãoVingt-Un Rosado/Assembléia Legislativa do RN/ETFRN-Uned, Secretaria de Educação, Cultura e Desportos do RN/Prefeitura Municipal de Mossoró, 1998, 55 pp. (Mosssoroense/"C"/1001) – CO.
64. *Notícia Histórica do Município de Santana do Matos.* Natal, Departamento de Imprensa, 1955, 139 pp. – MKM.
65. *Ontem – Memórias.* Natal, EDUFRN, 1998, 245 pp. (1ª ed., 1972) – MG.
66. *O Padre Miguelinho e Outros Temas Cascudianos.* Edição organizada por Raimundo Soares de Brito. Mossoró, Fundação Vingt-Un Rosado, 1997, 75 pp. (Mossoroense/C/947) – GLL.
67. *Paróquias do Rio Grande do Norte.* Natal, Departamento de Imprensa, 1955, 30 pp. – IMS.
68. *Pequeno Manual do Doente Aprendiz.* Natal, EDUFRN, 1998, 79 pp. (1ª ed., 1969) – YNM.
69. *Prelúdio da Cachaça: Etnologia, História e Sociologia da Aguardente no Brasil.* Rio de Janeiro, Instituto do Açúcar e do Álcool, 1968 – YAK.
70. *Prelúdio e Fuga do Real.* Natal, Fundação José Augusto, 1975, 365 pp. – JMB.
71. *O Príncipe Maximiliano de Wied-Neuwied.* Edição trilíngüe (português, inglês, alemão). Rio de Janeiro, Kosmos, 1977, 179 pp. – JCB.
72. *Rede de Dormir: Uma Pesquisa Etnográfica.* 2ª ed., Rio de Janeiro, Funarte/Achiamé/UFRN, 1983, 234 pp. (Etnografia e Folclore/Clássicos, 3) (1ª ed., 1959) – NN.
73. *Na Ronda do Tempo.* 2ª ed. Natal, EDUFRN, 1998, 205 pp. (1ª ed., 1971) – CBC.
74. *Seleta de Luís da Câmara Cascudo.* Org. de Américo de Oliveira Costa. 2ª ed. Rio de Janeiro, José Olympio/INL, 1972, 212 pp. (Brasil Moço 6) (1ª ed., 19) – FAGF.
75. *Em Sergipe del Rey.* Aracaju, Movimento Cultural de Sergipe, 1953, 128 pp. – LAB.
76. *Sociologia do Açúcar. Pesquisa e Dedução.* Rio de Janeiro, IAA, 1971, 479 pp. (Canavieira 5) – VAF.
77. *Superstições no Brasil.* São Paulo/Belo Horizonte, Edusp/Itatiaia, 1985, 443 pp. (Reconquista do Brasil 91) – SAS.
78. *O Tempo e Eu – Memórias.* 2ª ed. Natal, EDUFRN, 1998 (1ª ed., 1968) – LAP.
79. *Tradição, Ciência do Povo.* São Paulo, Perspectiva, 1971, 199 pp. (Debates 34) – MSN.
80. *Tradições Populares da Pecuária Nordestina.* Recife, Asa, 1985, 81 pp. (Nordeste em Evidência 4) (1ª ed., 1956) – AO.
81. *Trinta "Estórias" Brasileiras.* Lisboa, Portucalense, 1955, 172 pp. – DG.

82. *Vaqueiros e Cantadores*. Belo Horizonte/São Paulo, Itatiaia/Edusp, 1984, 328 pp. (Reconquista do Brasil, Nova Série 81) (1ª ed., 1937) – ICB.
83. *A Vaquejada Nordestina e Sua Origem*. Natal, Fundação José Augusto, 1976, 48 pp. (1ª ed., 1966) – SIB.
84. *Viajando o Sertão*. Natal, Gráfica Manimbu, 1975, 61 pp. (1ª ed., 1934) – JMOS.
85. *Vida Breve de Auta de Souza, 1876-1901*. Recife, Imprensa Oficial, 1961, 156 pp. – NP.
86. *Vida de Pedro Velho*. Natal, Departamento de Imprensa, 1956, 140 pp. – SLBT.
87. *Voz de Nessus: Inicial de um Dicionário Brasileiro de Superstições*. João Pessoa, Imprensa Universitária, 1966, 108 pp. – MVL.

II. MATERIAIS SOBRE CÂMARA CASCUDO

ANDRADE, Mário de. *Cartas de Mário de Andrade a Luís da Câmara Cascudo*. Belo Horizonte/Rio de Janeiro, Villa Rica, 1991.
____. *O Turista Aprendiz*. Ed. org. por Telê Ancona Porto Lopes. São Paulo, Duas Cidades/SCCT, 1976.
ARAÚJO, Humberto Hermenegildo. *Modernismo: Anos 20 no Rio Grande do Norte*. Natal, UFRN, 1995.
____. *Asas de Sófia – Ensaios Cascudianos*. Natal, Fiern/Sesi, 1998.
BRESSANE, Zita. *Luís da Câmara Cascudo*. Vídeo. São Paulo, TV Cultura, s/d.
COSTA, Américo de Oliveira. *Viagem ao Universo de Câmara Cascudo – Tentativa de Ensaio Biográfico*. Natal, Fundação José Augusto, 1969.
GICCO, Vânia. *Luís da Câmara Cascudo: Bibliografia Comentada (1968-1995)*. Natal, EDUFRN, 1996.
____. *Luís da Câmara Cascudo: Itinerário de um Pensador*. Tese de doutoramento em Ciências Sociais, PUC/SP, São Paulo, digitado, 1998.
LIMA, Diógenes da Cunha. *Câmara Cascudo – Um Brasileiro Feliz*. 3ª ed. Rio de Janeiro, Lidador, 1998.
MAMEDE, Zila. *Luís da Câmara Cascudo: 50 Anos de Vida Intelectual – 1918-1968*. Natal, Fundação José Augusto, 1970.
MELO, Luiz Gonzaga Cortez G. de. *Câmara Cascudo, o Jornalista Integralista*. Natal, CCHLA/UFRN, 1995 (Humanas Letras).
MELO, Veríssimo de. *A Obra Folclórica de Cascudo como Expressão do Movimento Modernista no Brasil*. Mossoró, Fundação Vingt-Un Rosado, 1998 (Mossoroense/B/1480).
OLIVEIRA, Gildson. *Câmara Cascudo – Um Homem Chamado Brasil*. Brasília, Brasília Jurídica, 1999.
PROVÍNCIA. Natal, Fundação José Augusto, 2, 1968 (há reedição fac-símile, de 1998, pela mesma instituição).
ROLIM, Isaura Ester Fernandes Rosado. *Bibliografia de Luís da Câmara Cascudo no Boletim Bibliográfico e na Coleção Mossoroense*. Mossoró, Fundação Vingt-Un Rosado, 1998 (Mossoroense/B/1487).
SILVA, Marcos Antônio da. "Câmara Cascudo e a Erudição Popular". *Projeto História*, pós-graduação em História, PUC/SP, São Paulo, 1998, pp. 317-334.
VASCONCELOS, Gilberto. "Kaskudo de Novo na Galera". *Caros Amigos*. São Paulo, 32, nov. 1999.

III. BIBLIOGRAFIA GERAL

ABENTE BRUN, Diego. "La Guerra de La Triple Alianza: Tres Modelos Explicativos". *Revista Paraguaya de Sociología*. Asunción, Año 26, 74, 1989.
ALBUQUERQUE JUNIOR, Durval Muniz de. *A Invenção do Nordeste e Outras Artes*. Recife, Fundação Joaquim Nabuco/Massangana; São Paulo, Cortez, 1999.
ALCÂNTARA MACHADO, José de. *Vida e Morte do Bandeirante*. São Paulo, Revista dos Tribunais, 1930.
ALMEIDA, José Américo de. *A Bagaceira*. Rio de Janeiro, Castilho, 1928.
____. *Reflexões de uma Cabra*. 2ª ed. Rio de Janeiro, INL/Leitura, 1971 (1ª ed., 1922).
ALMEIDA, Renato. *A Inteligência do Folclore*. Rio de Janeiro, Americana, 1974.
ALVARENGA, Oneyda. *Catimbó*. São Paulo, Discoteca Pública Municipal, 1949.
ANDRADE, F. Alves de. "Introdução". Em GALENO, Juvenal. *Lendas e Canções Populares*. Fortaleza, Casa de Juvenal Galeno, 1978.
ANDRADE, Manuel Correia de. *A Terra e o Homem no Nordeste*. São Paulo, Brasiliense, 1972.

ANDRADE, Mário de. *Danças Dramáticas do Brasil*. São Paulo, Martins, 1959.
____. "O Movimento Modernista".*Aspectos da Literatura Brasileira*. 4ª ed. São Paulo/Brasília, Martins/INL, 1972, pp. 231-255 (1ª ed. da conferência, 1942).
____. *Música de Feitiçaria no Brasil*. Ed. org. por Oneyda Alvarenga. São Paulo, Martins Fontes, 1963.
ANDREONI, João Antonio. *Cultura e Opulência do Brasil por Suas Drogas e Minas* (1711). Trad. francesa e comentários críticos por Andrée Mansuy. Paris, IHEAL, 1968.
Assis, Machado de. *Obras Completas*. Rio de Janeiro/São Paulo/Porto Alegre, W. M. Jackson, 1955, volume 28.
ASSUNÇÃO, Luiz Carvalho de. *O Reino dos Encantados – Caminhos: Tradição e Religiosidade no Sertão Nordestino*. Tese de doutorado em Antropologia, PUC/SP. São Paulo, digitado, 1999.
ÁVILA, Afonso (org.). *Modernismo*. São Paulo, Perspectiva, 1975 (Stylus).
AZEVEDO, Fernando de. *Canaviais e Engenhos na Vida Política do Brasil – Ensaio Sociológico sobre o Elemento Político na Civilização do Açúcar*. São Paulo, Melhoramentos, 1958.
BAKHTIN, Mikhail. *Cultura Popular na Idade Média e no Renascimento*. Trad. de Yara Frateschi. São Paulo/Brasília, Hucitec/EDUNB, 1987.
BANDEIRA, Moniz. *O Expansionismo Brasileiro*. Rio de Janeiro, Philobiblion, 1985.
BASTIDE, Roger. *Imagens do Nordeste Místico em Branco e Preto*. Rio de Janeiro, Edições O Cruzeiro, 1945.
____. *Les Amériques noires*. Paris, Petite Bibliothèque Payot, 1967.
____. *As Religiões Africanas no Brasil*. São Paulo, Livraria Pioneira Editora, 1971.
____. "La rencontre des dieux africains et des esprits indiens". *Le sacré sauvage*. Paris, Payot, 1975, pp. 186-200.
BENJAMIN, Walter. "Sobre o Conceito de História". *Magia e Técnica, Arte e Política*. Trad. de Sérgio Paulo Rouanet. São Paulo, Brasiliense, 1985, pp. 292-232.
BERGSON, Henri. *Matière et mémoire*. Paris, Félix Alcan, 1934 (1ª ed., 1896).
BERLINGUER, G. *Questões de Vida*. São Paulo, Hucitec/Cebes, 1993.
BLOCH, Marc. *Introdução à História*. Trad. de Maria Manuel Miguel e Rui Grácio. Lisboa, Europa/América, 1965.
____. *Os Reis Taumaturgos*. Trad. de Júlia Mainardi. São Paulo, Companhia das Letras, 1993.
BOLLE, Willi. "Gêneros Literários Urbanos: Berlim, Paris, São Paulo". *Revista Tempo Brasileiro*. Rio de Janeiro, Tempo Brasileiro, 132, jan./mar. 1998.
BORGES, Jorge Luis. *Nueve Ensayos Dantescos*. Madrid, Espasa-Calpe, 1982.
Bosi, Eclea. *Lembranças de Velhos*. São Paulo, Edusp, 1987.
BOURDIEU, Pierre. "Gênese e Estrutura do Campo Religioso". *A Economia das Trocas Simbólicas*. Trad. de Sérgio Miceli *et al.* São Paulo, Perspectiva, 1974.
BRAGA, Teófilo. *Contos Tradicionais do Povo Português*. Lisboa, J. A. Rodrigues & Cia. Editores, 1915.
____. *Livros do Povo Português*. Lisboa, Era Nova, 1881.
BRAUDEL, Fernand. "História e Ciências Sociais – A Longa Duração". *Revista de História*. Trad. de Ana Maria Camargo. São Paulo, XVI (62), abr.-jun. 1965, pp. 261-294 (1ª ed. francesa, 1958).
BRITO, João Rodrigues de. *Cartas Econômico-Políticas sobre a Agricultura e Comércio da Bahia* (1821). 2ª ed., Salvador, Governo do Estado, s/d.
BRITO, Mário da Silva. *História do Modernismo Brasileiro – Antecedentes da Semana de Arte Moderna*. Rio de Janeiro, Civilização Brasileira, 1964.
BRUNNER e WEISSER. "A Invenção do Ser", OLSON, D. R. & TORRANCE, N. (orgs.). *Cultura Escrita e Oralidade*. São Paulo, Global, 1997.
BUARQUE DE HOLLANDA, Sérgio. *Índios e Mamelucos na Expansão Paulista*. São Paulo, Imprensa Oficial do Estado, 1949 (Separata dos *Anais do Museu Paulista* 13).
____. *Raízes do Brasil*. 26ª ed., São Paulo, Companhia das Letras, 1995 (1ª ed., 1938).
BURKE, Peter. *Revolução Francesa da Historiografia – A Escola dos* Annales: *1929-1989*. Trad. de Nilo Odália. São Paulo, Unesp, 1997.
CABALERO AQUINO, Ricardo. "Prólogo a *Memórias ó Reminiscencias Históricas sobre la Guerra del Paraguay*", de Juan Crisostomo Centurión. Asunción, El Lector, Imprenta Salesiana, 1987.
CALVINO, Italo. *As Cidades Invisíveis*. Trad. de Diogo Mainardi. São Paulo, Companhia das Letras, 1990.
____. *Seis Propostas para o Próximo Milênio: Lições Americanas*. Trad. de Ivo Barroso. São Paulo, Companhia das Letras, 1990.

CÂMARA, Anfilóquio. *Cenários Municipais*. Natal, Oficinas do DEIP, 1940.
CAMPOS, G. W. de S. *Os Médicos e a Política de Saúde*. São Paulo, Hucitec, 1998.
CAMPOS, Zoia Vilar. *O Doce Amargo*. Tese de doutoramento em História Econômica, FFLCH/USP, São Paulo, digitado, 1996.
CANDIDO, Antonio. *Literatura e Sociedade*. 6ª ed., Rio de Janeiro, Nacional, 1980.
____. *Formação da Literatura Brasileira: Momentos Decisivos*. 5ª ed., Belo Horizonte/São Paulo, Itatiaia/Edusp, 1975, 2 vols.
CANETTI, Elias. *A Língua Absolvida – História de uma Juventude*. Trad. de Kurt Jahn. São Paulo, Companhia das Letras, 1987.
DE CARLI, Gileno. *O Açúcar na Formação Econômica do Brasil*. Rio de Janeiro, IAA, 1937.
CARLINI, Álvaro. *Cachimbo e Maracá: O Catimbó da Missão*. São Paulo, Centro Cultural São Paulo, 1993.
CARDIM, Fernão. *Tratado da Terra e Gentes do Brasil (Século XVI)*. São Paulo, Nacional, 1978.
CARNEIRO, Edison. *Negros Bantus*. Rio de Janeiro, Civilização Brasileira, 1937.
____. *Religiões Negras*. Rio de Janeiro, Civilização Brasileira, 1938.
CARONE, Edgard (org.). *A Quarta República*. São Paulo, Difel, 1984, p. 59 (Corpo e Alma do Brasil LVIII).
CASTRO, Paulo Pereira de. "A 'Experiência Republicana', 1831-1840". Em BUARQUE DE HOLLANDA, Sérgio (dir.). *O Brasil Monárquico*. 6ª ed. Rio de Janeiro, Bertrand Brasil, 1995, pp. 9-67 (História Geral da Civilização Brasileira II – 2 – 4).
CERTEAU, Michel de. *A Cultura no Plural*. Campinas, Papirus, 1995.
CHARTIER, Roger. *A História Cultural*. Trad. Maria Manuela Galhardo. Rio de Janeiro, Bertrand Brasil, 1990.
CHESNEAUX, Jean. *Devemos Fazer Tábula Rasa do Passado? Sobre História e Historiadores*. Trad. de Marcos A. da Silva. São Paulo, Ática, 1995.
CLAVAL, Paul. *Espaço e Poder*. Rio de Janeiro, Zahar, 1979.
CORREIA DE MELO, Paulo de Tarso. *Romances de Alcaçus*. Natal, EDUFRN, 1998.
CORTESÃO, Jaime. *História do Brasil nos Velhos Mapas*. Rio de Janeiro, Instituto Rio Branco, 1971.
COSTA, Homero de Oliveira. *A Insurreição Comunista de 1935: Natal: O Primeiro Ato da Tragédia*. São Paulo/Natal, Ensaio/Cooperativa Cultural do Rio Grande do Norte, 1995.
COUTINHO, Azeredo. "Memória sobre o Preço do Açúcar", *Obras Econômicas*. São Paulo, Nacional, s/d.
CUNHA, Euclides da. *Os Sertões*. São Paulo, Círculo do Livro, 1975.
DIEGUES JR., Manuel. *O Engenho de Açúcar no Nordeste*. Rio de Janeiro, Ministério da Agricultura, 1952.
DONNANGELO, M. C. F. *Medicina e Sociedade*. São Paulo, Pioneira, 1975.
EISENBERG, Peter. *Modernização sem Mudança*. Rio de Janeiro, Paz e Terra, 1985.
ELIADE, Mircea. *Mefistófeles e o Andrógino: Comportamentos Religiosos e Valores Espirituais Não-Europeus*. Trad. de Ivone Castilho Benedetti. São Paulo, Martins Fontes, 1991.
____. *Mito e Realidade*. 4ª ed. Trad. de Pola Civelli. São Paulo, Perspectiva, 1994.
____. *O Sagrado e o Profano: A Essência das Religiões*. Trad. de Rogério Fernandes. São Paulo, Martins Fontes, 1996.
FACÓ, Rui. *Cangaceiros e Fanáticos*. 8ª ed., Rio de Janeiro, Bertrand, 1988.
FEBVRE, Lucien. *Martinho Lutero, Um Destino*. Trad. de Fernando Tomaz. Porto, Asa, 1994.
FELIPE, José Lacerda Alves. "A 'Coleção Mossoroense': Tendências de Editoração". 3º Fórum de Cultura de Mossoró. S/local, datilografado, s/d.
FERREIRA, Aurélio Buarque de Holanda. *Novo Dicionário da Língua Portuguesa*. 2ª ed., Rio de Janeiro, Nova Fronteira, 1986.
FERLINI, Vera Lucia Amaral. *Terra, Trabalho e Poder*. São Paulo, Brasiliense, 1988.
FERNANDES, Albino Gonçalves. *O Folclore Mágico do Nordeste*. Rio de Janeiro, Civilização Brasileira, 1938.
FERNANDES, Jorge. *Livro de Poemas*. Natal, Fundação José Augusto, 1970.
FERNANDES, Millôr. "O Cérebro e suas Cerebrações". *O Estado de S. Paulo*. São Paulo, 12.3.2000, p. D-24.
FRAZER, James George. *The Golden Bough. A Study of Magic and Religion*. Londres, Macmillan, 1907-1915.
FREYRE, Gilberto. *Casa Grande & Senzala*. 30ª ed., Rio de Janeiro, Record, 1995 (1ª ed., 1933).
____. *Dona Sinhá e o Filho Padre*. Rio de Janeiro, José Olympio, 1964.
GALVÃO, Mailde Pinto. *1964: Aconteceu em Abril*. Natal, Clima, 1994.
GAMA, Ruy. *Engenho & Tecnologia*. São Paulo, Duas Cidades, 1982.

GARCIA-ROZA, Luiz Alfredo. *Introdução à Metapsicologia Freudiana*. Campinas, Papirus, 1991.
GAY, Peter. *O Estilo na História*. Trad. de Denise Bottmann. São Paulo, Companhia das Letras, 1990.
GINZBURG, Carlo. *História Noturna: Decifrando o Sabá*. Trad. de Nilson Moulin Lousada. São Paulo, Companhia das Letras, 1991.
____. *O Queijo e os Vermes*. Trad. de Maria Bethania Amoroso. São Paulo, Companhia das Letras, 1987.
LE GOFF, Jacques. *La naissance du purgatoire*. Paris, Gallimard, 1981.
GOUVEIA, Fernando da Cruz. *Oliveira Lima: Uma Biografia*. Recife, IAHGP, 1976.
GRIAULE, Geneviève Calame. *Pour une Anthropologie des voix*. Paris, Harmattan, 1993.
GURGEL, Tarcísio. "Marinho *Versus* Segundo". *O Galo*. Natal, XI (12), pp. 17-24, dez. 1999.
HALBWACHS, Maurice. *Les cadres sociaux de la mémoire*. Paris, Félix Alcan, 1925.
HELL, Victor. *A Idéia de Cultura*. Trad. de Halumi Tateyama Nakahashi. São Paulo, Martins Fontes, 1989.
HOBSBAWM, Eric. *Rebeldes Primitivos*. Trad. de Nice Rissone. Rio de Janeiro, Zahar, 1970.
INPS. *Relatório Síntese, Exercício de 1968*.
JAKOBSON, Roman & BOGATIREV, Pietri. "Il Folklore come Forma di Creazione Autonoma", *Strumenti Critici*. Turim, s/editora, 1(3), 1967, pp. 223-240.
KINZO, Maria Dalva Gil. *Representação Política e Sistema Eleitoral no Brasil*. São Paulo, Símbolo, 1980 (Ensaio e Memória).
KRANTZ, Frederick. *A Outra História*. Trad. de Ruy Jungmann. Rio de Janeiro, Jorge Zahar, 1989.
LÉVI-STRAUSS, Claude. *O Pensamento Selvagem*. Trad. de Tânia Pellegrini. Campinas, Papirus, 1989.
LIMA, Alceu Amoroso. *Estudos Literários*. Rio de Janeiro, Aguilar, 1966 (1ª ed., 1927-1928).
LIMA, Luiz Costa. *Dispersa Demanda*. Rio de Janeiro, Francisco Alves, 1981.
LIMA, Marinalva. *Narradores do Padre Cícero*. Fortaleza, UFC, 2000.
LIMA, Nestor. "Municípios do Rio Grande do Norte: Acari, Angicos, Apodi, Areia Branca, Arez, Assu e Augusto Severo". *Revista do Instituto Histórico e Geográfico do Rio Grande do Norte*. Natal, IHGRN, 1929, pp. 25-26.
____. "Municípios do Rio Grande do Norte: Baixa Verde, Caicó, Cnaguaretama, Caraúbas, Ceará-Mirim e Currais Novos". *Revista do Instituto Histórico e Geográfico do Rio Grande do Norte*. Natal, IHGRN, 1937, pp. 27-28.
____. "Municípios do Rio Grande do Norte: Flores, Goianinha, Jardim do Seridó, Lajes e Luís Gomes". *Revista do Instituto Histórico e Geográfico do Rio Grande do Norte*. Natal, IHGRN, 1938, pp. 29-31.
____. "Municípios do Rio Grande do Norte: Macaíba, Macau, Martins e Mossoró". *Revista do Instituto Histórico e Geográfico do Rio Grande do Norte*. Natal, IHGRN, 1941, pp. 35-37.
MAGGIE, Yvonne. *Medo do Feitiço: Relações entre Magia e Poder no Brasil*. Rio de Janeiro, Arquivo Nacional, 1992.
MARCGRAV, G. *Brasilia qua parte paret Belgis*. Impressa em grande formato na Holanda em 1647.
MARTINS, Wilson. *O Modernismo (1916-1945)*. São Paulo, Cultrix, 1967 (Roteiro das Grandes Literaturas – A Literatura Brasileira 6).
MARX, Karl e ENGELS, Friedrich. *A Ideologia Alemã*. 7ª ed. Trad. de José Carlos Bruni e Marco Aurélio Nogueira. São Paulo, Hucitec, 1989.
MATOS, Olgaria. *Os Arcanos do Inteiramente Outro*. São Paulo, Brasiliense, 1995.
MELLO, José Antonio Gonsalves de. *A Cartografia Holandesa do Recife*. Recife, IPHAN, 1976.
____. "O Domínio Holandês na Bahia e no Nordeste". Em BUARQUE DE HOLLANDA, Sérgio (dir.). *A Época Colonial*. São Paulo, Difusão Européia do Livro, 1981, pp. 235-253 (História Geral da Civilização Brasileira I – 1 – 1).
____. *Tempo dos Flamengos*. Rio de Janeiro, José Olympio, 1947.
MELLO, Manoel Jacinto de Sampaio. *Novo Methodo de Fazer o Açúcar*. Bahia, Typ. de Manuel A. da Silva Serva, 1816.
MENDES, E. V. (org.). *Distrito Sanitário: O Processo Social de Mudança das Práticas Sanitárias do Sistema Único de Saúde*. Rio de Janeiro, Hucitec/Abrasco, 1993.
MENEZES, José Luiz Mota (org.). *Atlas Histórico-Cartográfico do Recife*. Recife, Massangana, 1988.
MEYER, Marlise. *Maria Padilha e Toda a Sua Quadrilha*. São Paulo, Duas Cidades, 1993.
MOTTA, Roberto. "Jurema". Recife, Centro de Estudos Folclóricos da Fundação Joaquim Nabuco, volante n. 22, 1976.

____. "As Variedades do Espiritismo Popular na Área do Recife: Ensaio de Classificação". *Boletim da Cidade do Recife*. Recife, 2, pp. 97-114, 1977.
____. "Religiões Afro-Recifenses: Ensaio de Classificação". Em CAROSO, Carlos & BACELAR, Jeferson (orgs.). *Faces da Tradição Afro-Brasileira*. Rio de Janeiro e Salvador, Pallas/CEAQ/CNPQ, 1999, pp. 17-35.
NABUCO, Joaquim. *Estadista do Império. Sua Vida, Suas Opiniões, Sua Época*. São Paulo, Nacional, 1936.
____. *Minha Formação*. 5ª ed. Brasília., Ed. Unb, 1963.
NICOLAU, Jairo Marcone. *Sistema Eleitoral e Reforma Política*. Rio de Janeiro, Flogio, 1993.
ODÁLIA, Nilo. *As Formas do Mesmo (Ensaios sobre o Pensamento Historiográfico de Varnhagen e Oliveira Vianna)*. São Paulo, Edunesp, 1997.
PAIVA NETO, Francisco Fagundes de. *Mitologias do "País de Mossoró"*. Mossoró, Fundação Vingt-Un Rosado/ETFR-Uned; João Pessoa, Secretaria de Educação e Cultura, 1998 (Mossoroense/C/1056).
PESEZ, Jean-Marie. "História da Cultura Material". Em LE GOFF, Jacques (dir.). *A História Nova*. Trad. de Eduardo Brandão. São Paulo, Martins Fontes, 1990, pp. 180-213.
PETRONE, Maria Tereza Schorer. *A Lavoura Canavieira em São Paulo*. São Paulo, Difusão Européia do Livro, 1968.
PIMENTEL FILHO, José Ernesto. "A Luta contra as Tradições". *Urbanidade e Cultura Política*. Fortaleza, UFC, 1997, pp. 131-157.
PINHO, Wanderley Araújo. *História de um Engenho do Recôncavo*. 2ª ed. São Paulo/Brasília, Nacional/INL, 1982.
PINTO, Clélia Moreira Pinto. *Saravá Jurema Sagrada*. Dissertação de mestrado em Antropologia Cultural, UFPE, Recife, digitado, 1995.
PRADO JR., Caio. *Evolução Política do Brasil*. São Paulo, Brasiliense, 1987 (1ª ed., 1933).
PROPP, Vladimir. *Morfologia do Conto*. Trad. de Jaime Ferreira, Lisboa, Veja, 1978.
____. *Las Raices Históricas del Cuento*. Trad. de esp. 2ª ed., Madrid, Editorial Fundamentos, 1979.
RAFFESTIN, Claude. *Por uma Geografia do Poder*. São Paulo, Ática, 1993.
REGO, José Lins do. *Menino de Engenho*. 6ª ed., Rio de Janeiro, José Olympio, 1956.
RIBEIRO, Darcy. *O Povo Brasileiro*. São Paulo, Companhia das Letras, 1996.
RUDÉ, George. *Multidão na História*. Trad. de Waltensir Dutra. Rio de Janeiro, Campus, 1991.
SAMPAIO, Teodoro. *Tupi na Geographia Nacional*. Rio de Janeiro, Companhia Editora Nacional, 1928.
SAMUEL, Raphael (org.). *Historia Popular y Teoría Socialista*. Trad. de Jordi Beltran. Barcelona, Crítica, 1984.
SÁNCHEZ, Joan-Eugeni. *La Geografia y el Espacio Social del Poder*. Barcelona, Los Livros de la Frontera, 1981.
SANTOS, Idelette Fonseca Muzart. *Em Demanda da Poética Popular*. Campinas/São Paulo, Unicamp, 1999.
SANTOS, Milton (org.) et al. *Território: Globalização e Fragmentação*. São Paulo, Hucitec/ANPUR, 1994.
SCHMITT, Jean-Claude. *História das Superstições*. Portugal, Europa-América, 1997.
SCHWARTZ, Jorge. *Vanguarda e Cosmopolitismo na Década de 20: Oliverio Girondo e Oswald de Andrade*. São Paulo, Perspectiva, 1983.
SCHWARTZ, Stuart. *Segredos Internos*. Trad. de Laura Teixeira Motta. São Paulo, Companhia das Letra, 1988.
SETTE, Mário. *Senhora de Engenho*. Recife, ASA, 1986 (1ª ed., 1921).
SÓFOCLES. *As Traquínias*. Trad. de Maria do Céu Zambujo Fialho. Brasília, Ed. da Unb, 1996.
SOUZA, Francisco Fausto de. *História de Mossoró*. 2ª ed., Mossoró, Fundação Vingt-Un Rosado/ETFRN/Uned Mossoró, 1995 (Mossoroense, Série C, v. 857).
SOUZA, Gabriel Soares de. *Tratado Descritivo do Brasil (1587)*. São Paulo, Nacional, 1971.
SOUZA, Laura de Mello e. *O Diabo e a Terra de Santa Cruz*. São Paulo, Companhia das Letras, 1986.
SPINELLI, José Antonio. *Vargas e a Oligarquia Potiguar: 1930-1935*. Natal, EDUFRN, 1996.
TELAROLLI, Rodolfo. *Eleições e Fraudes Eleitorais na República Velha*. São Paulo, Brasiliense, 1982 (Tudo é História 56).
THOMPSON, Edward P. *Costumes em Comum*. Trad. de Rosaura Eichemberg. São Paulo, Companhia das Letras, 1998.
____. "Folclore, Antropologia e Historia Social". *Cuadernos Secuência*. México, Instituto Mora, 1994.

TOLLENARE, Louis François. *Notes dominicales prises pendant un voyage en Portugal et au Brésil en 1816, 1817 et 1818*. Paris, Presses Universitaires de France, s/d, 3 vols.
TROTEREAU, Jeanne. *Retrouver ses racines*. Paris, Dargaud, 1986.
VANDEZANDE, René. *Catimbó: Forma Nordestina de Religião Mediúnica*. Dissertação de mestrado em Sociologia, UFPE. Recife, datiloscrito, 1975.
VELHO, Gilberto. *Projeto Metamorfose – Antropologia das Sociedades Complexas*. Rio de Janeiro, Jorge Zahar, 1994.
VELLOSO, Frei José Mariano. *Extrato sobre os Engenhos de Assucar do Brasil e sobre o Methodo já Então Praticado na Factura deste Sal Essencial, Tirado da Obra* Riqueza e Opulência do Brasil; *para se Combinar com os Novos Methodos, que Agora se Propoem...* Lisboa, Typ. e Litteraria do Arco do Cego, 1800.
VEYNE, Paul. *Como se Escreve a História*. Trad. de Antonio José da Silva Moreira. Lisboa, Edições 70, 1987.
VIEIRA, (Padre) Antonio. *Sermões*. Porto, Chardron, 1908.
VILHENA, Luís Rodolfo. *Projeto e Missão, 1947-1964 – O Movimento Folclórico Brasileiro*. Rio de Janeiro, Funarte/FGV, 1997.
VILHENA, Luís dos Santos. *Recopilação de Notícias Soteropolitanas e Brasílicas (1802)*. Bahia, Imprensa Oficial, 1921.
VILLAÇA, Flávio. *Espaço Intra-Urbano no Brasil*. São Paulo, Fapesp/Nobel, 1998.
ZELDIN, Theodore. *Uma História Íntima da Humanidade*, trad. de Hélio Pólvora. Rio de Janeiro/São Paulo, Record, 1996.
ZUMTHOR, Paul. *A Letra e a Voz*. Trad. de Amálio Pinheiro e Jerusa Pires Ferreira. São Paulo, Companhia das Letras, 1993.

COLABORARAM NESTE VOLUME

AIRTON JOSÉ CAVENAGHI é graduado em história pelo ILHP/Unesp, campus de Assis, e mestre em história social pela FFLCH/USP, tendo pesquisado a fotografia em São Paulo, do final do século XIX ao início do século seguinte. Atualmente estuda cantografia e fotografia em São Paulo no mesmo período que pesquisou antes.

ALMIR DE CARVALHO BUENO é graduado em história pela FFLCH/USP, mestre em história pela PUC/SP e doutor em história pela UFPE. Leciona no Departamento de História da UFRN. Publicou os artigos "O Pensamento e a Ação Política de Benjamin Constant e a República no Brasil" (*Caderno de História*, 3/4, 2/1, jul. 1996/jun. 1997) e "Ecos da Monarquia: O Espectro do Sebastianismo Rondando a República no Rio Grande do Norte" (*Caderno de História*, 4/5, 2/1, jul. 1997/dez. 1998).

ALZIR OLIVEIRA é mestre em letras (língua portuguesa) pela PUC/RJ e professor de língua e literatura latina e lingüística românica no Departamento de Letras da UFRN (Natal). No Campus II da UFPB (Campina Grande), onde se aposentou, também lecionou literatura popular nordestina e coordenou o Projeto de Catalogação do Acervo de Cordel e o Projeto Poesia e Viola, de divulgação da poesia popular em escolas de ensino médio.

ANDRÉ AMARAL DE TORAL é paulistano, criador de histórias em quadrinhos, antropólogo, mestre em antropologia social (Museu Nacional/UFRJ) e doutor em história social (FFCLH/USP), com tese sobre a iconografia da Guerra do Paraguai. Publicou *Adeus, Chamigo Brasileiro. Uma História da Guerra do Paraguai* (Companhia das Letras, 1999) e *O Negócio do Sertão* (Dealer, 1991).

ANGELA LÚCIA DE ARAÚJO FERREIRA é arquiteta pela Universidade de Brasília e doutora em geografia humana pela Universidade de Barcelona, Espanha. Leciona no Departamento de Arquitetura da UFRN desde 1979, atuando também no programa de pós-graduação em Arquitetura e Urbanismo – CT/UFRN (mestrado e especialização). Pesquisa atualmente "História das Cidades e do Urbanismo" e "Produção Imobiliária e Configurações Espaciais".

ANTÔNIO DE ALMEIDA é professor adjunto do Instituto de História da Universidade Federal de Uberlândia, graduado em Jornalismo e História, mestre em história pela PUC/SP e doutor em história social pela FFLCH/USP. Escreveu artigos para periódicos especializados no País, dentre os quais, *Revista Brasileira de História* e *História e Perspectivas*. Publicou o livro *Movimentos Sociais e História Popular: Santo André nos Anos 70 e 80* (CNPQ/Marco Zero, 1994).

BETH BRAIT é professora livre-docente da PUC/SP e da FFLCH/USP. Organizou a coletânea *Bakhtin – Dialogismo e Construção do Sentido* (Unicamp, 1997). Tem colaborado em periódicos como *Jornal da Tarde*, *Shopping News* e *Jornal da USP*.

BIANOR PAULINO é poeta, professor e ensaísta. Graduou-se em letras e filosofia na UFRN. Escreve na Imprensa de mercado e em jornais alternativos. Participou de várias exposições internacionais de poesia visual. Publicou os livros *Pau-Brasil* e *Poetichê* (ed. do autor, 1997). Recebeu Menção Honrosa no Concurso de Contos do Triângulo Mineiro (1994) e o Prêmio de Ensaios da Fundação José Augusto (Natal, 1993).

CARLOS EDUARDO DOS REIS é doutor em história pela PUC/SP e professor na UFSC, atuando na área de formação do profissional de história. Publicou "A Formação do Professor de História" (*Perspectiva*, 1999), "Entre o Ensino e a Pesquisa: Novos Problemas na Formação e Prática do Profissional em História" (*História e Perspectivas*, 1999) e "Ensino de História e a Pulverização da História enquanto Conhecimento Construído" (*Anais do XX Simpósio da ANPUH*, 1999).

CARLOS RODRIGUES BRANDÃO, professor da Unicamp e da Universidade de Uberaba, é licenciado em psicologia, com mestrado em antropologia social (UnB), doutorado em sociologia (FFLCH/USP) e livre-docência em antropologia do Simbolismo (Unicamp). Publicou, dentre outros, *Memória/Sertão* (Cone Sul/ Universidade de Uberaba), *O Trabalho de Saber* (Sulina), *O Afeto da Terra* (Unicamp) e *Os Nomes* (Mercado das Letras). Em antropologia, trabalha com cultura popular (identidades, ritos e festas) e sociedades camponesas.

CECÍLIA HELENA L. DE SALLES OLIVEIRA é livre-docente em história do Brasil pela FFLCH/USP e professora no Museu Paulista/USP, exercendo atualmente a vice-diretoria dessa entidade. Faz parte do corpo docente do programa de pós-graduação em História Social da FFLCH/USP. Publicou *A Independência e a Construção do Império* (Atual, 1995), *A Astúcia Liberal* (Ícone/USF, 1999) e, em co-autoria com Cláudia Valladão, *O Brado do Ipiranga* (Edusp, 1999).

CLAUDIO AUGUSTO PINTO GALVÃO é professor aposentado da UFRN e membro do Instituto Histórico e Geográfico do Rio Grande do Norte, com especialização em história medieval na Universidade Católica de Louvain, Bélgica. Publicou *O Canto do Nordeste* (Funarte, 1989), *Campo da Esperança* (Sagrado Coração, 1999) e *A Desfolhar Saudades* (IHGRN, 1999).

CLÁUDIO DE OLIVEIRA é jornalista formado pela UFRN e foi aluno visitante da Escola Superior de Artes Industriais de Praga, República Tcheca. Trabalha como chargista do jornal *Agora São Paulo*. Expôs em diversos salões de humor no Brasil e no exterior, sendo premiado em vários deles. Em 1996, recebeu o prêmio Vladimir Herzog dos Direitos Humanos na categoria Artes. Publicou os livros *O Que Vier Eu Traço*, *Já Era Collor* (em co-autoria) e *Pittadas de Maluf*, premiado pela Associação de Cartunistas do Brasil como melhor obra de charges.

CLÉRIA BOTELHO DA COSTA é graduada em ciências sociais e mestra em sociologia pela UnB, com doutorado em história social pela FFLCH/USP e pós-doutorado na Universidade de Londres. Leciona na graduação e na pós-graduação em História da UnB. Publicou artigos em periódicos especializados, como *Revista de História* e *Revista Brasileira de História*. Lançou, como organizadora e co-autora, o livro *História e Imaginário* (Paralelo 15/Nobel, 2000) e, individualmente, *Vozes da Terra* (UnB, 2000).

DEÍFILO GURGEL é folclorista e poeta, membro da comissão de folclore do Rio Grande do Norte, bacharel em ciências jurídicas e sociais e professor aposentado de folclore brasileiro na UFRN. Além de poemas, publicou livros sobre danças folclóricas, teatro de bonecos do João Redondo, romanceiro ibérico, boi calemba e folclore potiguar.

DENISE BERNUZZI DE SANT'ANNA é mestra em História pela PUC/SP e doutora em história pela Universidade Paris VII, atuando como professora na PUC/SP. Publicou *O Prazer Justificado – História e Lazer (1969-1979)* (Marco Zero, 1994), organizou *Políticas do Corpo*, (Estação Liberdade, 1995) e vários artigos sobre a história do corpo.

COLABORARAM NESTE VOLUME 319

DIANA LUZ PESSOA DE BARROS é professora titular do Departamento de Lingüística da FFLCH/USP, atuando no campo de teoria e análise de discursos e textos. Presidiu a Associação Brasileira de Lingüística e foi representante da área no CNPQ. Publicou os livros *Teoria do Discurso – Fundamentos Semióticos* (Atual, 1988), *Teoria Semiótica do Texto* (Ática, 1990) e organizou, com José Luís Fiorin, a coletânea *Dialogismo, Polifonia, Intertextualidade – Em Torno de Bakhtin* (Edusp, 1994).

DIVA CUNHA é graduada em letras pela UFRN e mestra na mesma área pela PUC/RJ, com a dissertação "Dom Sebastião: Metáfora de uma Espera". Lecionou literatura portuguesa na UFRN e é professora de literatura do Rio Grande do Norte e cultura brasileira na Universidade Potiguar. Cursa doutorado na Universidade de Barcelona. Como poetisa, publicou *Canto de Página* (1986), *Palavra Estampada* (1993) e *Coração de Lata* (1996).

DOUGLAS ARAÚJO é professor do Departamento de História e Geografia do Ceres/UFRN, mestre em sociologia pela UFRN e doutor na UFPE. Publicou o livro *Surgimento e Decadência das Oficinas de Carne Seca do RN* (UFRN, Coleção Humanas Letras) e o artigo "O Abate de Bovinos no RN: O Caso das Oficinas do Açu" (Departamento Estadual de Imprensa).

EDINALDO BEZERRA DE FREITAS é professor do Departamento de História da UFRO, graduado em história, mestre em história do Brasil pela UFPE e doutor em história social pela FFLCH/USP. Pesquisou a Guarda Rural Indígena. É técnico em Indigenismo e ocupou a chefia do Posto Rio Vermelho da FUNAI (Krahô), no Estado de Tocantins.

ESMERALDA BLANCO B. MOURA é graduada em história, mestra e doutora em história econômica pela FFLCH/USP, onde leciona. Publicou *Mulheres e Menores no Trabalho Industrial* (Vozes, 1982), "Infância Operária e Acidente do Trabalho em São Paulo" (*História da Criança no Brasil*. Contexto, 1991) e "Crianças Operárias na Recém-Industrializada São Paulo (*História das Crianças no Brasil*. Contexto, 1999) – coletâneas organizadas por Mary del Priore –, além de artigos em periódicos especializados.

FÁTIMA MARTINS LOPES é professora assistente do Departamento de História da UFRN e mestra em história do Brasil pela UFPE, com dissertação sobre as relações entre índios, colonos e missionários no processo de colonização do Rio Grande do Norte. Venceu o Prêmio Janduí-Potiguaçu, em 1998. Participa do Projeto "Resgate da Documentação do Brasil Colonial do Arquivo Histórico Ultramarino", do Ministério da Cultura.

FRANCO JASIELLO nasceu em Colleferro, Roma, e mora no Brasil desde 1956. Foi presidente da Fundação José Augusto, dentre outras funções culturais. Formado em letras clássicas e filosofia, tornou-se professor por "Notório Saber" em história da arte pela UFRN. Poeta premiado, publicou *Os Amigos do Sangue Noturno* (1976), dentre outros. Publicou ainda *Linguagem da História da Arte* (1982) e tem, inédito, *Mamulengo: o Teatro Mais Antigo do Mundo*. É crítico de arte, membro da ABCA e da AICA.

FREDERICO AUGUSTO GARCIA FERNANDES é professor da UEL e doutor em letras pela Unesp/Assis. Pesquisa contadores de histórias pantaneiros. É autor da dissertação "Entre Histórias e Tererés: O Ouvir da Literatura Pantaneira", Menção Honrosa no Concurso Sílvio Romero de 1998. Publicou "O Sentido da Mestiçagem: Sílvio Romero e a Arquitetura do Folclore Nacional" (*Pós-História*, 8) e "Os Cururuzeiros na Festa Pantaneira de São João: Apontamentos de Literatura Oral" (*Revista de Letras da Unesp*, 37/38).

GILMAR DE CARVALHO é professor do curso de comunicação social da UFC, mestre em comunicação social pela Universidade Metodista de São Bernardo do Campo e doutor em comunicação e semiótica pela PUC/SP. Nascido em Sobral, CE, publicou os livros *Publicidade em Cordel* (Maltese, 1994) e *Madeira Matriz* (Annablume, 1999), que recebeu o Prêmio Sílvio Romero de 1998, além de artigos nos periódicos *Revista do Instituto de Estudos Brasileiros* (USP), *Ângulo* (Lorena, SP), *Moara* (UFPA) e *Leitura: Teoria e Prática* (IEL/Unicamp).

GLACYRA LAZZARI LEITE é professora titular aposentada da Unesp/Assis, Doutora em história social pela FFLCH/USP e livre-docente pela Unesp/Assis. Publicou *A Insurreição Pernambucana de 1817* (Brasiliense, 1984), *Pernambuco 1817* (CNPQ/Fundação Joaquim Nabuco, 1988), *Pernambuco 1824 – A Confederação do Equador* (CNPQ/Fundação Joaquim Nabuco, 1989) e *A Confederação do Equador* (Ática, 1996).

HELOÍSA DE FARIA CRUZ graduou-se em história pela Universidade de Wisconsin, EUA, e é mestra (IFCH/Unicamp) e doutora (FFLCH/USP) na mesma área. Leciona na PUC/SP. Publicou, dentre outros títulos, *Trabalhadores em Serviços – Dominação e Resistência* (CNPQ/Marco Zero, 1991), "A Cidade Reclame: Propaganda e Periodismo em São Paulo, 1890/1915" (*Projeto História* 13, 1996) e *São Paulo em Revista: Catálogo da Imprensa Cultural e de Variedades Paulistana* (IMESP/CEDIC/ Arquivo do Estado, 1997).

HILÁRIO FRANCO JÚNIOR é professor aposentado do Departamento de História da FFLCH/USP, medievalista e autor, dentre outros, de *A Eva Barbada. Ensaios de Mitologia Medieval* (Edusp, 1996), *Cocanha. A História de um País Imaginário* (Companhia das Letras, 1998), *Ano 1000. Tempo de Medo ou de Esperança?* (Companhia das Letras, 1999) e *Idade Média, Nascimento do Ocidente* (Brasiliense, 2000).

HOMERO DE OLIVEIRA COSTA graduou-se em ciências sociais pela UFRN e é mestre em ciência política pelo IFCH/Unicamp. Leciona no CCHLA da UFRN. Publicou os livros *Parlamentarismo e Presidencialismo* (CCHLA/UFRN, 1993), *A Insurreição Comunista de 1935: Natal: o Primeiro Ato da Tragédia* (Ensaio/Cooperativa Cultural do Rio Grande do Norte, 1995) e, como co-autor, *Anistia – 20 Anos de Lutas* (Câmara Municipal de Natal/Sindicato dos Bancários, 2000), além de artigos em *Revista do CEAS* e *Vivência*.

HUMBERTO HERMENEGILDO DE ARAÚJO é doutor em literatura brasileira pela UFPB e professor do Departamento de Letras da UFRN. Publicou *Modernismo: Anos 20 no Rio Grande do Norte* (UFRN, 1995), *O Lirismo nos Quintais Pobres: A Poesia de Jorge Fernandes* (Fundação José Augusto, 1997) e *Asas de Sófia: Ensaios Cascudianos* (FIERN/Sesi, 1998).

INÁCIO MAGALHÃES DE SENA é autodidata. Trabalhou nos Correios e Telégrafos e na UFRN. Publicou os livros *Agora, Lábios Meus, Dizei e Anunciai* (Nossa Editora, 1985), antes divulgado em folhetins (*A República*), sob o título *Como o Céu Escolheu Dom Inácio*, e *Memórias Quase Líricas de um Ex-vendedor de Cavaco Chinês* (Sebo Vermelho, 2000). Serviu de inspiração para o desenhista natalense Lindbergh Revoredo na criação do personagem de quadrinhos Dom Inácio. Tem inédito *Pequeno Dicionário dos Preciosos Nomes da Mãe de Deus*.

ISTVÁN JANCSÓ é livre-docente em história pela UFBA e professor do Departamento de História da FFLCH/USP. Publicou, dentre outros textos, *Na Bahia, contra o Império* (Hucitec, 1995) e "A Sedução da Liberdade", capítulo da *História da Vida Privada no Brasil – Cotidiano e Vida Privada na América Portuguesa* (Companhia das Letras, 1997), além de ter orientado a equipe que editou a *Cronologia da História do Brasil Colonial* (Humanidades, 1994).

IVONE CORDEIRO BARBOSA é professora do Departamento de História e do programa de pós-graduação em história da UFC. Cursou licenciatura em história na UECE, é mestra em ciências, área de movimentos sociais, pelo CPDA/UFRRJ e doutora em história social pela FFLCH/USP. Publicou artigos nos periódicos *Revista Brasileira de História* (ANPUH), *Revista de História* (FFLCH/USP) e *Espaço/Tempo* (Departamento de História e Geografia da UFPI).

IZABEL ANDRADE MARSON é mestra e doutora em história social pela FFLCH/USP e livre-docente pela Unicamp. Leciona história do Brasil Império e teoria da história no IFCH/Unicamp. São de sua autoria *O Império do Progresso: A Revolução Praieira em Pernambuco – 1842-1855* (Brasiliense, 1987), *Imprensa, Ideologia e Poder Político: Posições Políticas na Imprensa Pernambucana – 1842-1849* (Moderna, 1980) e *Moedas e História no Brasil* (Empresa das Artes, 1990).

JERUSA PIRES FERREIRA é professora da ECA/USP e do programa de Comunicação e Semiótica da PUC/SP, graduada em letras e mestra em ciências sociais pela UFBA, doutora em ciências humanas e livre-docente em ciências da comunicação pela FFLCH/USP. Dirige o Centro de Estudos da Oralidade e o Núcleo de Poética da Oralidade da PUC/SP. Publicou *Cavalaria em Cordel* (Hucitec, 1993), *O Livro de São Cipriano* (Perspectiva, 1993) e *Fausto no Horizonte* (Hucitec/Educ, 1996), dentre outros.

JOACI PEREIRA FURTADO é graduado em história pela Universidade Federal de Ouro Preto, mestre e doutor em história social pela FFLCH/USP, com bolsa da Fapesp. autor de *Uma República de Leitores: História e Memória na Recepção das Cartas Chilenas (1845-1989)*, publicado pela Hucitec (Prêmio Moinho Santista Juventude 1996 e Prêmio Jabuti 1998), organizou, para a Companhia das Letras, edição das *Cartas Chilenas*, de Tomás Antônio Gonzaga.

JOHN M. MONTEIRO é ph.D. em história pela Universidade de Chicago e professor do Departamento de Antropologia do IFCH/Unicamp. Publicou *Os Negros da Terra* (Companhia das Letras, 1994). Atua no Núcleo de História Indígena e do Indigenismo da USP e editou o *Guia de Fontes para a História Indígena e do Indigenismo em Arquivos Brasileiros* (NHII/Fapesp, 1994).

JOMARD MUNIZ DE BRITTO é ensaísta, poeta, vídeo-artista e professor da UFPE e da UFPB. Integrou a equipe inicial de Paulo Freire na elaboração de seu sistema de alfabetização de adultos. Publicou, dentre outros livros, *Contradições do Homem Brasileiro* (Tempo Brasileiro, 1964), *Do Modernismo à Bossa Nova* (Civilização Brasileira, 1966), *Escrevivendo* (ed. do autor, 1973), *Bordel Brasilírico Bordel* (Comunicarte, 1992) e *Outros Orfeus* (Blocos, 1995). Gravou o CD *Pop-Filosofia* (Projeto Cultural JMB, 1996-1997), de poemas e canções.

JOSÉ CARLOS BARREIRO fez mestrado na Unicamp, doutorado na USP e livre-docência na Unesp. É especialista em história cultural, tendo publicado *Campesinato e Capitalismo* (Editora Unicamp, 1989) e colaborado nas coletâneas *História e Ideal* (Brasiliense, 1982) e *Cultura Histórica em Debate* (Edunesp, 1995). Escreve regularmente artigos para revistas especializadas do Brasil, como *Revista Brasileira de História* e *Projeto História*, e Anais de Simpósios no exterior. Leciona no Departamento de História da Unesp/Assis.

JOSÉ LACERDA ALVES FELIPE é licenciado em geografia pela UERN, mestre em geografia do mundo tropical pela UFPE e doutor em geografia pela UFRJ. Publicou *Organização do Espaço Urbano de Mossoró* (Coleção Mossoroense, 1984), *Elementos de Geografia do RN* (EDUFRN, 1987), *Geografia do Rio Grande do Norte – A Terra e o Povo* (GrafSet, 1992) e, em parceria com Edilson Carvalho, *Atlas Escolar do RN* (GrafSet, 1999).

JOSÉ MARIA DE OLIVEIRA SILVA é doutor em história social pela FFLCH/USP e coordenador do mestrado em ciências sociais da UFSE. Lecionou na rede pública estadual paulista. Publicou, entre outros, os artigos "Manoel Bomfim e a Ideologia do Imperialismo na América Latina" (*Revista de História*, 138), "Rever Canudos: Historicidade e Religiosidade Popular (1940-1995)" (*Textos de História*, 5 [1]) e "Salvar a América: Nuances do Radicalismo Republicano em Manoel Bomfim" (*Revista Brasileira de História*, 19).

JOSÉ RIBAMAR BESSA-FREIRE é graduado em comunicação na UFRJ e pós-graduado na EPHESS (Paris). Pesquisa literatura oral nheengatu no doutorado em literatura comparada da UERJ. Coordena o Programa de Estudos dos Povos Indígenas da UERJ. Publicou artigos em *Amazonia Peruana* (Lima), *Amerindia* (Paris), *Lateinamerika Nachrichten* (Berlim) e *Terra das Águas* (Brasília). É co-autor dos livros *Guia das Fontes Indígenas e do Indigenismo* (NHII/USP, 1994) e *Os Aldeamentos Indígenas no Rio de Janeiro* (UERJ, 1997).

LAURO ÁVILA PEREIRA é mestre em história do Brasil pela PUC/SP. Leciona na PUC e na UNIP. Atua também como historiador no Arquivo do Estado de São Paulo. Coordenou a edição de *Última Hora – Ilustrações* (Imprensa Oficial do Estado, 1999).

LOURIVAL HOLANDA é doutor em letras pela FFLCH/USP e professor do programa de pós-graduação em letras da UFPE. Publicou os livros *Sob o Signo do Silêncio* (Edusp, 1992) e *Fato e Fábula* (Manaus, Editora da Universidade do Amazonas, 1999), além de artigos nos periódicos *Remate de Males* (13), *Revista da USP* (13), *Amazonas em Cadernos* (2/3), e *Investigações* (8).

LUIZ ANTONIO BARRETO é jornalista e escritor. Foi superintendente do Instituto de Documentação da Fundação Joaquim Nabuco (Recife, PE), secretário de Estado da Cultura e secretário de Estado da Educação de Sergipe. Preside o Instituto Tobias Barreto de Educação e Cultura (Aracaju, SE). Tem publicados os livros *Tobias Barreto* (1994), *Um Novo Entendimento do Folclore* (1996) e *Os Vassalos do Rei* (1998), dentre outros.

MANOEL ONOFRE JR. é graduado em direito, jornalista e desembargador aposentado. Publicou livros de contos, história, crítica, memórias e organizou antologias de diferentes gêneros: *Chão dos Simples* (Clima, 1983), *O Diabo na Guerra Holandesa* (Nossa Editora, 1990), *Ficcionistas do Rio Grande do Norte* (UFRN/CCHLA, 1995), *Guia da Cidade do Natal* (UFRN, 1996), *Literatura e Província* (UFRN, 1997) e *Recordações do Paraíso* (Academia Norte-Rio-Grandense de Letras, 1999), dentre outros.

MARC JAY HOFFNAGEL é doutor em história pela Indiana University, professor e chefe do Departamento de História da UFPE. Dentre outras publicações, participou da coletânea *Atualidade & Abolição* (FUNDAJ/Massangana, 1991).

MARCOS ANTONIO DA SILVA é historiador, com livre-docência em Metodologia da História pela FFLCH/USP (onde leciona metodologia, história social da arte e história e retórica da imagem) e pós-doutorado na Universidade de Paris III. Publicou individualmente os livros *História – O Prazer em Ensino e Pesquisa* (Brasiliense, 1995), *Caricata República* (CNPQ/Marco Zero, 1990), *Prazer e Poder do Amigo da Onça* (Paz e Terra, 1989) e *Contra a Chibata* (Brasiliense, 1982; 2ª ed., 2002), além de artigos em coletâneas e periódicos especializados.

MARGARIDA DE SOUZA NEVES é doutora em história e professora do Departamento de História da PUC/RJ. Atualmente, desenvolve, com o apoio do CNPQ, um Projeto Integrado de Pesquisa sobre os "modernos descobridores do Brasil" (entre os quais, Luís da Câmara Cascudo), intitulado "Os Limites do Moderno no Brasil", que integra o grupo PRONEX sediado na PUC/RJ. Publicou *A História Contada* (Nova Fronteira, 1998), além de artigos em coletâneas e revistas especializadas.

MARIA AMÉLIA M. DANTES é professora aposentada do Departamento de História da FFLCH/USP, graduada em física pela FFCL/USP e doutora em história das ciências pela FFLCH/USP. Organizou, com Amélia Hamburger, Michel Paty e Patrick Petitjean, o livro *A Ciência nas Relações Brasil/França (1850-1950)* (Edusp, 1996). Publicou artigos na revista *Quípu* e em coletâneas no Brasil e no exterior.

MARIA HELENA PEREIRA TOLEDO MACHADO é doutora em história social pela FFLCH/USP, onde leciona história da América Colonial. Publicou individualmente os livros *Crime e Escravidão* (Brasiliense, 1987) e *O Plano e o Pânico – Os Movimentos Sociais na Década da Abolição* (EDUFRJ/Edusp, 1994). É responsável por organização, prefácio e notas dos *Diários Íntimos*, de Couto Magalhães (Companhia das Letras, 1998).

MARIA LEDA LINS GUIMARÃES é graduada em história e geografia pela UFPB, professora aposentada da UFRN e professora da Universidade Potiguar (Natal, RN). Publicou *Geografia no Tempo e no Espaço* e *Espaços Criados e Estruturados*, ambos pela EDUFRN. Cursa doutorado em Ciências Econômicas na UNISUL, SC.

MARIA LUIZA TUCCI CARNEIRO é livre-docente em história do Brasil e professora da graduação em história e dos programas de pós-graduação em história social e língua hebraica, literatura e cultura judaicas da FFLCH/USP. É autora, dentre outros livros, de *O Preconceito Racial no Brasil* (Perspectiva, 2003), *O Veneno da Serpente* (Perspectiva, 2003), *O Anti-Semitismo na Era Vargas* (Perspectiva, 2002), *O Racismo na História do Brasil* (Ática, 1997) e *Livros Proibidos, Idéias Malditas* (Ateliê Editorial, 1999).

MARIA SYLVIA PORTO ALEGRE é doutora em antropologia pela FFLCH/USP e professora adjunta aposentada da UFC. É autora de estudos sobre cultura popular, história e etnologia indígena e usos da imagem em ciências sociais. Publicou *Mãos de Mestre. Itinerários da Arte e da Tradição* (Maltese, 1994) e *Documentos para a História Indígena no Nordeste* (NHII/USP/Fapesp, 1994). Atualmente, desenvolve pesquisas sobre história e tradições orais indígenas.

MARINALVA VILAR DE LIMA é doutora em história social pela FFLCH/USP e mestra em história do Brasil pela UFPE. Lecionou história antiga e medieval na UFPB (João Pessoa, PB), sociologia e cultura popular na URCA (Crato, CE) e educação na UFPE (Recife, PE). Publicou o livro *Narradores do Padre Cícero* (UFC, 2000) e artigos no periódico *Política e Trabalho* (UFPB).

MÁRIO RUDOLF é escritor, com formação acadêmica em filosofia, estudos sociais e teologia. Publicou, em edições independentes, os romances *De Agosto a Agosto com muito Gosto, Bravo, Pai da Esperança, Mãe do Sorriso, Discípulo da Solidariedade, Namorada do Amigão, que Viveu com Aaids, Depois da Missa* e *Belmiro*. Participou da coletânea *Experiência Religiosa – Risco ou Aventura* (Soter e Paulinas, 2000), organizada por Márcio Fabri dos Anjos.

MARISTELA OLIVEIRA DE ANDRADE é doutora pela Universidade de Paris III e professora no Departamento de Ciências Sociais e na pós-graduação em sociologia da UFPB. Publicou individualmente os livros *Cultura e Tradição Nordestina* (UFPB, 1997) e *Anotações sobre a Obra Etnográfica de Câmara Cascudo* (IHGRN, 1999). Organizou *O Velho e o Novo em Mil Anos* (2000).

MARLENE DA SILVA MARIZ é mestra em história do Brasil pela UFPE e professora aposentada da UFRN. Publicou, dentre outros, *A Revolução de 1930 no Rio Grande do Norte* (Gráfica do Senado, 1984), e, em colaboração com Luís Eduardo B. Suassuna, *História do Rio Grande do Norte Colonial* (Natal Editora, 1997) e *História do Rio Grande do Norte – Império e República* (Gráfica Santa Maria, 1999), além de ser uma das organizadoras de *Documentos Inéditos para a História Indígena no Nordeste* (NHI/USP/Fapesp, 1994).

MARLISE MEYER é doutora em literatura francesa, professora aposentada da USP e da Unicamp e diretora do CBEAL/Memorial da América Latina. Publicou, dentre outros, *Pireneus, Caiçaras...* (Unicamp, 1991), *As Surpresas do Amor* (Edusp, 1992), *Maria Padilha e Toda a sua Quadrilha* (Edusp, 2001), *De Carlos Magno e Outras Histórias* (EDUFRN, 1995), *Folhetim: Uma História* (Companhia das Letras, 1996), *As Mil Faces de um Herói Canalha e Outras Histórias* (UFRJ, 1998) e *Redescobrindo o Brasil* (T. A. Queiroz, 1985).

MARTHA ABREU é professora do Departamento de História da UFF e doutora em história social pela Unicamp. Publicou *Meninas Perdidas – Os Populares e o Cotidiano do Amor no Rio de Janeiro da Belle Epoque* (Paz e Terra, 1989) e *O Império do Divino – Festas Religiosas e Cultura Popular no Rio de Janeiro, 1830-1900* (Nova Fronteira, 1999).

MOACY CIRNE é professor-adjunto do Departamento de Comunicação Social da UFF, poeta, ensaísta e crítico de literatura e cinema. Publicou, dentre outros livros, *A Explosão Criativa dos Quadrinhos* (Vozes, 1970), *A Biblioteca de Caicó* (Fundação José Augusto, 1983), *História e Crítica dos Quadrinhos Brasileiros* (Funarte/Europa, 1990), *Continua na Próxima* (Leviatã, 1994) e *Poemas, Cajaranas & Carambolas* (EDUFRN, 1997). Foi secretário de redação e editor da *Revista de Cultura Vozes* e edita o jornal alternativo *Balaio Incomum*.

MOACYR DE GÓES é professor da UFRJ. Foi Secretário Municipal de Educação de Natal: RN, de 1960 a 1964, quando coordenou a Campanha *De Pé no Chão também se Aprende a Ler*, e Secretário Municipal de Educação do Rio de Janeiro (1987-1988). É autor de vários livros sobre Educação e História, como *De Pé no Chão Também se Aprende a Ler* (Civilização Brasileira, 1980) e, em parceria com Luiz Antonio Cunha, *Golpe na Educação* (Jorge Zahar, 1986), além do romance *Entre o Rio e o Mar* (Revan, 1996).

MUIRAKYTAN K. DE MACÊDO é historiador e mestre em ciências sociais, com a dissertação "A Penúltima Versão do Seridó – Espaço e História no Regionalismo Seridoense". Coordena o Labordoc (Laboratório de Documentação Histórica) da UFRN/Ceres/Campus de Caicó e o *site* "História do RN n@ Web" (www.seol.com.br/rnnaweb). Desenvolve pesquisas no âmbito da História Social do Seridó no período imperial.

NANCY ALESSIO MAGALHÃES é doutora em história social pela FFLCH/USP e coordenadora do NECOIM/CEAM da UnB. Foi professora de sociologia da UFF e atuou na SEEC/RJ, no Iuperj, na FGV e na Fundação Nacional próMemória. Dirigiu os documentários *Em Cima da Terra*, *Rememorações: Terra, Esperança e Liberdade* e *Memórias de Cá e de Lá – Paranoá/DF*. Participou das coletâneas *O Difícil Espelho* (Iphan, 1995), *A Construção da Cidade* (Depha/SCE/GDF, 1998) e *História: Fronteiras* (Anpuh/Humanitas, 1999).

NÁSSARO NASSER é ph.D. em antropologia pela Universidade da Flórida, professor aposentado da UFRN e professor titular da Universidade Potiguar. Trabalhou com sociedades indígenas, sobre as quais escreveu vários artigos. Foi membro do Conselho Científico da Associação Brasileira de Antropologia.

NELLY NOVAES COELHO é professora titular de literatura portuguesa e literatura infantil da FFLCH/USP. Publicou *Escritores Portugueses* (Bela Vista/Quíron, 1973), *Literatura e Linguagem* (Quíron, 1976), *Dicionário Crítico de Literatura Infantil e Juvenil Brasileira* (Edusp, 1983) e *O Conto de Fadas* (Ática, 1987), dentre outros títulos.

NELSON PATRIOTA é sociólogo e jornalista. Trabalha no periodismo cultural há 25 anos e editor do jornal *O Galo*, da Fundação José Augusto, Natal: RN. Foi assessor de imprensa e editor do *Boletim da Confederação Palestina para a América Latina e Caribe*. Traduziu *Belém, a Cidade Imortal*, de Giries Nicola Elali, *A Questão Jerusalém*, de vários autores, e *O Melhoramento da Escravidão*, de Henry Koster, além de textos de Auden, Shakespeare, Frost e Borges, dentre outros. É co-autor de *Quatrocentos Nomes de Natal* (PMN, 1998).

OLGA BRITES é graduada em história pela FFLCH/USP e mestra e doutora na mesma área pela PUC/SP, onde leciona. Publicou artigos sobre infância, literatura infantil, ensino de História e Patrimônio Histórico em periódicos especializados (*Projeto História*, *Revista Brasileira de História* e *Revista de História*) e nas coletâneas *Repensando a História* (Marco Zero, 1984) e *O Direito à Memória* (Secretaria Municipal de Cultura de São Paulo, 1992).

PAULA PINTO E SILVA é graduada em ciências sociais pela FFLCH/USP e mestra em antropologia social na mesma instituição, desenvolvendo a pesquisa "Entre Tampas e Panelas – Por Uma Etnografia da Cozinha Brasileira". É também Editora da revista *Sexta-Feira – Antropologia, Artes e Humanidades*.

PEDRO PUNTONI é graduado em história, mestre e doutor em história social pela FFLCH/USP, professor de história do Brasil na mesma instituição e pesquisador do Centro Brasileiro de Análise e Planejamento (CEBRAP). Publicou os livros *A Mísera Sorte* (Hucitec, 1999) e *Guerras do Brasil* (Brasiliense, 1992).

RACHEL MIZRAHI é socióloga, historiadora e professora universitária. É autora de *A Inquisição no Brasil – Um Capitão-mor Judaizante* (Centro de Estudos Judaicos da Universidade de São Paulo, 1984), *Lembranças... Presente do Passado* (Ed. Smukler/Associação Brasileira "A Hebraica", 1997) e *Imigrantes Judeus do Oriente Médio em São Paulo e no Rio de Janeiro* (São Paulo, Ateliê Editorial, 2003).

RAIMUNDO PEREIRA ALENCAR ARRAIS é professor do departamento de história da UFRN, mestre em história pela UFPE e doutorando em história social pela USP. Publicou o livro *Recife, Culturas e Confrontos: As Camadas Urbanas na Campanha Salvacionista de 1911* (EDUFRN, 1998) e artigos em periódicos especializados, como "Matriz, Freguesia, Procissões" (*Projeto/História*, n. 24, São Paulo, jun. 2002, pp. 167-188).

RAQUEL TRINDADE, "A Kambinda", nasceu em Recife, PE, filha de Solano Trindade, folclorista, poeta e artista, e Margarida Trindade, folclorista. Criou-se no Rio de Janeiro, RJ, e mora no Embu, SP. Formou-se em terapia ocupacional. É pintora primitivista e cria enredos, figurinos e carros alegóricos para escolas de samba. Lecionou folclore, sincretismo religioso afro-brasileiro e teatro negro (Unicamp, UFSC). Ganhou bolsa vitae em 1997. Escreve seu primeiro livro, *Urucungos, Puítas e Quijengues*, sobre danças de origem bantu.

RENATA MARINHO PAZ é mestra em antropologia social pela UnB, doutoranda em sociologia pela UFC e professora na Urca (Crato, CE). Pesquisa cultura e religiosidade popular. Publicou o livro *As Beatas do Padre Cícero* (Ipesc/Urca, 1998) e dirigiu o curta-metragem *Signo Santo: Padre Cícero e a Literatura de Cordel* (1998).

RENATO DA SILVA QUEIROZ é livre-docente pela FFLCH/USP e professor do Departamento de Antropologia da mesma instituição. Publicou *Caipiras Negros no Vale do Ribeira* (FFLCH/USP, 1980), *Um Mito Bem Brasileiro* (Polis, 1987) e *Não Vi e Não Gostei* (Moderna, 1996), além de artigos em periódicos especializados e gerais.

ROBERTO MOTTA é ph.D. em antropologia pela Columbia University, professor da UFPE e membro do Groupe de Sociologie des Religions et de la Laïcité (Paris). Publicou, dentre outros, *Jurema* (Centro de Estudos Folclóricos da Fundação Joaquim Nabuco, 1976), "As Variedades do Espiritismo Popular na Área do Recife: Ensaio de Classificação" (*Boletim da Cidade do Recife*, 2, 1977) e "Religiões Afro-Recifenses: Ensaio de Classificação" (em Caroso, Carlos & Bacelar, Jeferson [orgs.] – *Faces da Tradição Afro-brasileira*. Pallas/CEAQ/CNPQ, 1999).

RUI SÁ SILVA BARROS é professor da Faculdade Ítalo-Brasileira, em São Paulo. Graduou-se pelo Departamento de História da FFLCH/USP em 1975. Trabalhou no Banco do Brasil de 1972 a 1991 e foi diretor do Sindicato dos Bancários/SP (1979-1985). Defendeu a dissertação de mestrado *Tomando o Céu de Assalto – Esoterismo, Ciência e Sociedade, 1848-1914 – França, Inglaterra e EUA*, na área de História Social da FFLCH/USP, em março de 1999.

SÉRGIO ALVES DE SOUZA é graduado em história, mestre em história social e doutor na mesma área pela FFLCH/USP. Publicou artigos nos periódicos especializados *Projeto História*, *Pós-História* e *Revista de la APEESP*, além dos *Anais do 2º Encontro Perspectivas do Ensino de História*.

SÉRGIO LUÍZ BEZERRA TRINDADE é graduado em história pela UFRN, onde também cursa filosofia. Leciona na rede particular de ensino de Natal. Publicou *Uma Síntese da Abertura Política no RN – 1974-1979* (Departamento Estadual de Imprensa) e "A Política Personalista no RN na Segunda Metade do Século XX" (*Caderno de História*, UFRN).

SÍLVIA ILG BYINGTON é licenciada em história pela PUC/RJ, onde fez estágio docente no curso "Tutoria I", em 1999. Foi bolsista do CNPQ em Iniciação Científica (1991 a 1994) e aperfeiçoamento (1995 a 1997). É mestra no programa de pós-graduação em história social da cultura do Departamento de História da PUC/RJ.

SONIA APPARECIDA SIQUEIRA nasceu em São Paulo, SP, professora titular de história ibérica da FFLCH/USP e professora adjunta da Uni-Rio, lecionando e orientando no doutorado e no mestrado em história social e memória social e documento. Publicou, dentre outros, *Inquisição Portuguesa e Sociedade Colonial* (Ática, 1978) e *A Ilustração no Brasil – Azeredo Coutinho e o Seminário de Olinda* (Universidade de Taubaté, 1978). Pesquisa Espiritualidade e História da Religião e da Cultura Populares.

TARCÍSIO GURGEL é mestre em literatura brasileira pela PUC/RJ e professor do Departamento de Letras da UFRN. Publicou *Os de Macatuba* (Fundação José Augusto, 1975), *O Eterno Paraíso* (Clima, 1977), *Pai, Filho e Espírito Santo* (Clima, 1984) e *Informativo da Literatura Potiguar* (Argos, 2001).

TELÊ ANCONA PORTO LOPEZ é professora associada do IEB/USP e da pós-graduação em literatura brasileira da FFLCH/USP. Publicou individualmente *Mariodeandradiando* (Hucitec, 1996). Coordenou a edição de *Brasil – 1º Tempo Modernista* (IEB, 1972), participou da coletânea *Mário na Lopes Chaves* (Memorial da América Latina, 1996) e editou *O Turista Aprendiz* e *Táxi e Crônicas no* Diário Nacional, de Mário de Andrade (Duas Cidades, 1976). Preparou a edição crítica de *Macunaíma* (Disloyola, s/d).

TEREZA ALINE PEREIRA DE QUEIROZ estudou na FFLCH/USP, na Sorbonne, na Université de Paris I e na École Pratique des Hautes Études en Sciences Sociales. É doutora em história social e professora de história medieval na FFLCH/USP. Publicou os livros *O Renascimento* (Edusp, 1995) e *A História do Historiador* (Humanitas/FFLCH-USP, 1999), além de artigos em periódicos como *Revista Brasileira de História* e *Imaginário*.

THAÍS VELLOSO COUGO PIMENTEL é doutora em história social pela FFLCH/USP e atua na área de história da cultura. Leciona no Departamento de História da Fafich/UFMG. Publicou *A Torre Kubitschek: Trajetória de um Projeto em 30 Anos de Brasil* (Imprensa Oficial/MG, 1993), que recebeu o Prêmio Diogo de Vasconcelos, da Secretaria de Estado da Cultura de Minas Gerais, é co-autora de *Maio de 1888: Poesias Distribuídas ao Povo no Rio de Janeiro, em Comemoração à Lei de 13 de Maio de 1888* (ABL).

VÂNIA DE VASCONCELOS GICO é professora e pesquisadora do programa de pós-graduação em ciências sociais da UFRN e doutora em ciências sociais pela PUC/SP. Publicou diversos artigos em periódicos, jornais, anais de congressos e seminários, bem como capítulos em coletâneas. É autora da *Bibliografia Comentada sobre Luís da Câmara Cascudo* – EDUFRN, 1996.

VERA LÚCIA DO AMARAL FERLINI é professora do Departamento de História da FFLCH/USP, onde se graduou e obteve os títulos de mestra e doutora em história econômica. Publicou os livros *A Civilização do Açúcar* (Brasiliense, 1996) e *Terra, Trabalho e Poder* (Brasiliense, 1988), além de artigos em periódicos especializados, como *Revista de História* e *Revista Brasileira de História*, dentre outros.

WILSON NASCIMENTO BARBOSA é doutor em história pela Universidade de Lund, Suécia, e livre-docente em história pela FFLCH/USP, onde leciona. Publicou *Sonetos* (1959, Rio de Janeiro), *Hegel* (1965, São Paulo), *Canto do Exílio e Outro Canto* (1974, Copenhague), *Impressão Dividida* (1976, Estocolmo), *O Negro no Brasil* (1986, São Paulo), *Atrás do Muro da Noite* (1994, Brasília) e tem no prelo *O Caminho do Negro no Brasil*.

YARA AUN KHOURY é professora da PUC/SP e coordenadora da Cedic, na mesma instituição. Graduou-se em história pela FFCL Sedes Sapientiae, é mestra em história pela PUC/SP e doutora em sociologia pela FFLCH/USP. Publicou o livro *Imprensa Operária em São Paulo* (Cortez e Morais, 1978) e, em co-autoria, *A Pesquisa em História* (Ática, 1989) e os volumes da coleção "Memória, Documentação e Pesquisa" (Cedic/Comarte/Imesp, 1991/1998), além de artigos em periódicos especializados e Anais de Congressos.

YARA NOGUEIRA MONTEIRO é mestra em história social e doutora em ciências pela FFLCH/USP. Trabalha como pesquisadora científica do Instituto de Saúde do Estado de São Paulo. É autora de diversos artigos na área da Saúde Pública, como "Hanseníase: História e Poder no Estado de São Paulo" (*Hansenologia Internationalie*, 12), "Doença e Estigma" (*Revista de História*, 127/128) e "Violência e Profilaxia: Os Preventórios Paulistas" (*Saúde e Sociedade*, 7/1).

ZÉLIA LOPES DA SILVA é graduada em história pela UnB, mestra pelo IFCH/Unicamp e doutora pela FFLCH/USP na mesma área. Professora do Departamento de História da Unesp/Assis, foi coordenadora de seu programa de pós-graduação. Publicou individualmente os livros *A Domesticação dos Trabalhadores nos Anos 30* (CNPQ/Marco Zero, 1991) e *A República dos Anos 30* (UEL, 1999), além de artigos em periódicos especializados. Organizou a coletânea *Cultura Histórica em Debate* (Edunesp, 1995).

AGRADECIMENTOS

A realização deste dicionário foi possível graças ao apoio de pessoas e instituições:

– Afonso Laurentino Ramos (*Diário de Natal* e *O Poti*, Natal, RN);
– Anna Maria Cascudo (Memorial Câmara Cascudo, Natal, RN);
– Antonio Gomes da Costa (Real Gabinete Português de Leitura, Rio de Janeiro, RJ);
– Dahliana Cascudo (Memorial Câmara Cascudo, Natal, RN);
– Departamento de História da FFLCH/USP (São Paulo, SP);
– Fernando Cascudo (Recife, PE);
– Francisco Fernandes Marinho (UFRN, Natal, RN);
– François Silvestre (Fundação José Augusto, Natal, RN);
– Fundação Vingt-Un Rosado (Mossoró, RN);
– Hermano Machado Ferreira Lima (EDUFRN, Natal, RN);
– Iaperi Araújo (Natal, RN);
– Instituto de Estudos Brasileiros da USP (São Paulo, SP);
– Ivonildo Rego (UFRN, Natal, RN);
– José Sebastião Witter (Museu Paulista/USP, São Paulo, SP);
– Luiz Damasceno (CC/UFRN, Natal, RN);
– Mailde Pinto Galvão (Natal, RN);
– Otoni Anselmo de Oliveira (UFRN, Natal, RN);
– Pedro Vicente da Costa Sobrinho (EDUFRN, Natal, RN);
– Sedi Hirano (FFLCH/USP, São Paulo, SP);
– Sonia Maria da Silva (Natal, RN);
– Telma Lúcia M; de Medeiros (Intelecto Colégio e Curso, Natal, RN);
– Venedia Rios (Universidade Católica de Salvador, BA);
– Woden Madruga (Fundação José Augusto, Natal, RN).